高职高专医药院校创新教材

供高等职业教育药学类、药品制造类、食品药品管理类等相关专业使用

分析化学

（第二版）

主　编　董会钰
副主编　刘程程　傅春华　赵克霞
编　者　（按姓氏汉语拼音排序）

白亚蒙　南阳医学高等专科学校
崔　婷　遵义医药高等专科学校
董会钰　山东药品食品职业学院
傅春华　山东医学高等专科学校
韩盼盼　潍坊护理职业学院
刘程程　贵阳护理职业学院
唐冰雯　广州卫生职业技术学院
危冬梅　湖南食品药品职业学院
伍　乔　长沙卫生职业学院
赵克霞　皖西卫生职业学院
邹小丽　山东药品食品职业学院

科学出版社
北京

内 容 简 介

本书共分 13 章。前 7 章主要讲化学分析，包括绪论、分析误差及数据处理、滴定分析法概论、酸碱滴定法、配位滴定法、沉淀滴定法和氧化还原滴定法；后 6 章主要讲仪器分析，包括电化学分析法、紫外-可见分光光度法、红外分光光度法、经典液相色谱法、气相色谱法和高效液相色谱法。全书内容新颖、实用，并兼顾广度与深度；文中穿插多幅图片并附有案例，便于提高学生学习兴趣；书后附有实训，使理论与实践相结合。

本书可供高等职业教育药学类、药品制造类、食品药品管理类等相关专业学生使用。

图书在版编目（CIP）数据

分析化学 / 董会钰主编. —2 版. —北京：科学出版社，2021.1
高职高专医药院校创新教材
ISBN 978-7-03-066679-6

Ⅰ. 分⋯ Ⅱ. 董⋯ Ⅲ. 分析化学－高等职业教育－教材 Ⅳ. O65

中国版本图书馆 CIP 数据核字（2020）第 215076 号

责任编辑：池 静 / 责任校对：郑金红
责任印制：赵 博 / 封面设计：涿州锦晖

版权所有，违者必究。未经本社许可，数字图书馆不得使用

科 学 出 版 社 出版
北京东黄城根北街 16 号
邮政编码：100717
http://www.sciencep.com

天津文林印务有限公司 印刷
科学出版社发行 各地新华书店经销

*

2015 年 1 月第 一 版 开本：850×1168 1/16
2021 年 1 月第 二 版 印张：13
2023 年 2 月第九次印刷 字数：395 000

定价：45.00 元

（如有印装质量问题，我社负责调换）

前言

本教材为《分析化学》的修订版,在保持上版特色的基础上,以培养高级实用型医药卫生人才为目标,充分体现现代教育理念,以专业建设为核心,以能力为本位,注重素养教育,将培养学生的职业道德、专业能力及操作技能作为教材编写的主要线索。同时充分考虑药学类、药品制造类、食品药品管理类等相关专业岗位对分析化学基础知识、基本方法、基本技能的需求,兼顾高职高专学生的认知基础和身心特点确定编写内容,既突出分析化学的知识性,又强化分析化学的实践性、实用性,加强学生动手能力的培养,为专业课程的学习奠定坚实的基础。本教材主要具有以下特点:①将培养学生工匠精神的目标贯穿全书。②内容精炼、图文并茂,有利于学生对抽象概念和技术难点的理解掌握。③理论知识、案例、实训环环相扣,贴近工作岗位实际,学为所用,体现教、学、做三位一体。

在本教材的编写过程中,参考了大量文献资料,在此向有关作者表示衷心感谢。由于编者学识水平有限,书中若有不妥之处,恳请广大师生批评指正。

编 者

2020 年 10 月

配 套 资 源

欢迎登录"中科云教育"平台，**免费**数字化课程等你来！

本系列教材配有图片、视频、音频、动画、题库、PPT课件等数字化资源，持续更新，欢迎选用！

"中科云教育"平台数字化课程登录路径

电脑端

- 第一步：打开网址 http://www.coursegate.cn/short/ZZHYO.action
- 第二步：注册、登录
- 第三步：点击上方导航栏"课程"，在右侧搜索栏搜索对应课程，开始学习

手机端

- 第一步：打开微信"扫一扫"，扫描下方二维码

- 第二步：注册、登录
- 第三步：用微信扫描上方二维码，进入课程，开始学习

PPT课件，请在数字化课程中各章节里下载！

目 录
Contents

第1章 绪论 /1
第一节 概述 /1
第二节 分析步骤与分析结果表达 /2
第三节 化学定量分析常用仪器 /4
第四节 分析化学实验用水与实验试剂 /10

第2章 分析误差及数据处理 /13
第一节 定量分析误差 /13
第二节 有效数字与分析数据的处理 /17

第3章 滴定分析法概论 /24
第一节 基本概念及分析方法 /24
第二节 滴定反应基本条件及滴定方式 /25
第三节 滴定液 /26
第四节 滴定分析计算 /28

第4章 酸碱滴定法 /35
第一节 酸碱质子理论和酸碱溶液
pH 的计算 /35
第二节 酸碱指示剂 /38
第三节 酸碱滴定类型及指示剂的选择 /40
第四节 酸碱滴定液的配制与标定 /44
第五节 酸碱滴定法的应用 /45
第六节 非水溶液的酸碱滴定法 /46

第5章 配位滴定法 /51
第一节 概述 /51
第二节 EDTA 的性质 /51
第三节 配位滴定法的基本原理 /52
第四节 金属指示剂 /56
第五节 标准溶液的配制与标定 /58
第六节 配位滴定法的应用 /59

第6章 沉淀滴定法 /61
第一节 沉淀滴定法概述 /61
第二节 莫尔法 /61
第三节 福尔哈德法 /62
第四节 法扬司法 /63
第五节 滴定液的配制与标定 /64

第六节 沉淀滴定法的应用 /65

第7章 氧化还原滴定法 /67
第一节 概述 /67
第二节 原电池与电极电位 /68
第三节 常见氧化还原滴定法 /72
第四节 氧化还原滴定法应用 /79

第8章 电化学分析法 /83
第一节 概述 /83
第二节 指示电极和参比电极 /84
第三节 直接电位法 /88
第四节 电位滴定法 /90
第五节 永停滴定法 /92

第9章 紫外-可见分光光度法 /96
第一节 基本原理 /96
第二节 紫外-可见分光光度计 /101
第三节 定性与定量分析 /104

第10章 红外分光光度法 /108
第一节 基本原理 /108
第二节 红外分光光度计及样品的
制备技术 /110
第三节 红外分光光度法的应用 /112

第11章 经典液相色谱法 /114
第一节 概述 /114
第二节 色谱法的基本术语 /116
第三节 柱色谱法 /119
第四节 平面色谱法 /124

第12章 气相色谱法 /129
第一节 概述 /129
第二节 气相色谱法的基本理论 /130
第三节 气相色谱法的固定相和
流动相 /131
第四节 检测器 /133
第五节 分离操作条件的选择 /134
第六节 定性与定量分析 /135

第13章　高效液相色谱法　/ 139
　　第一节　概述　/ 139
　　第二节　基本理论　/ 140
　　第三节　高效液相色谱法的主要类型及原理　/ 140
　　第四节　高效液相色谱法的固定相和流动相　/ 143
　　第五节　高效液相色谱仪　/ 144
　　第六节　定性与定量分析　/ 149

实训指导　/ 152
　　实训一　化学实训基本技能　/ 152
　　实训二　电子天平称量　/ 154
　　实训三　滴定分析基本操作　/ 155
　　实训四　滴定液的配制（直接法）　/ 156
　　实训五　盐酸滴定液的配制和标定　/ 157
　　实训六　氢氧化钠滴定液的配制和标定　/ 158
　　实训七　食醋中总酸度的测定　/ 159
　　实训八　药用氢氧化钠含量的测定（双指示剂法）　/ 160
　　实训九　葡萄糖酸钙口服溶液中钙离子的测定　/ 161
　　实训十　自来水中硬度及钙、镁离子含量的测定　/ 163
　　实训十一　硝酸银标准溶液的配制与标定　/ 164
　　实训十二　食盐中氯含量的测定（莫尔法）　/ 165
　　实训十三　高锰酸钾滴定液的配制与标定　/ 166
　　实训十四　硫代硫酸钠滴定液的配制与标定　/ 168
　　实训十五　硫酸铜含量的测定　/ 170
　　实训十六　维生素 C 含量的测定　/ 171
　　实训十七　溶液 pH 的测定　/ 173
　　实训十八　磺胺嘧啶含量的测定（永停滴定法）　/ 174
　　实训十九　布洛芬的紫外鉴别　/ 176
　　实训二十　高锰酸钾溶液的吸收曲线、标准曲线的绘制与含量测定　/ 177
　　实训二十一　苯甲酸红外光谱的测定　/ 178
　　实训二十二　维生素 C 的红外鉴别　/ 179
　　实训二十三　薄层色谱法鉴别三黄片　/ 180
　　实训二十四　薄层色谱法鉴别果汁中的糖　/ 181
　　实训二十五　丙二醇含量的测定　/ 183
　　实训二十六　维生素 E 含量的测定　/ 184
　　实训二十七　甲硝唑片含量的测定　/ 186
　　实训二十八　饮料中山梨酸含量的测定　/ 187

附录　/ 190
　　附录 A　分析化学中常见计量单位　/ 190
　　附录 B　常见难溶化合物的溶度积常数　/ 190
　　附录 C　常见金属配合物的稳定常数　/ 191
　　附录 D　常见电极电对的标准电极电势　/ 192

参考文献　/ 193
教学基本要求　/ 194
自测题（选择题）参考答案　/ 198

第1章 绪 论

分析化学是研究物质的组成、结构、含量和形态的一门科学。分析化学具有极高的社会价值,对国民经济建设,尤其对药学事业的发展起到了重要的推动作用。

第一节 概 述

一、分析化学的分类

分析化学经过多年的发展,形成了各种分析方法和一套完整的分析体系,根据分析的依据不同,可做如下分类。

1. 无机分析和有机分析 根据分析对象不同,分析化学可分为无机分析和有机分析。其中,无机分析的对象是无机化合物,有机分析的对象是有机化合物。

2. 定性分析、定量分析和结构分析 根据分析任务不同,分析化学可分为定性分析、定量分析和结构分析。定性分析的任务是鉴定试样中含有的组分,即由哪些元素、离子、基团或化合物组成,也就是确定组成物质的各组分是什么;定量分析的任务是测定试样中各组分的相对含量,即确定组成物质各组分的含量有多少;结构分析的任务是研究物质的分子结构或晶体结构以及形态分析等。

3. 常量、半微量、微量和超微量分析 根据分析时所取试样量的多少也可以进行分类,见表1-1。

表1-1 根据试样量划分的分析方法

分析方法	试样量(固体)	试样量(液体)/ml
常量分析	>0.1g	>10
半微量分析	0.01~0.1g	1~10
微量分析	0.1~10mg	0.01~1
超微量分析	<0.1mg	<0.01

在无机定性分析中,多采用半微量分析法;在化学定量分析中,一般采用常量分析法;进行仪器分析时,多采用微量分析及超微量分析。

需要指出,根据试样中被测组分的含量高低,分析方法又可分为常量组分分析(>1%)、微量组分分析(0.01%~1%)及痕量组分分析(<0.01%)。常量组分分析一般采用化学分析法,微量组分分析和痕量组分分析一般采用仪器分析法。

4. 化学分析和仪器分析 根据测定原理不同,分析化学可分为化学分析法和仪器分析法。

(1)化学分析法:化学分析法是以化学反应为基础的分析方法,主要包括滴定分析法和重量分析法。滴定分析法和重量分析法通常用于高含量或中含量组分的测定,即待测组分的含量一般在1%以上。重量分析法的准确度比较高,但分析速度慢。滴定分析法操作简便、快速,测定结果的准确度也比较高(一般情况下相对误差不超过0.1%),所用仪器设备又很简单,在生产实践和科学试验中都有广泛应用。

(2)仪器分析法:仪器分析法是以物质的物理或物理化学性质为基础测定物质含量的分析方法,由于这类分析方法需要专用的、较特殊的仪器,所以称为仪器分析法。它包括光学分析法、电化学分析法、色谱分析法和质谱分析法等。

5. 例行分析、快速分析和仲裁分析　例行分析是指一般化验室日常生产中的分析，又称常规分析。例如炼钢厂的炉前快速分析，药厂及化工厂化验室的日常分析，要求在尽量短的时间内报出结果以作为判断生产过程运行正常与否的指标和判据，分析误差一般允许较大。

仲裁分析是不同单位对分析结果有争议时，要求有关单位（需是一定级别的药检所或法定检验单位）用指定的方法进行准确的分析，以判断分析结果的准确性。

二、分析化学的作用

分析化学作为研究物质组成的重要方法，已经渗透到国民经济、工农业生产和科学研究的各个方面，发挥着不可替代的重要作用。例如在食品学、医药学、生物学、农业科学、海洋学等学科中，都需要分析化学提供技术与信息支撑。分析化学也常常作为一种手段而广泛应用于化学学科本身的发展以及与化学有关的各学科领域中。无论是工农业生产的原料选择、生产过程的控制与管理、成品的质量检验，还是新技术的探索应用、新产品的开发研究等，都要以分析结果作为参考依据。它是一门社会迫切需要的实用学科，素有工农业生产和科学研究的"眼睛"之称。

药学和食品学是生命科学的重要部分。药品用于预防、治疗、诊断人的疾病，调节人的生理功能，它是一种特殊的化学物质。食品是指经过加工制作可以供人食用的物质。食品含有丰富的营养成分，为人类提供必需的能量。药品、食品和化学的关系非常紧密，很多药品、食品是化学合成的，其提取分离提纯需要用到化学方法，其检验、含量测定需要用分析化学的方法来完成。分析化学与药学和食品学的关系非常紧密。

分析化学作为食品、药品类专业的重要基础课程，通过本课程的学习，可使学生掌握与专业相关的理论知识、操作技能，为学生职业生涯的发展和从事药品、食品的生产、检验和贮存积累知识和技能经验。同时，对培养学生严谨科学的实验态度，提高分析问题和解决问题的能力，都具有特别重要的意义。

第二节　分析步骤与分析结果表达

一、分析过程的一般步骤

分析过程是确定物质组成信息的过程。要完成一项分析任务，通常包括以下步骤。

（一）任务和计划

根据分析任务制订初步分析计划，包括所采用的标准和分析方法，准确度和精密度要求等，还应包括所需的仪器设备、试剂等实验条件和实验可能存在的影响因素等。

（二）样品采集与制备

1. 样品的采集　试样采集要具有代表性。在采样过程中，必须按照一定的程序，根据物料的大小及存放情况，自物料的各个不同部位，采集一定数量、颗粒大小不等的样品。

2. 样品的制备　将采集到的原始试样处理成既能代表总体物料特性，数量又能满足检测需要最佳量的最终样品，这个过程称为试样的制备。对于均匀试样，其制备过程很简单，只需充分混合均匀即可。对于非均匀试样，一般需要经过破碎、过筛、混合和缩分等四个步骤。其中，缩分是在减小粒度的同时缩减样品量，常用的是"四分法"，样品经多次重复以上四个步骤后，使保留的试样量与试样的粒度达到试样制备要求，如图 1-1 所示。

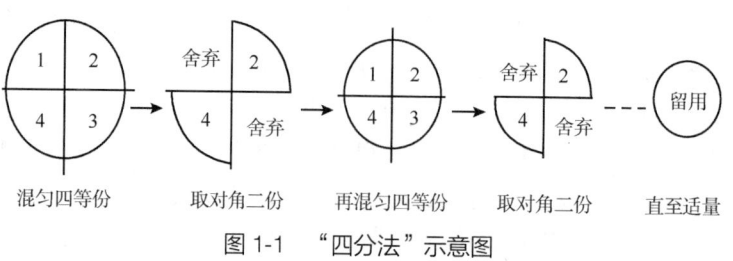

图 1-1　"四分法"示意图

(三) 样品的分解

样品分解是分析工作的重要步骤之一。在分解样品时应注意以下问题：样品必须分解完全，分解过程中待测组分的量不能改变，所用试剂及反应产物对后续测定没有干扰。

样品的性质不同，分解的方法也不同。无机样品通常采用溶解法、熔融法和半溶法进行分解。有机样品的分解则通常采用干法、湿法和燃烧法等。此外，加压、微波加热分解技术在分析检测中也经常用到。

在样品分解过程中，针对不同样品以及不同的测定对象，需要选择不同的分解方法。选择样品分解方法的原则如下：①样品的分解方法应与测定方法相适应。有时测定同一组分，由于检测方法不同，选择样品的分解方法也不同。②应根据其组成和特性来选择样品的分解方法。样品能溶于水时，最好用水作溶剂。样品不溶于水时，酸性样品可用碱性溶（熔）剂分解，常见的碱性溶（熔）剂有氢氧化钠、氢氧化钾、氨水、碳酸钠、碳酸钾等。碱性样品可用酸性溶（熔）剂分解，常见的酸性溶（熔）剂有盐酸、硝酸、硫酸、磷酸、高氯酸、焦硫酸钾等。氧化性样品可用还原性溶（熔）剂分解。还原性样品可用氧化性溶（熔）剂分解。③测定同一样品中的不同组分时，需要根据待测组分的性质采用不同的样品分解方法。例如，测定钢铁中磷的质量分数时，必须采用氧化性的酸来溶解，否则会造成磷的损失，但若测定钢铁中的其他元素，则可以用盐酸等溶解。所以，在分解试样时还需考虑所测定组分的性质。④选择分解方法时，还需注意应对后续分析操作无影响。

对于组成复杂的试样，在定量分析时，待测组分的含量常受到样品其他组分干扰，需要在分析前进行分离。常用的分离方法有沉淀法、挥发法、萃取法、色谱法等。

(四) 样品的预处理

在定量分析中，待测样品通过制备和分解处理后，通常是以溶液或气体的状态用于测定。但有时待测组分经过上述处理后，其存在形式与测定形式并不完全相符，此时还需对样品做进一步处理。例如，利用氧化还原滴定法测定铁矿石中总铁的质量分数时，样品经过溶解后，部分铁以 Fe^{3+} 形态存在，若采用重铬酸钾标准溶液（即滴定液）滴定，则需先用酸性氯化亚锡将 Fe^{3+} 还原为 Fe^{2+}，然后进行测定。这种在滴定前将全部待测组分转变为适宜测定形态的处理步骤，称为样品的预处理。

关于样品的预处理需注意以下问题：①反应必须能够定量地进行完全，使待测组分全部转变为适宜测定的形态，且反应速率要快。②过量的试剂必须易于除去（可采用加热分解、过滤沉淀和其他分离方法），并对待测组分不产生影响。③反应必须具有足够的选择性，以免其他共存组分的干扰。

(五) 定量测定

根据样品的性质和分析要求，选择合适的分析方法进行测定。测定样品时应在满足测定准确度要求的前提下，选择测定步骤简便、测定快的方法，可根据待测组分的性质不同加以选择。例如，酸碱性物质，可选择酸碱滴定法测定；大多数的金属离子可选择配位滴定法测定；具有氧化性或还原性的组分可选择氧化还原滴定法测定等。对于常量组分，可选择滴定分析法和称量分析法测定；对于微量甚至痕量组分，则一般采用灵敏度较高的仪器分析法或将样品经分离、富集后再测定。在选择测定方法时，还应考虑到共存干扰组分对测定的影响，一般应选用选择性较高的分析方法。同时，还必须结合现有的实验条件，包括实验仪器设备、药品试剂以及实验人员的素质、技能等进行选择。

(六) 数据处理及分析结果表达

1. 分析检验记录　分析检验记录是对分析检验项目整个分析检测过程的真实写照，是出具检验报告的原始凭证与依据。其记录应按页编号，原始记录应用蓝黑墨水或碳素笔书写，记录应详尽、清楚、真实、资料完整，并应归档保存。数据记录应尽量采用国家标准规定的计量单位，并按测量仪器的有效读数记录。数据整理应用清晰简明的格式把大量原始数据表达出来，并保持原始数据应有的信息。

2. 数据处理　根据分析过程中有关反应的化学计量关系、试样的用量、测量得到的结果，计算待测组分的含量。可以借助计算机技术和各种专用数据处理软件，对大批实验数据进行处理，对分析结果及其误差用统计学方法进行处理和评价。

3. 形成检验报告 检验报告一般由如下内容组成：检验报告编号，送检单位（部门）名称，受检产品名称，样品说明（生产厂名、型号和规格、产品批号或出厂日期、取样地点及方法等），检验依据的标准编号与名称，检验项目与结果，检验结论，检验报告责任人并加盖检测单位专用公章，检验报告批准日期等。

二、分析结果的表达

（一）分析化学中常用的量及法定计量单位

定量分析是对待测组分进行准确分析测试的过程，得到的分析结果的表示必须准确规范和完整，其物理量、单位、符号及书写方法均应符合国家法定计量单位的规定。以国际单位制（SI）单位为基础，我国发布了《中华人民共和国法定计量单位》。

常见的计量单位和符号见附录 A。

（二）分析结果的表达形式

定量分析的任务是测定样品中各组分的相对含量，分析的结果要通过准确方式表示出来。

1. 固体试样 在固体试样中，某一组分的含量通常用其在样品中的质量分数 w 来表示。例如，对于组分 B，其含量可以用 w_B 表示：

$$w_B = \frac{m_B}{m_s} \tag{1-1}$$

式中，m_s、m_B 分别为样品和被测组分的质量，二者使用单位要一致，如 g、kg 等。如果被测组分的含量较高，为常量组分（被测组分的含量＞1%）时，则 w_B 的数值可以用百分比（%）来表示。例如 $w_B=0.12$，则可表示为 $w_B=12\%$。

在仪器分析中，被测组分含量通常很低，如痕量组分（被测组分含量＜0.1%），用百分比（%）表示其含量时有时书写较困难，可采用 ppm、ppb、ppt 等表示。

ppm 浓度称为百万分比浓度。被测组分质量占试样的质量（或被测组分质量占试液体积，或气体组分体积占气体试样总体积）的百万分之一，称为一个 ppm。以 ppm 表示的含量与以百分比表示的含量之间的数值换算公式为

$$\text{以 ppm 表示的含量} = \text{以百分比表示的含量} \times 10^4$$

例如，对于百分比为 1% 的样品，其 ppm 含量则为 1×10^4 ppm。

ppb 浓度称为十亿分比浓度。被测组分质量占试样的质量（或被测组分质量占试液体积，或气体组分体积占气体试样总体积）的十亿分之一，称为一个 ppb。以 ppb 表示的含量与以 ppm 表示的含量的换算公式为

$$\text{以 ppb 表示的含量} = \text{以 ppm 表示的含量} \times 10^3$$

例如，对于百万分比为 3ppm 的样品，其 ppb 含量则为 3×10^3 ppb。

2. 液体试样 按照国家法定计量单位的规定，液体试样的分析结果一般用物质的量浓度来表示，单位为 mol/L，mmol/L 或者 μmol/L。在实际应用中，液体试样的测定结果也可以用质量/质量的形式或者用质量/体积的形式表示。

例如，在 100g 溶液中含有 m（g）的溶质，则该溶液的浓度为 $m\%(m/m)$，称为质量百分比浓度，m_B/m_s 表示溶质质量比溶液质量，与固体试样的表达方法 w_B 含义相同。

如果在 100ml 溶液中含有 m（g）的溶质，其浓度可以表示为 $m\%(m/V)$，称为质量体积百分比浓度，用 m/V 表示溶质质量与溶液体积之比。

3. 气体试样 气体样品的分析结果表达可以用质量浓度和体积分数来表示。

第三节　化学定量分析常用仪器

在化学定量分析中，常见的仪器有分析天平、移液管、容量瓶和滴定管等，熟悉并掌握其使用方

法对取得准确分析结果十分重要。

一、分 析 天 平

（一）分析天平的构造

分析天平是用来准确称取一定质量物质的仪器。随着科学技术的进步，分析天平经历了摆动天平、阻尼天平、机械加码电光天平和电子天平等阶段。目前，广泛使用的是电子天平，其基本构造，见图1-2。

需要说明的是，不同厂家生产、不同型号的天平，其操作面板各功能按键的位置与标示也略有不同。

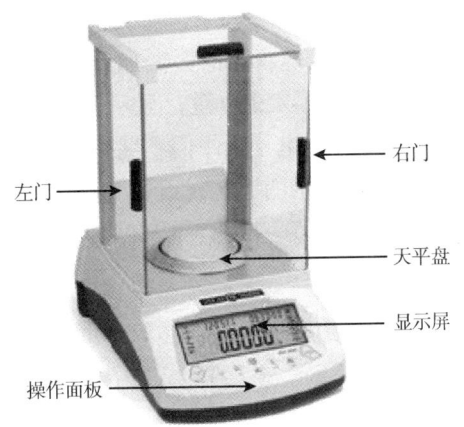

图1-2 电子天平

（二）电子天平的使用方法

1. 使用前的准备

（1）选择适宜精度的电子天平：根据称取物质的量和称量精度要求，选择适宜精度的电子天平。当称样量大于100mg时，选用感量为0.1mg的电子天平；在10～100mg选用感量为0.01mg的电子天平；当称样量小于10mg时，选用感量为0.001mg的电子天平。

（2）检查与调整电子天平水平状态：观察其水平仪（水平仪一般位于天平的后方）中的气泡是否位于液腔中央，若处于中央，天平即处于水平状态。否则，需要调节电子天平的底座旋钮，使其处于水平状态。

（3）预热：接通电源，预热30min以上。

（4）清扫：用软毛刷将电子天平盘及称量纸轻刷干净。

需要说明的是，在实验室环境（温度、湿度等）变化、电子天平安放位置变动等情况下，需要重新对电子天平进行校准工作。校准方法有内校准和外校准，具体参照说明书或请当地计量局完成。

2. 称量 常用的称量方法有直接称量法、减重称量法和增重称量法。

（1）直接称量法：将称量物直接放在电子天平中称量其质量的方法，如称量小烧杯的质量、称量某坩埚的质量等，都使用这种称量法。

注意：①称量物不可直接与电子天平盘接触，应放置在盘上的称量纸上；②放入被称物前，轻按RE-ZERO键，天平显示"0.0000"（注意不同的天平清零键位置不同，具体见说明书）；③读数时必须关闭电子天平门。

（2）减重称量法：此法用于连续称量数份一定质量范围的样品。在称量过程中样品易吸水、易氧化或易与CO_2等反应时，可选择此法。由于称取样品的质量是由两次称量之差求得，也称差减法。其具体操作过程如下。

1）从干燥器中取出盛有已按要求干燥样品的称量瓶，放入天平中，称其准确质量（该步骤与直接称量法相同）为m_1（g）。

2）将称量瓶从电子天平上取出，在接收容器（如烧杯、锥形瓶等）的上方倾斜瓶身，用称量瓶盖轻敲瓶口上部使样品慢慢落入容器中，当倾出的样品接近所需量时，一边继续用瓶盖轻敲瓶口，一边逐渐将瓶身竖直，使黏附在瓶口上的样品落回称量瓶，然后盖好瓶盖，放回天平中，准确称其质量m_2（g）。

3）两次质量之差（m_1-m_2）g，即为倒入接收容器中样品的质量。

4）重复上述步骤，可连续称量多份样品。

注意：①不可用手直接接触称量瓶和瓶盖，可戴手套称量，也可用纸片裹住称量瓶和瓶盖进行称量。②倒出样品时要少量多次，避免一次倒出过多超出规定质量范围。③倒出样品过程中瓶身和瓶盖始终不要离开接收容器上方，防止样品洒落到容器之外。

（3）增重称量法：此法用于称量某一固定质量的试剂（如基准物质）或样品。这种称量操作适于称量不易吸潮、在空气中能稳定存在的粉末状或小颗粒（最小颗粒应小于 0.1mg，以便容易调节其质量）样品。

1）打开电子天平，在天平盘上放入称量瓶或称量纸，然后轻按回零键，显示屏显示"0.0000"。

2）用药匙将样品慢慢加入到称量瓶中或称量纸上，加到称量样品的规定范围为止，关闭电子天平门，轻按 RE-ZERO 键，显示"0.0000"。

3）开启电子天平门，将样品转移至指定的接收容器中，再将称量瓶或称量纸放于电子天平盘上，关闭电子天平门，记录读数为$-m$（g），则倒入指定容器中所需要的样品质量即为 m（g）。

注意：每一次称量结束后，都要清扫电子天平，并登记电子天平使用情况。

二、移 液 管

移液管是用来准确移取一定体积液体的分析仪器，是定量分析的常见仪器。

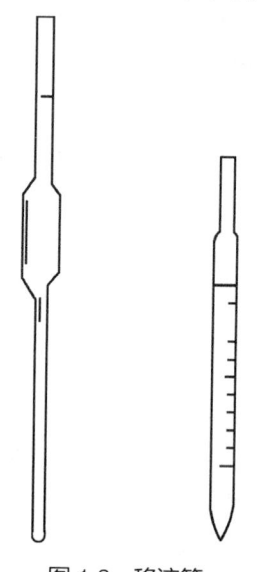

图 1-3 移液管

（一）分类

移液管可以分为两类，即腹式移液管和刻度移液管（也称吸量管）。

1. 腹式移液管（简称移液管） 移液管的形状，见图 1-3。

移液管只能量取固定体积的液体，中部膨大且管径上部有一环状刻度。在标明的温度下，当溶液凹液面最低点与标线相切时，管内液体的体积即为移液管标明的体积数。常用的规格有 5ml、10ml、20ml、25ml、50ml 等。

2. 吸量管 吸量管的形状，见图 1-3，直形且管上具有分刻度，一般只用于量取小体积溶液。常用的规格有 0.1ml、0.2ml、0.5ml、1ml、2ml、5ml、10ml 等。吸量管可用于量取其刻度范围内任意体积的液体。

移液管和吸量管通常具有下列标识：

标准容量，如 5、10、25、50 等；

容量单位符号，如 cm^3、ml 等；

准确级别符号，如"A"、"B"等；

生产厂名或注册商标。

（二）移液管的使用方法

移液管通常配合洗耳球使用。在使用移液管之前首先应该检查其尖嘴和上口部有无破损，完好的移液管才可以使用，通常包括以下步骤。

1. 洗涤 移液管和吸量管是带有精确刻度的容量仪器，由于其管径较细，不宜用刷子刷洗。应采用润洗（也称为淌洗）的方法进行洗涤，具体的操作方法是：

用左手持洗耳球，右手拿移液管，右手拇指和中指拿住移液管或吸量管标线以上部分，食指靠近移液管口，无名指和小指辅助拿住移液管。将洗耳球对准移液管口，将管尖伸入自来水或蒸馏水中，吸至移液管或吸量管约 1/4 处时，迅速移开洗耳球，右手食指迅速堵住管口，移出，将移液管横置，左手托住下管部，右手指松开，拖住上管部，轻轻旋转，让溶液润湿管内壁。润洗后将洗涤水从尖嘴和上口分别放出。如此反复润洗 1～3 次。

特别注意的是，移液管在用自来水和蒸馏水润洗之后，最后要用待装溶液润洗一次。

2. 吸液 移液管经润洗后，移取溶液时，将管尖直接插入待吸液液面以下 1～2cm 处。管尖不应插入太浅，以免液面下降后造成吸空；也不应插入太深，以免管外壁附有过多溶液。吸液时，应注意容器中液面和管尖位置，应使管尖随液面下降而下降，以免吸空。当洗耳球慢慢放松时，管中液面徐徐上升；当液面上升至标线以上时，迅速移去洗耳球，与此同时，用右手食指堵紧管口。

3. 调节液面 另取一洁净小烧杯，将移液管管尖靠住小烧杯内壁，移液管垂直烧杯倾斜，右手食指微微松动（或用中指和大拇指微微转动移液管），使液面缓慢稳定下降，直至液体凹液面最低点与刻度标线相切，迅速压紧食指。

4. 放液 左手拿住接收溶液的容器（一般为锥形瓶），并将容器倾斜，将移液管移入容器中，保持管垂直，移液管尖部紧贴容器内壁，然后放松右手食指，使溶液竖直自然顺壁流下。待溶液流尽，等 10s 左右，移出移液管（标有"吹"字的移液管不需等 10s）。这时，尚可见管尖部位仍留有少量溶液，此管尖部位留存的溶液不能吹入接收容器中（特别注明有"吹"字的移液管除外），否则，量取的液体体积将超过标示的量。

移液管的操作，见图1-4。

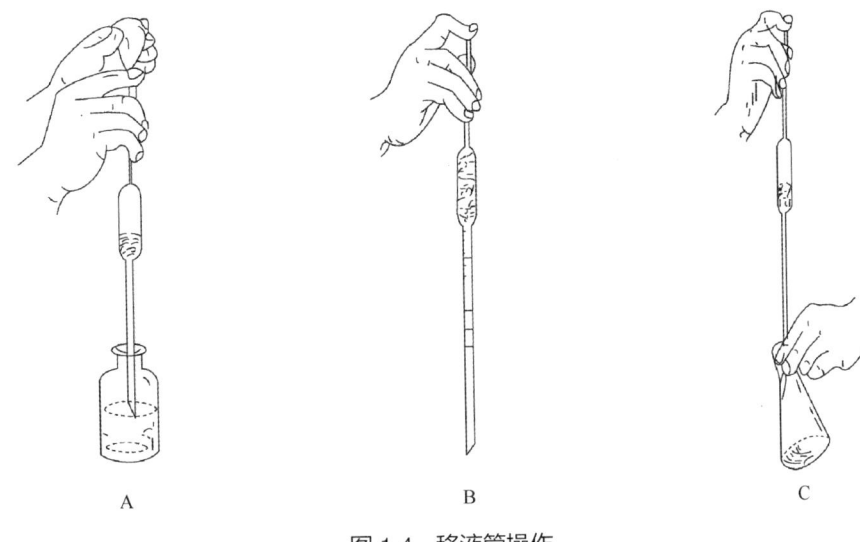

图 1-4 移液管操作

三、容 量 瓶

（一）形状与规格

容量瓶是一种细长颈梨子形状带有磨口玻塞的玻璃瓶，瓶颈刻有环形标线，表示在瓶身标示的温度下，当液面至标线时，液体的体积恰好与瓶身标明的体积相等。容量瓶一般用于配制和准确稀释溶液，通常有 25ml、50ml、100ml、250ml 等多种规格，如图 1-5 所示。

（二）使用方法

1. 检漏 容量瓶使用之前，首先要检查是否漏水。其方法是将容量瓶装自来水至标线附近，盖紧瓶塞，一手食指按住瓶塞，一手握住瓶体，将容量瓶倒置 1~2min，观察瓶口是否有水渗出，如不漏水，将瓶塞转动 180° 后，再检查一次，仍不漏水，即可使用。

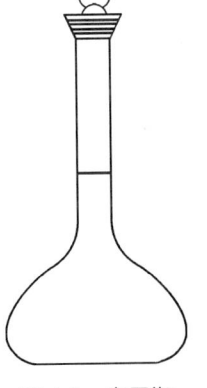

图 1-5 容量瓶

2. 洗涤 配制溶液前，先将容量瓶用自来水洗净，再用少量纯化水涮洗 2~3 次，洗至内壁不挂水珠。否则用洗液浸泡，再清洗。

3. 定量转移 如果是用固体试剂配制溶液，应先将准确质量的固体试剂置于小烧杯中，加入少量纯化水搅拌溶解后，再将溶液定量转移至容量瓶中。转移时，将玻璃棒伸入容量瓶内，玻璃棒下端靠着瓶颈内壁，烧杯嘴紧靠玻璃棒，使溶液沿玻璃棒流入容量瓶中。待溶液全部流完后，将烧杯嘴沿玻璃棒上移，并同时直立，使附在玻璃棒与烧杯嘴之间的溶液流回烧杯中。然后用少量溶剂冲洗烧杯壁和玻璃棒，按同样的方法将洗涤液一并转入容量瓶中，重复冲洗 3 次以上。然后加入溶剂至容量瓶容积的 2/3 处，旋摇容量瓶，使溶液初步混合均匀。

4. 定容 当溶剂加至液面离标线 1cm 左右时，要改用胶头滴管逐滴加入，直至溶液的凹液面最低处与标线相切为止，观察时眼睛位置也应和标线在同一水平面上，否则会引起测量体积不准确。

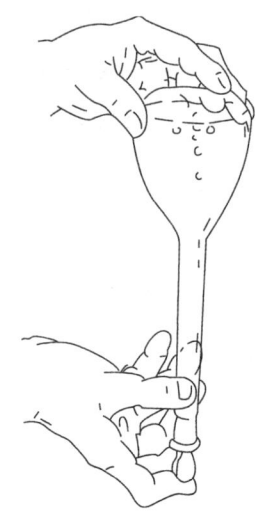

图 1-6 容量瓶混匀操作

5. **摇匀** 盖紧瓶塞，一只手握住瓶底，另一只手食指压紧瓶塞，反复倒转容量瓶十次以上，再直立，如此反复数次，使溶液充分混合均匀，见图 1-6。

（三）注意事项

1. 容量瓶的容积是固定的，所以一种规格的容量瓶只能配制某一体积的溶液。在配制前先要明确需要配制的溶液的体积，然后选用合适规格的容量瓶。
2. 容量瓶不能直火加热，也不能盛放热溶液。
3. 容量瓶不能长期存放溶液，配制好的溶液应转入清洁的试剂瓶中存放。
4. 瓶与瓶塞配套使用，不能互换。
5. 容量瓶用完应及时洗涤干净，塞上瓶塞，并在瓶塞与瓶口之间加一纸条，防止瓶塞与瓶口黏连。

四、滴 定 管

（一）形状与规格

1. **形状** 滴定管是用来进行滴定的仪器，用于准确测量滴定中所用溶液的体积。滴定管是细长、内径大小均匀且具有精密刻度的玻璃管，管的下端连有开关和玻璃尖嘴。滴定管分为两种：一种是下端带有玻璃活塞开关的酸式滴定管，用来盛放酸、酸性或氧化性溶液，不宜盛放碱性溶液。因为碱性溶液能腐蚀玻璃，使活塞与活塞套黏合，难于转动。另一种是下端连接一段橡皮管，管内放一小玻璃珠，用来控制滴定速度的碱式滴定管。碱式滴定管用来盛放碱或碱性溶液，不能盛酸或氧化性等腐蚀橡皮管的溶液，见图 1-7。现在有一种得到广泛应用的滴定管，外观与酸式滴定管相似，但是活塞部分材料是聚四氟乙烯，既可用于装酸性溶液又可用于装碱性溶液。

2. **规格** 常量分析的滴定管容积为 25ml 或 50ml，最小刻度为 0.1ml。另外，用于半微量和微量分析时，还有容积为 10ml、5ml、2ml、1ml 等的滴定管。

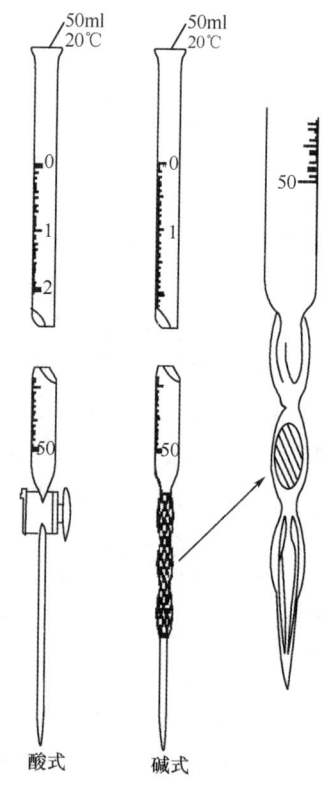

图 1-7 滴定管

（二）滴定管使用前的准备

1. **检漏** 滴定管使用前首先要检漏。检漏的方法是先将活塞关闭，在滴定管内装满水，擦干滴定管外部，直立放置约 2min，仔细观察滴定管尖嘴部是否有液体渗出。酸式活塞缝隙中是否有水渗出。然后将活塞旋转 180° 再放置约 2min，观察是否有水渗出，若无渗水现象，即可洗净使用。如果碱式滴定管有渗水现象，应更换橡胶管或玻璃珠，如果酸式滴定管有渗水现象，应在活塞上重新涂抹凡士林。

为使滴定管活塞润滑、不漏水，转动灵活，应在活塞上涂凡士林。操作方法是：将酸式滴定管平放在台面上，取出活塞，用滤纸将活塞及活塞套内的水擦干，蘸取适量凡士林，用手指在活塞周围涂上薄薄一层，或分别涂在活塞的粗端和活塞套的细端（切勿将活塞小孔堵塞），如图 1-8 所示。然后将活塞插入活塞套内，压紧并向同一方向旋转，直到活塞转动部分透明为止，最后用橡皮圈套住活塞末端，以防活塞脱落。

用聚四氟乙烯作旋塞材料的滴定管不须涂抹凡士林。

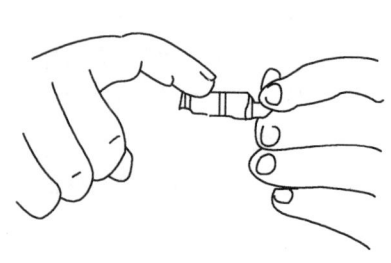

图 1-8 滴定管活塞涂凡士林

2. **洗涤** 滴定管洗净的基本要求是滴定管用水润湿时，其内壁应不挂水珠,否则说明滴定管内壁有沾污。如果无明显油污,可以用自来水冲洗,也可用肥皂水或洗涤剂冲洗(不能用去污粉)。如果仍不能洗干净,则可用洗液浸泡,再用自来水冲洗干净,最后用少量纯化水淌洗2~3次,直至内壁不挂水珠。

3. 装溶液 为避免滴定管中残留的水分改变滴定液的浓度,在装溶液前,先用少量待装溶液进行润洗,用量一般为滴定管体积的1/5。其方法是加入适量被装溶液,然后将滴定管倾斜,慢慢转动,使溶液浸润全管,然后打开活塞,将溶液自下端放出一部分,倒转,从滴定管上口部倒出剩余部分。装溶液时,要直接从试剂瓶加入滴定管,不要再经过其他容器,以免污染或影响溶液的浓度。

4. 排气泡 滴定管装满溶液后,应检查尖嘴部是否有气泡,如有气泡,将影响溶液体积的准确性,必须排除。对于酸式滴定管,如有气泡,可将滴定管倾斜,迅速转动活塞,让溶液急速下流以除去气泡。对于碱式滴定管,则可将橡皮管向上弯曲,用两指挤压玻璃珠,形成缝隙,让溶液从尖嘴口喷出,气泡即可除去,如图1-9所示。

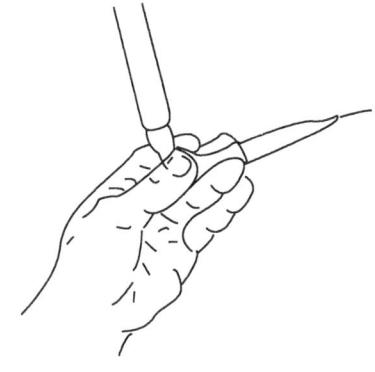

图1-9 碱式滴定管排气泡方法

5. 调零 调整滴定管内溶液的凹液面与滴定管的"0"刻度线相切。

(三)滴定操作

将滴定液由滴定管滴加到待测物质溶液中的操作过程称为滴定。滴定时,用左手控制滴定管,右手拿锥形瓶,如图1-10所示。滴定过程中左手始终控制滴定流速,右手不断旋摇锥形瓶,以使滴入的溶液快速反应完全,眼睛始终注视锥形瓶内颜色的变化,而不要注视滴定管内溶液液面的变化。

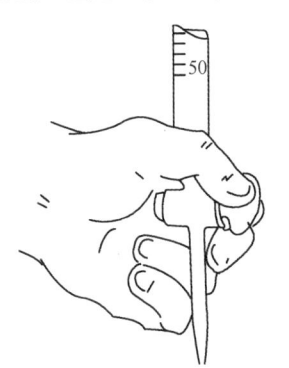 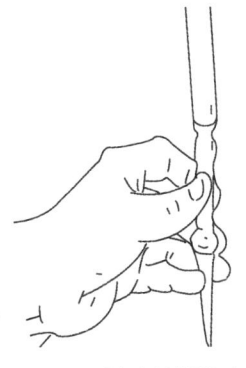 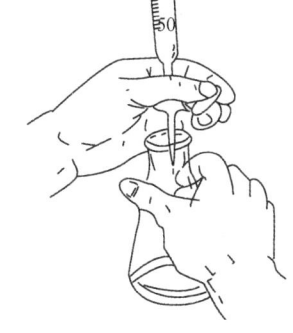

图1-10 滴定管操作方式

(四)滴定管的读数

读数时滴定管应保持垂直,视线与滴定管中凹液面最低处相切,否则将因眼睛的位置不同而引起误差。滴定管的读数应估计到0.01ml,即小数点后第二位,如图1-11所示。

在同一个实验的平行滴定中,所用溶液的体积应控制在滴定管刻度的大约同一位置,可以抵消由于滴定管上下刻度不够准确而引起的误差。每次滴定完毕,需等1~2min,待内壁溶液完全流下再读数。每次滴定的初读数和末读数必须由一人读取,以免两人的读数误差不同而引起误差的积累。初读数每次最好调节在零刻度线。

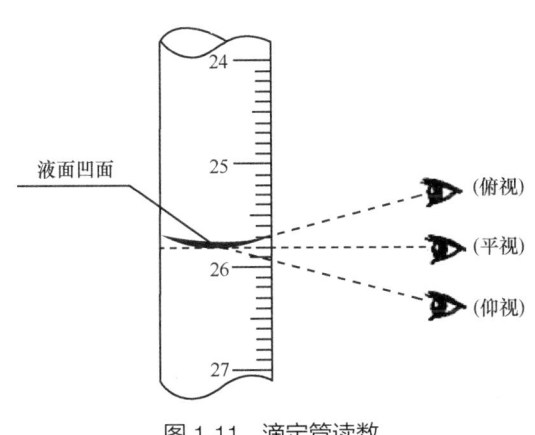

图1-11 滴定管读数

(五)注意事项

1. 酸式滴定管的玻璃活塞与滴定管是配套的,不能任意更换。

2. 碱性滴定液不宜使用酸式滴定管,因为碱性滴定液常腐蚀玻璃，使玻璃塞和玻璃孔黏合，以致难以转动。

3. 酸式滴定管长期不用时，活塞部分应垫上滤纸，否则时间一久塞子不易打开；碱式滴定管长期不用，橡皮管应拔下，蘸些滑石粉保存。

第四节 分析化学实验用水与实验试剂

一、分析化学实验用水

在分析化学实验中离不开实验用水。用于溶解、稀释和配制溶液的水都必须先经过净化。根据分析的任务和要求不同，对水的纯度要求也不相同。国家标准《分析实验室用水规格和试验方法》（GB/T 6682—2008）规定了实验室用水的级别、技术要求和实验方法，适用于化学分析和无机痕量分析等实验用水，可根据实际工作需要选用不同级别的水。

1. 实验用水规格　国家标准（GB/T 6682—2008）中将实验用水分成3个等级：一级水、二级水和三级水。分析实验室用水应符合表1-2所列规格。

表1-2　分析实验室用水规格

指标名称	一级	二级	三级
pH 范围（25℃）	—	—	5.0~7.5
电导率（25℃）/（mS/m）	≤0.01	≤0.10	≤0.50
可氧化物质（以氧计）/（mg/L）	—	<0.08	<0.4
吸光度（254nm，1cm 光程）	≤0.001	≤0.01	—
蒸发残渣[（105±2）℃]/（mg/L）	—	≤1.0	≤2.0
可溶性硅（以 SiO_2 计）/（mg/L）	<0.01	<0.02	—

注：（1）由于在一级水、二级水的纯度下难以测定其真实的pH，因此对一级水、二级水的pH范围不做规定。

（2）一级水、二级水的电导率需用新制备的水在线测定。

（3）由于在一级水的纯度下难以测定可氧化物质和蒸发残渣，故对其限量不做规定。可用其他条件和制备方法来保证一级水的质量。

2. 纯水的制备　实验室用水的制备方法主要有蒸馏法、离子交换法和电渗析法等。

（1）蒸馏法：将原水在蒸馏装置上加热汽化，然后将蒸汽冷凝以后所得到的水称为蒸馏水。蒸馏法设备成本低、操作简单，但是能耗较高、产率低，而且只能除去水中的非挥发性杂质，不能除去水中的气体和少量的金属离子。

（2）离子交换法：用离子交换树脂分离出水中杂质离子的方法称为离子交换法，离子交换法制得的水称为去离子水。该法优点是操作简便、设备简单、出水量大、成本低。去离子水在一般情况下可代替蒸馏水。

（3）电渗析法：电渗析水是在外电场的作用下，利用阴、阳离子交换膜对溶液中离子的选择性透过而使溶质和溶剂分离，从而得到的净化水。此方法除去杂质的效率较低，适用于要求不很高的分析工作。与离子交换法类似，电渗析法也不能除掉非离子型杂质，但电渗析仪器的使用周期比离子交换柱长，再生处理比离子交换柱简单。

在化学定量分析中，主要使用三级水，有时需将三级水加热煮沸后使用，特殊情况下也使用二级水。仪器分析实验中主要使用二级水，有的实验还需使用一级水。

二、实 验 试 剂

1. 实验试剂的分级　试剂的纯度对实验结果的准确度影响很大，不同的实验对试剂的纯度要求也不相同。一般实验室所用的化学试剂分为3级：优级纯、分析纯、化学纯。取用时应按不同的实验要求选用不同规格的试剂（表1-3）。例如一般无机实验用三级试剂即可，分析实验则须取用纯度较高的二级甚至一级试剂。

表 1-3　国家标准规定化学试剂的级别和适用范围

级别	名称	符号	标签颜色	适用范围
一级	优级纯（保证试剂）	GR	绿	纯度很高，适用于精密分析和科研工作
二级	分析纯（分析试剂）	AR	红	纯度仅次于一级，适用于一般分析实验和科学研究工作
三级	化学纯	CP	蓝	纯度较二级差，适用于一般化学实验
四级	实验试剂	LR	黄	纯度较低，实验辅助试剂或用于一般制备

2. 化学试剂的选择和取用　试剂的取用应该按照节约的原则，根据所做实验的具体情况，如分析方法的灵敏度和选择性、分析对象的含量及对分析结果准确度的要求，合理地选用相应级别的试剂。

（1）滴定分析中常用的标准溶液应选择分析纯试剂配制，基准试剂标定。在某些情况下，如对分析结果要求不很高的实验，也可用优级纯或分析纯代替基准试剂标定。滴定分析中所用的其他试剂一般为分析纯试剂。

（2）如果所做实验对杂质含量要求低，应选择优级纯试剂；如果只对主体含量要求高，则应选用分析纯试剂。

（3）仪器分析实验中一般选用优级纯或专用试剂，测定微量成分时应选用高纯试剂。

（4）在一般无机化学实验中，化学纯试剂已经可以符合实验要求。

为防止试剂受到污染，保证实验结果的准确性，在取用试剂时应注意遵守以下规则：

（1）试剂不能与手接触。

（2）要用洁净的药匙、量筒或滴管取用试剂，绝对不准用同一种工具同时连续取用多种试剂。取完一种试剂后，应将工具（药匙）洗净擦干后，方可取用另一种试剂。

（3）试剂取用后一定要将瓶塞盖紧，不可放错瓶盖和滴管，用完后将瓶放回原处。

（4）已取出的试剂不能再放回原试剂瓶内。

自 测 题

一、选择题（A 型题）

1. 以物质的化学反应为基础进行的分析属于（　　）。
   A. 无机分析　　　　B. 有机分析
   C. 定性分析　　　　D. 化学分析
2. 在化学定量分析中，一般采用（　　）。
   A. 常量分析法　　　B. 微量分析法
   C. 痕量分析法　　　D. 定性分析
3. 常量分析法中所取试样的质量应（　　）。
   A. 大于 0.1g　　　　B. 大于 0.01g
   C. 大于 0.001g　　　D. 大于 0.0001g
4. 试样制备过程中，需要采用"四分法"的步骤是（　　）。
   A. 破碎　　　　　　B. 过筛
   C. 混合　　　　　　D. 缩分
5. 对于同一试样，ppm 浓度在数值上是百分比浓度的（　　）。
   A. 10 倍　　　　　　B. 100 倍
   C. 1000 倍　　　　　D. 10000 倍
6. 当精密称定的样品量大于 100mg，应选用感量为（　　）的天平。
   A. 0.0001mg　　　　B. 0.001mg
   C. 0.01mg　　　　　D. 0.1mg
7. 下列仪器需要用待装溶液润洗的是（　　）。
   A. 量筒　　　　　　B. 容量瓶
   C. 烧杯　　　　　　D. 移液管
8. 容量瓶使用的第一步是（　　）。
   A. 检漏　　　　　　B. 洗涤
   C. 定量转移　　　　D. 定容
9. 化学定量分析实验中应使用（　　）。
   A. 一级水　　　　　B. 二级水
   C. 三级水　　　　　D. 都可以
10. 分析化学实验需要采用（　　）试剂。
    A. 一级　　　　　　B. 二级
    C. 三级　　　　　　D. 四级

二、填空题

1. 分析化学的任务包括_____、_____、_____。
2. 在无机定性分析中，多采用_____法；在化学定量分析中，一般采用_____法；进行微量分析及超微量分析时，一般采用_____法。
3. 根据试样中被测组分的含量，分析方法又可分为_____、_____及_____。常量组分分析一般采用_____，微量组分和痕量组分分析一般采用_____。

4. 对于非均匀试样，其处理一般需要经过_____、_____、_____和_____等4个步骤。其中，缩分是在减小粒度的同时缩减样品量，常用方法是_____。

5. 分析天平的称量方法有_____、_____和_____等。

6. 容量瓶的使用包括_____、_____、_____、_____和_____等5个步骤。

7. 移液管可以分为两类，即：_____和_____（也称_____）。

8. 带有_____的是酸式滴定管，不能盛放_____；带有_____的是碱式滴定管，不能盛放_____。

9. 在常用的化学定量分析仪器中，需要用待装液润洗的有_____和_____。

10. 实验室用水的制备方法主要有_____、_____和_____等。

11. 实验用水分成_____、_____和_____ 3个等级，在定量化学分析实验中，主要使用_____，特殊情况下也使用_____。仪器分析实验中主要使用_____，有的实验还需使用_____。

12. 一般实验室所用的化学试剂分为3级，分别为_____、_____和_____。分析实验须取用纯度较高的_____。

（董会钰）

第 2 章 分析误差及数据处理

定量分析的任务是测定样品中各组分的含量,测定结果要具有一定准确性。在分析过程中,由于主、客观条件的限制,往往使测定结果和真实值不能完全一致,产生分析误差。定量分析还要记录和处理大量实验数据,记录和处理不当也会使结果出现错误。因此,准确把握误差产生的原因并加以有效纠正与避免,合理记录、运算和处理数据,是取得准确分析结果的前提条件。

> **案 例** 0.1mol/L 盐酸滴定液的标定
>
> 用减重称量法精密称取干燥至恒重的基准 Na_2CO_3 3 份,每份约 0.2g,分别置于 250ml 锥形瓶中,并在锥形瓶上标记 1 号、2 号、3 号。在每个锥形瓶中加入约 50ml 蒸馏水,将固体 Na_2CO_3 完全溶解后,加甲基橙指示剂 2~3 滴,用待标定的盐酸滴定液滴定至溶液由黄色变为橙色时停止滴定,记录所消耗的盐酸滴定液的体积。平行测定 3 份。计算盐酸的浓度。
> **讨论:** 在该测定中,为什么要平行测定 3 次?如何记录和运算实验数据?

第一节 定量分析误差

分析工作中产生误差的原因很多,根据误差产生的原因和性质,可将误差分为系统误差和偶然误差。

一、误差的分类

(一)系统误差

系统误差也称可定误差,是由分析过程中某些确定的经常发生的因素引起的误差。其特点是对分析结果的影响比较固定,在同一条件下重复测定时,会重复出现,使测定结果总是偏高或总是偏低,具有单向性。这种误差的大小、正负是可以测定和估计的,并且可以设法减小或加以校正。根据系统误差产生的原因,可分为方法误差、试剂误差、仪器误差及操作误差。

1. 方法误差 由于分析方法本身不合理或者不完善所引起的误差。例如,反应条件不完善而导致化学反应进行不完全、反应副产物对测量产生影响等因素造成的误差。

2. 试剂误差 由于所用试剂不纯或蒸馏水中含有微量杂质而引起的误差。如使用的试剂中含有微量被测组分或存在其他干扰杂质等。

3. 仪器误差 由于所用仪器本身不够准确或未经校准所引起的误差。如天平两臂不等长,滴定管、容量瓶、移液管等刻度不够准确等,在使用过程中会使测定结果产生系统误差。

4. 操作误差 指在正常操作情况下,操作者掌握的基本操作规程和控制实验条件与正规要求稍有出入所造成的误差。例如,滴定管读数偏高或偏低,对终点颜色的确定偏深或偏浅,对某种颜色的辨别不够敏锐等所造成的误差。

(二)偶然误差

偶然误差也称为随机误差、不可测误差,是由在分析过程中随机发生的、无法控制的因素而造成的误差。如测量时温度、湿度、气压的微小变化,分析仪器的轻微波动以及分析人员操作的细小变化等,都可能引起测量数据的波动而带来误差。

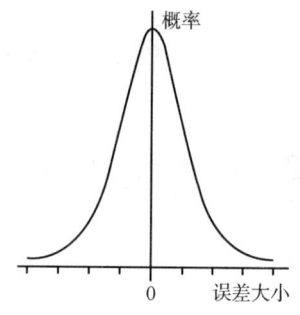

图2-1 偶然误差的正态分布

偶然误差的特点是大小、正负都不固定,时大时小,时正时负,难以预测和控制,对分析结果的影响也不固定。但是经过统计发现,偶然误差的出现服从统计学中的正态分布规律:①小误差出现的概率大,大误差出现的概率小,特别大的误差出现的概率特别小;②绝对值大小相等的正负误差出现的概率相等,见图2-1。

由偶然误差的正态分布可知,在排除系统误差的情况下,平行测定的次数越多,其算术平均值越接近真值。

应当指出,操作者的失误(如溶液溅失、读数错误等)造成的严重过失不能算作偶然误差,本次实验数据应弃去不用。

二、准确度和精密度

(一)准确度与误差

准确度是指测量值与真实值之间接近的程度,反映了测定结果的准确性,通常用误差表示。测量值与真实值越接近,误差越小,测量结果越准确。误差的表示方法可分为绝对误差和相对误差。

1. **绝对误差(E)** 指测量值x与真实值μ之间的差值,可以表示为

$$E = x - \mu \tag{2-1}$$

2. **相对误差(RE)** 指绝对误差E在真实值μ中所占的百分率,可以表示为

$$RE = \frac{E}{\mu} \times 100\% \tag{2-2}$$

绝对误差是以测量值的单位为单位,而相对误差没有单位。绝对误差和相对误差都有正值和负值。当测量值大于真实值时为正误差,表示分析结果偏高;反之,为负误差,表示测量结果偏低。

例题2-1 用分析天平称得某两份试样A和B的质量分别为1.6861g和0.1681g。假定两份试样A和B的真实质量分别为1.6860g和0.1680g。试分别计算其绝对误差和相对误差,并问哪一份试样的称量准确度更高?

解:两次称量的绝对误差分别计算如下:

$$\text{试样A:} \quad E_1 = 1.6861 - 1.6860 = 0.0001 \text{ (g)}$$

$$\text{试样B:} \quad E_2 = 0.1681 - 0.1680 = 0.0001 \text{ (g)}$$

两次称量的相对误差分别计算如下:

$$\text{试样A:} \quad RE_1 = \frac{0.0001}{1.6861} \times 100\% = 0.006\%$$

$$\text{试样B:} \quad RE_2 = \frac{0.0001}{0.1681} \times 100\% = 0.06\%$$

从上述计算结果可以看出,两次称量的绝对误差相同,但相对误差却不同,第一份的相对误差比第二份的相对误差小10倍,故第一份称量的准确度更高。由此可见,相对误差能够更好地反映分析结果的准确度。

要确定准确度,需要知道真实值。在实际工作中,由于任何测量都存在误差,所以不可能测得真实值。分析化学中的真值可分为理论真值、约定真值和相对真值。

(1)理论真值:是由理论推导得出的,不是实际测定的数值,如三角形的内角和为180°、圆周率等。

(2)约定真值:由国际计量大会规定的值,如相对原子质量、相对分子质量及一些常数等。

(3)相对真值:即采用可靠的分析方法,在权威机构认可的实验室里,使用最精密的仪器,由不同有经验的分析工作者,对同一试样进行反复多次实验,所得大量数据经数理统计方法处理后的平均值作为相对真值。

(4)标准参考物质:必须是由公认的权威机构鉴定,并给予证书;具有良好的均匀性和稳定性;其含量测定的准确度至少高于实际测量的3倍。具备以上条件的物质方可作为分析工作中标准参考物

质，也称标准试样或标样。

分析工作中常用约定真值和相对真值作为真值。如果以上两种真值都不知道，也可由最有经验的工作人员用最可靠的方法，对标准试样进行多次测定所得结果的平均值作为真值的替代值。

（二）精密度与偏差

精密度是指在相同条件下，对同一试样进行多次测量，各测量值之间相互接近的程度。精密度反映了测量结果的重现性，它的高低用偏差衡量。各测量值之间越接近，偏差越小，精密度越高；反之，偏差越大，精密度越低。偏差的表示方法有：

1. 绝对偏差 d_i 和相对偏差 d_r

绝对偏差 d_i 是指测量值 x_i 与相应算术平均值 $\bar{x}$ 之差：

$$绝对偏差 = 单次测定值 - 平均值$$

即

$$d_i = x_i - \bar{x} \tag{2-3}$$

相对偏差 d_r 是指绝对偏差在平均值 $\bar{x}$ 中所占的百分率。相对偏差的正负取决于绝对偏差的符号。

$$相对偏差 = \frac{绝对偏差}{平均值} \times 100\%$$

即

$$d_r = \frac{d_i}{\bar{x}} \times 100\% \tag{2-4}$$

2. 平均偏差 $\bar{d}$ 和相对平均偏差 $\overline{R_d}$

平均偏差是指各次测量结果的绝对偏差绝对值的平均值，用 $\bar{d}$ 表示。

$$\bar{d} = \frac{|x_1 - \bar{x}| + |x_2 - \bar{x}| + \cdots + |x_n - \bar{x}|}{n} \tag{2-5}$$

式中，n 为测定次数。$\bar{d}$ 为正值。

相对平均偏差是指平均偏差在平均值中所占的比例，用 $R\bar{d}$ 表示。

$$R\bar{d} = \frac{\bar{d}}{\bar{x}} \times 100\% \tag{2-6}$$

例题 2-2 现有两组测量数据，各次测量的偏差分别为

第一组：-0.04，+0.03，+0.04，+0.02，-0.03，0，-0.02，-0.02

第二组： 0.08，+0.01，-0.01，+0.01，+0.07，0，+0.01，-0.01

试计算两组测定值的平均偏差（$\bar{d}$）。

第一组 $\bar{d} = \dfrac{|x_1 - \bar{x}| + |x_2 - \bar{x}| + \cdots + |x_n - \bar{x}|}{n} = 0.025$

第二组 $\bar{d} = \dfrac{|x_1 - \bar{x}| + |x_2 - \bar{x}| + \cdots + |x_n - \bar{x}|}{n} = 0.025$

3. 标准偏差和相对标准偏差

标准偏差有总体标准偏差（σ）和样本标准偏差（S）。因为在定量分析时只能做到有限次数测定，故一般采用样本标准偏差 S 来衡量一组测量数据的分散程度。

$$S = \sqrt{\frac{\sum_{i=1}^{n}(x_i - \bar{x})^2}{n-1}} \tag{2-7}$$

式中，n 为测定次数，$n-1$ 称为自由度，用符号 f 表示，当 $n \leq 20$ 时适用式（2-7）。

相对标准偏差是指标准偏差占平均值的百分率，也称为变异系数（C_v）。实际分析工作中，常用 RSD 表示，计算时保留 1～2 位有效数字。

$$\text{RSD} = \frac{S}{\bar{x}} \times 100\% \tag{2-8}$$

例题 2-3 计算例题 2-2 中两组数据的标准偏差

$$第一组\ S = \sqrt{\frac{\sum_{i=1}^{n}(x_i - \bar{x})^2}{n-1}} = 0.029$$

$$第二组\ S = \sqrt{\frac{\sum_{i=1}^{n}(x_i - \bar{x})^2}{n-1}} = 0.041$$

通过例题 2-2 和例题 2-3 的计算结果表明，用平均偏差和相对平均偏差衡量数据精密度虽比较简单，但当分散程度比较大，或者一组数据中存在个别特别大或者特别小的数据时，精密度则无法体现出来，但是用标准偏差则能很好地体现出来。第二组数据中存在 –0.08 和 +0.07 两个比较小和比较大的数字，所以其标准偏差大于第一组数据。

例题 2-4 平行标定某一溶液的浓度，共滴定 4 次，结果分别为 0.2041mol/L、0.2049mol/L、0.2039mol/L 和 0.2043mol/L。请计算测定结果的平均值 $\bar{x}$、平均偏差 $\bar{d}$、相对平均偏差 $R\bar{d}$、标准偏差 S 和相对标准偏差 RSD。

解：平均值 $\bar{x} = \dfrac{0.2041 + 0.2049 + 0.2039 + 0.2043}{4} = 0.2043\ (mol/L)$

平均偏差 $\bar{d} = \dfrac{|x_1 - \bar{x}| + |x_2 - \bar{x}| + \cdots + |x_n - \bar{x}|}{n} = 0.0003\ (mol/L)$

相对平均偏差 $R\bar{d} = \dfrac{\bar{d}}{\bar{x}} \times 100\% = \dfrac{0.0003}{0.2043} \times 100\% = 0.15\%$

标准偏差 $S = \sqrt{\dfrac{\sum_{i=1}^{n}(x_i - \bar{x})^2}{n-1}} = \sqrt{\dfrac{d_1^2 + d_2^2 + d_3^2 + \cdots + d_i^2}{n-1}}$

$= \sqrt{\dfrac{(0.0002)^2 + (0.0006)^2 + (0.0004)^2 + (0.0000)^2}{4-1}} = 0.0004\ (mol/L)$

相对标准偏差 $\text{RSD} = \dfrac{0.0004}{0.2043} \times 100\% = 0.2\%$

4. 公差 在生产部门通常并不强调误差与偏差的区别，而是用"公差"范围来表示允许误差的大小。公差是生产部门的分析结果允许误差的一种限量，又称为允许误差。如果分析结果超出允许的公差范围称为超差，遇到这种情况，则该项分析应该重做。公差范围的确定一般是根据生产需要和实际情况而制定的。所谓实际情况主要指样品组成的复杂情况以及所用分析方法的准确程度。对于每一项具体的分析工作，各主管部门都规定了具体的公差范围。

（三）准确度和精密度的关系

准确度和精密度是判断分析结果是否准确的依据，但两者在概念上又有区别。准确度是检验测量值与真值的符合程度，取决于测定过程中所有误差；而精密度则表示测定结果的重现性，与真实值无关，只取决于测量的偶然误差。因此，应该从准确度和精密度两个方面评价数据优劣。

例如，甲、乙、丙、丁四人同时测定同一样品中铁的含量，平行测定四次，测定结果如下：

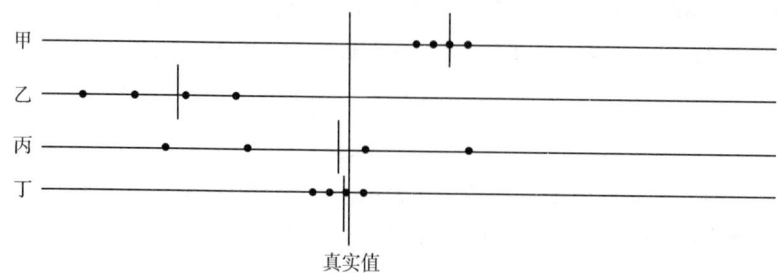

其中，甲的测定值精密度虽高，但离真实值较远，准确度低，可能存在系统误差；乙的精密度和准确度都不高，既可能存在系统误差，也存在较大的偶然误差；丙的测定值虽然平均值接近真实值，但精密度低，偶然误差较大，所得的平均值不可靠；丁的测定值彼此接近，平均值也接近真实值，表明精

密度和准确度都较高，结果可靠。

由此可见，精密度高是保证准确度高的先决条件，但是精密度高，准确度不一定高，只有准确度高（不存在系统误差）和精密度高（偶然误差较小）的测定值结果才准确可靠。

三、提高分析结果准确度的方法

1. 选择适当的分析方法　不同分析方法的灵敏度和准确度不同。一般常量组分的测定应选化学分析法，而微量和痕量组分的测定则选用仪器分析法。化学分析法的灵敏度虽然不高，但测定常量组分能获得较准确的分析结果。仪器分析法灵敏度高、绝对误差小，虽然其相对误差较大，不适于常量组分的测定，但能满足微量或痕量组分测定的准确度要求。

2. 减小测量误差　为了保证分析结果的准确度，在选定适当的分析方法后，还应尽量减小分析过程中各步骤的测量误差。

3. 减小测量中的系统误差

（1）对照试验：对照试验是检验系统误差的有效方法，可校准分析方法、仪器、试剂的误差。对照试验可分为标准品对照法和标准方法对照法。

标准品对照法是用已知准确含量的标准品或纯物质代替试样，在完全相同的条件下进行测定分析，根据标准品的测量结果与其标准值比较得出分析结果的系统误差，用此误差对试样测定结果进行校正。

标准方法对照法是用可靠（法定）分析方法与被检验的方法，以同一试样进行对照分析，根据结果判断有无系统误差存在。两种测量方法的测定结果越接近，说明被检验的方法越可靠。

（2）空白试验：在不加试样的情况下，按照与被测试样相同的条件和步骤进行的试验称为空白试验，所得结果称为空白值。从试样的测量结果中扣除空白值，即可消除由于试剂、蒸馏水、实验器皿引入的误差，得到比较可靠的分析结果。

（3）校准仪器：校准仪器可以减小或消除仪器误差。由于计量与测量仪器的状态会随时间、环境条件等的变化而改变，因此应定期对仪器进行校正，并且在同一实验中使用同一仪器。

（4）回收试验：在没有标准试样，又不宜用纯物质进行对照试验，或对试样的组成不完全清楚时，可采用回收试验评价试验方法的准确度。

当用所建方法测定出试样中被测组分含量后，在几份相同的试样（$n>5$）中加入一定量的被测组分的纯品，在相同的条件下用相同的方法测定，按下式计算回收率：

$$回收率(\%) = \frac{加入纯品后的测定值 - 加入纯品前的测定值}{加入纯品的量} \times 100$$

回收率越接近100%，说明方法的系统误差越小，准确度越高。

4. 减小测量中的偶然误差　根据偶然误差分布规律，在消除系统误差的前提下，增加平行测定次数可减小偶然误差对分析结果的影响，使测定的平均值与真值相接近。在实际工作中，一般平行测定3～5次，精密度符合要求即可。另外，在实验中选用稳定性更好的仪器，保持实验环境稳定，提高实验技术人员操作熟练程度等都有助于减少偶然误差。

第二节　有效数字与分析数据的处理

一、有效数字及其运算规则

在定量分析中，为保证分析结果的准确性，实验数据的记录和运算都有严格要求，要根据测量仪器、分析方法的准确程度来确定。

（一）有效数字

1. 有效数字定义　有效数字是指实际能测量到的数字，包括所有准确数字和最后一位估读数字。例如，图2-2为某分析测定中滴定管的读数22.35ml。其中，前三位数字22.3是准确读出来的（有刻度），最后一位数字5则是估读出来的（没有刻度），也称为可疑数字。

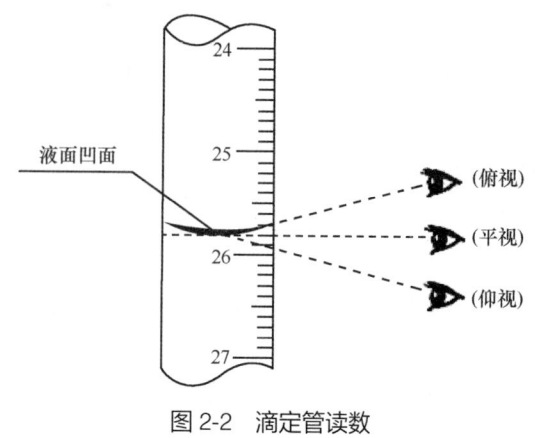

图 2-2 滴定管读数

有效数字不仅反映了数值的大小，同时也反映了数据的准确程度和分析仪器的精密程度。例如，上述滴定管的读数 22.35ml 不仅表示消耗即滴定液体积为 22.35ml，同时也反映了滴定管的精度为±0.01ml，即最后一位可疑数字可以有±1 的误差。有效数字中的每一个数字都有其本身的意义，不能随便增减，包括最后一位可疑数字。记录测量所得数据时，必须保留而且只允许保留一位可疑数字。

2. 有效数字的位数 有效数字的位数的确定遵循以下原则。

（1）"0"的意义："0"的位置不同，其意义也不同。若"0"出现在非零数字的中间或后面时为有效数字。例如，102.30 是五位有效数字，其中的两个"0"都是有效数字，最后一位"0"不可以随意舍去，否则有效数字的位数将发生变化，准确度也将发生变化。

若"0"位于最前面或者"0"前面无非零数字，则此"0"不是有效数字。例如 0.0450，4 前面的两个"0"不是有效数字。

（2）对于 pH、lg$K$ 等对数值，其有效数字的位数只取决于小数部分数字的位数。例如 pH=9.05，pK_a=10.75，有效数字均为两位。

（3）有效数字第一位数字等于或大于 8 时，其进行有效数字运算时位数可多算一位。例如 8.79，9.34 可视为四位有效数字。

（4）数学上的常数 e、π 以及倍数或分数（如 3、1/2 等）不是实际测量的数字，应视为无误差数字或无限多位有效数字。

（5）单位换算或采用科学计数法时，有效数字的位数不变。例如，22.74ml 可写为 0.02274L。

（二）有效数字的修约

对有效数字按照一定的规则舍去多余数字的过程称为修约。修约通常遵循"四舍六入五留双"原则，可归纳为"四舍六入五留双，五后非零就进一；五后皆零（或没有数）看奇偶；五前为偶应舍去，五前为奇则进一"。修约时要注意以下事项。

1. 被修约数字小于或等于 4 时，则舍；等于或大于 6 时，则入。例如，3.6842 和 9.2563 修约为三位有效数字，分别应写成 3.68 和 9.26。

2. 被修约数字等于 5 时，若 5 后面的数字不全为 0，则入；若 5 后面无数字或全部为零，则看 5 前一位是奇数还是偶数，若为奇数，则入；若为偶数，则舍。例如，7.15506 修约为三位有效数字应写成 7.16；7.1550 和 10.65 修约为 3 位有效数字分别应写成 7.16 和 10.6。

3. 修约时，只能对原始数据进行一次修约到所需要的位数，不得连续进行多次修约。例如，8.3549 修约为三位有效数字，不能先修约为 8.355，再修约为 8.36。

例题 2-5 将下列数据修约为 4 位有效数字：0.576549、0.576560、0.5765501、0.576450

解：根据规则，可修约为：0.5765、0.5766、0.5766、0.5764

（三）有效数字的运算规则

在分析计算中，每个测量值的有效数字位数可能不同，每个测量值的误差都会传递到分析结果。当一些准确度不同的数据进行运算时，为了确保分析结果数字的准确性，要遵守有效数字的运算规则。运算规则的步骤一般是先修约、后计算，结果再修约。

1. 加减运算 在加减运算中，以小数点后位数最少（即绝对误差最大）的数据为标准对所有数字进行修约，后加减。

例题 2-6 计算 0.2524 + 3.14 + 1.159 =?

解：0.2524 + 3.14 + 1.159 = 0.252 + 3.14 + 1.16 = 4.55

注意，在加减计算前进行修约时可多保留一位。

2. 乘除运算　在乘除运算中，以有效数字总的位数最少（即相对误差最大）的数据为标准，进行修约后再乘除，计算结果保留的位数与修约时的位数相同。

例题 2-7　计算 0.0121×25.64×1.0581=?

解： 0.0121×25.64×1.0581 = 0.0121×25.6×1.06 = 0.328

在上述计算中，0.0121 的有效数字位数最少，其相对误差最大，因此最后结果有效数字的保留应以此数据为准，保留三位有效数字。

二、可疑值的取舍

在分析工作中，由于实验中的过失操作如溶液的溅失、加错试剂等原因，常常会遇到在一组平行测定的实验数据中，出现个别数据与其他数据相差较大的情况，这种数据称为可疑值，也称为异常值、逸出值。可疑值的处理应按照一定的统计学方法进行判断，不能随意取舍。在统计学中处理可疑值的常用方法有两种：Q 检验法和 G 检验法。

（一）Q 检验法

在测定次数较少时（n=3~10），用 Q 检验法决定可疑值的取舍是比较合理的方法。其检验步骤如下：

（1）将所有测量数据按从小到大顺序排列。

（2）算出测定值的极差（即最大值与最小值之差）。

（3）计算出可疑值与其邻近值之差的绝对值。

（4）用式（2-9）计算 $Q_{计}$。

$$Q = \frac{x_n - x_{n-1}}{x_n - x_1} \quad 或 \quad Q = \frac{x_2 - x_1}{x_n - x_1} \quad (2-9)$$

（5）查 Q 值表（表 2-1），如果 $Q_{计}$＞$Q_{表}$，将可疑值舍去，反之，应当保留。

表 2-1　不同置信度下的 Q 值表

置信度/%	测定次数							
	3	4	5	6	7	8	9	10
90	0.94	0.76	0.64	0.56	0.51	0.47	0.44	0.41
95	0.98	0.85	0.73	0.64	0.59	0.54	0.51	0.48
99	0.99	0.93	0.82	0.74	0.68	0.63	0.60	0.57

例题 2-8　检测人员对试样中钙的含量进行了 6 次测定，测定结果分别为 38.51%、38.45%、38.47%、38.50%、38.62%、38.40%，试用 Q 检验法判断可疑值 38.62% 是否应弃去（置信度为 90%）。

解：（1）将各数据按由小到大进行排列：38.40%、38.45%、38.47%、38.50%、38.51%、38.62%。

（2）求出最大值与最小值之差：38.62%–38.40%=0.22%。

（3）求出可疑值与其相邻数据之差：38.62%–38.51%=0.11%。

（4）计算 Q 值：$Q_{计} = \dfrac{0.11\%}{0.22\%} = 0.50$。

（5）查表 2-1 得，当 n=6 时，$Q_{0.90}$=0.64。

（6）判断：$Q_{计}$＜$Q_{0.90}$，所以可疑值 38.62% 应保留。

> **链接**　置信区间与置信概率
>
> 在实际工作中，通常把测定数据的平均值作为分析结果报告，但测得的少量数据得到的平均值总是带有一定的不确定性，它不能明确地说明测定结果的可靠性。偶然误差的分布规律告诉我们，对于有限次的测定，测定值总是围绕算数平均值而集中的。真实值所在的范围称为置信区间；真实值落在置信区间的概率称为置信度，常用 P 来表示。置信度越高，置信区间的范围就越宽，相应判

断失误的机会就越小。在工作中，通常取95%的置信度。

真实值与平均值之间的关系为

$$\mu = \bar{x} \pm \frac{tS}{\sqrt{n}} \tag{2-10}$$

式中：S 为标准偏差；n 为测定次数；t 为在选定的某一置信度下的概率系数，可根据测定次数从表 2-2 中查得。

表 2-2 不同测定次数及不同置信度的 t 值

测定次数 \ 置信度	50%	90%	95%	99%	99.5%
2	1.000	6.314	12.706	63.657	127.32
3	0.816	2.920	4.303	9.925	14.089
4	0.765	2.353	3.182	5.841	7.453
5	0.741	2.132	2.776	4.604	5.598
6	0.727	2.015	2.571	4.032	4.773
7	0.718	1.943	2.447	3.707	4.317
8	0.711	1.895	2.365	3.500	4.029
9	0.706	0.860	2.306	3.355	3.832
10	0.703	1.833	2.262	3.250	2.690
11	0.700	1.812	2.228	3.169	3.581
21	0.687	1.725	2.086	2.845	3.153
∞	0.674	1.645	1.960	2.576	2.807

（二）G 检验法

G 检验法是目前较常使用的检验可疑值的方法，具体步骤如下。

（1）计算出包括可疑值在内的平均值及标准偏差。

（2）计算可疑值与平均值之差。

（3）按式（2-11）计算 $G_{计}$ 值：

$$G_{计} = \frac{|x_{可疑} - \bar{x}|}{S} \tag{2-11}$$

（4）查 G 值表（表 2-3），如果 $G_{计} > G_{表}$，将可疑值舍去，反之，应当保留。

表 2-3 G 检验临界值表

n	3	4	5	6	7	8	9	10
$G_{90\%}$	1.15	1.46	1.67	1.82	1.94	2.03	2.11	2.18
$G_{95\%}$	1.15	1.48	1.71	1.89	2.02	2.13	2.21	2.29
$G_{99\%}$	1.15	1.49	1.75	1.94	2.10	2.22	2.39	2.48

例题 2-9 下列一组数据：0.1008，0.1010，0.1012，0.1018。在置信度为90%下，用 G 检验法判断第4个次数据是否保留？

解：$\bar{x} = \dfrac{0.1008 + 0.1010 + 0.1012 + 0.1018}{4} = 0.1012 (\text{mol}/\text{L})$

$S = \sqrt{\dfrac{\sum(x_i - \bar{x})^2}{n-1}} = \sqrt{\dfrac{(0.0004)^2 + (0.0002)^2 + (0.0000)^2 + (0.0006)^2}{4-1}} = 0.00043$

$G_{计} = \dfrac{|x_{i可疑} - \bar{x}|}{S} = \dfrac{|0.1018 - 0.1012|}{0.00043} = 1.37$

查表2-3，$n=4$，置信度为90%时，$G_表=1.46$，$G_表>G_计$，数据0.1018应当保留。

链接　分析结果的可靠性检验

在定量分析工作中，由于系统误差和偶然误差的存在，因而试样测定值的平均值$\bar{x}$与试样的标准值之间不可能一致，对同一试样用不同方法或不同的操作人员测定的两组测定值的平均值$\bar{x}_1$、$\bar{x}_2$也不一致。因此，必须对分析结果的准确度或精密度是否存在显著性差异进行判断，对分析结果的可靠性进行检验。统计检验的方法很多，在定量分析中常用F检验法和t检验法。

（一）F检验法

F检验法是通过比较两组数据的方差S^2（标准偏差的平方），以确定它们的精密度之间是否存在显著性差异，具体步骤如下：

（1）首先计算出两个样本的方差S_1^2和S_2^2；

（2）然后按式（2-12）计算方差比$F_计$：

$$F_计=\frac{S_1^2}{S_2^2}\quad(S_1>S_2) \tag{2-12}$$

（3）查表2-4，在95%置信度时不同f（自由度）的$F_表$，比较$F_计$与$F_表$值，若$F_计<F_表$，则表示两组数据的精密度无显著性差异；反之，则有显著性差异。使用表2-4时要注意f_1为大方差数据的自由度，f_2为小方差数据的自由度。

表2-4　95%置信度时的F值分布表（部分）

f_2	f_1									
	2	3	4	5	6	7	8	9	10	∞
2	19.00	19.16	19.25	19.30	19.33	19.35	19.37	19.38	19.39	19.50
3	9.55	9.28	9.12	9.01	8.94	8.89	8.85	8.81	8.78	8.53
4	6.94	6.59	6.39	6.26	6.16	6.09	6.04	6.00	5.96	5.63
5	5.79	5.41	5.19	5.05	4.95	4.88	4.82	4.77	4.74	4.36
6	5.14	4.76	4.53	4.39	4.28	4.21	4.15	4.10	4.06	3.67
7	4.74	4.35	4.12	3.97	3.87	3.79	3.73	3.68	3.64	3.23
8	4.46	4.07	3.84	3.69	3.58	3.50	3.44	3.39	3.35	2.93
9	4.26	3.86	3.63	3.48	3.37	3.29	3.23	3.18	3.15	2.71
10	4.10	3.71	3.48	3.33	3.22	3.14	3.07	3.02	2.98	2.54
∞	3.00	2.60	2.37	2.21	2.10	2.01	1.94	1.88	1.83	1.00

例题2-10　测定同一试样中Fe^{2+}的含量，分别用两种方法测定，第一种方法共测定8次，$S_1=0.076$；第二种方法共测定6次，$S_2=0.042$。试问这两种方法测定结果的精密度是否存在显著性差异？

解：$f_1=8-1=7$；$f_2=6-1=5$。查表2-4得$F_表=4.88$

因为$F_计<F_表$，故S_1和S_2无显著性差异，即两种方法的精密度相当。

（二）t检验法

t检验法是通过比较样本的平均值与标准值或比较两个样本的平均值，判断某一分析方法或分析过程中是否存在较大的系统误差的检验方法。在分析化学中常用在以下两个方面。

1. 样本的平均值与标准值的比较　具体步骤是：

（1）首先计算分析结果的平均值$\bar{x}$和标准差S，按式（2-13）计算$t_计$值：

$$t_计=\frac{|\bar{x}-\mu|}{S}\cdot\sqrt{n} \tag{2-13}$$

（2）查表2-2（t值分布表），得$t_表$值。若$t_计\geq t_表$，则平均值$\bar{x}$与标准值μ之间存在显著性差异，表示该方法或该操作过程有系统误差；若$t_计<t_表$，则无显著性差异。由此可检验分析结果是否正确和分析方法是否可行等。

2. 两个样本的平均值的比较　在定量分析中，常会遇到两种情况：不同的分析人员分析同一试样或同一分析人员采用不同的方法分析同一试样，所得结果的平均值不相等；两个样本含有同一组分，用相同方法测定，所得结果的平均值不相等。要判断两组数据是否存在系统误差，即两组数据平均值之间是否存在显著性差异，也可用 t 检验法。其步骤如下：

（1）由式（2-14）计算出两组数据的合并标准差 S_R：

$$S_R = \sqrt{\frac{S_1^2(n_1-1) + S_2^2(n_2-1)}{(n_1-1)+(n_2-1)}} \tag{2-14}$$

式中，n_1、n_2 分别为两组数据的测量次数。n_1、n_2 可以不等，但不能相差太大，总体自由度 $f = n_1 + n_2 - 1$。

（2）计算两组平均值的 $t_{计}$：

$$t_{计} = \frac{|\overline{x}_1 - \overline{x}_2|}{S_R}\sqrt{\frac{n_1 \cdot n_2}{n_1 + n_2}} \tag{2-15}$$

（3）查 t 值分布表（表 2-2），得 $t_\text{表}$ 值。若 $t_{计} \geq t_\text{表}$，两组数据平均值之间存在显著性差异；若 $t_{计} < t_\text{表}$，则无显著性差异。

注意：若要判断两组数据之间是否存在系统误差，通常是先进行 F 检验并确定它们的精密度无显著性差异后，再进行 t 检验，否则会得出错误的结论。

自测题

一、选择题（A 型题）

1. 下列哪种情况造成的误差为偶然误差（　　）。
   A. 砝码被腐蚀
   B. 蒸馏水中含微量的干扰离子
   C. 容量瓶与移液管不配套
   D. 称量时天平的零点突然变动
2. 系统误差又称为（　　）。
   A. 随机误差　　　　　B. 不可定误差
   C. 可定误差　　　　　D. 不可测误差
3. 偶然误差又称为（　　）。
   A. 随机误差　　　　　B. 相对误差
   C. 可定误差　　　　　D. 操作误差
4. 误差根据其产生的原因及性质可分为（　　）。
   A. 绝对误差和相对误差　B. 试剂误差和仪器误差
   C. 操作误差和方法误差　D. 系统误差和偶然误差
5. 一个分析工作者获得三个重复测定的结果很接近，说明（　　）。
   A. 偶然误差小　　　　B. 系统误差小
   C. 所用的数据很纯　　D. 平均值是准确的
6. 准确度是指（　　）。
   A. 测得值与平均值接近的程度
   B. 测得值与真值接近的程度
   C. 测得值与逸出值接近的程度
   D. 测得值与估计值接近的程度
7. 误差是表示分析结果的（　　）。
   A. 准确度　　　　　　B. 精密度
   C. 灵敏度　　　　　　D. 均匀度
8. 偏差是表示分析结果的（　　）。
   A. 准确度　　　　　　B. 精密度
   C. 灵敏度　　　　　　D. 均匀度
9. 分析测定中当测量值大于真实值时，说明误差（　　）。
   A. 为正　　　　　　　B. 为负
   C. 很小　　　　　　　D. 很大
10. 分析结果的准确度高时，其精密度（　　）。
    A. 一定高　　　　　　B. 不一定高
    C. 不变　　　　　　　D. 为负值
11. 分析结果的精密度高时，其准确度（　　）。
    A. 一定高　　　　　　B. 不一定高
    C. 不变　　　　　　　D. 为负值
12. 在不加样品的情况下，用于测定样品同样的方法、按照相同的步骤进行的定量分析，称为（　　）。
    A. 对照试验　　　　　B. 空白试验
    C. 平行试验　　　　　D. 预试验
13. 有效数字是指分析工作中实际上准确测量到的数据，包括（　　）。
    A. 所有准确数字和第一位可疑数字
    B. 所有准确数字和最后一位可疑数字
    C. 所有的准确数字和所有的可疑数字
    D. 所有的准确数字
14. 数字 5.60 的有效数字位数为（　　）。
    A. 一位　　　　　　　B. 二位
    C. 三位　　　　　　　D. 四位
15. 数字 pH=5.60 的有效数字位数为（　　）。
    A. 一位　　　　　　　B. 二位
    C. 三位　　　　　　　D. 四位
16. 将 20.13ml 变换单位为 L 后的数字的有效数字位数是（　　）。
    A. 一位　　　　　　　B. 二位

C. 三位　　　　　　　D. 四位
17. 用千分之一分析天平称量物质质量，读数正确的是（　　）。
    A. 0.364g　　　　　　B. 0.36g
    C. 0.3645g　　　　　 D. 0.4g
18. 用滴定管量取液体体积，读数正确的是（　　）。
    A. 10.235ml　　　　　B. 10ml
    C. 10.23ml　　　　　 D. 10.2ml

二、简答题

1. 简述误差与偏差、准确度与精密度的区别和联系。
2. 什么是有效数字？有效数字在分析工作中有什么意义？
3. 下例情况分别可能会引起什么误差？如果是系统误差，应该如何消除？
①砝码被腐蚀；②天平两臂不等长；③称量过程中天平受震动；④滴定管读数最后一位估计不准；⑤天平零点稍有变动；⑥纯化水不纯，含有少量被测物质；⑦用含量为99%的碳酸钠作为基准物标定盐酸溶液。
4. 提高分析结果准确度通常有哪些方法？

三、计算题

1. 将下列数据修约成四位有效数字。
   ①39.225　　　　　②0.359350
   ③32.0451　　　　 ④17.475
   ⑤$1.8351\times10^{-3}$　　⑥548.359
   ⑦532.87　　　　　⑧9.86550
2. 根据有效数字运算规则，计算下列结果。
   ①$2.187\times0.864+9.6\times10^{-4}-0.0326\times0.00800$
   ②$0.0325\times5.103\times60.06\div139.8$
   ③$312.64+3.4+0.3234$
   ④计算 $c(NaOH)=0.065mol/L$ 的 pH
   ⑤计算 pH = 2.35 溶液中 H^+ 的浓度
3. 在满足称量的相对误差小于 0.1%的前提下，常量分析可以用万分之一的分析天平称量吗？如果可以，减重称量时需称取的样品质量至少是多少克？
4. 标定盐酸溶液的浓度（mol/L），五次平行操作结果分别为 0.1048、0.1037、0.1047、0.1043、0.1040。计算平均浓度、平均偏差、相对平均偏差、标准偏差和相对标准偏差。

（董会钰）

第3章

滴定分析法概论

滴定分析法又称容量分析法，是经典的化学分析法。滴定分析法的产生可以追溯到17世纪末，从18世纪中叶开始较快地发展起来，到19世纪中叶时，滴定分析基本具备目前所使用的各种分析形式。20世纪初，"四大平衡"理论的建立，深入研究了滴定分析中滴定曲线、指示剂作用原理和终点误差等问题，分析理论逐步完善，分析化学也从一门检测技术成为一门独立的学科。目前滴定分析法仍然是化学定量分析法中最重要的一种分析方法，应用十分广泛。

> **案 例　葡萄糖酸钙的含量测定**
>
> 取葡萄糖酸钙0.5g，精密称量，加水100ml微温使之溶解，加入4.3%的氢氧化钠试液15ml、钙紫红素指示剂0.1g，用EDTA滴定液滴定至溶液由紫色转变为纯蓝色。
> 每毫升EDTA滴定液（0.05mol/L）相当于22.42mg的$C_{12}H_{22}CaO_{14} \cdot H_2O$。
> 平行测定三次，并对滴定结果进行空白试验校正。
>
> **讨论**：该测定采用了什么方法？实验原理是什么？如何记录实验数据及计算测定结果？

第一节　基本概念及分析方法

一、基本概念

滴定分析法是将已知准确浓度的试剂溶液（即滴定液），滴加到被测物质的溶液中，当所加的滴定液与被测物质恰好按化学计量关系完全反应时，停止滴加，根据滴加的滴定液的浓度和体积，计算被测物质含量的方法。

1. **滴定液**　是指已知准确浓度的溶液。
2. **滴定**　是指用滴定管把滴定液滴加到被测物质溶液中的操作过程。
3. **化学计量点**　当滴入的滴定液与被测物质的量恰好符合化学反应式所表示的计量关系时，则反应到达化学计量点（简称计量点，用sp表示）。
4. **指示剂**　许多滴定体系没有明显的外部特征来显示化学计量点的到达，需在被测溶液中加入一种辅助试剂，这种能产生显著的颜色改变而指示终点的辅助试剂称为指示剂。
5. **滴定终点**　是指滴定过程中，指示剂恰好发生颜色变化的转变点，称为滴定终点（用ep表示）。
6. **终点误差**　指示剂不一定恰好在计量点时变色，因此计量点和滴定终点二者往往不完全符合，由此造成的误差称为终点误差（又称滴定误差）。不同的反应类型和指示剂都会影响终点误差的大小，误差较小时，可忽略不计，误差较大时必须做空白试验进行校正。

滴定分析法通常用于测定常量组分，即待测组分的含量在1%以上，一般测定的相对误差小于0.2%。滴定分析法具有操作简便、分析速度快、测定准确度较高及应用广泛的特点，因此，在生产实践和科学实验中具有很大的实用价值。

二、主要分析方法

依据滴定液与被测物质发生的化学反应类型的不同，可将滴定分析法分为下列四大类。

1. **酸碱滴定法** 是以质子转移反应为基础的滴定分析方法。一般的酸、碱以及能与酸、碱直接或间接发生质子转移反应的物质均可用酸碱滴定法测定。例如，用 HCl 溶液滴定 NaOH 溶液，其反应为

$$H^+ + OH^- \rightleftharpoons H_2O$$

2. **配位滴定法** 是以配位反应为基础进行的滴定分析方法，可用于测定金属离子或配位剂的含量。其基本反应可用下式表示：

$$M + Y \rightleftharpoons MY$$

其中，M 代表金属离子，Y 代表 EDTA 配位剂。目前应用最广的配位剂是氨羧配位剂（常用 EDTA），EDTA 可与金属离子生成稳定的配合物。

3. **沉淀滴定法** 是以沉淀反应为基础进行的滴定分析方法。该滴定反应的特点是生成难溶性的沉淀，其中银量法应用最广泛，可用于测定 Ag^+、Cl^-、Br^-、CN^-、SCN^- 等离子，其基本反应式可用下式表示：

$$Ag^+ + X^- \rightleftharpoons AgX\downarrow$$

4. **氧化还原滴定法** 是以氧化还原反应为基础进行的滴定分析法。氧化还原反应是基于电子转移（或电子对偏移）的反应，反应机制比较复杂，反应速率较慢，且常伴有副反应。该法主要有高锰酸钾法、碘量法、亚硝酸钠法等。例如，高锰酸钾法的典型反应为

$$2MnO_4^- + 5C_2O_4^{2-} + 16H^+ \rightleftharpoons 2Mn^{2+} + 10CO_2\uparrow + 8H_2O$$

第二节 滴定反应基本条件及滴定方式

一、滴定反应基本条件

虽然滴定分析法是以化学反应为基础的定量分析方法，但并不是所有的化学反应都能用于滴定分析，适用于滴定分析的化学反应必须具备以下条件：

1. 反应完全，反应程度要达到 99.9% 以上。
2. 反应要按一定的反应式进行，有确定的化学计量关系，无副反应发生或可采取措施消除副反应。这是滴定分析定量计算的基础。
3. 反应速率要快，要求瞬间完成，对于反应速率较慢的反应，可通过加热或加催化剂等方法加快反应速率。
4. 必须有适宜的指示剂或简便可靠的方法确定滴定终点。

二、主要滴定方式

滴定分析法的滴定方式主要有下列 4 种。

1. **直接滴定法** 将滴定液直接滴加到被测物质溶液中的一种滴定方法。凡是符合滴定分析法基本条件的化学反应，都可采用直接滴定法。例如，用 HCl 滴定液滴定 NaOH 溶液、用 EDTA 滴定液测定 Ca^{2+} 的含量。

2. **返滴定法** 先准确加入过量的滴定液至被测物质中，待反应完全后，再用另一种滴定液滴定上述剩余的滴定液，据此求出被测物质的含量，这种滴定方式称为返滴定法（也称剩余滴定法或回滴法）。该法适用于被测物质是不易溶解的固体、滴定反应速率慢或没有合适指示剂的反应。例如，$CaCO_3$ 含量的测定，可先加入一定量的过量的 HCl 滴定液，待反应完全后，再用 NaOH 滴定液滴定剩余的 HCl 滴定液，由 HCl 滴定液的量可求出 $CaCO_3$ 的含量。反应如下：

$$CaCO_3 + 2HCl(过量) \rightleftharpoons CaCl_2 + CO_2\uparrow + H_2O$$

$$HCl(剩余) + NaOH \rightleftharpoons NaCl + H_2O$$

3. 置换滴定法　先用适当的试剂与待测组分反应，使其定量置换出另一种物质，再用滴定液滴定置换出的物质，这种滴定方式称为置换滴定法。当待测组分与滴定液的反应没有确定的计量关系或伴有副反应时，需采用置换滴定法。例如，$Na_2S_2O_3$ 与 $K_2Cr_2O_7$ 反应没有确定的计量关系，可在 $K_2Cr_2O_7$ 的酸性溶液中加入过量 KI，定量置换出 I_2，再用 $Na_2S_2O_3$ 滴定液滴定生成的 I_2，即可测定 $K_2Cr_2O_7$ 的含量。反应如下：

$$Cr_2O_7^{2-} + 6I^- + 14H^+ = 2Cr^{3+} + 3I_2 + 7H_2O$$

$$I_2 + 2S_2O_3^{2-} = 2I^- + S_4O_6^{2-}$$

4. 间接滴定法　当被测组分不能与滴定液直接反应时，可将试样通过一定的化学反应后，再用适当的滴定液滴定反应产物，这种滴定方式称为间接滴定法。例如，利用高锰酸钾法测定 Ca^{2+} 的含量时，由于 Ca^{2+} 没有还原性，不能用 $KMnO_4$ 滴定液直接滴定。可将 Ca^{2+} 沉淀为 CaC_2O_4，过滤洗涤后溶于 H_2SO_4 溶液中，然后再用 $KMnO_4$ 滴定液滴定生成的 $H_2C_2O_4$，则可间接测定 Ca^{2+} 的含量。反应如下：

$$Ca^{2+} + C_2O_4^{2-} = CaC_2O_4 \downarrow$$

$$CaC_2O_4 + 2H^+ = H_2C_2O_4 + Ca^{2+}$$

$$2MnO_4^- + 5H_2C_2O_4 + 6H^+ = 2Mn^{2+} + 10CO_2 \uparrow + 8H_2O$$

第三节　滴　定　液

在滴定分析中，需要通过滴定液的浓度和消耗的体积计算被测物质的含量。因此，熟练掌握滴定液的配制方法和浓度表示方法十分重要。

一、滴定液的配制

配制滴定液有两种方法，即直接配制法和间接配制法。

（一）直接配制法

能采用直接配制法配制的滴定液必须是基准物质，符合基准物质的条件。基准物质是一种高纯度的、组成与化学式高度一致的、化学性质稳定、能用于直接配制滴定液或标定滴定液的物质，具备以下条件：

1. 组成与化学式完全符合，若含结晶水，其数目也应与化学式符合。
2. 纯度高，一般要求纯度在 99.9% 以上。
3. 稳定性高，加热干燥时不挥发、不分解，称量时不吸湿，不吸收空气中的 CO_2，不被空气氧化等。
4. 具有较大的摩尔质量，以减小称量误差。

直接配制法的具体步骤是：准确称量一定量的基准物质，溶解后定量转入一定体积的容量瓶，定容后混合均匀，根据基准物质的质量和所配溶液的体积计算出滴定液的准确浓度。凡是基准物质均可采用直接配制法配制滴定液。

（二）间接配制法

先将试剂配制成近似所需浓度的溶液，再用基准物质或另一滴定液来确定该溶液的准确浓度的配制方法称为间接配制法。凡是不符合基准物质条件的物质，只能采用间接配制法。

利用基准物质或已知准确浓度的溶液来确定另一种滴定液浓度的过程称为标定。

1. 基准物质标定法　精密称取一定量的基准物质，溶解后用待标定的滴定液滴定，根据基准物质的质量和待标定滴定液所消耗的体积，即可计算出待标定滴定液的准确浓度。基准物质标定法分为多次称量法和移液管法。

（1）多次称量法：精密称取几份基准物质，分别置于锥形瓶中，加适量溶剂溶解，然后用待标定的滴定液滴定，根据基准物质的质量和待标定滴定液所消耗的体积，即可计算出待标定滴定液的准确浓度。例如，利用基准试剂邻苯二甲酸氢钾标定 0.1mol/L 的氢氧化钠溶液，可称取适量于 105～110℃ 干燥至恒重的基准试剂邻苯二甲酸氢钾，置于锥形瓶中，加适量不含二氧化碳的水溶解，加入酚酞指示剂，用待标定的氢氧化钠溶液滴定至溶液由无色转变为淡粉色，且 30s 不褪色即为终点。根据所消耗氢氧化钠的体积便可计算出氢氧化钠溶液的准确浓度。

（2）移液管法：精密称取一份基准物质于烧杯中，加适量溶剂溶解后，定量转移至容量瓶中，加溶剂稀释至刻度，摇匀。用移液管移取几份该溶液，置于锥形瓶中，用待标定滴定液滴定，计算出待标定滴定液的准确浓度。例如，用基准试剂无水碳酸钠标定盐酸溶液的浓度，首先准确称取一份无水碳酸钠，置于烧杯中，加水溶解后，定量转入容量瓶中，用水稀释至刻度，摇匀。然后用移液管移取几份上述碳酸钠溶液分别于锥形瓶中，加入甲基橙指示剂，用待标定的盐酸溶液滴定至溶液刚好由黄色变为橙色即为终点。记录所消耗盐酸溶液的体积，由此计算出盐酸溶液的准确浓度。

上述两种方法各有优缺点。多次称量法的优点是称量的份数较多，随机误差易发现，在实际工作中应用最多。移液管法的优点在于一次称取较多的基准试剂，可作几次平行测定，既可节省称量时间，又可降低称量相对误差，但随机误差不易发现。多次称量法和移液管法既适用于滴定液标定，又适用于试样中待测组分的测定。

2. 比较标定法 准确移取一定量的待标定溶液，用已知准确浓度的滴定液滴定；或准确移取一定量的已知浓度滴定液来测定溶液，用待标定溶液滴定。根据达到滴定终点时两种溶液所消耗的体积和滴定液的浓度，即可计算出待标定溶液的浓度。这种用标准滴定溶液来确定待标定溶液准确浓度的操作过程称为"比较"，因此，这种标定准确滴定溶液的方法又称比较标定法。

比较标定法操作简便，但不如基准物质标定法精确，因为在该法中引入了两次滴定误差。一般对于准确度要求较高的分析，滴定液应采用基准物质标定，且最好采用多次称量法。

二、滴定液浓度的表示方法

1. 物质的量浓度 是指单位体积溶液中所含溶质 B 的物质的量，简称浓度，以符号 c_B 表示，即

$$c_B = \frac{n_B}{V} = \frac{m_B}{M_B V} \tag{3-1}$$

式中，m_B 为物质 B 的质量，g；M_B 为物质 B 的摩尔质量，g/mol；V 为溶液的体积，L；n_B 为物质 B 的物质的量，mol。

例题 3-1 1L NaCl 溶液中含有 NaCl 58.44g，计算该溶液的物质的量浓度。

解：NaCl 的摩尔质量为 58.44g/mol，根据式（3-1），则

$$c_{NaCl} = \frac{n_{NaCl}}{V} = \frac{m_{NaCl}}{M_{NaCl} V} = \frac{58.44}{58.44 \times 1} = 1(mol/L)$$

答：该 NaCl 溶液的物质的量浓度为 1mol/L。

2. 滴定度 是指每毫升滴定液相当于被测物质的质量，以符号 $T_{T/A}$ 表示，单位为 g/ml，其中右下角斜线上方的 T 表示滴定液的化学式，斜线下方的 A 表示被测物质的化学式。滴定度与被测物质质量的关系式为

$$m_A = T_{T/A} \cdot V_T \tag{3-2}$$

式中，m_A 为被测物质 A 的质量，g；V_T 为滴定液 T 的体积，ml。

例题 3-2 已知 $T_{HCl/NaOH}=0.004000$g/ml，滴定终点时消耗 HCl 滴定液 20.00ml，计算被测溶液中 NaOH 的质量。

解：根据式（3-2），则

$$m_{NaOH} = T_{HCl/NaOH} \cdot V_{HCl} = 0.004000 \times 20.00 = 0.08000(g)$$

答：被测溶液中 NaOH 的质量为 0.08000g。

第四节 滴定分析计算

一、滴定分析计算的依据

滴定分析中，被测物质 A 与滴定液 T 之间的关系可用下式表示：

$$a\text{A} + t\text{T} \rightleftharpoons c\text{C} + d\text{D}$$
（被测物）（滴定液） （生成物）

当滴定到达化学计量点时，a mol A 与 t mol T 完全反应，即被测物质 A 与滴定液 T 的物质的量之比等于各物质的系数之比：

$$\frac{n_\text{A}}{n_\text{T}} = \frac{a}{t}$$

即

$$n_\text{A} = \frac{a}{t} n_\text{T} \tag{3-3}$$

二、滴定分析计算的基本公式

（一）滴定液配制的计算公式

配制前后溶质的物质的量相等：n（配制前）$=n$（配制后）

若配制前物质为固体，则

$$\frac{m_\text{T}}{M_\text{T}} = c_\text{T} V_\text{T} \tag{3-4}$$

若配制前物质为液体，则

$$c_1 V_1 = c_2 V_2 \tag{3-5}$$

其中"1"表示稀释前，"2"表示稀释后。

（二）滴定液标定的计算公式

用基准物质标定的计算公式：

$$\frac{m_\text{A}}{M_\text{A}} = \frac{a}{t} c_\text{T} V_\text{T} \tag{3-6}$$

用滴定液标定的计算公式：

$$c_\text{A} V_\text{A} = \frac{a}{t} c_\text{T} V_\text{T} \tag{3-7}$$

（三）滴定度与物质的量浓度的换算公式

由式（3-6）得 $m_\text{A} = \frac{a}{t} c_\text{T} V_\text{T} M_\text{A}$，当消耗 1ml 滴定液时，计算得到的被测物的质量即为滴定液对被测物质的滴定度：

$$T_{\text{T}/\text{A}} = \frac{a}{t} c_\text{T} M_\text{A} \times 10^{-3} \tag{3-8}$$

（四）测定被测物质含量的计算公式

被测物质的含量用质量分数表示。质量分数是指供试品中所含纯物质的质量，用 w_A 表示，计算公式为

$$w_\text{A} = \frac{m_\text{A}}{m_\text{s}} \tag{3-9}$$

式中，m_A 为供试品中纯物质的质量，g；m_s 为供试品取样量，g。

1. 利用被测物质的摩尔质量计算被测物质的质量分数

由式（3-6）和式（3-9）得

$$w_\text{A} = \frac{a}{t} \times \frac{c_\text{T} V_\text{T} M_\text{A}}{m_\text{s}} \tag{3-10a}$$

如果体积 V 的单位为 ml，则

$$\omega_A = \frac{a}{t} \times \frac{c_T V_T M_A \times 10^3}{m_s} \qquad (3\text{-}10b)$$

药物含量常用含量百分数表示，则：

$$A(\%) = \frac{a}{t} \times \frac{c_T V_T M_A \times 10^3}{m_s} \times 100 \qquad (3\text{-}10c)$$

2. 利用滴定度计算被测物质的含量

由式（3-2）和式（3-9）得

$$\omega_A = \frac{T_{T/A} V_T}{m_s} \qquad (3\text{-}11a)$$

在实际滴定中，若滴定液的实际浓度与规定浓度不一致时（一般要求实际浓度与规定浓度应该很接近），可用校正因子 F 进行校正。F 表示为

$$F = \frac{c_{实际}}{c_{规定}}$$

则式（3-11a）可表示为

$$\omega_A = \frac{T_{T/A} V_T F}{m_s} \qquad (3\text{-}11b)$$

若被测物质含量用百分数表示，只需将质量分数乘以 100% 即可。

3. 计算被测溶液的质量浓度 被测物质为液体时，其含量常用质量浓度表示，单位为 g/ml。

由式（3-10a）得

$$\rho_A = \frac{a}{t} \times \frac{c_T V_T M_A}{V_s} \qquad (3\text{-}12a)$$

由式（3-11b）得

$$\rho_A = \frac{T_{T/A} V_T F}{V_s} \qquad (3\text{-}12b)$$

若被测物质含量以百分浓度表示，只需将质量浓度乘以 100% 即可，单位为 g/100ml。

三、滴定分析计算示例

例题 3-3 欲配制 0.01000mol/L $K_2Cr_2O_7$ 滴定液 1000ml，应称取 $K_2Cr_2O_7$ 多少克？

解： 已知 $c(K_2Cr_2O_7)$=0.01000mol/L，$V(K_2Cr_2O_7)$=1000ml，$M(K_2Cr_2O_7)$=294.2g/mol。根据式（3-1）$c_B = \frac{n_B}{V} = \frac{m_B}{M_B V}$ 得

$$\begin{aligned} m_{K_2Cr_2O_7} &= c_{K_2Cr_2O_7} V_{K_2Cr_2O_7} M_{K_2Cr_2O_7} \\ &= 0.01000 \times 1000 \times 294.2 \times 10^{-3} = 2.9420(g) \end{aligned}$$

答：应称取 $K_2Cr_2O_7$ 的质量为 2.9420g。

例题 3-4 用质量分数为 98%，密度为 1.84kg/L 的浓硫酸配制浓度为 0.10mol/L 的稀硫酸 500ml，应量取浓硫酸多少毫升？

解： 已知 ω_1=98%，ρ_1=1.84kg/L，c_2=0.10mol/L，V_2=500ml，$M(H_2SO_4)$=98.00g/mol。

根据式（3-1）得，浓硫酸的物质的量浓度：

$$c_1 = \frac{\omega_1 \cdot \rho_1}{M_{H_2SO_4}} = \frac{98\% \times 1.84 \times 1000}{98.00} = 18.4(mol/L)$$

根据式（3-5）得

$$V_1 = \frac{c_2 \cdot V_2}{c_1} = \frac{0.10 \times 500}{18.4} = 2.7 ml$$

答：应量取浓硫酸 2.7ml。

（一）滴定液标定的计算示例

例题 3-5 将 0.1326g Na_2CO_3（M=105.99g/mol）配制成溶液，用 HCl 滴定液滴定，消耗 HCl 滴定液 24.51ml，计算 HCl 滴定液的浓度。

解：滴定反应式为 $2HCl + Na_2CO_3 = 2NaCl + H_2O + CO_2\uparrow$

根据式（3-6）得

$$c_{HCl} = \frac{\dfrac{t}{a} \cdot \dfrac{m_{Na_2CO_3}}{M_{Na_2CO_3}}}{V_{KMnO_4}} = \frac{\dfrac{2}{1} \times \dfrac{0.1326}{105.99}}{24.51 \times 10^{-3}} = 0.1021(mol/L)$$

答：HCl 滴定液的浓度为 0.1021mol/L。

例题 3-6 滴定 25.00ml 的 H_2SO_4，消耗浓度为 0.1055mol/L 的 NaOH 滴定液 15.20ml，计算 H_2SO_4 溶液的浓度。

解：滴定反应式为

$$H_2SO_4 + 2NaOH = Na_2SO_4 + 2H_2O$$

根据式（3-7）得

$$c_{H_2SO_4} = \frac{\dfrac{t}{a} \cdot c_{NaOH}V_{NaOH}}{V_{H_2SO_4}} = \frac{\dfrac{2}{1} \times 0.1055 \times 15.20}{25.00} = 0.1283(mol/L)$$

答：H_2SO_4 溶液的浓度为 0.1283mol/L。

（二）滴定度与物质的量浓度换算的计算示例

例题 3-7 用 0.2500mol/L HCl 滴定液滴定 Na_2CO_3，计算每 1ml 0.2500mol/L HCl 滴定液相当于 Na_2CO_3 的质量（T_{HCl/Na_2CO_3}）。

解：滴定反应式为

$$2HCl + Na_2CO_3 = 2NaCl + H_2O + CO_2\uparrow$$

根据式（3-8）$T_{T/A} = \dfrac{a}{t}c_T M_A \times 10^{-3}$ 得

$$T_{HCl/Na_2CO_3} = \frac{a}{t} c_{HCl} M_{Na_2CO_3} \times 10^{-3}$$

$$= \frac{1}{2} \times 0.2500 \times 105.99 \times 10^{-3}$$

$$= 0.01325(g/ml)$$

答：每 1ml 0.2500mol/L HCl 滴定液相当于 0.01325g Na_2CO_3。

例题 3-8 已知某 $AgNO_3$ 滴定液对 NaCl 的滴定度 $T_{AgNO_3/NaCl}$=0.005844g/ml，计算该 $AgNO_3$ 滴定液的浓度。

解：滴定反应式为

$$AgNO_3 + NaCl = AgCl\downarrow + NaNO_3$$

根据式（3-8）得

$$c_{AgNO_3} = \frac{t}{a} \cdot \frac{T_{AgNO_3/NaCl} \times 10^3}{M_{NaCl}}$$

$$= \frac{1}{1} \times \frac{0.005844 \times 10^3}{58.44}$$

$$= 0.1000(mol/L)$$

答：该 $AgNO_3$ 滴定液的浓度为 0.1000mol/L。

（三）被测物质含量的计算示例

1. 利用被测物质的摩尔质量计算被测物质含量示例

例题 3-9 精密称取 Na_2CO_3 0.2309g，加水溶解后，用 0.2031mol/L HCl 滴定液滴定，终点时消耗 HCl 滴定液 21.32ml，计算试样中 Na_2CO_3 的质量分数。

解：已知 m_s=0.2309g，c（HCl）=0.2031mol/L，V（HCl）=21.32ml，M（Na_2CO_3）=105.99g/mol。

滴定反应式为

$$2HCl + Na_2CO_3 == 2NaCl + H_2O + CO_2\uparrow$$

根据式（3-10c）得

$$w(Na_2CO_3) = \frac{a}{t} \frac{c_{HCl} V_{HCl} M_{Na_2CO_3} \times 10^{-3}}{m_s} \times 100\%$$

$$= \frac{1}{2} \times \frac{0.2031 \times 21.32 \times 105.99 \times 10^{-3}}{0.2309} \times 100\%$$

$$= 99.38\%$$

答：试样中 Na_2CO_3 的质量分数为 99.38%。

例题 3-10 测定某样品中铜含量，称取样品 0.5218g，用硝酸溶解后，除去过量的硝酸及氮氧化物，加入 1.5g KI，用 0.1046mol/L $Na_2S_2O_3$ 滴定液滴定生成的碘单质，终点时消耗 $Na_2S_2O_3$ 滴定液 22.55ml，计算样品中铜的质量分数。

解：已知 m_s=0.5218g，c（$Na_2S_2O_3$）=0.1046mol/L，V（$Na_2S_2O_3$）=22.55ml，M（Cu）=63.546g/mol。

滴定反应式为

$$2Cu^{2+} + 4I^- == 2CuI + I_2\downarrow$$
$$I_2 + 2S_2O_3^{2-} == 2I^- + S_4O_6^{2-}$$

根据式（3-10c）得

$$A(Cu) = \frac{a}{t} \frac{c_{Na_2S_2O_3} V_{Na_2S_2O_3} M_{Cu} \times 10^{-3}}{m_s} \times 100\%$$

$$= \frac{1}{1} \times \frac{0.1046 \times 22.55 \times 63.546 \times 10^{-3}}{0.5218} \times 100\%$$

$$= 28.72\%$$

答：样品中铜的质量分数为 28.72%。

2. 利用滴定度计算被测物质的含量示例

例题 3-11 测定某药物中的含硫量，称取样品 1.000g，用 I_2 滴定液滴定，终点时消耗 I_2 滴定液 22.98ml，已知 $T_{I_2/S}$=0.0000456g/mL，计算样品中硫的含量。

解：根据式（3-11a）得

$$w(S) = \frac{T_{I_2/S} V_{I_2}}{m_s} \times 100\%$$

$$= \frac{0.0000456 \times 22.98}{1.000} \times 100\%$$

$$= 0.1048\%$$

答：样品中硫的含量为 0.1048%。

例题 3-12 将 0.1233g 草酸（$H_2C_2O_4$）溶于适量水中，用 0.1022mol/L 的 NaOH 滴定液滴定，终点时消耗 NaOH 溶液 23.34ml。（1）计算每 1ml 0.1000mol/L NaOH 滴定液相当于草酸多少克（$T_{NaOH/H_2C_2O_4}$）；（2）计算样品中草酸的含量。

解：已知 M（$H_2C_2O_4$）=90.04g/mol

滴定反应式为

$$H_2C_2O_4 + 2NaOH == Na_2C_2O_4 + 2H_2O$$

(1) 根据式（3-8）得：

$$T_{NaOH/H_2C_2O_4} = \frac{a}{t} c_{NaOH} M_{H_2C_2O_4} \times 10^{-3}$$

$$= \frac{1}{2} \times 0.1000 \times 90.04 \times 10^{-3}$$

$$= 0.004502 (g/ml)$$

(2) 根据式（3-11b）得：

$$w_{H_2C_2O_4} = \frac{T_{NaOH/H_2C_2O_4} V_{NaOH} F}{m_s}$$

$$= \frac{0.004502 \times 23.34 \times \frac{0.1022}{0.1000}}{0.1233}$$

$$= 0.8710$$

答：每 1ml 0.1000mol/L NaOH 滴定液相当于草酸 0.004502g，样品中草酸的含量为 0.8710。

3. 计算被测溶液的质量浓度示例

例题 3-13 量取 1.00ml 浓度约为 30%的 H_2O_2 溶液置于 250ml 容量瓶中，定容摇匀后移取 25.00ml，置于锥形瓶中，向其中加入 3mol/L H_2SO_4 5ml 和 1mol/L $MnSO_4$ 溶液 2~3 滴，用 0.02mol/L $KMnO_4$ 滴定液滴定，终点时消耗 $KMnO_4$ 滴定液 18.08ml。已知 $KMnO_4$ 滴定液浓度为 0.02015mol/L，1ml 0.02mol/L $KMnO_4$ 滴定液相当于 1.701mg 的 H_2O_2。试计算 H_2O_2 溶液的质量浓度和百分浓度。

解： 已知 $M(H_2O_2)$ =34.01g/mol。

滴定反应式为

$$5H_2O_2 + 2MnO_4^- + 6H^+ = 2Mn^{2+} + 5O_2\uparrow + 8H_2O$$

(1) 根据式（3-12a）$\rho_A = \frac{a}{t} \frac{c_T V_T M_A}{V_s}$ 得

$$\rho_{H_2O_2} = \frac{a}{t} \frac{c_{KMnO_4} V_{KMnO_4} M_{H_2O_2}}{V_s}$$

$$= \frac{5}{2} \times \frac{0.02015 \times 18.08 \times 10^{-3} \times 34.01}{1.00 \times \frac{25.00}{250.00}} = 0.3098 (g/ml)$$

(2) 根据式（3-12b）得：

$$\rho_{H_2O_2} = \frac{T_{KMnO_4/H_2O_2} V_{KMnO_4} F}{V_s} \times 100\%$$

$$= \frac{1.701 \times 10^{-3} \times 18.08 \times \frac{0.02015}{0.02}}{1.00 \times \frac{25.00}{250.00}} \times 100\% = 30.98\%$$

答：H_2O_2 溶液的质量浓度为 0.3098g/ml，百分浓度为 30.98%。

（四）估算应称物质质量的计算示例

例题 3-14 用草酸（$H_2C_2O_4 \cdot 2H_2O$）标定 0.20mol/L NaOH 溶液，要求消耗 NaOH 溶液体积为 20~25ml，计算应称取基准物质草酸多少克？

解： 已知 c（NaOH）=0.20mol/L，V_1（NaOH）=20ml，V_2（NaOH）=25ml，$M(H_2C_2O_4 \cdot 2H_2O)$ =126.07g/mol。

滴定反应式为

$$H_2C_2O_4 + 2NaOH = Na_2C_2O_4 + 2H_2O$$

根据式（3-6）$m_A = \frac{a}{t} c_T V_T M_A$ 得

$$m_{H_2C_2O_4 \cdot 2H_2O} = \frac{a}{t} c_{NaOH} V_{NaOH} M_{H_2C_2O_4 \cdot 2H_2O} \times 10^{-3}$$

$$m_{H_2C_2O_4 \cdot 2H_2O} = \frac{1}{2} \times 0.20 \times 20 \times 126.07 \times 10^{-3} = 0.25(g)$$

$$m_{H_2C_2O_4 \cdot 2H_2O} = \frac{1}{2} \times 0.20 \times 25 \times 126.07 \times 10^{-3} = 0.32(g)$$

答：应称取基准物质草酸的质量在 0.25～0.32g。

（五）估算消耗滴定液体积的计算示例

例题 3-15 将 0.3000g 草酸（$H_2C_2O_4 \cdot 2H_2O$）溶于适量水中，用 0.20mol/L NaOH 溶液滴定，计算大约消耗 NaOH 溶液多少毫升？

解：已知 $M(H_2C_2O_4 \cdot 2H_2O)$ = 126.07g/mol

滴定反应式为

$$H_2C_2O_4 + 2NaOH = Na_2C_2O_4 + 2H_2O$$

根据式（3-7）得

$$V_{NaOH} = \frac{t}{a} \cdot \frac{m_{H_2C_2O_4}}{M_{H_2C_2O_4} \cdot c_{NaOH}} \times 1000 = \frac{2}{1} \times \frac{0.3000 \times 1000}{126.07 \times 0.20} = 23.80(ml) \approx 24(ml)$$

答：大约消耗该 NaOH 溶液 24ml。

自 测 题

一、选择题（A 型题）

1. 滴定分析法主要用于（　　）。
   A. 仪器分析 B. 定性分析
   C. 常量分析 D. 重量分析

2. 下列误差中属于终点误差的是（　　）。
   A. 在终点时多加或少加半滴滴定液而引起的误差
   B. 指示剂的变色点与化学计量点不一致而引起的误差
   C. 由于确定终点的方法不同，使测量结果不一致而引起的误差
   D. 终点时由于指示剂消耗滴定液而引起的误差

3. 下列说法中正确的是（　　）。
   A. 指示剂的变色点即为化学计量点
   B. 分析纯的试剂均可作基准物质
   C. 定量完成的反应均可作为滴定反应
   D. 已知准确浓度的溶液称为滴定液

4. 下列说法中正确的是（　　）。
   A. 滴定反应的外观特征必须明显
   B. 滴定反应的速率要足够迅速
   C. 计量点时溶液的 pH=7
   D. 终点误差是终点时多加半滴标液所引起的误差

5. 将 Ca^{2+} 沉淀为 CaC_2O_4，然后溶于酸，再用 $KMnO_4$ 滴定液滴定生成的 $H_2C_2O_4$，从而测定 Ca 的含量。所采用的滴定方式属于（　　）。
   A. 直接滴定法 B. 间接滴定法
   C. 沉淀滴定法 D. 氧化还原滴定法

6. 用高锰酸钾法测定钙，常用的滴定方式是（　　）。
   A. 返滴法 B. 氧化还原滴定法
   C. 间接滴定法 D. 直接滴定法

7. 下列纯物质中可以作为基准物质的是（　　）。
   A. $KMnO_4$ B. $Na_2B_4O_7 \cdot 10H_2O$
   C. NaOH D. HCl

8. 下列试剂中可用直接法配制滴定液的是（　　）。
   A. $K_2Cr_2O_7$ B. NaOH
   C. H_2SO_4 D. $KMnO_4$

9. 下列说法中正确的是（　　）。
   A. 凡能满足一定要求的反应都能用直接滴定法
   B. 一些反应太慢或没有适当指示剂确定终点的可以用返滴法
   C. 凡发生副反应的均可采用置换滴定法
   D. 一些物质不能直接滴定，必定可以采用间接滴定法

10. 配制 NaOH 滴定液的正确方法是（　　）。
    A. 用间接配制法（标定法）
    B. 用分析天平称量试剂
    C. 用少量蒸馏水溶解并在容量瓶中定容
    D. 用上述 B 和 C

11. 用酸碱滴定法测定 $CaCO_3$ 含量时，不能用 HCl 滴定液直接滴定而需用返滴法是由于（　　）。
    A. $CaCO_3$ 难溶于水，与 HCl 反应速率慢
    B. $CaCO_3$ 与 HCl 反应不完全
    C. $CaCO_3$ 与 HCl 不反应
    D. 没有适合的指示剂

12. 每毫升含 4.374×10^{-3}g HCl 的滴定液，其对 CaO 的滴定度为（　　）
    [已知：$M(HCl)$=36.46g/mol，$M(CaO)$=56.08g/mol]

A. $3.365×10^{-2}$ g/ml B. $3.365×10^{-3}$ g/ml
C. $1.683×10^{-3}$ g/ml D. $6.730×10^{-3}$ g/ml

13. 每升 $KMnO_4$ 滴定液含 3.1601g $KMnO_4$，此滴定液对 Fe^{2+} 的滴定度为（ ）g/ml。
    A. 0.005585 B. 0.01580
    C. 0.05585   D. 0.003160

14. 用草酸钠溶液标定浓度为 0.04000mol/L 的 $KMnO_4$ 溶液，如果使标定时所消耗草酸钠溶液体积和 $KMnO_4$ 溶液体积相等，则草酸钠的浓度应为（ ）
    A. 0.1000mol/L   B. 0.04000mol/L
    C. 0.05000mol/L D. 0.08000mol/L

15. 某基准物 A 的摩尔质量为 500g/mol，用于标定 0.1mol/L 的 B 溶液，设标定反应为：A+2B══P，则每份基准物的称取量应为（ ）g。
    A. 0.1～0.2 B. 0.2～0.5
    C. 0.5～1.0 D. 1.0～1.6

二、简答题

1. 什么是滴定分析？主要分析方法有哪些？
2. 滴定分析法常用的滴定方式有哪些？简述其各自的适用范围。
3. 化学计量点与滴定终点两者有哪些异同点？怎样理解终点误差？
4. 滴定度的含义是什么？说出其与物质的量浓度的区别。
5. 滴定液的标定有几种方法？简述每种方法的优缺点。

三、计算题

1. 已知浓盐酸的密度为 1.19g/ml，其中 HCl 含量约为 37%：①计算该浓盐酸的物质的量浓度；②欲配制浓度为 0.10mol/L 的稀盐酸 $1.0×10^3$ ml，需量取上述浓盐酸多少毫升？

2. 要加多少毫升水到 500.0ml 0.2000mol/L HCl 溶液中，才能使稀释后的 HCl 标准溶液对 $CaCO_3$ 的滴定度 $T_{HCl/CaCO_3}=5.005×10^{-3}$ g/ml？

3. 分析不纯 $CaCO_3$（不含干扰物），称取样品 0.3000g，加入 0.2500mol/L HCl 滴定液 25.00ml，用 0.2102mol/L NaOH 溶液返滴定过量的酸，消耗 NaOH 溶液 5.84ml。计算 $CaCO_3$ 的百分含量。$M(CaCO_3)$=100.09g/mol

4. 用每升含 5.442g $K_2Cr_2O_7$ 滴定液滴定铁试样，计算 $K_2Cr_2O_7$ 滴定液对 Fe、Fe_3O_4 的滴定度。

5. 量取 4.00ml 血清样品测定血清钙含量，加一定量的蒸馏水和 $(NH_4)_2C_2O_4$ 溶液，使其中 Ca^{2+} 完全转化为 CaC_2O_4 沉淀，将 CaC_2O_4 沉淀溶于酸中，用 0.0100mol/L $KMnO_4$ 滴定液滴至终点，消耗 $KMnO_4$ 滴定液 4.50ml。计算每 100ml 血清中含钙多少毫克。

滴定反应式为
$$5C_2O_4^{2-} + 2MnO_4^- + 16H^+ ══ 2Mn^{2+} + 10CO_2\uparrow + 8H_2O$$

（韩盼盼）

第 4 章

酸碱滴定法

酸碱滴定法是以质子转移反应为基础的滴定分析法，包括水溶液和非水溶液中进行的酸碱滴定法两大类，常用于测定酸、碱，以及能与酸碱反应的物质的含量。酸碱滴定法操作简单、快速、准确度高，属于经典分析方法，在药品、食品分析中应用十分广泛。

案例 阿司匹林含量的测定

阿司匹林（乙酰水杨酸）在临床上作为解热镇痛药广为应用，目前又用于防治心脑血管栓塞疾病，俗称"万灵药"。阿司匹林（$C_9H_8O_4$）含量的测定是药品检测的一项重要指标。用减重称量法精密称取阿司匹林试样三份，分别置于锥形瓶中，依次加入适量中性乙醇和蒸馏水溶解，酚酞指示剂 2 滴，分别用 NaOH 滴定液滴定至终点，记录所消耗的 NaOH 滴定液的体积。计算阿司匹林的含量。

讨论：该测定使用的是什么方法？应该注意什么问题？为什么用 NaOH 作滴定液、酚酞作指示剂？如何计算阿司匹林的含量？

第一节 酸碱质子理论和酸碱溶液 pH 的计算

酸、碱是两类重要的化合物，在工农业生产中应用广泛。人们通过对酸碱的性质与组成、结构关系的研究，提出了一系列的酸碱理论，常见的有电离理论和质子理论。1887 年，瑞典化学家阿伦尼乌斯（Arrhenius）提出酸碱电离理论，该理论把酸碱限制在水溶液中，一些不在水溶液中进行的酸碱反应及许多化学现象，无法得到解释和说明。为此，1923 年丹麦化学家布朗斯特和英国化学家劳里共同提出了酸碱质子理论。

一、酸碱质子理论

（一）酸碱的定义

酸碱质子理论认为：凡是能给出质子（H^+）的物质是酸，凡是能接受质子的物质是碱。酸是质子的给予体，酸给出质子后剩余的部分是碱；碱是质子的接受体，碱接受质子后成为酸。酸碱的对应关系可表示为

$$酸 \rightleftharpoons 质子 + 碱$$
$$HAc \rightleftharpoons H^+ + Ac^-$$
$$H_2O \rightleftharpoons H^+ + OH^-$$
$$H_2CO_3 \rightleftharpoons H^+ + HCO_3^-$$
$$HCO_3^- \rightleftharpoons H^+ + CO_3^{2-}$$
$$NH_4^+ \rightleftharpoons H^+ + NH_3$$

酸碱质子理论扩大了酸碱的范围，酸和碱不仅可以是中性分子，也可以是阴离子或阳离子。同时酸、碱也是相对的，特别需要注意的是，有些物质既可以给出质子又可以接受质子，称为两性物质，如 H_2O、HCO_3^- 等。

酸给出质子后成为碱，碱接受质子后成为酸，这种相互依存的关系称为共轭关系。化学组成上仅

相差一个质子的一对酸碱称为共轭酸碱对。例如，HAc 是 Ac⁻的共轭酸，Ac⁻是 HAc 的共轭碱。在一对共轭酸碱对中，共轭酸的酸性越强，其共轭碱的碱性越弱；反之亦然。

（二）酸碱反应的实质

酸碱质子理论认为，酸碱反应的实质是质子的转移。当酸、碱同时存在时，酸将自身的质子转移给碱，变为其共轭碱，而碱接受质子变成其共轭酸。

例如，HAc 与 NH_3 的反应：

$$HAc + NH_3 \rightleftharpoons NH_4^+ + Ac^-$$

$$\text{酸1} \quad \text{碱2} \quad \quad \text{酸2} \quad \text{碱1}$$

在反应过程中，HAc 给出质子转变成其共轭碱 Ac^-；NH_3 接受质子转变成其共轭酸 NH_4^+。这说明酸碱反应的实质是两对共轭酸碱对之间的质子传递反应。这种质子传递反应，只是质子从一种物质传递给另一种物质。该反应既可在水溶液中进行，也可以在非水溶剂和无溶剂等条件下进行。

（三）水的质子自递反应

根据酸碱质子理论，水是一种酸碱两性物质，既可以给出质子，又可以接受质子。在水分子之间同样能够发生质子的传递反应，称为水的质子自递反应。反应式如下：

$$H_2O + H_2O \rightleftharpoons H_3O^+ + OH^-$$

这种发生在溶剂分子之间的质子转移反应，称为溶剂的质子自递反应。反应的平衡常数称为质子自递常数，用 K_s 表示。水的质子自递常数用 K_w 表示，称为水的离子积常数，简称水的离子积。

$$K_w = [H_3O^+][OH^-] \quad\quad (4\text{-}1)$$

由于水的质子自递反应是吸热反应，所以温度升高，K_w 增大。在一定温度下，水中的 H_3O^+ 和 OH^- 浓度的乘积是一个常数。实验测得在 298.15K 时，1L 纯水中仅有 1.0×10^{-7} mol 水分子解离，$[H_3O^+] = [OH^-] = 1.0 \times 10^{-7}$ mol/L，故 $K_w = 1.0 \times 10^{-14}$。

水的离子积不仅适用于纯水，也适用于所有的稀水溶液。

（四）共轭酸碱对的 K_a 与 K_b 的关系

在水溶液中，共轭酸碱对 HA-A⁻分别存在如下的质子传递反应平衡式：

$$HA + H_2O \rightleftharpoons A^- + H_3O^+$$

$$A^- + H_2O \rightleftharpoons HA + OH^-$$

其反应的平衡常数为

$$K_a = \frac{[H_3O^+][A^-]}{[HA]} \quad\quad K_b = \frac{[HA][OH^-]}{[A^-]}$$

将以上两式相乘，得如下关系式：

$$K_a K_b = K_w \quad\quad (4\text{-}2a)$$

两边同时取负对数得

$$pK_a + pK_b = pK_w \quad\quad (4\text{-}2b)$$

以上公式表明，共轭酸碱对的 K_a 与 K_b 成反比，说明酸越强，其共轭碱越弱；碱越强，其共轭酸越弱。如果已知弱酸的 K_a，可求出其共轭碱的 K_b，反之亦然。

二、酸碱溶液 pH 的计算

强酸、强碱在水溶液中是完全解离的，通常可忽略水的质子自递作用，pH 可直接用其质子浓度进行计算。而弱酸、弱碱溶液由于存在其解离平衡，缓冲溶液由共轭酸和共轭碱两种物质组成，其 pH 计算则比较复杂，通常采取近似处理。

（一）一元弱酸、弱碱溶液 pH 近似计算

在一元弱酸或弱碱的水溶液中，同时存在着弱酸或弱碱本身的解离平衡及溶剂水的质子自递平衡。设一元弱酸 HA 溶液的起始浓度为 c。通常情况下，当 $cK_a \geq 20K_w$ 时，可以忽略溶液中水的质子自递平衡；当 $c/K_a \geq 500$ 时，质子自递平衡产生的[H^+]远小于 HA 的总浓度 c，则 $c-[H^+] \approx c$。

当满足上述条件时，可推导出计算一元弱酸溶液中[H^+]的最简公式：

$$[H^+] = \sqrt{cK_a} \tag{4-3}$$

设一元弱碱溶液的起始浓度为 c，同理，当 $cK_b \geq 20K_w$，$c/K_b \geq 500$ 时，可以推导出计算一元弱碱溶液中[OH^-]的最简公式：

$$[OH^-] = \sqrt{cK_b} \tag{4-4}$$

例题 4-1 已知 298.15K 时，HAc 的 $K_a = 1.76 \times 10^{-5}$，计算 0.10mol/L HAc 溶液的 pH。

解： 因为 $cK_a > 20K_w$，$c/K_a > 500$，

所以 $[H^+] = \sqrt{cK_a} = \sqrt{0.10 \times 1.76 \times 10^{-5}} = 1.33 \times 10^{-3}$ (mol/L)

$$pH = -\lg[H^+] = -\lg(1.33 \times 10^{-3}) = 2.89$$

（二）多元弱酸、弱碱溶液 pH 近似计算

在多元弱酸或多元弱碱的溶液中，通常 H^+ 或 OH^- 主要来源于第一步解离。因此，一般情况下，多元弱酸或多元弱碱溶液中[H^+]或[OH^-]的计算，可按一元弱酸或一元弱碱进行简化处理。

多元弱酸溶液：当 $cK_{a_1} \geq 20K_w$，$c/K_{a_1} \geq 500$ 时：

$$[H^+] = \sqrt{cK_{a_1}} \tag{4-5}$$

多元弱碱溶液：当 $cK_{b_1} \geq 20K_w$，$c/K_{b_1} \geq 500$ 时：

$$[OH^-] = \sqrt{cK_{b_1}} \tag{4-6}$$

例题 4-2 已知 298.15K 时，CO_3^{2-} 的 $K_{b_1} = 1.78 \times 10^{-4}$，计算 0.10mol/L Na_2CO_3 溶液的 pH。

解： 因为 $cK_{b_1} > 20K_w$，$c/K_{b_1} > 500$，

所以 $[OH^-] = \sqrt{cK_{b_1}} = \sqrt{0.10 \times 1.78 \times 10^{-4}} = 4.2 \times 10^{-3}$ (mol/L)

$$pOH = -\lg[OH^-] = -\lg(4.2 \times 10^{-3}) = 2.38$$
$$pH = 14 - 2.33 = 11.67$$

（三）两性物质溶液 pH 近似计算

对于两性物质，如 $NaHCO_3$、K_2HPO_4、NaH_2PO_4 等，一般进行如下近似处理：

对于 HA^-、H_2A^- 类型的两性物质，当 $cK_{a_2} \geq 20K_w$，$c/K_{a_1} > 20$ 时：

$$[H^+] = \sqrt{K_{a_1}K_{a_2}} \tag{4-7}$$

对于 HA^{2-} 类型的两性物质，当 $cK_{a_3} \geq 20K_w$，$c/K_{a_2} > 20$ 时：

$$[H^+] = \sqrt{K_{a_2}K_{a_3}} \tag{4-8}$$

例题 4-3 已知 298.15K 时，H_2CO_3 的 $K_{a_1} = 4.30 \times 10^{-7}$，$K_{a_2} = 5.61 \times 10^{-11}$，计算 0.10mol/L $NaHCO_3$ 溶液的 pH。

解： 因为 $cK_{a_2} > 20K_w$，$c/K_{a_1} > 20$，

所以 $[H^+] = \sqrt{K_{a_1}K_{a_2}} = \sqrt{4.30 \times 10^{-7} \times 5.61 \times 10^{-11}} = 4.91 \times 10^{-9}$ (mol/L)

$$pH = -\lg[H^+] = -\lg(4.91 \times 10^{-9}) = 8.31$$

（四）缓冲溶液 pH 近似计算

缓冲溶液由共轭酸（HA）及其共轭碱（A^-）组成，在水溶液中存在如下质子传递平衡：

$$HA + H_2O \rightleftharpoons H_3O^+ + A^-$$

HA 的质子转移平衡常数为

$$K_a = \frac{[H_3O^+][A^-]}{[HA]}$$

则

$$[H_3O^+] = K_a \frac{[HA]}{[A^-]}$$

等式两边各取负对数得

$$pH = pK_a + \lg\frac{[A^-]}{[HA]} \tag{4-9}$$

式中，$[HA]$ 和 $[A^-]$ 均为平衡浓度。在 HA 和 A^- 缓冲体系中产生同离子效应，使得 HA 解离很少，因此，$[HA]$ 和 $[A^-]$ 可以分别用初始浓度 c_{HA} 和 c_{A^-} 表示。

例题 4-4 已知 NH_3 的 $K_b=1.76\times10^{-5}$，计算由 0.10mol/L NH_4Cl 及 0.20mol/L NH_3 组成的缓冲溶液的 pH。

解：NH_4^+ 的 $K_a = \dfrac{K_w}{K_b} = \dfrac{1.0\times10^{-14}}{1.76\times10^{-5}} = 5.68\times10^{-10}$ $pK_a=9.25$

$$pH = pK_a + \lg\frac{[NH_3]}{[NH_4^+]} = 9.25 + \lg\frac{0.20}{0.10} = 9.55$$

第二节 酸碱指示剂

由于酸碱反应一般无明显的外观变化，通常需要借助指示剂颜色的变化确定滴定终点。因此，正确的选择酸碱指示剂，对于减小滴定误差，获得准确的分析结果具有重要的意义。

一、酸碱指示剂的变色原理

酸碱指示剂一般为结构比较复杂的有机弱酸（HIn）或有机弱碱（InOH），在溶液中能够发生部分解离，解离前后，其结构发生改变，并且呈现不同的颜色。

以弱酸型指示剂（如酚酞 $K_a=6.0\times10^{-10}$）为例，说明酸碱指示剂的变色原理。

$$HIn \rightleftharpoons H^+ + In^-$$

      酸式结构   碱式结构
      酸式色   碱式色
     （酚酞）无色   （酚酞）红色

当溶液 pH 发生变化时，上述解离平衡发生移动，指示剂结构发生转变，从而引起溶液颜色的变化。因此，酸碱指示剂的颜色变化与溶液 pH 有关。

二、酸碱指示剂的变色范围及影响因素

（一）酸碱指示剂的变色范围

上述仅讨论了酸碱指示剂的颜色变化与溶液 pH 有关，而在酸碱滴定中，更重要的是要清楚酸碱指示剂颜色的变化与 pH 的数量关系。

对于弱酸型指示剂，在溶液中存在以下解离平衡：

$$HIn \rightleftharpoons H^+ + In^-$$

其解离常数表达式为

$$K_{HIn} = \frac{[H^+][In^-]}{[HIn]} \quad 或 \quad [H^+] = K_{HIn}\frac{[HIn]}{[In^-]}$$

两边取负对数得

$$pH = pK_{HIn} + \lg \frac{[In^-]}{[HIn]}$$

在一定温度下 K_{HIn} 为常数，$[In^-]$ 与 $[HIn]$ 的比值仅取决于溶液的 pH，当溶液的 pH 发生改变时，$[In^-]$ 与 $[HIn]$ 的比值也随之改变，从而使溶液呈现不同的颜色。所以，指示剂的颜色只随溶液 pH 的变化而改变。由于人的眼睛对溶液颜色的分辨有一定的局限性，一般当两种物质共存时，一种物质的浓度是另一种物质浓度的 10 倍或 10 倍以上时，才能够辨别出浓度较大的物质所呈现的颜色，即：

当 $[In^-]/[HIn] \geq 10$ 时，$pH \geq pK_{HIn}+1$，观察到 In^- 的颜色，即碱式色。

当 $[In^-]/[HIn] \leq 1/10$ 时，$pH \leq pK_{HIn}-1$，观察到 HIn 的颜色，即酸式色。

由此可知，只有当溶液的 pH 由 $pK_{HIn}-1$ 变化到 $pK_{HIn}+1$，才能观察到指示剂颜色的变化。指示剂这一颜色变化的 pH 范围，即 $pH=pK_{HIn}\pm 1$，称为指示剂的理论变色范围。

当 $[In^-]=[HIn]$ 时，$[In^-]/[HIn]=1$，即 $pH=pK_{HIn}$，此时观察到的是指示剂的酸式色与碱式色的混合色，称为指示剂的理论变色点。

不同指示剂的 pK_{HIn} 不同，所以其变色范围各不相同。由于人的眼睛对各种颜色敏感程度不同，且两种颜色相互掩盖，因此实际观察到的指示剂变色范围与理论变色范围存在一定的差别。例如，甲基橙的 $pK_{HIn}=3.4$，其理论变色范围为 $pH=2.4～4.4$，由于人的视觉对红色比黄色更加敏感，其实际变色范围为 3.1～4.4。实际应用中，使用的均是由实验测得的指示剂的实际变色范围。常用酸碱指示剂的变色范围及颜色情况见表 4-1。

表 4-1 常用酸碱指示剂（室温）

指示剂	理论变色点（pH）	变色范围 pH	颜色变化		
			酸式色	过渡色	碱式色
百里酚蓝	1.7	1.2～2.8	红	橙	黄
甲基黄	3.3	2.9～4.0	红	橙	黄
甲基橙	3.4	3.1～4.4	红	橙	黄
溴酚蓝	4.1	3.1～4.6	黄	蓝紫	紫
甲基红	5.2	4.4～6.2	红	橙	黄
溴百里酚酞	7.3	6.2～7.6	黄	绿	蓝
酚酞	9.1	8.0～10.0	无	粉红	红
百里酚酞	10.0	9.4～10.6	无	淡黄	蓝

（二）影响指示剂变色范围的因素

为了使滴定终点尽量接近化学计量点，要求在化学计量点时，溶液 pH 的微小改变可引起指示剂立即变色以指示滴定终点，因此指示剂的变色范围应越窄越好。以下几个方面影响指示剂的变色范围。

1. **温度**　温度的变化会引起酸碱指示剂解离常数 K_{HIn} 的变化，因而酸碱指示剂的变色范围也随之改变。通常情况下，滴定分析应在室温下进行。

2. **溶剂**　在不同的溶剂中，酸碱指示剂的 K_{HIn} 不同，因此酸碱指示剂的变色范围会受到溶剂种类的影响。

3. **指示剂的用量**　指示剂的用量要适当，如果过多或过少会使指示剂的颜色过深或过浅，导致滴定终点变色不敏锐。另外，指示剂本身是弱酸或弱碱，要消耗一定量的滴定液，影响测定结果。一般在 50ml 溶液中加入 2～3 滴指示剂。

4. **滴定程序**　滴定程序与指示剂的选用有关系，如果指示剂使用不当，会影响变色的敏锐性。一般情况下，指示剂的颜色变化由浅到深或由无色变有色为宜，这样有利于对颜色变化的观察。例如，酚酞由酸式结构（无色）变为碱式结构（红色），颜色变化明显，易辨别；甲基橙由碱式结构（黄色）变为酸式结构（红色），颜色变化明显，易辨别。

三、混合指示剂

在某些酸碱滴定中，使用单一的指示剂难以判断终点，此时可采用混合指示剂。

混合指示剂通常有两种配制方法，一种是在指示剂中加入一种惰性染料混合配制而成。例如，由甲基橙和靛蓝组成的混合指示剂，靛蓝颜色不随 pH 改变而变化，只作甲基橙的蓝色背景。另一种是由两种或两种以上的指示剂按一定比例混合而成，如溴甲酚绿和甲基红按 3∶1 的比例组成的混合指示剂。混合指示剂利用颜色互补原理使终点颜色变化敏锐，变色范围变窄，有利于终点观察，提高测定的准确度。常用的混合指示剂见表 4-2。

表 4-2 常用的混合指示剂

指示剂的组成	理论变色点（pH）	颜色变化		备注
		酸式色	碱式色	
0.1%甲基橙∶0.25%靛蓝二磺酸钠（1∶1）	4.1	紫色	黄绿	pH=4.1 灰色
0.2%甲基红∶0.1%溴甲酚绿（1∶3）	5.1	酒红	绿	pH=5.1 灰色
0.1%中性红∶0.1%亚甲基蓝（1∶1）	7.0	蓝紫	绿	pH=7.0 蓝紫色
0.1%甲基绿∶0.1%酚酞（2∶1）	8.9	绿	紫色	pH=8.8 浅蓝
				pH=9.0 紫色
0.1%百里酚∶0.1%酚酞（1∶1）	9.9	无色	紫色	pH=9.6 玫瑰色
				pH=10.0 紫色

第三节 酸碱滴定类型及指示剂的选择

在酸碱滴定过程中，溶液的 pH 不断发生规律性的变化。这种变化的规律性对正确选择指示剂，准确判断滴定终点具有重要的意义。尤其是化学计量点前后±0.1%的范围内溶液 pH 的变化情况，是正确选择指示剂的重要依据。

在酸碱滴定过程中，以加入滴定液的体积为横坐标，以溶液的 pH 为纵坐标，绘制的曲线称为酸碱滴定曲线。不同类型的酸碱滴定过程中 pH 的变化特点、滴定曲线的形状及指示剂的选择都有所不同。以下分别予以讨论。

一、强酸（强碱）的滴定

强碱与强酸相互滴定的基本反应为：$H^+ + OH^- \rightleftharpoons H_2O$

（一）滴定曲线

现以 0.1000mol/L NaOH 溶液滴定 20.00ml 0.1000mol/L HCl 溶液为例，讨论滴定过程中溶液 pH 的变化规律。滴定过程分为以下四个阶段。

1. 滴定前 HCl 溶液是强酸，在水溶液中完全解离，$[H^+]$等于 HCl 溶液的初始浓度：

$$[H^+]=0.1000\text{mol/L} \quad pH=1.00$$

2. 滴定开始至化学计量点前 溶液 pH 取决于剩余 HCl 的浓度。例如，滴入 NaOH 溶液 19.98ml 时，剩余 HCl 溶液的体积为 0.02ml，溶液的 pH 为

$$[H^+] = \frac{0.1000 \times 0.02}{20.00 + 19.98} = 5.0 \times 10^{-5}(\text{mol/L}) \quad pH=4.30$$

3. 化学计量点时 NaOH 和 HCl 恰好按化学计量关系反应完全，溶液呈中性：

$$[H^+]=1.00 \times 10^{-7}\text{mol/L} \quad pH=7.00$$

4. 化学计量点后 溶液的 pH 取决于过量 NaOH 的浓度。例如，滴入 NaOH 溶液 20.02ml 时，过量 NaOH 溶液的体积为 0.02ml，溶液的 pH 为

$$[OH^-] = \frac{0.1000 \times 0.02}{20.00 + 20.02} = 5.0 \times 10^{-5}(\text{mol/L}) \quad pOH=4.30$$

$$pH = 14.00 - pOH = 14.00 - 4.30 = 9.70$$

如此逐一计算滴定过程溶液的 pH，见表 4-3。

表 4-3　0.1000mol/L NaOH 滴定 20.00ml 0.1000mol/L HCl 的 pH 变化

加入 V_{NaOH}/ml	HCl 被滴定百分数	剩余 V_{HCl}/ml	过量 V_{NaOH}/ml	[H⁺]/mol/L	pH	
0.00	0.00	20.00		1.00×10^{-1}	1.00	
18.00	90.00	2.00		5.26×10^{-3}	2.28	
19.80	99.00	0.20		5.02×10^{-4}	3.30	
19.98	99.90	0.02		5.00×10^{-5}	4.30	滴定突跃范围
20.00	100.00	0.00		1.00×10^{-7}	7.00	
20.02	100.1		0.02	2.00×10^{-10}	9.70	
20.20	101.0		0.20	2.01×10^{-11}	10.70	
22.00	110.0		2.00	2.10×10^{-12}	11.68	
40.00	200.0		20.00	2.00×10^{-13}	12.70	

以 NaOH 溶液加入量为横坐标，以溶液的 pH 为纵坐标作图，可以得到强碱滴定强酸的滴定曲线，如图 4-1 所示。

由表 4-3 和图 4-1 可以看出：

（1）滴定曲线起点的 pH 为 1.00。当 NaOH 溶液的加入量从 0.00ml 到 19.98ml 时，溶液 pH 从 1.00 增加到 4.30，仅改变了 3.30 个 pH 单位，pH 变化缓慢，曲线比较平坦。

（2）当 NaOH 溶液的加入量从 19.98ml 到 20.02ml（化学计量点±0.1%范围）时，NaOH 溶液的体积仅改变了 0.04ml（约 1 滴），而溶液的 pH 却从 4.30 增加到 9.70，改变了 5.40 个 pH 单位，滴定曲线斜率增大，曲线形状出现了陡峭的一段。这种在化学计量点±0.1%范围内，由于 1 滴碱或酸的加入引起溶液 pH 的急剧变化称为滴定突跃。滴定突跃所在的 pH 范围称为滴定突跃范围。上述滴定的突跃范围 pH 为 4.30~9.70。

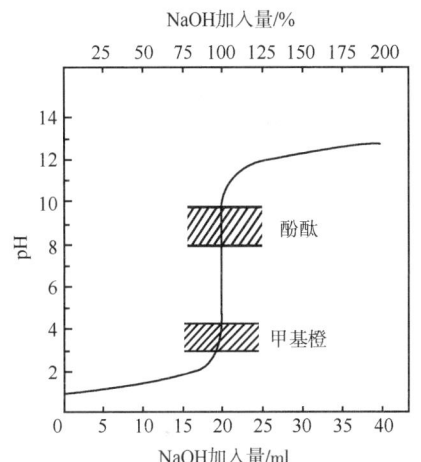

图 4-1　0.1000mol/L NaOH 滴定 0.1000mol/L HCl 的滴定曲线

（3）化学计量点的 pH 为 7.00，溶液呈中性。

（4）滴定突跃后继续加入 NaOH 溶液，溶液的 pH 变化缓慢，因此滴定曲线又变得平坦。

（二）指示剂的选择

滴定突跃范围是正确选择指示剂的重要依据。指示剂的选择原则是指示剂的变色范围应全部或部分处于滴定突跃范围内。只要在突跃范围内能发生颜色变化的指示剂，均能满足分析结果所要求的准确度，达到滴定误差不超过 0.1%。根据这一原则，以上滴定可选甲基橙、甲基红、酚酞等作指示剂。

（三）滴定突跃范围与酸碱浓度的关系

强酸与强碱间的滴定，其突跃范围的大小与酸碱的浓度有关。如图 4-2 所示，酸碱的浓度越大，滴定突跃范围越大，可供选用的指示剂越多；浓度越小，滴定突跃范围越小，可供选用的指示剂越少。例如，0.01mol/L NaOH 溶液滴定 0.01mol/L HCl 溶液，其滴定突跃范围 pH 为 5.30~8.70，可

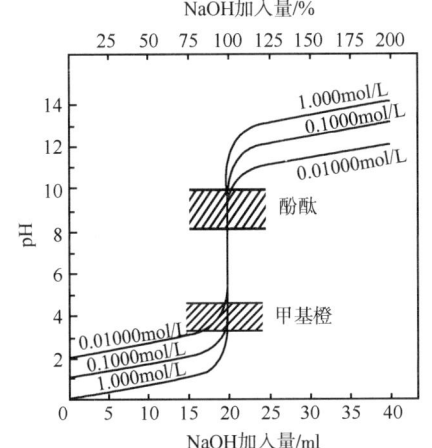

图 4-2　不同浓度的 NaOH 滴定不同浓度 HCl 的滴定曲线

选择甲基红、酚酞指示终点，但不能选择甲基橙，否则会造成较大的误差。若用较高浓度的酸碱溶液进行滴定，虽然滴定突跃范围大，可选用的指示剂多，但产生的滴定误差也较大。一般滴定液浓度控制在 0.1～0.5mol/L 较适宜。

二、一元弱酸（弱碱）的滴定

（一）滴定曲线及指示剂的选择

现以 0.1000mol/L NaOH 滴定 20.00ml 0.1000mol/L HAc 为例，说明强碱滴定一元弱酸过程中溶液 pH 的变化情况，滴定反应式为

$$HAc + OH^- \rightleftharpoons Ac^- + H_2O$$

滴定过程中溶液 pH 的变化，参照弱酸溶液及缓冲溶液的 pH 计算方法，所得数据列于表 4-4 中。

表 4-4　0.1000mol/L NaOH 滴定 20.00ml 0.1000mol/L HAc 的 pH 变化

NaOH 加入量		剩余的 HAc		计算式	pH	
%	ml	%	ml			
0	0	100	20.00	$[H^+] = \sqrt{K_a c_a}$	2.87	
50	10.00	50	10.00	$[H^+] = K_a \dfrac{[HAc]}{[Ac^-]}$	4.75	
90	18.00	10	2.00		5.71	
99.0	19.80	1	0.20		6.75	
99.9	19.98	0.1	0.02	$[OH^-] = \sqrt{\dfrac{K_w}{K_a} c_b}$	7.70	突跃范围
100	20.00	0	0.00		8.70	
加入过量的 NaOH						
100.1	20.02	0.1	0.02	$[OH^-]=10^{-4.3}$、$[H^+]=10^{-9.7}$	9.70	
101.0	20.20	1	0.20	$[OH^-]=10^{-3.3}$、$[H^+]=10^{-10.7}$	10.70	

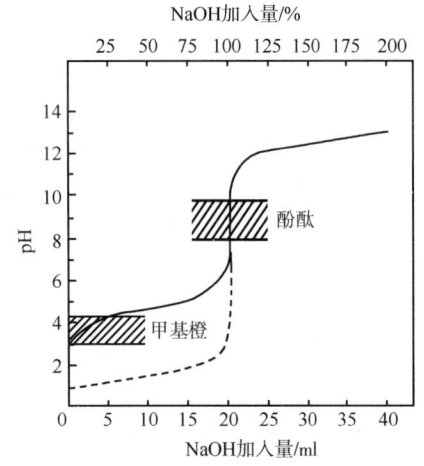

图 4-3　0.1000mol/L NaOH 滴定 0.1000mol/L HAc 的滴定曲线

以表 4-4 的数据为依据，可绘制强碱滴定一元弱酸的滴定曲线，如图 4-3 所示。

比较图 4-1 和图 4-3，可以看出强碱滴定一元弱酸有如下特点：

（1）滴定曲线起点高，其 pH 为 2.87。这是因为 HAc 为弱酸，在水溶液中只能部分解离。

（2）滴定开始至化学计量点前的曲线变化复杂，溶液的组成为 HAc-NaAc 缓冲体系。因为曲线两端缓冲比超出有效范围（1∶10～10∶1），缓冲能力小，溶液的 pH 随 NaOH 溶液的加入变化大，曲线斜率大、形状陡；而曲线中段，由于缓冲比接近于 1，缓冲能力大，溶液的 pH 随 NaOH 溶液的加入变化小，曲线变化平缓。

（3）化学计量点的 pH 为 8.70。因为在化学计量点时，HAc 已全部与 NaOH 反应生成 NaAc，而 Ac^- 是弱碱，所以溶液呈碱性而不是中性。

（4）滴定突跃范围较小，pH 为 7.70～9.70。

根据滴定突跃范围及选择指示剂的原则，此类滴定应选择在碱性区域变色的指示剂，如酚酞、百里酚蓝等。

（二）影响滴定突跃范围的因素

酸碱滴定突跃范围的大小既与溶液的浓度有关，又与弱酸的强度有关。溶液浓度越大，滴定突跃范围越大，反之越小；弱酸的解离常数 K_a 越大，酸性越强，滴定突跃范围越大，反之越小，如图 4-4

所示。

实验证明，只有当弱酸的 $cK_a \geq 10^{-8}$ 时，用强碱滴定该弱酸时才会出现明显的滴定突跃范围，才能选择合适的指示剂指示终点，该弱酸才能被强碱直接准确滴定。

同理，对于弱碱，只有当 $cK_b \geq 10^{-8}$ 时，才能被强酸直接准确滴定。

对于 $cK < 10^{-8}$ 的弱酸弱碱，可采用其他方法进行测定。

三、多元酸（碱）的滴定

（一）多元酸的滴定

由于多元酸在水溶液中是分步解离的，因此多元酸的滴定比较复杂。首先要判断多元酸各级解离的 H^+ 能否被直接准确滴定，其次还要判断多元酸能否被分步滴定。判断多元酸中各级解离 H^+ 能否被准确滴定和分步滴定，通常可根据以下两个条件：

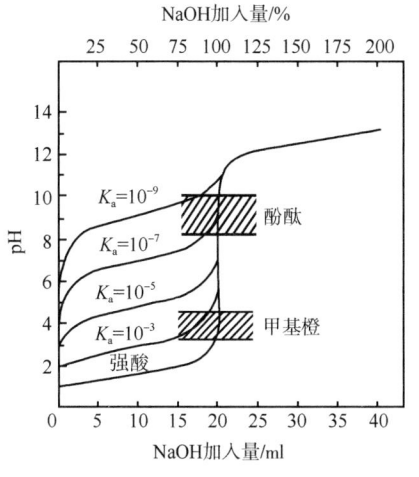

图4-4　0.1000mol/L NaOH 滴定 0.1000mol/L 不同强度酸的滴定曲线

（1） $cK_{a_n} \geq 10^{-8}$，第 n 级解离 H^+ 能否被直接准确滴定。

（2） $K_{a_n} / K_{a_{n+1}} \geq 10^4$，相邻两级解离的 H^+ 能被分步滴定。

例如，$H_2C_2O_4$（草酸）为二元弱酸，其 $K_{a_1} = 5.9 \times 10^{-2}$，$K_{a_2} = 6.4 \times 10^{-5}$。由各级解离常数知，满足 $cK_a \geq 10^{-8}$，即 $H_2C_2O_4$ 中两级解离的 H^+ 均可被直接准确滴定，但因不能满足 $K_{a_1} / K_{a_2} \geq 10^4$，故不能进行分步滴定，两级解离的 H^+ 只能同时被滴定，产生 1 个滴定突跃。

现以 0.1000mol/L NaOH 溶液滴定 20.00ml 0.1000mol/L H_3PO_4 溶液为例，讨论多元酸的滴定。H_3PO_4 在水溶液中存在如下解离平衡：

$$H_3PO_4 \rightleftharpoons H^+ + H_2PO_4^- \qquad K_{a_1} = 7.5 \times 10^{-3}$$

$$H_2PO_4^- \rightleftharpoons H^+ + HPO_4^{2-} \qquad K_{a_2} = 6.3 \times 10^{-8}$$

$$HPO_4^{2-} \rightleftharpoons H^+ + PO_4^{3-} \qquad K_{a_3} = 4.4 \times 10^{-13}$$

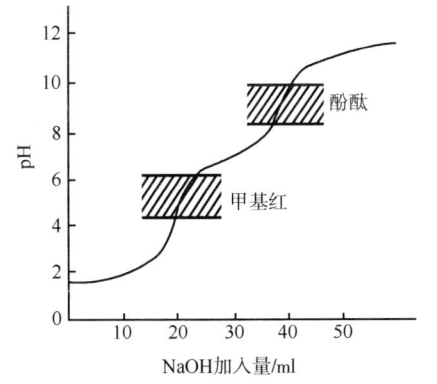

图4-5　0.1000mol/L NaOH 滴定 0.1000mol/L H_3PO_4 的滴定曲线

依据多元酸中各级解离 H^+ 能否被直接准确滴定和分步滴定的条件，H_3PO_4 前两级解离的 H^+ 能用 NaOH 溶液直接滴定，并且能分步滴定，而第三级 H^+ 不能用 NaOH 溶液直接滴定。因此，在 NaOH 滴定 H_3PO_4 溶液的滴定曲线上存在 2 个滴定突跃，如图4-5所示。

多元酸的滴定过程中，溶液 pH 的计算比较复杂。在实际工作中，通常只需计算化学计量点时溶液的 pH，选择在此 pH 附近变色的指示剂指示滴定终点。滴定反应式如下：

$$H_3PO_4 + NaOH \rightleftharpoons NaH_2PO_4 + H_2O$$
$$NaH_2PO_4 + NaOH \rightleftharpoons Na_2HPO_4 + H_2O$$

第一化学计量点时，滴定产物为 NaH_2PO_4，根据酸碱质子理论，NaH_2PO_4 是两性物质，其溶液 pH 可由下式近似计算：

$$[H^+] = \sqrt{K_{a_1} K_{a_2}}$$

$$pH = \frac{1}{2}(pK_{a_1} + pK_{a_2}) = \frac{1}{2}(2.12 + 7.21) = 4.66$$

可选用甲基红作指示剂。

第二化学计量点时，滴定产物为 Na_2HPO_4，属于两性物质，其溶液 pH 可由下式近似计算：

$$[H^+] = \sqrt{K_{a_2} K_{a_3}}$$

$$\text{pH} = \frac{1}{2}(\text{p}K_{a_2} + \text{p}K_{a_3}) = \frac{1}{2}(7.21+12.67) = 9.94$$

可选用酚酞、百里酚酞作指示剂。

（二）多元碱的滴定

多元碱的滴定与多元酸滴定相似。判断多元碱能否被直接准确滴定和分步滴定的条件为：

（1）$cK_{b_n} \geq 10^{-8}$，能被直接准确滴定。

（2）$K_{a_n}/K_{a_{n+1}} \geq 10^4$，能分步滴定。

现以 0.1000mol/L HCl 滴定 20.00ml 0.1000mol/L Na_2CO_3 溶液为例，讨论多元碱的滴定。CO_3^{2-} 是二元弱碱，$K_{b_1}=1.8\times10^{-4}$，$K_{b_2}=2.4\times10^{-8}$，由于 K_{b_1} 和 K_{b_2} 均大于 10^{-8}，且 $K_{b_1}/K_{b_2} \approx 10^4$，因此 CO_3^{2-} 可进行分步滴定。在 HCl 滴定 Na_2CO_3 溶液的滴定曲线上存在 2 个滴定突跃，如图 4-6 所示。

同样，多元碱的滴定过程中，溶液 pH 的计算比较复杂。在实际工作中，通常只需计算化学计量点时溶液的 pH，选择在此 pH 附近变色的指示剂指示滴定终点。其滴定反应式如下：

$$HCl + Na_2CO_3 = NaHCO_3 + NaCl$$
$$HCl + NaHCO_3 = NaCl + H_2O + CO_2\uparrow$$

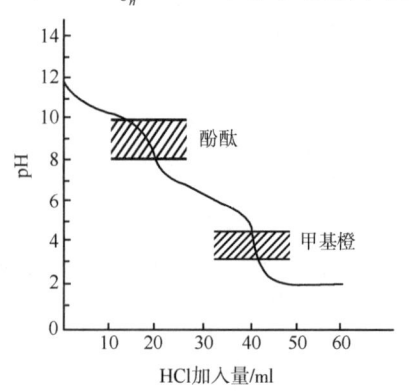

图 4-6　0.1000mol/L HCl 滴定 0.1000mol/L Na_2CO_3 的滴定曲线

第一化学计量点时，产物为 $NaHCO_3$，属于两性物质，其溶液 pH 可由下式近似计算：

$$[H^+] = \sqrt{K_{a_1}K_{a_2}} = \sqrt{4.3\times10^{-7}\times5.61\times10^{-11}} = 4.91\times10^{-9}$$
$$\text{pH} = 8.31$$

可选酚酞作指示剂。

第二化学计量点时，产物为 H_2CO_3，其溶液 pH 可由下式近似计算：

$$[H^+] = \sqrt{cK_{a_1}} = \sqrt{0.04\times4.3\times10^{-7}} = 1.31\times10^{-4}$$
$$\text{pH} = 3.88$$

可选甲基橙作指示剂。

应注意，在滴定接近第二化学计量点时，由于生成的 H_2CO_3 易形成过饱和溶液，溶液中 H^+ 浓度增大，致使滴定终点提前。因此接近终点时，应剧烈振摇溶液或将溶液煮沸以除去 CO_2，冷却至室温后再继续滴定。

第四节　酸碱滴定液的配制与标定

在酸碱滴定法中，最常用的滴定液是 HCl 和 NaOH 溶液，也可用 H_2SO_4、KOH 等其他强酸强碱溶液，其浓度一般为 0.1mol/L。因为 HCl 具有挥发性，NaOH 易吸收空气中的 CO_2 和 H_2O，所以 HCl 和 NaOH 滴定液只能用间接法配制。

一、HCl 滴定液的配制和标定

1. 配制　市售浓 HCl 的密度为 $1.19g/cm^3$，质量分数为 0.37，换算成物质的量浓度为 12mol/L。配制 0.1mol/L HCl 溶液 1000ml 应量取浓 HCl 的体积为

$$12\times V_{HCl} = 0.1\times1000 \quad V_{HCl} = 8.3ml$$

浓 HCl 易挥发，应比计算量多取些，一般量取浓盐酸 9.0ml，置于盛有少量蒸馏水的 1000ml 酸试剂瓶中，再用蒸馏水稀释至 1000ml，密塞充分摇匀，待标定。

2. 标定　标定 HCl 溶液常用的基准物质为无水碳酸钠或硼砂。若用无水碳酸钠标定 HCl 溶液，

其反应式为:
$$Na_2CO_3 + 2HCl = 2NaCl + H_2O + CO_2\uparrow$$

可选用甲基红-溴甲酚绿混合指示剂指示终点,根据消耗 HCl 溶液的体积与基准物质无水碳酸钠的称取质量,计算 HCl 溶液的准确浓度。

计算公式:
$$c_{HCl} = \frac{2m_{Na_2CO_3}}{V_{HCl}M_{Na_2CO_3}} \times 10^3$$

二、NaOH 滴定液的配制和标定

1. 配制 NaOH 不仅易吸潮,还易吸收空气中 CO_2 生成 Na_2CO_3,Na_2CO_3 在 NaOH 的饱和溶液中不易溶解,因此,通常将 NaOH 配成饱和溶液,贮存于塑料瓶中,使 Na_2CO_3 沉于底部,取上层清液稀释成所需配制的浓度。

配制 0.1mol/L NaOH 溶液 1000ml,应取澄清饱和 NaOH 溶液(浓度为 20mol/L)的体积为
$$20 \times V_{NaOH} = 0.1 \times 1000 \quad V_{NaOH} = 5.0ml$$

一般比计算量多取一些,通常取 5.6ml 澄清饱和 NaOH 溶液,置于 1000ml 碱试剂瓶中,加新煮沸过的冷蒸馏水稀释至 1000ml,密塞充分摇匀,待标定。

2. 标定 标定 NaOH 溶液最常用的基准物质是邻苯二甲酸氢钾。标定反应式如下:

苯环-COOH,COOK + NaOH = 苯环-COONa,COOK + H_2O

可选用酚酞作指示剂指示终点,根据消耗 NaOH 溶液的体积与基准邻苯二甲酸氢钾的称取质量,计算 NaOH 溶液的准确浓度。

计算公式:
$$c_{NaOH} = \frac{m_{C_8H_5O_4K}}{V_{NaOH}M_{C_8H_5O_4K}} \times 10^3$$

第五节 酸碱滴定法的应用

酸碱滴定法的应用极其广泛,许多药品如阿司匹林、药用硼酸、药用 NaOH 及铵盐等都可用酸碱滴定法测定。按滴定方式的不同分为直接滴定法和间接滴定法。

一、直接滴定法

凡强酸碱、$cK_a \geq 10^{-8}$ 的酸性物质及 $cK_b \geq 10^{-8}$ 的碱性物质,均可用强碱或强酸滴定液直接滴定。

1. 乙酰水杨酸含量的测定 乙酰水杨酸(阿司匹林)是常用的解热镇痛药,呈酸性(水溶液中 $pK_a=3.49$),由于其不易溶于水,可在中性乙醇溶液中用 NaOH 滴定液直接滴定,以酚酞为指示剂。滴定反应式如下:

苯环-COOH,OCOCH$_3$ + NaOH = 苯环-COONa,OCOCH$_3$ + H_2O

计算公式:
$$w_{C_9H_8O_4} = \frac{c_{NaOH}V_{NaOH}M_{C_9H_8O_4} \times 10^{-3}}{m_s} \times 100\%$$

2. 药用 NaOH 含量的测定 NaOH 易吸收空气中的 CO_2,而形成 NaOH 和 Na_2CO_3 的混合物,如分别测定各自的含量,通常采用"双指示剂法"。

精密称取质量为 m_s 的试样,溶解后加入酚酞指示剂,用 HCl 滴定液滴定至粉红色消失,记录消耗 HCl 滴定液的体积 V_1ml;再加入甲基橙指示剂,继续用 HCl 滴定液滴定至橙色,记录消耗 HCl 滴定液的体积 V_2ml。滴定过程图解如下:

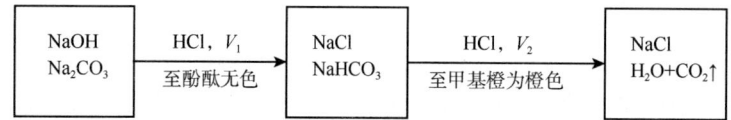

因此，可得出试样中 NaOH 消耗 HCl 滴定液的体积为（V_1-V_2），而试样中 Na$_2$CO$_3$ 消耗 HCl 滴定液的体积为 $2V_2$。试样中 NaOH 和 Na$_2$CO$_3$ 的含量计算公式分别为：

$$w_{NaOH} = \frac{c_{HCl}(V_1-V_2)M_{NaOH} \times 10^{-3}}{m_s} \times 100\%$$

$$w_{Na_2CO_3} = \frac{c_{HCl} 2V_2 \dfrac{M_{Na_2CO_3}}{2} \times 10^{-3}}{m_s} \times 100\%$$

二、间接滴定法

有些物质的酸碱性很弱，不能用碱或酸滴定液直接滴定，可以采用间接滴定法。

1. 食品中附加剂硼酸含量的测定　硼酸（H$_3$BO$_3$，$K_a=5.8\times10^{-10}$）的酸性很弱，不能用强碱直接滴定。但硼酸与多元醇反应，生成稳定的配合酸，其酸性增强。例如，硼酸与丙三醇反应生成酸性较强的甘油硼酸（$K_a=3\times10^{-7}$），可用 NaOH 滴定液直接滴定，以酚酞为指示剂。有关反应式如下：

[反应式图略]

计算公式：

$$\omega_{H_3BO_3} = \frac{c_{NaOH}V_{NaOH}M_{H_3BO_3} \times 10^{-3}}{m_s} \times 100\%$$

2. 铵盐中氮的测定　NH$_4^+$ 是弱酸（$K_a=5.7\times10^{-10}$），（NH$_4$）$_2$SO$_4$、NH$_4$Cl 等都不能用碱滴定液直接滴定，通常采用下列两种方法测定。

（1）蒸馏法：在铵盐中加入过量的 NaOH，加热使 NH$_3$ 蒸馏出来，用一定量的 HCl 滴定液吸收，过量的酸用 NaOH 滴定液返滴。

（2）甲醛法：甲醛与铵盐生成六次甲基四胺离子，同时放出定量 H$^+$，用 NaOH 滴定液滴定。

第六节　非水溶液的酸碱滴定法

水是最常用的溶剂，有许多优点，酸碱滴定一般在水溶液中进行。但水溶液中进行的酸碱滴定具有一定的局限性。例如，某些弱酸（或弱碱）在水中的溶解度太小，或者是弱酸（或弱碱）的强度太弱，不能满足 $cK_a \geq 10^{-8}$（或 $cK_b \geq 10^{-8}$）的条件，因此在水溶液中不能被直接准确滴定。另外，强度相近的多元酸、多元碱及混合酸碱，在水溶液中也不能分别进行滴定。如果采用非水溶剂作为滴定介质，则可以有效解决上述问题。

在非水溶剂中进行的酸碱滴定法称为非水溶液的酸碱滴定法。在药物分析中，非水溶液的酸碱滴定法应用非常广泛。

一、基本原理

（一）溶剂的类型

根据酸碱质子理论，非水溶剂可以分为质子性溶剂和非质子性溶剂两大类：

1. 质子性溶剂 这类溶剂均有一定的极性,有给出或接受质子的倾向,溶剂分子间可发生质子自递反应,分为以下三种类型:

(1)酸性溶剂:给出质子的能力较强的一类溶剂,如甲酸、冰醋酸、丙酸等。酸性溶剂适用于作为滴定弱碱性物质的溶剂。

(2)碱性溶剂:接受质子的能力较强的一类溶剂,如乙二胺、乙醇胺等。碱性溶剂适用于作为滴定弱酸性物质的溶剂。

(3)两性溶剂:既能给出质子又能接受质子的一类溶剂,如甲醇、乙醇、异丙醇、乙二醇等。两性溶剂适用于作为滴定不太弱的酸或碱的溶剂。

2. 非质子性溶剂 分子中无转移性质子的一类溶剂,分为以下两种类型:

(1)惰性溶剂:既不给出质子,也不接受质子的一类溶剂,如苯、氯仿、四氯化碳等。这类溶剂在滴定中不参与酸碱反应,只对溶质起溶解、分散和稀释的作用。

(2)非质子亲质子性溶剂:本身无质子,但却有较弱的接受质子的能力,如酰胺类、酮类、腈类、吡啶类等,适用于作为滴定弱酸或某些混合物的溶剂。

以上溶剂的分类只是为了讨论方便,实际上各类溶剂之间并无严格的界限。在实际工作中为了增大样品的溶解度和滴定突跃,使终点变色敏锐,还可将质子溶剂和惰性溶剂混合使用,称为混合溶剂,如冰醋酸-乙酸酐、冰醋酸-苯、苯-甲醇等混合溶剂。

(二)溶剂的性质

1. 溶剂的酸碱性 物质的酸碱性不仅与其本身的性质有关,还与溶剂的性质有关。同一种酸在不同的溶剂中表现出不同的酸强度。例如,HCl 在水中能将自身的质子全部转移给溶剂水,呈强酸性;如果将 HCl 溶解在冰醋酸中,由于冰醋酸接受质子的能力很弱,因此 HCl 不能将自身的质子全部转移给乙酸分子,只能发生部分转移,所以呈弱酸性。而 NH_3 在水中是弱碱,在冰醋酸中是强碱,这是由于冰醋酸给予质子的能力比水强的缘故。

因此,弱酸溶于碱性溶剂中可增强其酸性,弱碱溶于酸性溶剂中可增强其碱性。

2. 溶剂的解离性 除惰性溶剂外,常用的非水溶剂均有一定程度的解离,并且与水一样能发生质子自递反应。如溶剂 HS,存在下列解离平衡:

$$HS + HS \rightleftharpoons H_2S^+ + S^-$$

该反应的平衡常数反映了溶剂分子间发生质子转移程度的大小,称为溶剂的自身解离常数或质子自递常数,用 K_s 表示:

$$K_s = [H_2S^+][S^-]$$

K_s 在一定温度下为一常数,部分溶剂的 K_s 见表 4-5。

表 4-5 常见溶剂的自身解离常数(pK_s)及介电常数(ε)(298K)

溶剂	pK_s	ε
水	14.00	78.5
甲醇	16.70	31.5
乙醇	19.10	24.0
冰醋酸	14.45	6.13
乙酸酐	14.50	20.5
乙二胺	15.30	14.2
乙腈	28.50	36.6
甲基异丁酮	>30	13.1
二甲基乙酰胺	—	36.7
三氯甲烷	—	4.81

解离性溶剂 K_s 的大小对滴定突跃范围有直接的影响。一般溶剂的 K_s 越小，滴定突跃范围越大，反之越小。因此在非水滴定中，在综合考虑其他条件的情况下，尽可能选用 K_s 比较小的溶剂。

3. 溶剂的极性　溶剂的介电常数（ε）能反映溶剂极性的强弱，不同的溶剂其介电常数不同，见表 4-5。极性强的溶剂，介电常数较大，反之介电常数较小。通常质子性溶剂的极性较强，非质子性溶剂的极性较弱或无极性。同一溶质在极性不同的溶剂中表现出不同的酸碱度。例如，水和乙醇两种溶剂碱性相当而极性不同，水（$\varepsilon=78.5$）的极性强于乙醇（$\varepsilon=24.0$），将冰醋酸溶解在水中的解离度比溶解在乙醇中大，即乙酸在水中的酸性相对较强。

4. 均化效应和区分效应　实验证明 $HClO_4$、H_2SO_4、HCl 和 HNO_3 的自身酸强度是存在差别的，但在水溶液中这四种酸的酸强度几乎相等，均属强酸。这是因为这四种酸在水溶液中几乎全部解离生成 H_3O^+，其酸在水溶液中的强度全部被均化到 H_3O^+ 水平。这种把不同强度的酸或碱均化到相同强度水平的效应称为均化效应，具有均化效应的溶剂称为均化性溶剂。水是上述四种酸的均化性溶剂。

如果将上述四种酸溶解于冰醋酸中，由于 HAc 的酸性比水强，接受质子的能力比水弱，导致这四种酸将质子转移给 HAc 生成 H_2Ac^+ 的能力有所不同，这四种酸在冰醋酸中的强度顺序是：$HClO_4>H_2SO_4>HCl>HNO_3$。这种能区分酸或碱的强弱的效应称为区分效应，具有区分效应的溶剂称为区分性溶剂。冰醋酸是上述四种酸的区分性溶剂。

通常，碱性溶剂是酸的均化性溶剂，对于碱具有区分效应；酸性溶剂是碱的均化性溶剂，对于酸具有区分效应；惰性溶剂无明显的酸碱性，也不参与质子转移反应，因而无均化效应。当物质溶解于惰性溶剂时，其酸碱性得以保存，惰性溶剂是很好的区分性溶剂。在非水溶液的酸碱滴定中，经常利用均化效应测定混合酸或混合碱的总量，利用区分效应测定混合酸或混合碱中各组分的含量。

（三）溶剂的选择

在非水溶液的酸碱滴定中，溶剂的选择是非常重要的，应遵循以下原则：

①溶剂能有效增强被测物质的酸碱性；②溶剂能完全溶解被测样品以及滴定产物，有时使用混合溶剂；③溶剂不能引起副反应；④溶剂纯度要高，不含有酸性或碱性杂质；⑤溶剂应安全、廉价、黏度小、挥发性低，并且易于回收和精制。

二、滴定类型及应用

（一）碱的滴定

1. 溶剂　滴定弱碱，通常选择对碱有均化效应的酸性溶剂。冰醋酸是最常用的酸性溶剂。冰醋酸中常含有少量水分，而水分是非水溶液滴定中的干扰杂质，且影响滴定突跃，使指示剂变色不敏锐。使用前应加入适量乙酸酐除去水分，反应式如下：

$$(CH_3CO)_2O + H_2O \Longrightarrow 2CH_3COOH$$

由反应式可知：乙酸酐与水是等物质的量反应，可根据等物质的量原则，计算加入乙酸酐的量。

2. 滴定液　在冰醋酸中，高氯酸的酸性最强，并且有机碱的高氯酸盐易溶于有机溶剂。因此，常用高氯酸的冰醋酸溶液作为测定弱碱含量的滴定液。

市售高氯酸含水，其水分同样应加入乙酸酐除去。常用基准物质邻苯二甲酸氢钾标定高氯酸溶液，以结晶紫作指示剂。标定反应式如下：

$$\text{C}_6\text{H}_4(\text{COOK})(\text{COOH}) + HClO_4 \Longrightarrow \text{C}_6\text{H}_4(\text{COOH})_2 + KClO_4$$

由于溶剂和指示剂要消耗一定量的滴定液，故需做空白试验。计算公式：

$$c_{HClO_4} = \frac{m_{C_8H_5O_4K} \times 10^3}{(V - V_{空白})_{HClO_4} \cdot M_{C_8H_5O_4K}}$$

3. 滴定终点的确定　非水溶液的酸碱滴定中，常用指示剂法和电位滴定法确定终点。滴定弱碱，最常用的指示剂为结晶紫。

4. 应用 主要应用于测定具有碱性基团的化合物，如胺类、氨基酸类、含氮杂环化合物、生物碱、有机碱及其盐等。采用高氯酸滴定液测定弱碱性药物含量的实例很多，主要分以下几类。

（1）有机弱碱：在水溶液中 $K_b > 10^{-10}$ 的有机弱碱，如胺类、生物碱类，可用冰醋酸作溶剂，选择适当的指示剂，用高氯酸滴定液直接滴定；在水溶液中 $K_b < 10^{-12}$ 的极弱碱，需选择一定比例的冰醋酸-乙酸酐的混合溶液为溶剂，加入适当的指示剂，用高氯酸滴定液直接滴定。如咖啡因（$K_b = 4.0 \times 10^{-14}$）的测定。

（2）有机酸的碱金属盐：由于有机酸的酸性较弱，其共轭碱在冰醋酸中显较强的碱性，故可用高氯酸的冰醋酸溶液滴定。如苯甲酸钠、乳酸钠、水杨酸钠及枸橼酸钠（钾）等属于此类物质。

（3）有机碱的氢卤酸盐：生物碱类药物难溶于水，且不稳定，常以氢卤酸盐（$B \cdot HX$）的形式存在。由于氢卤酸在冰醋酸的溶液中呈较强的酸性，导致反应不能进行完全，需加 $Hg(Ac)_2$ 使之生成 HgX_2，此时生物碱以乙酸盐的形式存在，可用 $HClO_4$ 滴定液滴定，以结晶紫或其他适当的指示剂指示终点。

$$2B \cdot HX + Hg(Ac)_2 = 2B \cdot HAc + HgX_2$$
$$B \cdot HAc + HClO_4 = B \cdot HClO_4 + HAc$$

（4）有机碱的有机酸盐：在冰醋酸或冰醋酸-乙酸酐的混合溶剂中，有机碱的有机酸盐的碱性增强，因此，可用高氯酸的冰醋酸溶液滴定，以结晶紫为指示剂。如以 B 表示有机碱，HA 表示有机酸，滴定反应可用下式表示：

$$B \cdot HA + HClO_4 = B \cdot HClO_4 + HA$$

如枸橼酸喷托维林、马来酸氯苯那敏及重酒石酸去甲肾上腺素等属于这类药物。

（二）酸的滴定

滴定不太弱的羧酸时，常用甲醇、乙醇等醇类溶剂；滴定弱酸或极弱酸，常用乙二胺、二甲基甲酰胺等碱性溶剂；滴定混合酸时，常用甲基异丁酮作为区分性溶剂。有时也用甲醇-苯、甲醇-丙酮等混合溶剂。

酸的滴定常用甲醇钠作滴定液，百里酚蓝、偶氮紫和溴酚蓝等为指示剂。

自测题

一、选择题（A 型题）

1. 依据酸碱质子理论，NaAc 是（　　）。
   A. 中性物质　　　　　B. 酸性物质
   C. 碱性物质　　　　　D. 两性物质

2. $H_2PO_4^-$ 的共轭碱是（　　）。
   A. H_3PO_4　　　　　B. HPO_4^{2-}
   C. PO_4^{3-}　　　　　D. OH^-

3. 下列不属于常用酸碱指示剂的是（　　）。
   A. 酚酞　　　　　　　B. 甲基橙
   C. 甲基红　　　　　　D. 淀粉

4. 标定 HCl 溶液常用的基准物质是（　　）。
   A. 碳酸钠　　　　　　B. 氢氧化钠
   C. 草酸　　　　　　　D. 氯化钠

5. 弱碱能被直接准确滴定应满足的条件是（　　）。
   A. $cK_a \geq 10^{-8}$　　　　B. $cK_b \leq 10^{-8}$
   C. $cK_b \geq 10^{-8}$　　　　D. $cK_a \leq 10^{-8}$

6. 下列能用 NaOH 滴定液直接滴定，并且能分步滴定的是（　　）。
   A. 草酸 $K_1 = 5.9 \times 10^{-2}$　$K_2 = 6.4 \times 10^{-5}$
   B. 硼酸 $K_1 = 7.3 \times 10^{-10}$　$K_2 = 1.8 \times 10^{-13}$　$K_3 = 1.6 \times 10^{-14}$
   C. 邻苯二甲酸 $K_1 = 1.3 \times 10^{-5}$　$K_2 = 3.9 \times 10^{-6}$
   D. 顺丁烯二酸 $K_1 = 1.0 \times 10^{-2}$　$K_2 = 5.5 \times 10^{-7}$

7. 用 HCl 滴定液滴定 Na_2CO_3 溶液接近终点时，需要煮沸溶液的目的是（　　）。
   A. 驱出 O_2
   B. 驱出 CO_2
   C. 加快反应速率
   D. 指示剂在热溶液中易变色

8. 通常用 NaOH 的饱和溶液配制 NaOH 滴定液的原因是（　　）。
   A. 防止吸潮　　　　　B. 防止吸收 CO_2
   C. 除去杂质 Na_2CO_3　D. 除去 O_2

9. 下列属于两性溶剂的是（　　）。
   A. 甲酸　　　　　　　B. 乙醇
   C. 丁胺　　　　　　　D. 四氯化碳

10. 在下列溶剂中，冰醋酸、苯甲酸、盐酸和高氯酸的强度都相同的是（　　）。
    A. 水　　　　　　　　B. 浓硫酸

C. 液氨　　　　　　　D. 甲酸

11. 若要分别测定混合酸（或混合碱）中各组分的含量，应利用（　　）。
    A. 均化效应　　　　B. 盐效应
    C. 区分效应　　　　D. 同离子效应

12. 若要测定不同强度混合碱（或混合酸）的总量，应利用溶剂的（　　）。
    A. 区分效应　　　　B. 盐效应
    C. 均化效应　　　　D. 同离子效应

13. 除去冰醋酸中少量的水，常用的方法是（　　）。
    A. 加热　　　　　　B. 加干燥剂
    C. 加入浓硫酸　　　D. 加入适量乙酸酐

14. 用非水溶液滴定法测定有机碱的氢卤酸盐的含量时，下列没有使用的试剂是（　　）。
    A. 乙酸汞-冰醋酸液　B. 盐酸
    C. 冰醋酸　　　　　D. 高氯酸

15. 已知准确浓度的下列溶液，不能用作酸碱滴定法的滴定液的是（　　）。
    A. 冰醋酸　　　　　B. 盐酸
    C. 氢氧化钠　　　　D. 高氯酸

二、简答题

1. 酸碱质子理论与电离理论相比较主要有哪些不同点？
2. 什么是酸碱滴定突跃？其影响因素有哪些？酸碱滴定中指示剂的选择原则是什么？
3. 什么是酸碱滴定曲线？强碱滴定强酸与强碱滴定弱酸的滴定曲线有什么不同？
4. 若用已吸收少量水的无水碳酸钠标定 HCl 溶液的浓度，对标定结果有什么影响？并解释原因。
5. 设计药物阿司匹林（$C_9H_8O_4$）含量的测定方法（所用方法、滴定液、指示剂、终点颜色变化、有关反应式、含量计算公式等）。
6. 用非水溶液滴定法测定有机碱的氢卤酸盐（盐酸麻黄碱）含量时，需先加过量的什么溶液？常用哪种溶剂、滴定液及指示剂？

三、计算题

1. 计算下列溶液的 pH
   （1）0.01mol/L HCl
   （2）0.10mol/L $NH_3 \cdot H_2O$ 溶液
   （3）0.050mol/L NaAc 溶液
   （4）0.1mol/L 的 $NaHCO_3$ 溶液
   （5）0.1mol/L 的 HAc 和 0.1mol/L 的 NaAc 等体积混合溶液

2. 精密称取基准物质无水 Na_2CO_3 0.1060g，标定 HCl 溶液，以甲基橙为指示剂滴定至终点时，消耗 HCl 溶液 20.00ml，计算 HCl 溶液的物质的量浓度。

3. 用邻苯二甲酸氢钾基准物质 0.4563g 标定 NaOH 溶液时，消耗 NaOH 溶液的体积为 22.05ml，计算 NaOH 溶液的浓度。

4. 取食醋 5ml 加水稀释后，以酚酞为指示剂，用 0.1000mol/L NaOH 标准溶液滴定至淡红色，消耗 NaOH 标准溶液 24.00ml，求食醋中乙酸的含量（g/100ml）。

5. 称取药用硼砂样品 0.4000g，用 0.1000mol/L HCl 标准溶液滴定消耗 20.00ml，计算样品中 $Na_2B_4O_7 \cdot 10H_2O$ 的含量。

6. 精密称取阿司匹林样品 0.4400g，适当处理后，加酚酞指示剂 3 滴，用 NaOH 滴定液（0.1010mol/L）滴定至终点，消耗滴定液 22.00ml。每 1ml 的 NaOH 滴定液（0.1000mol/L）相当于 18.02mg 的阿司匹林。求阿司匹林（$C_9H_8O_4$）的含量。

7. 称取混合碱试样 0.6800g，以酚酞为指示剂，用 0.2000mol/L 的 HCl 滴定液滴定至终点，消耗 HCl 溶液体积 V_1=26.80ml，然后加入甲基橙指示剂滴定至终点，又消耗 HCl 溶液体积 V_2=23.00ml，判断混合碱的组成，并计算各组分的含量。

（傅春华）

第 5 章 配位滴定法

配位滴定法是以配位反应为基础进行的一种滴定分析法。该法常用于测定各种金属离子的含量,既可以用于水质的分析,也可以用于食品及药品中钙、镁、铝等金属含量的测定。

案 例 葡萄糖酸钙口服液中葡萄糖酸钙的测定

精密量取本品 5ml,置锥形瓶中,加水稀释至 100ml,加 NaOH 试液 15ml 与钙指示剂 0.1g,用乙二胺四乙酸二钠滴定液(0.05mol/L)滴定至溶液由紫红色变为纯蓝色。每 1ml 乙二胺四乙酸二钠滴定液(0.05mol/L)相当于 22.42mg 的 $C_{12}H_{22}CaO_{14} \cdot H_2O$。

讨论: 实验操作中为什么选乙二胺四乙酸二钠作为滴定液?为什么选择钙指示剂?终点的颜色变化为什么是由紫红色变为纯蓝色?

第一节 概 述

配位滴定法是应用广泛的滴定分析方法之一,常用于金属离子的测定。常用的滴定剂包括无机配位剂和有机配位剂两类。其中大多数无机配位剂和金属离子形成的配位化合物稳定常数普遍较小,难以实现广泛应用。而以氨羧配位剂为代表的有机配位剂具有较强的配位能力且配位比固定,除碱金属离子外,几乎能与所有金属离子形成稳定的配合物。

能应用于配位滴定的配位反应必须满足以下条件。

(1)配合物可溶于水且稳定;
(2)配位反应的配位比简单恒定;
(3)配位反应迅速;
(4)有合适的方法指示终点。

目前使用最广泛的有机配位剂为乙二胺四乙酸(EDTA),故以 EDTA 为标准滴定液的配位滴定方法称为 EDTA 滴定法。

链 接 氨羧配位剂及其应用

氨羧配位剂是含有氨基二乙酸[—$N(CH_2COOH)_2$]结构的一类有机配位剂,结构中含有氨基氮(N)和羧基氧(O)两种配位原子,能与几乎所有金属离子形成可溶于水的稳定配合物。氨羧配位剂除用于配位滴定分析外,还可用于金属中毒治疗。例如,依地酸二钠钙(CaNa$_2$-EDTA)可用于无机铅中毒,对排锰、镉也有一定疗效;二乙烯三胺五乙酸(DTPA)又称促排灵,可促进铅、钴、锌、铬、锰、铁及一些放射性元素的排泄,也可用于治疗含铁血黄素沉着症等。

第二节 EDTA 的性质

一、EDTA 的结构与特点

乙二胺四乙酸是一个四元有机弱酸,可用 H_4Y 表示,其结构式如下:

乙二胺四乙酸为白色结晶粉末，室温时微溶于水，难溶于酸和有机溶剂，易溶于碱和氨水。由于其在水中溶解度太小，故不能在配位滴定分析中作为滴定液使用。

在配位滴定中，常用的滴定液是乙二胺四乙酸的二钠盐，用 $Na_2H_2Y·2H_2O$ 表示，也称为 EDTA。它是利用乙二胺四乙酸与碱作用形成的钠盐，为白色结晶粉末，易溶于水。

二、EDTA 的解离平衡

在水溶液中，EDTA 会形成双偶极离子结构：

表 5-1 EDTA 的六级解离平衡

解离平衡方程式	pK_a
$H_6Y^{2+} \rightleftharpoons H_5Y^+ + H^+$	0.90
$H_5Y^+ \rightleftharpoons H_4Y + H^+$	1.60
$H_4Y \rightleftharpoons H_3Y^- + H^+$	2.00
$H_3Y^- \rightleftharpoons H_2Y^{2-} + H^+$	2.67
$H_2Y^{2-} \rightleftharpoons HY^{3-} + H^+$	6.16
$HY^{3-} \rightleftharpoons Y^{4-} + H^+$	10.26

在强酸性溶液中，EDTA 结构中的两个羧酸根可再接受两个 H^+，形成 H_6Y^{2+}。因此，EDTA 就相当于一个六元酸，存在六级解离平衡，见表 5-1。

可见，EDTA 在水溶液中同时存在 H_6Y^{2+}、H_5Y^+、H_4Y、H_3Y^-、H_2Y^{2-}、HY^{3-} 和 Y^{4-} 等 7 种不同的型体。

而 EDTA 的存在型体与溶液的 pH 密切相关，如表 5-2 所示。

表 5-2 不同 pH 中 EDTA 的主要存在型体

pH 范围	<0.90	0.90～1.60	1.60～2.00	2.00～2.67	2.67～6.16	6.16～10.26	>10.26
存在型体	H_6Y^{2+}	H_5Y^+	H_4Y	H_3Y^-	H_2Y^{2-}	HY^{3-}	Y^{4-}

在七种不同的型体中，只有溶液 pH>10.26 时，存在的 Y^{4-}（为了书写简便，以下均用 Y 代替 Y^{4-}）才能与金属离子直接配合生成稳定的配合物，故将 Y^{4-} 的浓度称为 EDTA 有效浓度。因此，只有在碱性环境中才可以确保 EDTA 配位反应的有效进行。溶液的不同酸度则成了影响 EDTA 配合物稳定性和配位滴定的重要因素。

三、EDTA 与金属离子的配位反应特征

1. **稳定性** 自然界中绝大多数的金属离子（碱金属离子除外）都可以和 EDTA 迅速反应，形成具有五元环状的稳定螯合物。
2. **水溶性** EDTA 形成的金属配合物一般都可溶于水，为滴定能在水溶液中进行提供了保证。
3. **配位比简单** 一般情况下，EDTA 与金属离子的配位比均为 1∶1。
4. **配合物颜色的规律性** 配合物的颜色由金属离子的颜色来决定，遇到无色的金属离子，则生成无色的配合物；遇到有色的金属离子，则生成比原来的金属离子颜色更深的配合物。如 EDTA 与无色的 Mg^{2+} 形成无色配合物，与蓝色的 Cu^{2+} 形成深蓝色的配合物。

第三节 配位滴定法的基本原理

一、EDTA 配合物的配位平衡

（一）EDTA 配合物稳定常数

当 EDTA 与金属离子以 1∶1 进行配位反应，其配位反应如下（为简便起见，省去电荷）：

$$M + Y \rightleftharpoons MY$$

反应的平衡常数表达为

$$K_{MY} = \frac{[MY]}{[M][Y]} \qquad (5\text{-}1)$$

式中，K_{MY} 为一定温度下金属-EDTA 配合物的稳定常数，也可用 $K_稳$ 来表示。不同的金属配合物，其稳定常数不同。一般具有相同配位数的配合物或配离子的 K_{MY} 越大，则该配合物越稳定。

部分常见金属离子与 EDTA 配合物的稳定常数 K_{MY} 见表 5-3（完整详尽数值可从相关手册中查阅）。需要指出的是，K_{MY} 仅表示无外界因素影响时配位反应的完成程度。但在实际情况中，常存在其他因素的干扰和影响，因此 K_{MY} 并不能反映滴定过程的实际情况。

表 5-3 部分 EDTA 金属配合物的稳定常数（$\lg K_{MY}$ 值）（20℃）

金属离子	$\lg K_{MY}$	金属离子	$\lg K_{MY}$	金属离子	$\lg K_{MY}$
Na^+	1.66	La^{3+}	15.50	Ti^{3+}	21.3
Li^+	2.79	Ce^{3+}	15.98	Hg^{2+}	21.8
Ag^+	7.32	Al^{3+}	16.11	Sn^{2+}	22.11
Ba^{2+}	7.86	Co^{2+}	16.31	Th^{4+}	23.2
Mg^{2+}	8.64	Pt^{3+}	16.40	Cr^{3+}	23.4
Sr^{2+}	8.73	Cd^{2+}	16.40	Fe^{3+}	25.1
Be^{2+}	9.20	Zn^{2+}	16.50	U^{4+}	25.8
Ca^{2+}	10.69	Pb^{2+}	18.04	Bi^{3+}	27.94
Mn^{2+}	13.87	Ni^{2+}	18.60	Co^{3+}	36.00
Fe^{2+}	14.33	Cu^{2+}	18.80		

（二）副反应和副反应系数

在配位滴定中，EDTA（Y）与被测金属离子 M 发生的反应称为主反应，除了主反应外，溶液中共存的其他离子与 M、Y、MY 之间的反应称为副反应。如下式；

```
主反应：       M            +        Y         ⇌      MY
          OH⁻ ↙ ↘ L              H⁺ ↙ ↘ N           H⁺ ↙ ↘ OH⁻
副反应：  MOH    ML            HY    NY          MHY    MOHY
           ⇓      ⇓             ⇓
         M(OH)ₙ  MLₙ            H₆Y
```

式中，L 为其他配位剂，N 为共存离子。

显然，这些副反应的发生均影响主反应的进行。其中反应物 M 和 Y 所发生的副反应均不利于主反应的进行。而生成物 MY 发生的副反应则利于主反应的进行，但由于生成的混合配合物不稳定，其影响可忽略不计。故主要探讨反应物 M 和 Y 发生的副反应。

为了定量表示副反应对主反应的影响程度，引入副反应系数的概念，用 α 表示。

1. 酸效应与酸效应系数 因 H^+ 的存在，使得 Y 与 H^+ 发生副反应，引起配位剂 Y 参与主反应的能力降低的现象就称为酸效应。酸效应的反应程度用酸效应系数表示，用符号 $\alpha_{Y(H)}$ 表示，指没有参加配位反应的 Y 的总浓度[Y']与游离 Y 的有效浓度[Y]之比：

$$\alpha_{Y(H)} = \frac{[Y']}{[Y]} \qquad (5\text{-}2)$$

$\alpha_{Y(H)}$ 数值越小，表示参加配位反应 Y 的有效浓度越大，酸度的影响越小，越有利于主反应的进行，反之亦然。在 EDTA 滴定中，$\alpha_{Y(H)}$ 是重要的副反应系数。为了应用方便，常用其对数值 $\lg\alpha_{Y(H)}$ 表示。EDTA 在不同 pH 时的 $\lg\alpha_{Y(H)}$ 值见表 5-4。

2. 配位效应及配位效应系数 因其他配位剂 L 的存在，而使得金属离子 M 参加主反应的能力降低的现象称为配位效应。配位效应系数表示配位效应的反应程度，用符号 $\alpha_{M(L)}$ 表示，指没有参加主反应的各种金属离子的总浓度[M']与游离 M 的浓度[M]之比：

$$\alpha_{M(L)} = \frac{[M']}{[M]} \tag{5-3}$$

表 5-4 不同 pH 下的酸效应系数（$\lg\alpha_{Y(H)}$值）

pH	$\lg\alpha_{Y(H)}$	pH	$\lg\alpha_{Y(H)}$	pH	$\lg\alpha_{Y(H)}$
0.0	23.64	3.4	9.70	6.8	3.55
0.4	21.32	3.8	8.85	7.0	3.32
0.8	19.08	4.0	8.44	7.4	2.88
1.0	18.01	4.4	7.64	7.8	2.47
1.4	16.02	4.8	6.84	8.0	2.27
1.8	14.27	5.0	6.45	8.4	1.87
2.0	13.51	5.4	5.69	8.8	1.48
2.4	12.19	5.8	4.98	9.0	1.28
2.8	11.09	6.0	4.65	9.5	0.83
3.0	10.60	6.4	4.06	10.0	0.45

$\alpha_{M(L)}$数值越小，表示参加配位反应 M 的有效浓度越大，其他配位离子 L 对主反应的影响越小，副反应的影响作用越小，反之亦然。

在 EDTA 滴定中，其他配位剂 L 来自滴定时加入的缓冲溶液，或是防止金属离子水解加入的辅助配位剂，或是为了消除干扰而加入的掩蔽剂。当在酸度较低的溶液中滴定 M 时，M 就会生成羟基配合物[M(OH)$_n$]，此时 L 即 OH$^-$，副反应系数则表示为 $\alpha_{M(OH)}$。

（三）条件稳定常数

当没有副反应发生时，金属-EDTA 配合物的稳定常数 K_{MY} 可以用来表示金属离子 M 和配位剂 Y 的反应程度。K_{MY} 的数值越大，则该反应越完全。但在实际滴定过程中，往往伴随着副反应的发生，K_{MY} 的数值已经不能说明主反应的进行程度。为了客观地说明主反应的进行程度，在平衡常数的表达式中，将游离的 MY 浓度[MY]替换为 MY 存在的各种型体总浓度[MY']，游离的 M 浓度[M]替换为 M 存在的各种型体总浓度[M']，游离的 Y 浓度[Y]替换为 Y 存在的各种型体总浓度[Y']，则平衡常数变为

$$K'_{MY} = \frac{[MY']}{[M'][Y']} \tag{5-4}$$

式中，K'_{MY} 称为条件稳定常数，其能够准确反映实际滴定过程中主反应进行的程度。

结合式（5-1）、式（5-2）及式（5-3）可知：

$$[MY'] = \alpha_{MY}[MY]$$
$$[Y'] = \alpha_{Y(H)}[Y]$$
$$[M'] = \alpha_{M(L)}[M]$$

将其代入式（5-4）得到：

$$K'_{MY} = \frac{[MY] \cdot \alpha_{MY}}{\alpha_{M(L)} \cdot [M] \alpha_{Y(H)} \cdot [Y]} = \frac{K_{MY}}{\alpha_{M(L)} \cdot \alpha_{Y(H)}} \tag{5-5}$$

注意，当溶液的酸碱性不是太强时，一般不形成酸式或碱式配合物，故 α_{MY} 可忽略不计。

式（5-5）两边分别取对数值得到：

$$\lg K'_{MY} = \lg K_{MY} - \lg\alpha_{Y(H)} - \lg\alpha_{M(L)} \tag{5-6}$$

若体系中无其他配位剂存在，则只考虑酸效应，式（5-6）可简化为

$$\lg K'_{MY} = \lg K_{MY} - \lg\alpha_{Y(H)} \tag{5-7}$$

例题 5-1 计算 pH=2.00 和 pH=5.00 时 ZnY 的 $\lg K'_{ZnY}$。

解： 查表 5-3 可知 $\lg K_{ZnY}$=16.50，

当 pH=2.00 时，查表 5-4 可知 $\lg\alpha_{Y(H)}=13.51$，代入式（5-7），可得

$$\lg K'_{ZnY} = \lg K_{ZnY} - \lg\alpha_{Y(H)} = 16.50 - 13.51 = 2.99$$

当 pH=5.00 时，查表 5-4 可知 $\lg\alpha_{Y(H)}=6.45$，代入式（5-7），可得

$$\lg K'_{ZnY} = \lg K_{ZnY} - \lg\alpha_{Y(H)} = 16.50 - 6.45 = 10.05$$

二、配位滴定条件的选择

在配位滴定中，配位滴定突跃的大小取决于 $c_M K'_{MY}$ 或 $\lg c_M K'_{MY}$。为了满足滴定误差≤0.1%的要求，$\lg c_M K'_{MY}$ 的取值应满足 $\lg c_M K'_{MY} \geq 6$。一般配位滴定中的金属离子或 EDTA 的浓度为 10^{-2} 数量级，故有 $\lg K'_{MY} \geq 8$。因此，一般将 $\lg c_M K'_{MY} \geq 6$ 或 $\lg K'_{MY} \geq 8$ 作为判断是否可以准确滴定的条件。除此之外，溶液的酸度及其他配位剂的存在都会对配位滴定造成影响，下面主要从溶液的酸度及掩蔽作用两方面来探讨提高配位滴定准确度的条件和方法。

（一）酸度的控制

在配位滴定中，如果不考虑其他副反应的影响，则条件平衡常数的取值就与溶液的酸度密切相关。当酸度较低时，酸效应影响较小，但如果酸度过低则会使金属离子水解生成氢氧化物沉淀而不利于滴定；当酸度较高时，则酸效应影响较大，也不利于滴定的进行。因此，酸度是配位滴定中的重要条件。

1. 最低酸度（最高 pH） 溶液酸度较低时，酸效应对滴定的影响较小，利于滴定的进行。但当酸度过低时，金属离子会发生水解生成氢氧化物沉淀，从而影响滴定。将引起金属离子水解的酸度称为最低酸度（最高 pH）。

最低酸度的计算一般使用氢氧化物溶度积来计算。例如，$M(OH)_n$ 的溶度积为 K_{sp}，为了防止滴定开始出现 $M(OH)_n$ 沉淀，必须保证溶液中的 $[OH^-] \leq \sqrt[n]{K_{SP}/c_M}$，从而求出最低酸度。

0.01000mol/L 的 EDTA 滴定相同浓度的 Fe^{3+}，如何计算最低酸度。可根据形成的氢氧化铁的溶度积来进行计算求解，过程如下：

查表可知 $K_{SP}=10^{-37.4}$，则由 $K_{SP}=[Fe^{3+}][OH^-]^3$ 可得

$$[OH^-] = \sqrt[3]{\frac{K_{SP}}{c_{Fe^{3+}}}} = \sqrt[3]{\frac{10^{-37.4}}{0.01000}} = 10^{-11.8}$$

即 pOH=11.8，则得到最低酸度或最高 pH=2.2

2. 最高酸度（最低 pH） 当溶液酸度达到某一限度时，酸效应的影响使得 MY 的 $\lg K'_{MY} < 8$，不能满足准确滴定的要求，此时的最高允许酸度称为最高酸度（最低 pH）。

某一金属离子能够被准确滴定的最高酸度（最低 pH）可以根据式（5-7）及准确滴定条件得到：

$$\lg K'_{MY} = \lg K_{MY} - \lg\alpha_{Y(H)} \geq 8$$
$$\lg\alpha_{Y(H)} = \lg K_{MY} - 8 \quad (5-8)$$

从式（5-8）中可以求出 $\lg\alpha_{Y(H)}$，查表 5-4 得到相应的 pH 即可得到溶液的最高酸度。

例题 5-2 计算 0.01000mol/L 的 EDTA 滴定同浓度的 Zn^{2+} 的最高酸度。

解：查表 5-3 可知 $\lg K_{ZnY}=16.50$，则根据式（5-8）可得

$\lg\alpha_{Y(H)} = \lg K_{MY} - 8 = 16.50 - 8 = 8.50$，查表 5-4 得到对应的 pH 约为 4。

3. 最佳酸度 在配位滴定中，最佳酸度范围处于最高酸度及最低酸度之间。例如，使用 0.01000mol/L 的 EDTA 滴定同浓度的 Fe^{3+}，已计算出最低 pH 为 1.1，最高 pH 为 2.2，则最佳酸度范围是 1.1<pH<2.2。说明当溶液 pH<1.1 时，酸效应的影响导致不能准确滴定；当 pH>2.2 时，又会出现 Fe^{3+} 的水解生成 $Fe(OH)_3$ 沉淀而不能准确滴定。故若要保证能够进行准确滴定，则必须满足 1.1<pH<2.2。

在实际应用中常加入缓冲溶液来维持溶液适宜的酸度范围，一般选择 NH_3-NH_4Cl 缓冲对来调节溶液碱性，选择 HAc-NaAc 缓冲对来调节溶液酸性。

（二）掩蔽作用和方法

EDTA 能与多种金属离子配位，除了被测金属离子外，其还能与溶液中存在的其他金属离子配位，

从而影响主反应的发生。

当被测离子的配合物的稳定常数与干扰离子的配合物的稳定常数相差较大时,可以通过调节酸度,使得被测离子形成稳定的配合物,而干扰离子无法形成稳定的配合物,以此来消除干扰离子的影响。

若被测离子的配合物的稳定常数与干扰离子的配合物的稳定常数相差不大,则不能通过调节酸度的方式来消除干扰离子的干扰。此时,可以加入一种与干扰离子反应的试剂,使干扰离子的浓度大大降低,从而消除其影响。这种方法称为掩蔽,加入的试剂称为掩蔽剂。

根据不同的反应类型,可以分为配位掩蔽法,沉淀掩蔽法和氧化还原掩蔽法等三种掩蔽方法。

1. 配位掩蔽法 是利用配位反应使干扰离子的浓度降低从而消除干扰的方法,是应用最广泛的一种掩蔽方法。常见的配位掩蔽剂见表 5-5。

表 5-5 常用的配位掩蔽剂

掩蔽剂	被掩蔽的金属离子	pH 范围
三乙醇胺	Al^{3+}、Fe^{3+}、Sn^{4+}、Ti^{4+} 及少量 Mn^{2+}	10
氰化物	Cu^{2+}、Co^{2+}、Ni^{2+}、Cd^{2+}、Hg^{2+}、Fe^{2+}	10
柠檬酸	Bi^{3+}、Cr^{3+}、Fe^{3+}、Sn^{4+}、Th^{4+}、Ti^{4+}、Zr^{4+} 等	中性
乙酰丙酮	Al^{3+}、Fe^{3+}	5~6
邻二氮菲	Cu^{2+}、Co^{2+}、Ni^{2+}、Cd^{2+}、Hg^{2+}	5~6
氟化物	Al^{3+}、Sn^{4+}、TiO_2^{2+}、Zr^{4+}	>4

2. 沉淀掩蔽法 是加入一种沉淀剂,与干扰离子生成难溶性物质来减小干扰离子浓度以消除干扰的方法。例如测定含有 Mg^{2+} 和 Ca^{2+} 溶液中的 Ca^{2+},其中 Mg^{2+} 是干扰离子,可加入氢氧化钠使溶液 pH>12,生成 $Mg(OH)_2$ 沉淀,即可消除 Mg^{2+} 的干扰作用。

3. 氧化还原掩蔽法 是利用氧化还原反应来改变干扰离子价态排除干扰离子影响的方法。例如用 EDTA 测定含有 Fe^{3+} 和 Bi^{3+} 试样中的 Bi^{3+},其中 Fe^{3+} 对测定有干扰,可加入抗坏血酸使 Fe^{3+} 还原成 Fe^{2+},从而消除 Fe^{3+} 的影响。

> **链接** 解蔽作用
>
> 使用掩蔽剂对干扰离子进行掩蔽后进行滴定,再加入一种试剂将被掩蔽的干扰离子释放的作用的方法称解蔽作用,加入的试剂称解蔽剂。合理运用掩蔽剂和解蔽剂可以对同时存在的多种离子进行测定。

第四节 金属指示剂

一、金属指示剂的原理及选择

与其他滴定一样,配位滴定也需要有合适的方法指示终点。配位滴定一般用一种能与金属离子生成有色配合物的显色剂来指示终点,这种显色剂称为金属指示剂。

金属指示剂也属于配位剂,一般为有机染料,其能与被测金属离子反应,生成与指示剂本身颜色不同的配合物。

滴定前加入适量的金属指示剂(用 In 表示金属指示剂的配位基团),则 In 会与待测的部分金属离子 M 发生配位反应(省略电荷),如下:

$$\text{滴定前:M + In(甲色)} \rightleftharpoons \text{MIn(乙色)}$$

此时,由于溶液生成 MIn,呈现乙色。当开始加入 EDTA 滴定液,则 Y 与游离的 M 结合。接近化学计量点时,加入的 Y 则会抢夺 MIn 中的 M,从而使 In 游离出来。此时,溶液的颜色由乙色(MIn)变为甲色(In),指示滴定终点。

终点：MIn（乙色）+ Y $\rightleftharpoons$ MY + In（甲色）

金属指示剂应必须具备下列条件：

（1）金属指示剂 In 与形成的配合物 MIn 颜色应有显著区别，确保终点时颜色变化明显以指示终点。

（2）金属指示剂形成的配合物 MIn 应具备一定的稳定性（$K'_{MIn} \geq 10^4$），且比 MY 的稳定性低，满足 $K'_{MY}/K'_{MIn} \geq 10^2$。若 MIn 稳定性太低，则未到达化学计量点，MIn 就会分解，导致变色不敏锐，影响终点的判断。若 MIn 的稳定性太高，则在化学计量点时，Y 不易与 MIn 中的 M 结合，也难以置换出 In，出现指示剂在化学计量点附近不发生颜色的变化，称为指示剂的封闭现象。针对指示剂的封闭现象，如果是被测离子引起的，可以更换金属指示剂或采用返滴定法消除；如果是干扰离子引起的，则加入掩蔽剂消除。

（3）金属指示剂与金属离子的反应需灵敏迅速，且变色可逆。

（4）金属指示剂溶于水，性质稳定，便于使用和保存。

链接 指示剂的僵化

如果指示剂与金属离子的配合物 MIn 形成胶体或沉淀，EDTA 滴定到达计量点时，EDTA 置换指示剂的作用缓慢，引起终点的推迟，这种现象称为指示剂的僵化现象。克服僵化现象的措施是选择更合适的指示剂或对溶液进行适当加热，提高配合物的溶解度并加快滴定终点时置换反应的速率。

二、常用的金属指示剂

常用的金属指示剂包括铬黑T、二甲酚橙、钙指示剂等，见表 5-6。

表 5-6 常用的金属指示剂

名称	pH 范围	颜色变化		直接测定的离子
		In	MIn	
铬黑T	8～10	蓝	红	Mg^{2+}、Zn^{2+}、Cd^{2+}、Pb^{2+}、Mn^{2+}、稀土元素离子
二甲酚橙	<6	黄	红	pH<1：ZrO^{2+}
				pH 1～3：Bi^{3+}、Th^{4+}
				pH 5～6：Cd^{2+}、Pb^{2+}、Hg^{2+}、Ti^{4+}、稀土元素离子
钙指示剂	12～13	蓝	红	Ca^{2+}

课堂互动

请根据表 5-6 指出钙指示剂与金属离子形成的配合物颜色，以及终点时的颜色变化。

（一）铬黑T

铬黑 T（EBT）是一种偶氮染料，为黑褐色固体粉末。其固体相当稳定，但由于聚合反应，在水溶液中不稳定。当 pH<6.5 时聚合更为严重，需要加入三乙醇胺防止聚合。

当铬黑 T 在 pH<6.3 时显红色，pH>11.6 时显橙色，都与铬黑 T 金属离子配合物的红色相近，难以指示终点。故铬黑 T 的 pH 范围应控制在 6.3～11.6，实验得到最佳酸度是 8～10。在该条件下，铬黑 T 可以直接测定 Mg^{2+}、Zn^{2+}、Cd^{2+}、Pb^{2+}、Mn^{2+} 等多种金属离子，终点时颜色由红色变为纯蓝色。但需要注意的是，Al^{3+}、Fe^{3+}、Co^{2+}、Ni^{2+}、Cu^{2+}、Ti^{4+} 等对铬黑 T 具有封闭作用。

（二）二甲酚橙

二甲酚橙（XO）为紫色结晶，易溶于水。二甲酚橙在 pH>6.3 时显红色，pH<6.3 时显黄色。由于二甲酚橙与金属离子形成的配合物多为红色，故在 pH<6.3 时，二甲酚橙可以直接滴定 Cd^{2+}、Pb^{2+}、Hg^{2+} 等，终点时颜色由红色变为亮黄色。但需要注意的是，Al^{3+}、Fe^{3+}、Ni^{2+}、Ti^{4+}，以及 pH 5～6 时的 Th^{4+} 等对其有封闭作用。

三、金属指示剂的配制

因金属指示剂大部分是含有双键的有机染料,易被日光、空气和氧化剂分解;有些指示剂在水溶液中则不稳定,会因氧化或聚合而变质,这种现象称为指示剂的氧化变质现象。故在使用金属指示剂时就需要注意防止其氧化变质。可以采用以下措施:一是加入适宜的还原剂防止氧化,或者加入三乙醇胺防止发生聚合;二是以 NaCl 为稀释剂,按质量比 1∶100 配制成固体混合物使用,可以降低氧化变质的速度,以便于保存。

例如铬黑 T 的配制方法为:铬黑 T 与干燥的 NaCl 按 1∶100 混合研细,密封保存。使用时取约 0.1g 直接加入溶液中。或将铬黑 T 配制成 0.5%三乙醇胺的乙醇溶液,使用时取适量即可。

第五节 标准溶液的配制与标定

一、EDTA 标准溶液的配制与标定

(一)EDTA 标准溶液的配制

1. 配制方法 由于 EDTA 难溶于水,一般常用其二钠盐($Na_2H_2Y \cdot 2H_2O$)采用间接法配制。例如,配制 0.05mol/L 的 EDTA 滴定液,应称取 19g 分析纯的 $Na_2H_2Y \cdot 2H_2O$,加适量温热的纯化水溶解,冷却后转移至 1L 容量瓶中,稀释至刻度,摇匀。然后转移至聚四氟乙烯塑料瓶或硬质玻璃瓶中,贴好标签,备用。

2. 配制用水 配制 EDTA 标准溶液必须选用二次蒸馏水或去离子水。这是因为蒸馏水中若含有 Ca^{2+}、Mg^{2+}、Pb^{2+} 等离子,会与 EDTA 发生配位反应;若含有 Al^{3+}、Fe^{3+}、Cu^{2+},则会引起指示剂的封闭现象。

3. 贮存 配制好的 EDTA 溶液应贮存在聚四氟乙烯塑料瓶或硬质玻璃瓶中。若贮存在普通玻璃瓶中,EDTA 会不断溶解玻璃中的 Ca^{2+}、Mg^{2+} 等离子,形成配合物,使其浓度不断降低。

(二)EDTA 标准溶液的标定

1. 标定的基准试剂 常用 ZnO 或金属 Zn 为基准物质,铬黑 T 作为指示剂。

2. 标定的条件 为了消除系统误差,应使标定条件与测定条件基本相同,并尽可能选择待测元素的纯金属或化合物作为基准物质进行标定。

3. 标定的方法 精密称取 800℃灼烧至恒重的 ZnO 约 0.12g,置于锥形瓶中,缓缓加入稀盐酸 3ml 使其溶解,加水 25ml,加甲基红指示剂 1 滴,滴加氨试液至呈微黄色,加纯化水 25ml,加入 NH_3-NH_4Cl 缓冲溶液 10ml,铬黑 T 指示剂少许。用 EDTA 滴定液滴定至溶液由紫红色变为纯蓝色即为终点,计算 EDTA 标准溶液的浓度。

二、锌标准溶液的配制与标定

(一)直接法配制 0.05000mol/L 的锌标准溶液

精密称取新制的纯锌 3.2690g,加入盐酸 20ml,置水浴加热溶解,冷却后转移至 1L 容量瓶中,加纯化水稀释定容,充分摇匀,即得 0.5000mol/L 的锌标准溶液。

(二)间接法配制锌标准溶液

1. 锌标准溶液的配制 取分析纯的 $ZnSO_4$ 约 15g,加稀盐酸 10ml 与适量纯化水溶解,稀释至 1L,即可。

2. 锌标准溶液的标定 精密量取待标定锌标准溶液 25ml,加甲基红指示剂 1 滴,滴加氨试液至呈微黄色,加纯化水 25ml,NH_3-NH_4Cl 缓冲溶液 10ml,铬黑 T 指示剂少许。用 EDTA 滴定液滴定至溶液由紫红色变为纯蓝色即为终点,计算锌标准溶液的浓度。

第六节 配位滴定法的应用

配位滴定法应用十分广泛，主要用于测定各种金属离子及与金属离子生成的各类盐的含量。例如，在水质分析中可以用配位滴定法测定水的硬度；在食品分析中可以测定钙的含量；在药品分析中可以测定含钙离子、镁离子、铝离子和铋离子等金属离子的各类药物。

配位滴定法可分为直接滴定法和返滴定法等方法。

一、直接滴定法

直接滴定法引入误差较小、准确度较高、操作简单方便。只要金属离子与 EDTA 的配位反应能够满足滴定法的要求，一般都尽可能选用直接滴定法。

例如，应用直接滴定法测定水的硬度。将溶解于水中的钙离子、镁离子的总量称为水的硬度，一般用每升水中钙离子、镁离子总量折算为 $CaCO_3$ 的毫克数表示。操作方法如下：精密量取 100ml 水样于 250ml 锥形瓶中（若水样中含有 Fe^{3+}、Al^{3+}、Cu^{2+}、Zn^{2+} 等金属离子时，需加入三乙醇胺和 N_2S 作为掩蔽剂掩蔽后再进行滴定），加入 10ml NH_3-NH_4Cl 缓冲溶液，铬黑 T 指示剂少许。用已知准确浓度的 EDTA 滴定液滴定至溶液由紫红色变为纯蓝色。记录消耗 EDTA 滴定液的体积，平行测定三次。

$$水的硬度(mg/L) = \frac{c_{EDTA} \cdot V_{EDTA} \cdot M_{CaCO_3}}{V_{水样}} \times 10^{-3}$$

水的硬度是水质分析的一项重要指标。根据国家《生活饮用水卫生标准》规定，生活用水的硬度以 $CaCO_3$ 计，不得超过 450mg/L。

二、返滴定法

返滴定法指的是在一定条件下，在待测溶液中加入定量过量的 EDTA 滴定液，然后用另一种标准金属离子滴定液来返滴定过量的 EDTA。根据两种滴定液的浓度和用量，求出待测物质的量。

当出现以下情况时，可以采用返滴定法。

1. 被测金属离子在滴定时受酸度影响产生沉淀；
2. 直接滴定时缺乏合适的金属指示剂；
3. 被测金属离子与 EDTA 反应速率太慢。

例如，用返滴定法测定中药明矾[$KAl(SO_4)_2 \cdot 12H_2O$]中 Al^{3+} 的含量。虽然 Al^{3+} 能与 EDTA 定量反应，但是因反应缓慢而难以直接滴定。故测定 Al^{3+} 时，可加入定量过量的 EDTA 标准溶液，加热煮沸，待反应完全后再用锌滴定液返滴定剩余的 EDTA。

精密称取明矾约 2g，加适量纯化水溶解，定量转移至 250ml 容量瓶中，稀释定容并摇匀。精密量取 25ml 至锥形瓶中。调节溶液 pH=3.5，精密加入 0.05mol/L EDTA 滴定液 25ml。煮沸 10min，加速反应，冷却至室温，加适量水及 HAc-NaAc 缓冲液调 pH 为 5.5，以二甲酚橙为指示剂，用锌滴定液滴定至溶液由黄色变为紫红色即可。根据锌滴定液消耗的体积，可由下式算出明矾样品中 Al^{3+} 的百分含量：

$$Al(\%) = \frac{[(cV)_{EDTA} - (cV)_{Zn}] \cdot M_{Al}}{m \times \frac{25}{250}} \times 10^3$$

自 测 题

一、选择题（A 型题）

1. 在配位滴定中，能够进行准确滴定的条件是（　　）。
   A. $\lg c_M \cdot K'_{MY} \geq 5$　　B. $\lg c_M \cdot K'_{MY} \geq 6$
   C. $\lg c_M \cdot K'_{MY} \geq 7$　　D. $\lg c_M \cdot K'_{MY} \geq 8$
2. EDTA 的最佳配位型体是（　　）。
   A. H_4Y　　B. H_6Y^{2-}
   C. H_3Y^-　　D. Y^{4-}
3. 一般情况下，EDTA 与金属离子的配位比为（　　）。
   A. 1∶1　　B. 1∶2
   C. 1∶3　　D. 1∶4
4. 镁离子与 EDTA 形成的配合物的颜色为（　　）。
   A. 黄色　　B. 无色

C. 纯蓝色　　　　　　　　D. 黑色
5. 使用铬黑T作为指示剂时，终点颜色应为（　　）。
   A. 黄色　　　　　　　　B. 紫红色
   C. 纯蓝色　　　　　　　D. 无色
6. 用于标定EDTA滴定液的基准物质为（　　）。
   A. MgO　　　　　　　　B. Al$_2$O$_3$
   C. ZnO　　　　　　　　D. CuO
7. 在配位滴定中，若选用二甲酚橙作为指示剂，应使溶液pH控制在（　　）。
   A. 8～10　　　　　　　B. <6
   C. 12～13　　　　　　　D. >13
8. 随着溶液pH的增大，EDTA的有效浓度会（　　）。
   A. 增大　　　　　　　　B. 减小
   C. 不变　　　　　　　　D. 先增大后减小
9. 在直接配位滴定法中，一般滴定终点时显示的颜色为（　　）。
   A. 被测金属离子与EDTA形成的配合物（M-EDTA）的颜色
   B. 被测金属离子与指示剂形成的配合物（M-In）的颜色
   C. 游离金属指示剂（In）的颜色
   D. M-EDTA与M-In的混合色
10. 关于EDTA的说法，错误的是（　　）。
    A. 是一种有机弱酸，存在4种解离平衡
    B. 在溶液中有7种型体
    C. 结构中有6个配位原子
    D. 能与大部分金属离子发生配位反应

二、简答题

1. 什么是指示剂的封闭现象，应如何消除？
2. 什么是掩蔽，有哪些掩蔽的方法？

三、计算题

精密吸取水样50.00ml，选择铬黑T作为指示剂，用浓度为0.01005mol/L的EDTA滴定，当溶液由红色变为纯蓝色时消耗EDTA的体积为20.02ml，请求出以CaCO$_3$（mg/L）表示的水的硬度。（M_{CaCO_3}=100.01g/mol）

（唐冰雯）

第6章 沉淀滴定法

沉淀滴定法是以沉淀反应为基础的一类滴定分析方法。沉淀滴定法是一种重要的滴定分析方法，在药物分析中常用于含量测定，例如，生理盐水中氯化钠含量的测定，抗肿瘤药盐酸丙卡巴肼（$C_{12}H_{19}N_3O \cdot HCl$）的含量测定等。

> **案例　生理盐水中氯化钠含量的测定**
>
> 用移液管准确移取生理盐水 10.00ml 置于 250ml 锥形瓶中，加入 40ml 水，再加入 5% K_2CrO_4 指示剂 1ml，用 $AgNO_3$ 溶液（0.1mol/L）滴定至溶液由黄色变为砖红色，记录消耗 $AgNO_3$ 滴定液的体积。平行测定 3 次，计算生理盐水中氯化钠含量。
>
> **讨论：** 能用于沉淀滴定法的沉淀反应要具备哪些条件呢？

第一节　沉淀滴定法概述

沉淀滴定法以沉淀反应为基础，虽然沉淀反应很多，但并不是所有的沉淀反应都可用于沉淀滴定，只有满足以下条件的沉淀反应才可用于滴定：

1. 沉淀反应迅速，定量完成，无副反应发生；
2. 生成的沉淀溶解度足够小；
3. 沉淀的吸附现象不影响滴定结果；
4. 有适当的方法指示终点。

符合以上条件的沉淀反应不多，在符合条件的沉淀反应中，应用较广泛的是生成难溶性银盐的沉淀反应。Ag^+ 可与 Cl^-、Br^-、I^-、SCN^- 等生成难溶性银盐，以此类反应为基础的沉淀滴定法称为银量法。反应式如下：

$$Ag^+ + X^- \rightleftharpoons AgX\downarrow \quad (X 可为 Cl^-、Br^-、I^-、SCN^-)$$

根据确定终点所用指示剂的不同，可以将银量法分为铬酸钾指示剂法、铁铵矾指示剂法、吸附指示剂法。

第二节　莫尔法

铬酸钾指示剂法又称为莫尔法，是以铬酸钾为指示剂，以硝酸银溶液为滴定液，在中性或者弱碱性条件下直接滴定氯离子或溴离子的方法。

一、测定原理

以测定 Cl^- 含量为例来讨论莫尔法的基本原理，以 K_2CrO_4 为指示剂，$AgNO_3$ 溶液为滴定液。由于 AgCl 的溶解度（1.33×10^{-5}mol/L）小于 Ag_2CrO_4 的溶解度（6.54×10^{-5}mol/L），根据分步沉淀原理，优先析出的是白色沉淀 AgCl，当 Cl^- 与 Ag^+ 沉淀完全后，稍过量的 $AgNO_3$ 与指示剂 K_2CrO_4 生成砖红色沉淀 Ag_2CrO_4 用来指示终点，其反应式为

终点前：$Ag^+ + Cl^- \rightleftharpoons AgCl\downarrow$（白色）

终点时：$2Ag^+ + CrO_4^{2-} \rightleftharpoons Ag_2CrO_4\downarrow$（砖红色）

二、测 定 条 件

1. 指示剂的用量　指示剂 K_2CrO_4 的用量影响滴定结果的准确性。如果 K_2CrO_4 指示剂用量太多，生成砖红色沉淀 Ag_2CrO_4 过早，终点提前；如果 K_2CrO_4 指示剂用量太少，生成砖红色沉淀 Ag_2CrO_4 推迟，终点滞后。以滴定 Cl^- 为例讨论指示剂 K_2CrO_4 合适的用量。

Cl^- 与 Ag^+ 恰好完全反应时，由于

$$[Ag^+]=[Cl^-]$$
$$[Ag^+][Cl^-]=K_{sp,AgCl}=1.77\times10^{-10}$$

所以

$$[Ag^+]=[Cl^-]=\sqrt{K_{sp}}=1.33\times10^{-5}\text{mol/L}$$

要求此时恰好出现砖红色沉淀 Ag_2CrO_4，由于

$$[Ag^+]=1.33\times10^{-5}\text{mol/L}$$
$$[Ag^+]^2[CrO_4^{2-}]=K_{sp,Ag_2CrO_4}=1.12\times10^{-12}$$

所以

$$[CrO_4^{2-}]=6.33\times10^{-3}\text{mol/L}$$

由于 K_2CrO_4 溶液呈黄色，如果 K_2CrO_4 浓度过高，其颜色会掩盖终点的颜色，从而影响终点的判断。因此，实际用到的 K_2CrO_4 溶液浓度（5.0×10^{-3}mol/L）略小于理论计算浓度（6.33×10^{-3}mol/L），通常在 50~100ml 的溶液中加入 5% K_2CrO_4 指示剂 1~2ml。

2. 控制溶液的酸度　莫尔法需要在中性或者弱碱性（pH 6.5~10.5）条件下进行。因为在酸性溶液中，CrO_4^{2-} 与 H^+ 反应生成 $HCrO_4^-$，再转化为 $Cr_2O_7^{2-}$，使 CrO_4^{2-} 浓度减小，滴定终点推迟。反应式如下：

$$2H^+ + 2CrO_4^{2-} \rightleftharpoons 2HCrO_4^- \rightleftharpoons Cr_2O_7^{2-} + H_2O$$

如果溶液的碱性太强，Ag^+ 会转化为 Ag_2O 沉淀，影响滴定的准确度。反应式如下：

$$2Ag^+ + 2OH^- \rightleftharpoons 2AgOH\downarrow \longrightarrow Ag_2O\downarrow + H_2O$$

采用莫尔法滴定前，需要先调节好溶液的 pH。若酸性太强，可加入碳酸氢钠或碳酸钙；若碱性太强，可采用稀硝酸中和。如果溶液中有铵盐存在，则要求 pH 6.5~7.2，因为 pH 过高，AgCl 沉淀和 Ag_2CrO_4 沉淀中的 Ag^+ 能与 NH_3 形成 $Ag(NH_3)_2^+$ 配离子，使沉淀溶解，从而影响滴定。

3. 滴定过程中应充分振摇　采用莫尔法滴定 Cl^- 或 Br^- 时，由于生成的 AgCl 或 AgBr 沉淀能吸附溶液中的 Cl^- 或 Br^-，使 Cl^- 或 Br^- 浓度降低，导致终点提前，因此在滴定过程中需要充分振荡，使沉淀中吸附的 Cl^- 或 Br^- 及时释放出来。

4. 预先分离干扰离子　若溶液中存在以下类型的干扰离子，应预先分离出来：①与 Ag^+ 反应生成沉淀的阴离子，如 CO_3^{2-}、PO_4^{3-}、$C_2O_4^{2-}$、AsO_4^{3-} 和 S^{2-} 等；②与 CrO_4^{2-} 反应生成沉淀的阳离子，如 Ba^{2+}、Pb^{2+} 和 Bi^{3+} 等；③大量的有色离子，如 Cu^{2+}、Co^{2+} 和 Ni^{2+} 等；④中性或碱性溶液中容易水解的离子，如 Al^{3+} 和 Fe^{3+} 等。

三、测 定 对 象

莫尔法适用于直接测定 Cl^- 或 Br^-，不适用于测定 I^- 和 SCN^-。因为 AgI 和 AgSCN 沉淀分别对 I^- 和 SCN^- 具有较强的吸附能力，即使剧烈振摇也无法使其吸附的 I^- 和 SCN^- 释放出来。

第三节　福尔哈德法

一、测 定 原 理

铁铵矾指示剂法又称为福尔哈德法，是以铁铵矾 [$NH_4Fe(SO_4)_2 \cdot 12H_2O$] 为指示剂，以 KSCN 或 NH_4SCN 溶液为滴定液，在酸性条件下测定可溶性银盐或卤素化合物的方法。福尔哈德法按照滴定方

式的不同，可以分为直接滴定法和返滴定法。

1. **直接滴定法** 以铁铵矾为指示剂，以 KSCN 或 NH₄SCN 溶液为滴定液，在酸性条件下直接滴定 Ag^+。滴定时优先析出的是白色沉淀 AgSCN，当 Ag^+ 与 SCN^- 沉淀完全后，稍过量的 SCN^- 与指示剂中的 Fe^{3+} 生成淡红色配合物用来指示终点，其反应式为

终点前

$$Ag^+ + SCN^- \rightleftharpoons AgSCN\downarrow（白色）$$

终点时

$$Fe^{3+} + SCN^- \rightleftharpoons Fe(SCN)^{2+}（淡红色）$$

2. **返滴定法** 此法用于滴定卤素离子。测定卤素离子前，首先加入过量的、定量的 $AgNO_3$ 溶液使卤素离子全部转化为卤化银沉淀，再以铁铵矾为指示剂，以 KSCN 或 NH₄SCN 溶液为滴定液滴定过量的 Ag^+。以测定 Cl^- 为例，其反应式为：

终点前：

$$Ag^+（过量、定量）+ Cl^- \rightleftharpoons AgCl\downarrow（白色）$$

$$Ag^+（剩余）+ SCN^- \rightleftharpoons AgSCN\downarrow（白色）$$

终点时：

$$Fe^{3+} + SCN^- \rightleftharpoons Fe(SCN)^{2+}（淡红色）$$

二、测 定 条 件

1. **适量的指示剂** 通常在 50~100ml 溶液中，加入 10% $NH_4Fe(SO_4)_2 \cdot 12H_2O$ 指示剂 2ml。
2. **控制溶液的酸度** 为了抑制 Fe^{3+} 的水解，滴定应在 0.1~1mol/L HNO_3 溶液中进行。该条件下，CO_3^{2-}、PO_4^{3-} 和 S^{2-} 等弱酸根离子不能与 Ag^+ 生成沉淀，可避免此类弱酸根离子的干扰。
3. **滴定过程中适当振摇** 在直接滴定法中，由于 AgSCN 沉淀容易吸附 Ag^+，所以在滴定过程中始终要求剧烈振摇。采用返滴定法测定 Cl^- 时，开始需要充分振摇，防止生成的 AgCl 沉淀和 AgSCN 沉淀吸附 Ag^+，接近终点时，改为轻轻摇动，防止 AgCl 沉淀转化为 AgSCN 沉淀。为了避免沉淀的转化，也可采用以下措施：①加入过量的、定量的 $AgNO_3$ 溶液后，过滤分离生成的 AgCl 沉淀，然后再用 KSCN 或 NH₄SCN 溶液滴定滤液。但是此方法需进行过滤、洗涤等操作，较为烦琐。②在用 KSCN 或 NH₄SCN 溶液滴定前，向待测溶液中加入一定量的硝基苯等有机溶剂，剧烈振摇使硝基苯覆盖在 AgCl 沉淀的表面，通过减少 AgCl 与 SCN^- 的接触防止沉淀的转化。
4. **预先分离干扰离子** 能与 SCN^- 发生反应的铜盐、汞盐和强氧化剂等，应预先分离。在测定 I^- 时，加入过量的、定量的 $AgNO_3$ 溶液后，才可加入铁铵矾指示剂，以防止 I^- 和 Fe^{3+} 发生反应。

三、测 定 对 象

福尔哈德法的适用范围较广，可用于测定 Ag^+、Cl^-、Br^-、I^- 和 SCN^- 等。测定 Br^- 和 I^- 时，由于 AgBr 和 AgI 的溶解度小于 AgSCN 的溶解度，因此不会发生沉淀转化，滴定终点容易控制。

第四节 法 扬 司 法

一、测 定 原 理

吸附指示剂法又称为法扬斯法，是以硝酸银溶液为滴定液，利用吸附指示剂确定终点，测定可溶性银盐或卤素化合物的方法。

吸附指示剂是一种有机染料，在溶液中解离出有色离子，有色离子被带相反电荷的胶状沉淀吸附时，结构发生变化引起颜色的变化，因此可用于指示终点。以测定氯离子为例，硝酸银溶液为滴定液，荧光黄为指示剂，作用原理如下。

荧光黄是一种有机弱酸，用 HFIn 表示，在溶液中发生以下解离平衡：

$$HFIn \rightleftharpoons H^+ + FIn^- （黄绿色） \quad K_a = 10^{-7}$$

化学计量点前，溶液中 Cl^- 过量，AgCl 胶粒优先吸附 Cl^- 而带负电（$AgCl \cdot Cl^-$），荧光黄解离出来的 FIn^- 不被吸附，溶液呈黄绿色。当溶液中的 Cl^- 与 Ag^+ 反应完全后，稍过量的 Ag^+ 被 AgCl 胶粒优先吸附而带正电（$AgCl \cdot Ag^+$），荧光黄解离出来的 FIn^- 被 $AgCl \cdot Ag^+$ 吸附，结构发生变化导致颜色变为粉红色，其反应式为

$$AgCl \cdot Ag^+ + FIn^- \rightleftharpoons AgCl \cdot Ag^+ \cdot FIn^- （粉红色）$$

二、指示剂的选择

在法扬斯法中，需要选择吸附能力适当的指示剂。指示剂的选择原则：胶粒对被测离子的吸附能力略大于胶粒对吸附指示剂的吸附能力。胶粒对卤素离子和吸附指示剂的吸附能力大小如下：

$$I^- > 二甲基二碘荧光黄 > Br^- > 曙红 > Cl^- > 荧光黄$$

因此在测定 Cl^- 时，应选用荧光黄；测定 Br^- 时，应选用曙红；测定 I^- 时，应选用二甲基二碘荧光黄或曙红。

常用的吸附指示剂，见表 6-1。

表 6-1　法扬斯法中常用的吸附指示剂

吸附指示剂	待测离子	滴定液	合适的 pH 范围	颜色变化
荧光黄	Cl^-	$AgNO_3$	7～10	黄绿色 ⟶ 粉红色
二氯荧光黄	Cl^-	$AgNO_3$	4～10	黄绿色 ⟶ 红色
曙红	Br^-、I^-、SCN^-	$AgNO_3$	2～10	橙色 ⟶ 深红色
二甲基二碘荧光黄	I^-	$AgNO_3$	中性	橙红色 ⟶ 蓝红色

三、测定条件

1. 加入胶体保护剂　为了防止卤化银胶体凝聚，常加入淀粉、糊精等胶体保护剂，使卤化银胶体保持胶状并具有较大的吸附表面，确保终点颜色变化敏锐。

2. 控制溶液的酸度　大多数吸附指示剂为有机弱酸，其解离出来的阴离子具有指示作用，为了使吸附指示剂主要以阴离子形式存在，必须控制合适的酸度。例如，吸附指示剂荧光黄适宜的 pH 范围为 7～10，二氯荧光黄适宜的 pH 范围为 4～10。

3. 避免强光下滴定　卤化银对光敏感，见光容易分解为黑色金属银，因此需要避免在强光条件下滴定。

第五节　滴定液的配制与标定

银量法中常用的滴定液为 $AgNO_3$ 溶液和 KSCN（或 NH_4SCN）溶液。

一、硝酸银滴定液

配制 $AgNO_3$ 滴定液时，若采用的 $AgNO_3$ 是基准物质，可用直接法配制；若采用的 $AgNO_3$ 为非基准物质，则采用间接法配制。

1. 直接配制法　准确称取一定质量经预处理后的 $AgNO_3$ 基准试剂，完全溶解后转移至棕色的容量瓶中，稀释、定容、摇匀，计算准确浓度。

2. 间接配制法　先称取一定质量的 $AgNO_3$ 试剂，配制成近似浓度的硝酸银溶液，然后采用基准物质 NaCl 或 NaCl 滴定液按莫尔法进行标定，确定其准确浓度。

二、KSCN（或 NH_4SCN）滴定液

KSCN（或 NH_4SCN）一般纯度不高，在空气中易潮解，常用间接法配制滴定液。先称取一定质量的 KSCN（或 NH_4SCN）试剂，配制成近似浓度的溶液，然后采用硝酸银滴定液按福尔哈德法中的

直接滴定法进行标定。

第六节 沉淀滴定法的应用

银量法是应用范围最广泛的沉淀滴定法，如无机卤化物、有机卤化物、巴比妥类药物等都可以采用银量法进行测定。

一、氯化钠的含量测定

精密称取试样 0.12g 于 250ml 锥形瓶中，加 50ml 水完全溶解后，加入 5% K_2CrO_4 指示剂 1ml，用 0.1mol/L $AgNO_3$ 溶液边滴边摇，滴定至溶液由黄色变为砖红色，且 30s 不褪去。采用同样的方法做空白试验，按下式计算氯化钠的含量：

$$\omega_{NaCl} = \frac{c_{AgNO_3}(V_{AgNO_3} - V_{空})}{m_s} \times 100\%$$

二、碘化钾的含量测定

精密称取试样 0.32g 于 250ml 锥形瓶中，加 50ml 水溶解，加 1mol/L 乙酸溶液 10ml，曙红指示剂 8~10 滴，用 0.1mol/L $AgNO_3$ 标准溶液滴定至溶液由黄色变为深红色即为终点。采用同样的方法做空白试验，按下式计算碘化钾的含量：

$$\omega_{NaI} = \frac{c_{AgNO_3}(V_{AgNO_3} - V_{空})}{m_s} \times 100\%$$

自 测 题

一、选择题（A 型题）

1. 下列不属于沉淀滴定法的条件的是（   ）。
   A. 沉淀反应迅速，定量完成，无副反应发生
   B. 生成的沉淀溶解度足够小，沉淀的吸附现象不影响滴定结果
   C. 沉淀的摩尔质量大
   D. 有适当的方法指示终点

2. 下列不属于银量法的是（   ）。
   A. 重铬酸钾法   B. 铁铵矾法
   C. 吸附指示剂法   D. 铬酸钾法

3. 莫尔法需要在中性或弱碱性的溶液中进行，如果酸性太强，可采用（   ）调节。
   A. NaOH   B. Na_2CO_3
   C. $NH_3 \cdot H_2O$ D. $NaHCO_3$

4. 莫尔法需要在中性或弱碱性的溶液中进行，如果碱性太强，可采用（   ）调节。
   A. HCl   B. HNO_3
   C. H_2SO_4 D. H_3PO_4

5. 莫尔法测定氯离子含量时，需要控制 pH 6.5~10.5，如果酸性太强，则（   ）。
   A. $HCrO_4^-$ 浓度增大，滴定终点提前
   B. 生成 Ag_2O，滴定终点提前
   C. 生成 Ag_2O，滴定终点推迟
   D. CrO_4^{2-} 浓度减小，滴定终点推迟

6. 莫尔法测定溴化钠时，加入的铬酸钾指示剂过多，则（   ）。
   A. Ag_2CrO_4 过早形成，终点提前
   B. Ag_2CrO_4 不易形成，终点推迟
   C. 不影响滴定终点
   D. 无法判断

7. 采用莫尔法测定氯离子的含量时，滴定终点的现象是（   ）。
   A. 白色沉淀   B. 黄色沉淀
   C. 砖红色沉淀   D. 蓝色溶液

8. 福尔哈德法采用的指示剂是（   ）。
   A. $K_2Cr_2O_7$ B. 吸附指示剂
   C. $NH_4Fe(SO_4)_2 \cdot 12H_2O$ D. K_2CrO_4

9. 福尔哈德法应在（   ）条件下进行。
   A. 酸性   B. 中性或弱碱性
   C. 中性   D. 碱性

10. 福尔哈德法测定银离子时，所用的滴定液是（   ）。
    A. $NH_4Fe(SO_4)_2 \cdot 12H_2O$ B. $AgNO_3$
    C. KSCN 或 NH_4SCN D. $AgNO_3$ 和 KSCN

11. 采用（   ）试剂标定硝酸银溶液。
    A. 基准碳酸钠   B. 分析纯氯化钠
    C. 基准氯化钠   D. 标准氢氧化钠溶液

12. 采用法扬斯法测定溴离子，应选用的指示剂是（   ）。
    A. 曙红   B. 荧光黄

C. 二甲基二碘荧光黄　　　D. 甲基紫
13. 法扬斯法所用的滴定液是（　　）。
   A. $NH_4Fe(SO_4)_2 \cdot 12H_2O$　　B. K_2CrO_4
   C. KSCN 或 NH_4SCN　　D. $AgNO_3$
14. 采用法扬斯法，以荧光黄为指示剂测定氯离子，应控制 pH 在（　　）。
   A. 6.5～10.5　　　　　　B. 4～10
   C. 2～10　　　　　　　　D. 7～10
15. 法扬斯法中，为了使卤化银胶体保持胶状，防止凝聚，可加入（　　）。
   A. 糊精　　　　　　　　B. 淀粉
   C. 硝基苯　　　　　　　D. A 和 B 都可以

二、简答题

1. 写出三种银量法测定氯离子所用的滴定液，指示剂，酸度条件以及主要反应。
2. 如何采用法扬斯法测定生理盐水的含量？

三、实例分析

称取氯化钠试样 0.1182g，加适量水完全溶解后，加入 5% K_2CrO_4 指示剂 1ml，用 0.1024mol/L $AgNO_3$ 溶液滴定，消耗 19.56ml。采用同样的方法做空白试验，消耗 $AgNO_3$ 溶液 0.01ml。计算试样中氯化钠的含量。

（危冬梅）

第 7 章
氧化还原滴定法

氧化还原滴定法是以氧化还原反应为基础进行的一类滴定分析方法。其应用非常广泛，不仅能直接测定具有氧化性或还原性物质的含量，也能间接测定一些能与氧化剂或还原剂发生定量反应的物质的含量。

> **案 例** 维生素 C 含量的测定
>
> 维生素 C 又称抗坏血酸，是人体所必需的维生素，属于水溶性维生素。维生素 C 可以促进细胞的新陈代谢，帮助细胞排毒，延长人体的寿命，促进骨骼的愈合。维生素 C 是己糖醛基酸，应用碘滴定法测定其含量：取本品约 0.2g，精密称定，加新煮沸过的冷水 100ml 与稀乙酸 10ml 使其溶解，加淀粉指示液 1ml，立即用碘滴定液（0.05mol/L）滴定，至溶液显蓝色并在 30s 内不褪。每 1ml 碘滴定液（0.05mol/L）相当于 8.806mg 的 $C_6H_8O_6$。
>
> **讨论**：什么是碘滴定法？其分析原理是什么？淀粉作为指示剂是如何指示滴定终点的？这些问题都是氧化还原滴定法要研究的内容。

第一节 概 述

氧化还原反应是基于氧化剂和还原剂之间电子转移或电子对发生偏移的反应，其特点是反应机制比较复杂，反应往往分步进行，大多数反应速率较慢，且常伴有副反应发生，反应介质对反应过程有较大的影响。因此，在氧化还原滴定中要严格控制反应条件，才能保证反应定量、快速、完全进行。并非所有的氧化还原反应都能应用于滴定分析，能用于滴定分析的氧化还原反应必须具备下列条件。

1. 按照化学反应方程式定量进行，无副反应发生；
2. 反应速率快；
3. 反应完全，反应程度达到 99.9% 以上；
4. 有简便的方法确定滴定终点。

对于反应速率较慢的氧化还原反应，要创造适当的条件，加快反应速率，达到滴定分析中对反应速率的要求。通常采用下列几种方法来加快反应速率。

1. 增大反应物的浓度 根据质量作用定律，反应速率与反应物浓度幂次方的乘积成正比。所以，反应物浓度越大，反应速率越快。增大反应物浓度不仅可以加快反应速率，而且可以使反应进行得更完全。

例如，在酸性溶液中，$Cr_2O_7^{2-}$ 和 I^- 的反应，可通过增大 I^- 或 H^+ 的浓度来加快下列反应速率：

$$Cr_2O_7^{2-} + 6I^- + 14H^+ \rightleftharpoons 2Cr^{3+} + 3I_2 + 7H_2O$$

2. 升高溶液的温度 对于大多数反应，升高温度不仅增加了反应分子之间的碰撞概率，而且增加了反应物中活化分子的比例，从而加快反应速率。实验表明，温度每升高 10℃，反应速率可变为原来的 2～4 倍。

例如，在酸性溶液中 MnO_4^- 和 $C_2O_4^{2-}$ 的反应：

$$2MnO_4^- + 5C_2O_4^{2-} + 16H^+ \rightleftharpoons 2Mn^{2+} + 10CO_2\uparrow + 8H_2O$$

在室温时反应速率较慢,若将溶液温度升高至 65~75℃,反应速率显著加快,即可用于滴定分析。需要注意的是,不是任何反应都可以用加热的方法来加快反应速率,若在室温下本身性质不稳定的物质,不宜通过加热来加快反应速率。因此,在分析工作中,要根据具体的情况确定适宜的温度条件。

3. 使用催化剂 催化剂可大大加快反应速率,缩短反应达到平衡的时间。例如,MnO_4^- 和 $C_2O_4^{2-}$ 的反应,Mn^{2+} 对此具有催化作用。但在实际操作中一般不需要另加 Mn^{2+},可利用反应中生成的 Mn^{2+} 作催化剂。这种催化现象是由反应过程中反应产物所引起的,称为自动催化现象。

根据在滴定分析中使用的滴定液不同,氧化还原滴定法可分为高锰酸钾法、碘量法、亚硝酸钠法、重铬酸钾法、溴量法及铈量法等,见表 7-1。本章主要介绍高锰酸钾法、碘量法和亚硝酸钠法。

表 7-1 氧化还原滴定法分类

名称	滴定剂	半电池反应式
高锰酸钾法	$KMnO_4$	$MnO_4^- + 8H^+ + 5e^- \rightleftharpoons Mn^{2+} + 4H_2O$
直接碘量法	I_2	$I_3^- + 2e^- \rightleftharpoons 3I^-$
间接碘量法	$Na_2S_2O_3$	$S_4O_6^{2-} + 2e^- \rightleftharpoons 2S_2O_3^{2-}$
亚硝酸钠法	$NaNO_2$	重氮化反应/亚硝基化反应
重铬酸钾法	$K_2Cr_2O_7$	$Cr_2O_7^{2-} + 14H^+ + 6e^- \rightleftharpoons 2Cr^{3+} + 7H_2O$
铈量法	$Ce(SO_4)_2$	$Ce^{4+} + e^- \rightleftharpoons Ce^{3+}$
溴酸钾法	$KBrO_3 + KBr$	$BrO_3^- + 6H^+ + 6e^- \rightleftharpoons Br^- + 3H_2O$

第二节 原电池与电极电位

氧化还原滴定法的依据是氧化还原反应,反应进行的完全程度与反应物的氧化性和还原性的强弱有关,一种物质的氧化性和还原性的强弱则可以通过其电极电位的高低来判断。

一、原 电 池

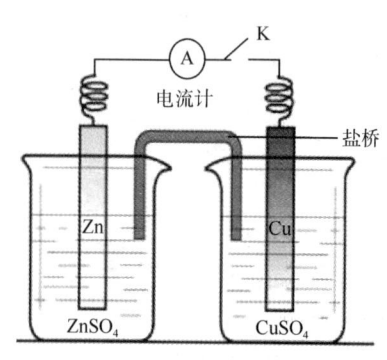

图 7-1 铜锌原电池

原电池是一种将化学能转变成电能的装置。图 7-1 是最常见的铜锌原电池。图中左侧烧杯中盛有 $ZnSO_4$ 溶液并插入锌片(称为锌电极),右侧烧杯中盛有 $CuSO_4$ 溶液并插入铜片(称为铜电极),用一盛满 KCl 饱和溶液凝胶的倒 U 形管(称为盐桥)连接两个烧杯,然后用导线将两个烧杯中的铜片和锌片连接起来,这就组成了最基本的原电池。当合上开关 K 时,串联在锌电极和铜电极之间的电流计 A 的指针会发生偏转,说明外电路中有电流通过。

那么原电池是如何进行工作的呢?原电池工作的过程实际上是一个氧化还原反应进行的过程。

在上述原电池中,锌电极中的锌片极易失去电子变成锌离子,发生如下反应:

锌电极(负极): $Zn - 2e^- \longrightarrow Zn^{2+}$ 氧化反应

锌片失去电子,向外电路输出电子,锌电极发生氧化反应,为负极。

铜电极中的铜离子极易得到电子变成单质铜,发生如下反应:

铜电极(正极): $Cu^{2+} + 2e^- \longrightarrow Cu$ 还原反应

铜离子从外电路中得到电子,发生还原反应,为正极。

当接通开关时,锌电极中的电子会通过外电路源源不断地流入铜电极,形成电流。原电池发生总的反应为

$$\overset{2e^-}{Zn + Cu^{2+}} \rightleftharpoons Zn^{2+} + Cu$$

其中铜电极和锌电极上发生的反应称为半反应，铜电极和锌电极也分别称为半电池。

原电池可用简单的符号表示，称为电池符号。例如，铜锌原电池可表示为

$$(-) Zn|Zn^{2+}(a_1)||Cu^{2+}(a_2)|Cu(+)$$

在书写电池符号时，总是把负极写在左边，正极写在右边。正负两极之间用双竖线代表盐桥；电池中的符号|表示两相界面，a_1 和 a_2 分别为锌离子和铜离子的活度（有效浓度，较低浓度时，可用浓度代替活度）。

任何一个原电池都由两部分组成。如上述原电池中一部分是铜片和 $CuSO_4$ 溶液；另一部分是锌片和 $ZnSO_4$ 溶液，这两部分分别称为半电池或电极。即两个电极分别对应两个氧化还原电对 Cu^{2+}/Cu 电对和 Zn^{2+}/Zn 电对。其中，Cu^{2+} 和 Zn^{2+} 是氧化态，Cu 和 Zn 是还原态。

不同电极的表示方法也不尽相同，例如氢电极，其电极符号为：$Pt, H_2(p)|H^+(a)$。其中电池符号中的 Pt 代表惰性电极，因为气体本身不能直接作为电极，必须有惰性金属（如镀有铂黑的 Pt 片）作载体和导体，Pt 不参与电极反应，只起吸附气体和传递电子的作用。

二、电极电势

（一）电极电位的产生

原电池可以产生电流，说明两个电极之间存在电位差，也意味着两个电极分别具有电极电位。而正负电极的电极电位之差就是该原电池的电动势 E，即 $E = \varphi_{(+)} - \varphi_{(-)}$，式中 $\varphi_{(+)}$ 和 $\varphi_{(-)}$ 分别表示正、负电极的电极电位。

（二）标准氢电位

不同的电极具有不同的电极电位，但是电极电位的绝对值是无法测定的。在实际工作中，通常选用一个电极作为参照电极，并且规定它的电极电位为零，那么其他电极与之进行比较所得到的值就是该电极的电极电位。这个参照电极就是 IUPAC 规定的标准氢电极。

标准氢电极的构造如图 7-2，在 298K 下，将镀有一层海绵状铂黑的铂片，浸入到氢离子的浓度为 1.0mol/L（严格来说是活度）的溶液中，用压力为 101 325Pa（一个大气压）下的高纯氢气不断冲击铂片，使铂黑吸附氢气至饱和。

此时的电极电位就是标准氢电极的电极电位，并规定标准氢电极的电极电位为零。

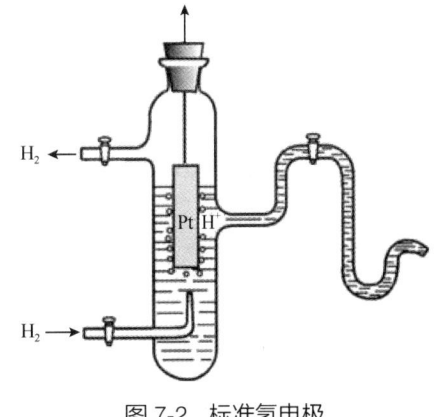

图 7-2 标准氢电极

$$\varphi^{\ominus}(H^+/H_2) = 0.0000V$$

标准氢电极中 H^+ 为氧化型，H_2 为还原型。$\varphi^{\ominus}$ 右上角的 $\ominus$ 代表标准状态，电极反应为

$$2H^+ + 2e^- \rightleftharpoons H_2$$

（三）标准电极电位

不同电极的电极电位各不相同，实验证明，同一电极的电极电位在不同的条件下也不相同。影响电极电位的因素很多，如温度、浓度、压强等。IUPAC 规定：在标准状态下，当电极上溶解态作用物的浓度为 0.1mol/L（严格讲是活度），气态作用物的分压为 1 个大气压时的电极电位，称为该电极的标准电极电位。对于特定电极而言，该值是唯一的。

测定某电极的标准电极电位时，可以将待测电极与标准氢电极组成原电池，在标准状态下测定该原电池的电动势，该电动势就是该电极的标准电极电位。标准电极电位用符号 $\varphi^{\ominus}$ 表示，其 SI 单位为"伏"，用 "V" 表示。

例如，测定铜电极的标准电极电位 $\varphi^{\ominus}$（Cu^{2+}/Cu），是将标准铜电极与标准氢电极组成原电池，铜电极为正极，氢电极为负极，测得电池的标准电动势 $E^{\ominus}$=+0.342V。电池符号为：

$$(-)Pt|H_2(100kPa)|H^+(1mol/L)\|Cu^{2+}(1mol/L)|Cu(s)(+)$$

$$E^{\ominus}=\varphi^{\ominus}(Cu^{2+}/Cu)-\varphi^{\ominus}(H^+/H_2)$$

$$\varphi^{\ominus}(Cu^{2+}/Cu)=E^{\ominus}+\varphi^{\ominus}(H^+/H_2)$$

$$=+0.342V+0.00V=+0.342V$$

测定锌电极的标准电极电位时，是将标准锌电极与标准氢电极组成原电池，锌电极为负极，氢电极为正极。测得电池的标准电动势 $E^{\ominus}$=+0.760V。

$$(-)Zn(s)|Zn^{2+}(1mol/L)\|H^+(1mol/L)|H_2(100kPa)|Pt(+)$$

$$E^{\ominus}=\varphi^{\ominus}(H^+/H_2)-\varphi^{\ominus}(Zn^{2+}/Zn)=+0.760V$$

$$\varphi^{\ominus}(Zn^{2+}/Zn)=-0.760V$$

把各种标准电极电位由低到高排列成序，就得到了标准电极电位表，见附录B。

标准电极电位是一个重要的物理常数，反映了物质的氧化还原能力。标准电极电位高，说明电对中氧化型物质的氧化能力强，还原型物质的还原能力弱。标准电极电位低，说明电对中还原型物质的还原能力强，氧化型物质的氧化能力弱。表7-2列出了部分常见氧化还原电对的标准电极电位值，在所有的物质中，F_2是最强的氧化剂，Li是最强的还原剂。

表7-2 部分常见电对的标准电极电位

电极反应	电极电位 $\varphi^{\ominus}$/V	电极反应	电极电位 $\varphi^{\ominus}$/V
$Li^+ + e^- = Li$	−3.042	$Cu^{2+} + e^- = Cu^-$	0.519
$K^+ + e^- = K$	−2.925	$Cu^+ + e^- = Cu$	0.52
$Ba^{2+} + 2e^- = Ba$	−2.9	$I_2(s) + 2e^- = 2I^-$	0.5345
$Sr^{2+} + 2e^- = Sr$	−2.89	$I_3^- + 2e^- = 3I^-$	0.545
$Ca^{2+} + 2e^- = Ca$	−2.87	$H_3AsO_4 + 2H^+ + 2e^- = HAsO_2 + 2H_2O$	0.559
$Na^+ + e^- = Na$	−2.71	$MnO_4^- + e^- = MnO_4^{2-}$	0.564
$Mg^{2+} + 2e^- = Mg$	−2.37	$MnO_4^- + 2H_2O + 3e^- = MnO_2 + 4OH^-$	0.588
$Al^{3+} + 3e^- = Al$	−1.66	$Hg_2SO_4(s) + 2e^- = 2Hg + SO_4^{2-}$	0.6151
$Mn^{2+} + 2e^- = Mn$	−1.182	$2HgCl_2 + 2e^- = Hg_2Cl_2(s) + 2Cl^-$	0.63

（四）能斯特方程

电极电位的大小首先取决于电对的本性，此外，还与浓度和温度等因素有关。电极电位与浓度和温度的关系可用能斯特方程表示，对于任意一个给定电极：

$$a\text{氧化型} + ne^- \rightleftharpoons b\text{还原型}$$

则

$$\varphi = \varphi^{\ominus} + \frac{RT}{nF}\ln\frac{c(\text{氧化型})^a}{c(\text{氧化型})^b} \tag{7-1}$$

式中，φ 为电对在任一条件下的电极电位；$\varphi^{\ominus}$ 为电对的标准电极电位；R 为摩尔气体常数，8.314J/(K·mol)；T 为热力学温度；n 为电极反应中转移的电子数；F 为法拉第常量，96500C/mol。

在温度为298.15K时，将各常数值代入式（8-1），则能斯特方程变为

$$\varphi = \varphi^{\ominus} + \frac{0.0592}{n}\ln\frac{c(\text{氧化型})^a}{c(\text{氧化型})^b} \tag{7-2}$$

应用能斯特方程应注意以下几点：

（1）如果电对中某一物质是固体、纯液体或水溶液中的 H_2O，它们的浓度为常数，不写入能斯特

方程式中，例如：

$$Zn^{2+}(aq) + 2e^- \rightleftharpoons Zn(s) \qquad \varphi(Zn^{2+}/Zn) = \varphi^{\ominus}(Zn^{2+}/Zn) + \frac{0.0592}{2}\lg c(Zn^{2+})$$

$$MnO_4^- + 8H^+ + 5e^- \rightleftharpoons Mn^{2+} + 4H_2O$$

$$\varphi(MnO_4^-/Mn^{2+}) = \varphi(MnO_4^-/Mn^{2+})^{\ominus} + \frac{0.0592}{5}\lg\frac{c_{MnO_4^-} \times c_{H^+}^8}{c_{Mn^{2+}}}$$

（2）如果电对中某一物质是气体，其浓度用相对分压代替，例如：

$$2H^+(aq) + 2e^- \rightleftharpoons H_2(g) \qquad \varphi(H^+/H_2) = \varphi^{\ominus}(H^+/H_2) + \frac{0.0592}{2}\lg\frac{c^2(H^+)}{p(H_2)/p^{\ominus}}$$

对一个指定电极来说，由式（7-2）可看出，氧化型物质的浓度越大，则 φ 越大，即电对中氧化态物质的氧化性越强，而相应的还原态物质则是弱还原剂。相反，还原型物质的浓度越大，则 φ 值越小，电对中的还原态物质的还原性越强，而相应的氧化态物质则是弱氧化剂。

例 7-1 $Fe^{3+} + e^- \rightleftharpoons Fe^{2+}$，$\varphi^{\ominus}(Fe^{3+}/Fe^{2+}) = +0.771V$，求温度为 298.15K，$c(Fe^{3+}) = 1mol/L$，$c(Fe^{2+}) = 0.0001mol/L$ 时，$\varphi(Fe^{3+}/Fe^{2+}) = ?$

解： $\varphi(Fe^{3+}/Fe^{2+}) = \varphi^{\ominus}(Fe^{3+}/Fe^{2+}) + \frac{0.0592}{1}\lg\frac{c(Fe^{3+})}{c(Fe^{2+})}$

$$= 0.771 + \frac{0.0592}{1}\lg\frac{1}{0.0001} = 1.01 \text{（V）}$$

例 7-2 已知电极反应 $Ag^+ + e^- \rightleftharpoons Ag$，$\varphi^{\ominus}(Ag^+/Ag) = 0.80V$，现往该电极中加入 KI，使其生成 AgI 沉淀。达到平衡时，使 $c(I^-) = 1mol/L$，求此时的 $\varphi(Ag^+/Ag)$。已知 $K_{sp,AgI} = 1.5 \times 10^{-16}$。

解： 因 $Ag^+ + e^- \rightleftharpoons Ag(s)$，当 $c(I^-) = 1mol/L$ 时，则 Ag^+ 的浓度降低为

$$c(Ag^+) = \frac{K_{sp,AgI}}{c(I^-)} = \frac{1.5 \times 10^{-16}}{1} = 1.5 \times 10^{-16} \text{（mol/L）}$$

所以：$\varphi(Ag^+/Ag) = \varphi^{\ominus}(Ag^+/Ag) + \frac{0.0592}{1}\lg c(Ag^+)$

$$= 0.80 + \frac{0.0592}{1}\lg(1.5 \times 10^{-16})$$

$$= -0.14 \text{（V）}$$

由上例可以看出，由于 I^- 的加入，氧化型 Ag^+ 的浓度大大降低，从而使电极电位 φ 值降低很多。由此可见，当加入的沉淀剂与氧化型物质发生反应时，生成沉淀的 K_{sp} 值越小，电极电位 φ 值降低得越多。如果加入的沉淀剂与还原型物质发生反应时，生成沉淀的 K_{sp} 值越小，则还原型物质的浓度降低得越多，电极电位 φ 值升高得越多。

（五）电极电位的应用

1. 判断氧化剂和还原剂的相对强弱 标准电极电位 $\varphi^{\ominus}$ 的大小反映了电对处在标准态时氧化还原能力的强弱。电极电位越大，表示电对氧化型的氧化能力越强。相反，电极电位越小，表示电对的还原型的还原能力越强。

例 7-3 比较标准状态下下列物质氧化还原能力的强弱。

$$\varphi^{\ominus}(Cl_2/Cl^-) = 1.36V \qquad \varphi^{\ominus}(Br_2/Br^-) = 1.07V \qquad \varphi^{\ominus}(I_2/I^-) = 0.53V$$

解： 由上述电对的 $\varphi^{\ominus}$ 大小可知，各氧化型物种氧化能力相对强弱为：$Cl_2 > Br_2 > I_2$；各还原型的还原能力相对强弱为：$I^- > Br^- > Cl^-$。

注意： $\varphi^{\ominus}$ 的大小只可用于判断标准状态下氧化剂、还原剂氧化还原能力的相对强弱。若电对处于非标准状态时，应根据能斯特公式计算出 φ，然后用 φ 大小来判断物质的氧化性和还原性的强弱。

2. 判断氧化还原反应进行的方向　根据标准电极电位值的大小，能够比较氧化剂和还原剂的相对强弱，也能判断氧化还原反应进行的方向，反应方向为：

$$\text{强氧化剂} + \text{强还原剂} \rightleftharpoons \text{弱还原剂} + \text{弱氧化剂}$$

即 $\varphi^{\ominus}$ 大的氧化态物质作氧化剂，$\varphi^{\ominus}$ 小的还原态物质作还原剂。所以要判断一个氧化还原反应的方向，可将此反应组成原电池，使反应物中的氧化剂对应的电对为正极，还原剂对应的电对为负极，然后根据以下规则来判断反应进行的方向。

（1）当 $E>0$，即 $\varphi_{(+)}>\varphi_{(-)}$ 时，则反应正向自发进行；

（2）当 $E=0$，即 $\varphi_{(+)}=\varphi_{(-)}$ 时，则反应处于平衡状态；

（3）当 $E<0$，即 $\varphi_{(+)}<\varphi_{(-)}$ 时，则反应逆向自发进行。

当各物质均处于标准状态时，则用标准电动势或标准电极电位判断。

例 7-4　在标准状态下，判断反应 $2Fe^{3+}+Cu \rightleftharpoons 2Fe^{2+}+Cu^{2+}$ 进行的方向。

解：正极　　$Fe^{3+}+e^- \rightleftharpoons Fe^{2+}$　　$\varphi^{\ominus}(Fe^{3+}/Fe^{2+})=0.77V$

负极　　$Cu-2e^- \rightleftharpoons Cu^{2+}$　　$\varphi^{\ominus}(Cu^{2+}/Cu)=0.34V$

$\varphi^{\ominus}(Fe^{3+}/Fe^{2+})>\varphi^{\ominus}(Cu^{2+}/Cu)$，即 $\varphi^{\ominus}_{(+)}>\varphi^{\ominus}_{(-)}$，所以该反应能正向自发进行。

3. 判断氧化还原反应进行的程度　把一个氧化还原反应设计成原电池，可根据电池的标准电动势 $E^{\ominus}$ 计算该氧化还原反应的平衡常数。可以推导，在 298.15K 时：

$$\lg K^{\ominus} = \frac{nE^{\ominus}}{0.0592} = \frac{n(\varphi_{(+)}-\varphi_{(-)})}{0.0592}$$

式中，n 为电池反应的电子转移数。从上式可以看出，氧化还原反应平衡常数的大小与 $\varphi^{\ominus}_{(+)}-\varphi^{\ominus}_{(-)}$ 的差值有关，差值越大，$K^{\ominus}$ 值越大，反应进行得越完全。

例 7-5　计算下列反应的平衡常数：

$$Ni(s)+Pb^{2+}(aq) \rightleftharpoons Ni^{2+}(aq)+Pb(s)$$

解：$\varphi^{\ominus}_{(+)}=\varphi^{\ominus}(Pb^{2+}/Pb)=-0.1262V$

$\varphi^{\ominus}_{(-)}=\varphi^{\ominus}(Ni^{2+}/Ni)=-0.257V$

$$\lg K^{\ominus} = \frac{2E^{\ominus}}{0.0592} = \frac{2[-0.1262-(-0.257)]}{0.0592} = 4.41$$

$$K^{\ominus}=2.75\times 10^4$$

以上讨论说明，由电极电位可以判断氧化还原反应进行的方向和程度。但要注意的是，不能由电极电位判断反应速率的大小。例如：

$$2MnO_4^- + 5Zn + 16H^+ \rightleftharpoons 2Mn^{2+} + 5Zn^{2+} + 8H_2O$$

$\varphi^{\ominus}(MnO_4^-/Mn^{2+})(1.51V) > \varphi^{\ominus}(Zn^{2+}/Zn)(-0.763V)$，两者相差很大（2.273V），说明反应进行得很彻底。但实际上将 Zn 放入酸性 $KMnO_4$ 溶液中，几乎观察不到反应的发生，这是由于该反应的速率非常小，只有在 Fe^{3+} 的催化作用下反应才能迅速进行。工业生产中选择氧化剂或还原剂时，不仅要考虑反应能否发生，还要考虑能否快速进行。

第三节　常见氧化还原滴定法

在氧化还原滴定法中，指示滴定终点的方法很多，但通常采用指示剂指示终点，有时也采用电位法等指示终点。常用的指示剂有以下几种类型。

1. 自身指示剂 在氧化还原滴定中,有些滴定液或待测组分本身氧化态和还原态颜色明显不同,滴定时无须另加指示剂,可以利用这两种颜色的变化指示滴定终点,这类指示剂称为自身指示剂。例如,在酸性介质中用紫红色的 $KMnO_4$ 滴定无色或浅色的还原剂(如 H_2O_2、$H_2C_2O_4$)溶液时,$KMnO_4$ 在反应中被还原为近似于无色的 Mn^{2+},在化学计量点后微过量的 $KMnO_4$ 可使溶液呈现粉红色,表示已经到达了滴定终点。实验表明,$KMnO_4$ 的浓度约为 2×10^{-6} mol/L 时,就可以见到溶液呈粉红色。

2. 特殊指示剂 本身不具有氧化还原性质,不参与氧化还原反应,但可以与滴定液或被测物质的氧化态或还原态作用产生特殊的颜色,从而指示滴定终点,这类指示剂称为特殊指示剂。例如,碘量法使用的是淀粉指示剂。当碘液浓度达到 10^{-5} mol/L 时,能被淀粉指示剂吸附显特殊的蓝色。再如,无色的 KSCN 可作为 Fe^{3+} 滴定 Sn^{2+} 的指示剂,在计量点附近,稍过量的 Fe^{3+} 即可结合 SCN^- 生成红色的配合物来指示终点。

3. 氧化还原指示剂 氧化还原指示剂本身是弱氧化剂或弱还原剂,其氧化态与还原态具有不同的颜色。在化学计量点附近,通过指示剂被氧化或还原,指示剂的氧化态与还原态发生相互转变,而引起溶液颜色的改变,从而指示滴定终点。常用的氧化还原指示剂,如表 7-3 所示。

表 7-3 常用的氧化还原指示剂

指示剂	φ /V (pH=0)	还原型颜色	氧化型颜色
亚甲蓝	0.36	无色	蓝绿色
次甲基蓝	0.53	无色	蓝色
二苯胺	0.76	无色	紫色
二苯胺磺酸钠	0.84	无色	紫红色
邻苯氨基苯甲酸	0.89	无色	紫红色
邻二氮菲亚铁	1.06	红色	淡蓝色
硝基邻二氮菲亚铁	1.25	红色	淡蓝色

一、高锰酸钾法

高锰酸钾法是以高锰酸钾为滴定液、以自身为指示剂指示终点的氧化还原滴定方法。高锰酸钾在强酸性溶液中具有强氧化性,MnO_4^- 与还原性物质作用被还原为 Mn^{2+}:

$$MnO_4^- + 8H^+ + 5e \rightleftharpoons Mn^{2+} + 4H_2O \quad \varphi^{\ominus} = +1.51V$$

在微酸性、中性或弱碱性溶液中,被还原为 MnO_2:

$$MnO_4^- + 2H_2O + 3e^- \rightleftharpoons MnO_2 \downarrow + 4OH^- \quad \varphi^{\ominus} = +0.588V$$

在强碱性溶液中,被还原为绿色的 MnO_4^{2-}:

$$MnO_4^- + e^- \rightleftharpoons MnO_4^{2-} \quad \varphi^{\ominus} = +0.57V$$

由此可见,$KMnO_4$ 的氧化能力与溶液的酸度有关,在强酸性溶液中为强氧化剂,$KMnO_4$ 被还原为 Mn^{2+};在弱酸性、中性及弱碱性、强碱性溶液中则表现为弱氧化剂,$KMnO_4$ 被还原成棕色的 MnO_2 沉淀或 K_2MnO_4。为充分发挥其氧化能力,通常高锰酸钾法在强酸性溶液中进行,用硫酸来调节酸度。

有些物质在常温下与 $KMnO_4$ 反应较慢,为加快反应速率,可在滴定前加热或加入催化剂(如 Mn^{2+}),但在空气中易被氧化或加热易分解的物质,如亚铁盐、过氧化物等则不能加热。

在实际滴定过程中,可以不必加入催化剂,因为 $KMnO_4$ 在强酸性溶液中被还原为 Mn^{2+},Mn^{2+} 对滴定反应具有自动催化作用。

高锰酸钾法应用范围较广,可采用不同方式测定还原性物质、氧化性物质或非氧化还原性物质的含量。

1. 直接滴定法 许多还原性较强的物质,如亚铁盐、草酸盐、双氧水、亚硝酸盐、亚锡酸盐、亚砷酸盐等,均可用 $KMnO_4$ 滴定液直接滴定。

2. 剩余滴定法 某些氧化性物质，如不能用 $KMnO_4$ 滴定液直接滴定，可在硫酸溶液存在下，加入定量且过量的草酸钠基准物质或滴定液，加热使完全反应后，再用 $KMnO_4$ 滴定液滴定剩余的草酸钠，从而求出被测物质的含量。

3. 间接滴定法 有些不具有氧化性或还原性的物质，不能用直接滴定法或剩余滴定法测定，可采用间接滴定法进行测定。如测定 Ca^{2+} 含量时，首先加入 $H_2C_2O_4$ 将 Ca^{2+} 沉淀为 CaC_2O_4，过滤后，再用稀硫酸将 CaC_2O_4 溶解，然后用 $KMnO_4$ 滴定液滴定溶液中的 $C_2O_4^{2-}$，从而间接求得 Ca^{2+} 的含量。

例 7-6 称取 0.4207g 石灰石样品，将它溶解后沉淀为 CaC_2O_4，沉淀经过滤、洗涤后溶于 H_2SO_4 中，用 $c(KMnO_4) = 0.01896mol/L$ 的溶液滴定，到终点时需用 43.08ml。求石灰石中钙以 Ca 和 $CaCO_3$ 表示的质量分数。

解：
$$2MnO_4^- + 5C_2O_4^{2-} + 16H^+ \rightleftharpoons 2Mn^{2+} + 5CO_2 \uparrow + 8H_2O$$

因为
$$1Ca \approx 1Ca^{2+} \approx 1CaC_2O_4 \approx 1C_2O_4^{2-} \approx 2/5 MnO_4^-$$

所以
$$n(Ca) = \frac{5}{2} n(MnO_4^-)$$

$$m(Ca) = \frac{5}{2} c(MnO_4^-) \cdot V(MnO_4^-) \cdot M(Ca)$$

则被测组分 Ca 的质量分数为

$$\omega(Ca) = \frac{\frac{5}{2} c(MnO_4^-) \cdot V(MnO_4^-) \cdot M(Ca) \times 10^{-3}}{m_s} \times 100\%$$

$$= \frac{\frac{5}{2} \times 0.01896 \times 43.08 \times 40.08 \times 10^{-3}}{0.4207} \times 100\% = 19.45\%$$

同理，被测组分 $CaCO_3$ 的质量分数为

$$\omega(CaCO_3) = \frac{\frac{5}{2} c(MnO_4^-) \cdot V(MnO_4^-) \cdot M(CaCO_3) \times 10^{-3}}{m_s} \times 100\%$$

$$= \frac{\frac{5}{2} \times 0.01896 \times 43.08 \times 100.1 \times 10^{-3}}{0.4207} \times 100\% = 48.59\%$$

高锰酸钾滴定液的配制与标定

市售高锰酸钾试剂常含有少量的 MnO_2 及其他杂质，使用的纯化水中也含有少量还原性物质（如尘埃、有机化合物等），这些物质都能使 $KMnO_4$ 还原，因此 $KMnO_4$ 滴定液不能直接配制，通常先配成近似浓度的溶液，然后再用基准物质标定。

配制时，先称取稍多于理论量的 $KMnO_4$，溶解于一定量的纯化水中，加热煮沸 1h，然后贮存于棕色瓶中密闭放置 7～10 天，以保证还原性杂质与其完全反应。用微孔玻璃漏斗或用玻璃棉过滤除去 MnO_2 等沉淀，待浓度稳定后方可进行标定。

标定 $KMnO_4$ 溶液的基准物有草酸钠、草酸、硫酸亚铁铵、纯铁丝等，其中常用的是草酸钠，因其不含结晶水、易提纯且性质稳定，在 105～110℃ 下干燥 2h 后即可使用。

MnO_4^- 与 $C_2O_4^{2-}$ 的标定反应在 H_2SO_4 介质中进行，其反应式如下：

$$2MnO_4^- + 5C_2O_4^{2-} + 16H^+ \rightleftharpoons 2Mn^{2+} + 5CO_2 \uparrow + 8H_2O$$

可按下式计算 $KMnO_4$ 滴定液的浓度：

$$c_{KMnO_4} = \frac{m_{Na_2C_2O_4}}{\frac{5}{2} V_{KMnO_4} M_{Na_2C_2O_4}}$$

标定时应注意控制下列条件。

1. **温度** 标定反应开始时速度较慢，须先将溶液加热至 65～80℃再进行滴定，并保持滴定过程中溶液温度不低于 55℃。注意加热温度不能超过 90℃，否则 $H_2C_2O_4$ 分解，导致标定结果偏高。

$$H_2C_2O_4 \xrightleftharpoons{\geqslant 90℃} H_2O + CO_2\uparrow + CO\uparrow$$

2. **酸度** 溶液应保持适宜的酸度，如果酸度不足，易生成 MnO_2 沉淀，酸度过高则又会使 $H_2C_2O_4$ 分解。一般使用 H_2SO_4 控制酸度为 0.5～1mol/L。

3. **滴定速度** MnO_4^- 与 $C_2O_4^{2-}$ 的反应开始时速率很慢，当有 Mn^{2+} 生成之后，反应速率逐渐加快。因此，开始滴定时，应该等第一滴 $KMnO_4$ 溶液褪色后，再加第二滴。此后，因反应生成的 Mn^{2+} 有自动催化作用而加快了反应速率，随之可加快滴定速度，但也不宜过快。

4. **滴定终点** $KMnO_4$ 自身作指示剂，滴定至溶液呈微红色且 30s 不褪色即为终点。放置时间过长，空气中还原性物质能使 $KMnO_4$ 还原而褪色。

标定好的 $KMnO_4$ 溶液放置一段时间后，若发现有沉淀析出，应重新过滤并标定。

二、碘 量 法

（一）碘量法基本原理

碘量法是利用 I_2 的氧化性和 I^- 的还原性进行测定的氧化还原滴定法。其半电池反应为：

$$I_2 + 2e^- \rightleftharpoons 2I^- \quad \varphi^{\ominus}_{(I_2/I^-)} = 0.5345V$$

由于 I_2 在水中的溶解度很小（25℃时为 0.0013mol/L），为增大其溶解度，通常将单质碘溶解在碘化钾溶液中。

由标准电极电位可知，电对 I_2/I^- 的标准电极电位既不太高，也不太低，所以 I_2 是较弱的氧化剂，I^- 是中等强度的还原剂。

碘量法根据所使用的滴定液和滴定方式不同，可分为直接碘量法和间接碘量法。

1. **直接碘量法** 直接碘量法是利用 I_2 的氧化性直接测定较强的还原性物质含量的方法，又称碘滴定法。例如，用碘滴定液直接滴定硫化物、亚硫酸盐、维生素 C 等。

直接碘量法只能在酸性、中性或弱碱性溶液中进行，如果溶液的 pH＞9，则会发生下面副反应：

$$3I_2 + 6OH^- \rightleftharpoons IO_3^- + 5I^- + 3H_2O$$

2. **间接碘量法** 间接碘量法又称滴定碘法。

对于某些氧化性物质，可在一定的条件下用 I^- 还原，然后用 $Na_2S_2O_3$ 滴定液滴定置换出的 I_2，这种滴定方式称为置换滴定法。例如，用碘量法测定 $KMnO_4$ 的反应如下：

$$2KMnO_4 + 10KI + 8H_2SO_4 \rightleftharpoons 5I_2 + 6K_2SO_4 + 2MnSO_4 + 8H_2O$$

$$2Na_2S_2O_3 + I_2 \rightleftharpoons Na_2S_4O_6 + 2NaI$$

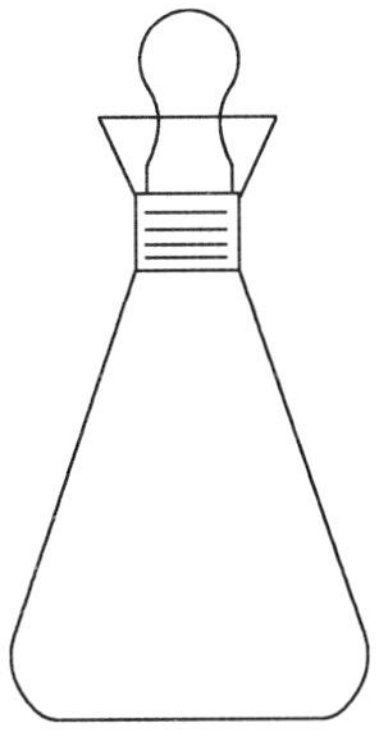

图 7-3 碘量瓶

有的还原性物质，本身与碘反应较慢，为了使其与 I_2 反应更完全，可使之先与过量的 I_2 反应，待反应完全后再用 $Na_2S_2O_3$ 滴定液滴定剩余的 I_2，这种滴定方式称为剩余滴定法或返滴定法，如焦亚硫酸钠含量的测定。

置换滴定法和剩余滴定法习惯上统称为间接碘量法，应在碘量瓶中进行，如图 7-3。

间接碘量法应在中性或弱酸性溶液中进行，若在碱性溶液中，除发生上述反应外，还发生如下副反应：

$$S_2O_3^{2-} + 4I_2 + 10OH^- \rightleftharpoons 2SO_4^{2-} + 8I^- + 5H_2O$$

若在强酸性溶液中，$S_2O_3^{2-}$ 易分解，同时 I^- 在酸性溶液中也易被空气中的 O_2 缓慢氧化：

$$S_2O_3^{2-} + 2H^+ \rightleftharpoons H_2S_2O_3 \rightleftharpoons SO_2\uparrow + S\downarrow + H_2O$$

$$4I^- + O_2 + 4H^+ \rightleftharpoons 2I_2 + 2H_2O$$

间接碘量法误差的主要来源是 I_2 的挥发和在酸性溶液中 I^- 被空气中的 O_2 氧化。减少 I_2 挥发的方法：①加入过量 KI（理论值的 2~3 倍），使 I_2 生成 I_3^- 增大 I_2 的溶解度，减少 I_2 的挥发；②在室温下进行，温度升高会使 I_2 的挥发加快；③使用碘量瓶，快滴慢摇。减少 I^- 被 O_2 氧化的方法：①溶液酸度不宜过高，酸度大会增大 O_2 氧化 I^- 的速度；②Cu^{2+}、NO_3^- 对 I^- 的氧化起催化作用，故应除去；③密塞避光放置，析出 I_2 的反应完全后立即滴定，快滴慢摇。

（二）指示剂

碘量法最常用淀粉作指示剂来确定终点。淀粉遇 I_2 显蓝色，反应灵敏且可逆性好，故可根据蓝色的出现或消失确定滴定终点。

在使用淀粉指示剂时应注意以下几点：

（1）淀粉指示剂在室温及有少量 I^- 存在的弱酸性溶液中最灵敏。pH>9 时，I_2 发生歧化反应生成 IO_3^-，遇淀粉不显蓝色；pH<2 时，淀粉易水解成糊精，糊精遇 I_2 显红色。溶液温度过高时会降低指示剂的灵敏度。

（2）直链淀粉遇 I_2 显蓝色且显色反应可逆性好；支链淀粉只能较松弛地吸附 I_2 形成一种紫红色产物，显色反应不敏锐，不能用作指示碘量法的终点的指示剂。

（3）淀粉指示剂久置易腐败、失效，应取可溶性直链淀粉临用新配。另外，配制淀粉指示剂时加热时间不宜过长，并应迅速冷却至室温，以免灵敏度降低。

（4）在酸度不高的情况下，采用直接碘量法，淀粉指示剂可在滴定前加入，滴定至出现蓝色为终点；而采用间接碘量法，淀粉指示剂应在近终点时加入，滴定至蓝色消失为终点。

（三）滴定液的配制与标定

1. 碘滴定液的配制与标定 用升华法可制得纯碘，但因碘具有挥发性和腐蚀性，不宜在电子天平上称量，通常采用间接法配制碘滴定液，即先配制成近似浓度的溶液后，再用基准物质或已知浓度的 $Na_2S_2O_3$ 滴定液进行标定。

0.05mol/L 碘滴定液的配制步骤为：取碘 13.0g，加碘化钾 36g 与纯化水 50ml 溶解后，加盐酸 3 滴，并加适量水使其成 1000ml，摇匀，贮存于棕色瓶中凉暗处保存。另外，为了防止少量未溶解的碘影响浓度，需用垂熔玻璃滤器将碘液过滤后再标定。

碘滴定液的标定方法有两种：

（1）用基准物质标定：标定碘滴定液常用的基准物质是 As_2O_3（砒霜，剧毒）。As_2O_3 难溶于水，但可溶解于 NaOH 溶液之生成 AsO_3^{3-}：

$$As_2O_3 + 6OH^- \rightleftharpoons 2AsO_3^{3-} + 3H_2O$$

标定时，用盐酸中和过量的 NaOH，再加入 $NaHCO_3$ 调节溶液的 pH≈8，用碘滴定液滴定 AsO_3^{3-}：

$$AsO_3^{3-} + I_2 + H_2O \rightleftharpoons AsO_4^{3-} + 2I^- + 2H^+$$

根据称取 As_2O_3 质量和滴定时消耗 I_2 滴定液的体积，可计算出 I_2 滴定液的浓度：

$$c_{I_2} = \frac{2m_{As_2O_3}}{V_{I_2} M_{As_2O_3}}$$

（2）比较法：采用比较法测定碘滴定液的准确浓度。所谓比较法，即用已知浓度的 $Na_2S_2O_3$ 滴定液滴定待标定的碘滴定液。反应式为

$$I_2 + 2S_2O_3^{2-} \rightleftharpoons S_4O_6^{2-} + 2I^-$$

碘滴定液浓度的计算公式为

$$c_{I_2} = \frac{c_{Na_2S_2O_3} V_{Na_2S_2O_3}}{2V_{I_2}}$$

2. 硫代硫酸钠滴定液的配制与标定　市售硫代硫酸钠（$Na_2S_2O_3 \cdot 5H_2O$）为无色晶体，容易风化，大多含有杂质（如 S、Na_2SO_3、Na_2SO_4 等），且由于日光和水中嗜硫菌、CO_2、空气中 O_2 的分解作用，使 $Na_2S_2O_3$ 溶液很不稳定，因此 $Na_2S_2O_3$ 滴定液必须采用间接法配制。配制时需用放冷的新煮沸过的纯化水，并加入少量 Na_2CO_3 使溶液呈微碱性，以除去 O_2、CO_2 并杀死水中的微生物。

0.1mol/L $Na_2S_2O_3$ 滴定液的配制步骤为：首先称取硫代硫酸钠晶体 26g 和无水碳酸钠 0.20g，加新煮沸过的冷蒸馏水适量使溶解并稀释至 1000ml，摇匀，放置一个月后过滤，然后对上述溶液进行标定。标定方法如下：

（1）用基准物质标定：标定 $Na_2S_2O_3$ 溶液的基准物质有 $K_2Cr_2O_7$、KIO_3、$KBrO_3$ 等，以 $K_2Cr_2O_7$ 最为常用。精密称取一定量的 $K_2Cr_2O_7$ 基准物质，在酸性溶液中与过量的 KI 作用，以淀粉作指示剂，用待标定的 $Na_2S_2O_3$ 溶液滴定析出的 I_2，根据消耗 $Na_2S_2O_3$ 滴定液的体积与 $K_2Cr_2O_7$ 的质量，即可计算出 $Na_2S_2O_3$ 滴定液的准确浓度。标定时发生的反应为

$$Cr_2O_7^{2-} + 6I^- + 14H^+ \rightleftharpoons 2Cr^{3+} + 3I_2 + 7H_2O$$

$$I_2 + 2S_2O_3^{2-} \rightleftharpoons 2I^- + S_4O_6^{2-}$$

$Na_2S_2O_3$ 滴定液的浓度的计算公式为

$$c_{Na_2S_2O_3} = \frac{6m_{K_2Cr_2O_7}}{V_{Na_2S_2O_3} M_{K_2Cr_2O_7}}$$

（2）比较法：$Na_2S_2O_3$ 滴定液除了用基准物质进行标定外，还可以用碘滴定液用比较法来标定，以确定其准确浓度。

三、亚硝酸钠法

（一）基本原理

亚硝酸钠法是以 $NaNO_2$ 为滴定液的氧化还原滴定法。亚硝酸钠法主要用来测定芳香族伯胺和芳香族仲胺的含量，测定在盐酸酸性条件下进行。

芳香族伯胺和亚硝酸钠作用发生重氮化反应：

$$NaNO_2 + 2HCl + Ar-NH_2 \rightleftharpoons [Ar-N^+ \equiv N]Cl^- + NaCl + 2H_2O$$

芳香族仲胺和亚硝酸钠作用发生亚硝基化反应：

$$NaNO_2 + HCl + Ar-NHR \rightleftharpoons Ar-N(R)-NO + NaCl + H_2O$$

在上述反应中，芳香族伯胺、芳香族仲胺与亚硝酸钠的化学计量关系均为 1:1。通常把用亚硝酸钠滴定芳香族伯胺类化合物的方法称为重氮化滴定法，用亚硝酸钠滴定芳香族仲胺类化合物的方法称为亚硝基化滴定法，两者总称为亚硝酸钠法。重氮化滴定法主要用于测定芳香族伯胺类化合物，如盐酸普鲁卡因、苯佐卡因、氨苯砜和磺胺类药物等，还可测定经化学处理后能生成芳香族伯胺结构的化合物，如对乙酰氨基酚（扑热息痛）等。亚硝基化滴定法可用于测定芳香族仲胺类化合物，如盐酸丁卡因等。

重氮化滴定法最为常用，进行重氮化滴定时，必须注意选择与控制反应条件。

1. 酸的种类和浓度　亚硝酸钠法的反应速率与酸的种类有关，在 HBr 中最快，HCl 中次之，H_2SO_4 或 HNO_3 中最慢。因 HBr 较贵，芳香族伯胺盐酸盐较硫酸盐溶解度大，所以常用盐酸。适宜的酸度不仅可以加快化学反应速率，还可以提高重氮盐的稳定性，一般控制酸度在 1~2mol/L 为宜。酸度过高，会阻碍芳香族伯胺的游离，影响重氮化反应的速率；酸度过低，不但生成的重氮盐易分解，且易与尚未被重氮化的芳香族伯胺偶合生成重氮氨基化合物，使测定结果偏低。

$$[Ar-N^+ \equiv N]Cl^- + Ar-NH_2 \rightleftharpoons Ar-N=N-NHAr + HCl$$

2. 滴定速度与温度　重氮化反应的速率随温度的升高而加快，但温度高时重氮盐易分解且亚硝酸也易分解和逸失：

$$3HNO_2 \rightleftharpoons HNO_3 + 2NO\uparrow + H_2O$$

实验证明，温度在5℃以下测定结果较为准确。

重氮化反应的速率较慢，在滴定过程中要缓缓滴加，尤其在接近终点时，需逐滴加入，并不断搅拌。在刚开始滴定时，将滴定管尖插入液面下约2/3处，迅速加入大部分滴定液，边滴边搅拌。接近终点时，将管尖提出液面，再缓缓滴定至终点。这样，开始生成的HNO_2在剧烈搅拌下向四周扩散并立即与芳香族伯胺反应，来不及分解和逸失即可反应完全。这种"快速滴定法"可有效缩短滴定时间，在30℃以下可保证分析结果准确。

3. 取代基团的影响 苯胺环上，特别是在氨基的对位上有吸电子基团时，如—NO_2、—SO_3H、—COOH、—X等，使重氮化反应加快；有斥电子基团时，如—CH_3、—OH、—OR等，使反应减慢。例如，磺胺类药物的重氮化反应快，而非那西丁的水解产物的重氮化反应较慢。对于反应较慢的重氮化反应，通常加入适量的KBr作催化剂，以提高反应速率。

（二）指示终点的方法

1. 外指示剂 通常用淀粉-KI糊状物或淀粉-KI试纸来指示滴定终点。当被测物质和$NaNO_2$滴定液作用完时（即滴定达到化学计量点时），微过量的$NaNO_2$在酸性环境中可将KI氧化成I_2，生成的I_2遇淀粉即显蓝色，其反应如下：

$$2NO_2^- + 2I^- + 4H^+ \rightleftharpoons I_2 + 2NO\uparrow + 2H_2O$$

如果把淀粉-KI指示剂直接加到被滴定的溶液中，滴入的$NaNO_2$滴定液优先与KI作用而呈现深蓝色，使终点无法观察，所以只能在化学计量点附近用玻璃棒蘸取少许溶液，与涂于白瓷板上的淀粉-KI指示剂相接触，如立即出现蓝色条痕，即表示终点到达；如所测定的重氮盐呈较深的黄色，则以出现绿色条痕为终点。

使用外指示剂时需多次蘸取溶液确定终点，不仅操作麻烦，造成样品溶液损耗，使结果不很准确，而且终点前溶液中的强酸也促使KI被空气中O_2氧化成I_2而使指示剂变色，使其终点难以掌握。

2. 内指示剂 亚硝酸钠法也可选用内指示剂来指示终点，其中以橙黄Ⅳ、中性红、二苯胺和亮甲酚蓝应用较多。使用内指示剂虽然操作简单，但变色不够敏锐，尤其是当重氮盐有颜色时更难以判断，而且各种芳香族伯胺类化合物的重氮化反应速率慢且各不相同，也使终点难以掌握。

3. 永停滴定法 由于内指示剂、外指示剂均有许多缺点，故亚硝酸钠法一般应采用永停滴定法确定终点。

（三）滴定液的配制与标定

1. 配制 取亚硝酸钠适量，加无水Na_2CO_3少许，加水适量使其溶解，摇匀即得。亚硝酸钠水溶液不稳定，放置过程中浓度会逐渐下降，配制时需加入少量稳定剂Na_2CO_3，使溶液呈弱碱性（pH=10），三个月内浓度几乎不变。亚硝酸钠溶液遇光易分解，应贮存于棕色瓶中，密闭保存。

2. 标定 称取适量基准物质对氨基苯磺酸，精密称定，加适量水与浓氨水试液溶解后，加盐酸（1→2）适量，搅拌，在30℃以下用待测的$NaNO_2$溶液迅速滴定至接近终点时，将滴定管尖端提出液面，用少量水洗涤尖端，洗液并入溶液中，继续缓缓滴定至终点。每1ml $NaNO_2$滴定液（0.1mol/L）相当于17.32mg的$C_6H_7NO_3S$。根据$NaNO_2$溶液的消耗量和对氨基苯磺酸的用量，即可求出其准确浓度。标定反应和计算公式如下：

$$HO_3S-\!\!\!\!\bigcirc\!\!\!\!-NH_2 + NaNO_2 + 2HCl \rightleftharpoons \left[HO_3S-\!\!\!\!\bigcirc\!\!\!\!-N_2^+\right]Cl^- + NaCl + 2H_2O$$

$$c_{NaNO_2} = \frac{m_{C_6H_7NO_3S} \times 1000}{V_{NaNO_2} \times M_{C_6H_7NO_3S}} \quad (mol/L)$$

如需用$NaNO_2$滴定液（0.05mol/L）时，可取$NaNO_2$滴定液（0.1mol/L）加水稀释制成。必要时标定浓度。

四、其他氧化还原滴定法

（一）重铬酸钾法

重铬酸钾法是以 $K_2Cr_2O_7$ 为滴定液的氧化还原滴定法。$K_2Cr_2O_7$ 是一种较强的氧化剂，在酸性溶液中可被还原剂还原为 Cr^{3+}。

$K_2Cr_2O_7$ 的氧化能力不如 $KMnO_4$ 强，因此应用范围较窄，但重铬酸钾法具有以下特点：

（1）$K_2Cr_2O_7$ 易提纯，可以作为基准物质直接配制滴定液。

（2）$K_2Cr_2O_7$ 滴定液非常稳定，保存在密闭容器中，浓度可长期保持不变。

（3）$K_2Cr_2O_7$ 的氧化能力较 $KMnO_4$ 弱，室温下不与 Cl^- 反应，因此可在盐酸介质中用 $K_2Cr_2O_7$ 滴定 Fe^{2+}，选择性高。

虽然 $K_2Cr_2O_7$ 本身显橙色，但其还原产物 Cr^{3+} 显绿色，对橙色的观察有严重影响，故不能用自身指示终点。重铬酸钾法常用二苯胺磺酸钠作指示剂，可以测定 Fe^{2+}、Na^+、化学需氧量（COD）及土壤中有机质和某些有机化合物的含量。

（二）铈量法

铈量法也称硫酸铈法，是以 Ce^{4+} 为滴定液的氧化还原滴定法。Ce^{4+} 在酸性介质中与还原剂作用被还原为 Ce^{3+}。

一般能用 $KMnO_4$ 溶液滴定的物质都可用 $Ce(SO_4)_2$ 溶液滴定，铈量法具有以下特点：

（1）$Ce(SO_4)_2$ 易提纯，可以作为基准物质直接配制滴定液。

（2）$Ce(SO_4)_2$ 滴定液很稳定，虽经长时间曝光、加热、放置，均不会导致浓度改变。

（3）Ce^{4+} 还原为 Ce^{3+} 只有一个电子发生转移，无中间价态的产物，反应简单且无副反应。

Ce^{4+} 为黄色，Ce^{3+} 为无色，因此 Ce^{4+} 可作自身指示剂，但溶液浓度太稀时淡黄色不易判断，通常多选用邻二氮菲亚铁作指示剂。

Ce^{4+} 易水解，不适于在中性或碱性介质中进行。铈量法可直接测定一些金属的低价化合物、过氧化氢以及某些有机还原性物质，如甘油、酒石酸、硫酸亚铁片、硫酸亚铁糖浆等。

第四节　氧化还原滴定法应用

一、高锰酸钾法的应用与示例

$KMnO_4$ 具有强氧化性，在酸性溶液中可直接测定如 Fe^{2+}、Sn^{2+}、$C_2O_4^{2-}$、AsO_3^{3-}、NO_2^- 和 H_2O_2 等许多还原性物质的含量；用剩余滴定方式测定如 MnO_4^-、MnO_2、PbO_2、$S_2O_8^{2-}$、ClO_3^-、BrO_3^- 和 IO_3^- 等许多氧化性物质的含量；还可间接测定如 Ca^{2+}、Zn^{2+}、Ba^{2+} 等许多金属离子的含量。

例 7-7 H_2O_2 含量的测定

在酸性溶液中，H_2O_2 与 MnO_4^- 的反应式为

$$2MnO_4^- + 5H_2O_2 + 6H^+ \rightleftharpoons 2Mn^{2+} + 5O_2\uparrow + 8H_2O$$

在室温和硫酸酸性溶液中，此滴定反应能顺利进行。但开始时反应速率较慢，随着 Mn^{2+} 的不断生成，反应速率逐渐加快。

按下式计算 H_2O_2 的含量：

$$\omega_{H_2O_2} = \frac{5}{2} \times \frac{(cV)_{KMnO_4} M_{H_2O_2} \times 10^{-3}}{V_s} \times 100\% (g/ml)$$

例 7-8 用高锰酸钾法测定硫酸亚铁的含量

精密称取样品 0.5956g，加稀硫酸与新煮沸过的冷水各 15ml 溶解后，立即用 0.02005mol/L 的 $KMnO_4$ 滴定液滴定至溶液显持续的粉红色，消耗 $KMnO_4$ 滴定液 21.12ml。已知每 1ml $KMnO_4$ 滴定液（0.02mol/L）相当于 27.80mg 的 $FeSO_4 \cdot 7H_2O$。计算样品中硫酸亚铁（$FeSO_4 \cdot 7H_2O$）的含量。

解： 亚铁盐具有还原性，高锰酸钾在酸性溶液中可将亚铁盐氧化成铁盐，反应式为

$$MnO_4^- + 5Fe^{2+} + 8H^+ \rightleftharpoons Mn^{2+} + 5Fe^{3+} + 4H_2O$$

$$w_{FeSO_4 \cdot 7H_2O} = \frac{V_{KMnO_4} \times 27.80 \times 10^{-3} \times \dfrac{c_{KMnO_4}}{0.02000}}{m_s} \times 100\%$$

$$= \frac{21.12 \times 27.80 \times 10^{-3} \times \dfrac{0.02005}{0.02000}}{0.5956} \times 100\%$$

$$= 98.83\%$$

二、碘量法的应用与示例

采用直接碘量法可以测定许多强还原性物质，如硫化物、亚硫酸盐、硫代硫酸钠、乙酰半胱氨酸、二巯基丙醇、酒石酸锑钾和维生素 C 等的含量。采用间接碘量法的回滴方式可以测定焦亚硫酸钠、咖啡因和葡萄糖等还原性物质的含量；用置换滴定方式可以测定漂白粉、枸橼酸铁铵、葡萄糖酸锑钠等的含量。

维生素 C（$C_6H_8O_6$）又称抗坏血酸，分子中含有烯二醇基，具有较强的还原性，能被弱氧化剂 I_2 定量地氧化成二酮基，其反应式如下：

从反应式看，碱性条件更有利于反应向右进行。但是维生素 C 易被空气氧化，在碱性溶液中氧化更快，所以常在乙酸酸性溶液中进行滴定。溶解样品应使用新煮沸的冷纯化水，以减小溶解在水中氧气的影响。溶解后，立即滴定，以减少维生素 C 被空气氧化的机会。

按下式计算维生素 C 的含量：

$$w_{V_C} = \frac{(cV)_{I_2} M_{V_C} \times 10^{-3}}{m_s} \times 100\%$$

例 7-9 葡萄糖的含量测定（间接碘量法）

葡萄糖分子中含有醛基，能在碱性条件下被过量的 I_2 氧化成羧基，然后用 $Na_2S_2O_3$ 回滴剩余的 I_2，反应过程为：

I_2 遇 NaOH 产生 NaIO：

$$2NaOH + I_2 \rightleftharpoons NaIO + NaI + H_2O$$

NaIO 在碱性溶液中将葡萄糖氧化成葡萄糖酸盐：

$$CH_2OH(CHOH)_4CHO + NaIO + NaOH \rightleftharpoons CH_2OH(CHOH)_4COONa + NaI + H_2O$$

剩余的 NaIO 在碱性溶液中转变成 $NaIO_3$ 及 NaI：

$$3NaIO \rightleftharpoons NaIO_3 + 2NaI$$

溶液经酸化后，又析出 I_2：

$$NaIO_3 + 5NaI + 3H_2SO_4 \rightleftharpoons 3I_2 + 3Na_2SO_4 + 3H_2O$$

最后用 $Na_2S_2O_3$ 滴定液滴定析出的 I_2：

$$2S_2O_3^{2-} + I_2 \rightleftharpoons S_4O_6^{2-} + 2I^-$$

应用剩余碘量法时，一般都要做空白试验，既可减小一些仪器误差，又可以从空白滴定与返滴的差数求出被测物质的含量，而无需知道 I_2 滴定液的浓度。

计算过程如下：

$$1\text{mol } C_6H_{12}O_6 \approx 2\text{mol } Na_2S_2O_3$$

$$\omega_{C_6H_{12}O_6} = \frac{\frac{1}{2} \times c_{Na_2S_2O_3} \times (V_{空} - V_{用})_{Na_2S_2O_3} \times 10^{-3} \times M_{C_6H_{12}O_6}}{m_s} \times 100\%$$

三、亚硝酸钠法的应用与示例

重氮化滴定法主要用于芳香族伯胺类药物的测定，如盐酸普鲁卡因、盐酸普鲁卡因胺和磺胺类药物等。亚硝基化可用于测定芳香族仲胺类药物，如磷酸伯氨喹等。

例题 7-10 盐酸普鲁卡因溶液的含量测定（重氮化法）

盐酸普鲁卡因具有芳香族伯胺结构，在酸性条件下可与亚硝酸钠发生重氮化反应，在滴定前加入适量的 KBr 作催化剂，以促使重氮化反应迅速进行。用中性红为指示剂，终点时溶液由紫红色转变成纯蓝色。滴定反应式如下：

$$\text{H}_2\text{N}-\text{C}_6\text{H}_4-\text{COOCH}_2\text{CH}_2\text{N}(\text{C}_2\text{H}_5)_2 \cdot \text{HCl} + \text{NaNO}_2 + \text{HCl} \longrightarrow \text{Cl}^-\text{N}^+\equiv\text{N}-\text{C}_6\text{H}_4-\text{COOCH}_2\text{CH}_2\text{N}(\text{C}_2\text{H}_5)_2 + \text{NaCl} + 2\text{H}_2\text{O}$$

按下式计算盐酸普鲁卡因的含量：

$$\omega_{C_{13}H_{21}O_2N_2Cl} = \frac{(cV)_{NaNO_2} M_{C_{13}H_{21}O_2N_2Cl} \times 10^{-3}}{V_s} \times 100\% (\text{g}/100\text{ml})$$

自 测 题

一、单选题（A 型题）

1. 下列哪些物质可以用直接法配制滴定液（　　）。
   A. 重铬酸钾　　　　B. 高锰酸钾
   C. 碘　　　　　　　D. 硫代硫酸钠

2. 下列滴定法中，不用另外加指示剂的是（　　）。
   A. 重铬酸钾法　　　B. 亚硝酸钠法
   C. 碘量法　　　　　D. 高锰酸钾法

3. 用草酸钠标定高锰酸钾溶液，可选用的指示剂是（　　）。
   A. 铬黑 T　　　　　B. 淀粉
   C. 自身指示剂　　　D. 二苯胺

4. 在酸性介质中，用 KMnO₄ 溶液滴定草酸钠时，滴定速度（　　）。
   A. 像酸碱滴定那样快速
   B. 始终缓慢
   C. 开始快然后慢
   D. 开始慢中间逐渐加快最后慢

5. 高锰酸钾法测定 H_2O_2 含量时，调节酸度应选用（　　）。
   A. HAc　　　　　　B. HCl
   C. HNO_3　　　　　D. H_2SO_4

6. 对于 KMnO₄ 溶液的标定，下列叙述不正确的是（　　）。
   A. 以 $Na_2C_2O_4$ 为基准物
   B. 一般控制[H^+]=1mol/L 左右
   C. 不用另外加指示剂
   D. 在常温下反应速率较快

7. 用高锰酸钾法滴定 $Na_2C_2O_4$ 时，被滴溶液要加热至 65～80℃，目的是（　　）。
   A. 赶去氧气，防止诱导反应的发生
   B. 防止指示剂的封闭
   C. 使指示剂变色敏锐
   D. 加快滴定反应的速率

8. 配制 $Na_2S_2O_3$ 滴定液时，应使用新煮沸并冷却的纯水，其原因是（　　）。
   A. 使水中杂质都被破坏　B. 杀死细菌
   C. 除去 CO_2 和 O_2　　　D. B 和 C

9. 标定 $Na_2S_2O_3$ 溶液时，可选用的基准物质是（　　）。
   A. KMnO₄　　　　　B. 纯 Fe
   C. $K_2Cr_2O_7$　　　　D. 维生素 C

10. 间接碘量法中加入淀粉指示剂的适宜时间是（　　）。
    A. 滴定开始前加入　　B. 滴定一半时加入
    C. 滴定近终点时加入　D. 滴定终点加入

二、填空题

1. 高锰酸钾法中使用的指示剂一般为_____，碘量法中使用的指示剂为_____。

2. 草酸钠标定高锰酸钾的实验条件是：用_____调节溶液的酸度，用_____作催化剂，溶液温度控制在_____，指示剂是_____，终点时溶液由_____色变为_____色。

3. 碘滴定法常用的滴定液是_____溶液，滴定碘法常用的滴定液是_____溶液。

4. 配制碘滴定液时必须加入 KI，其目的是_____和_____。

5. 碘量法分析中所用的滴定液为 I_2 和 $Na_2S_2O_3$。配制 I_2 液时，为了防止 I_2 的挥发，通常需加入_____使其生成_____。而配制 $Na_2S_2O_3$ 时需加入少量_____。
6. 用 $K_2Cr_2O_7$ 为基准物标定 $Na_2S_2O_3$ 时，标定反应式为_____和_____，这种滴定方法称为_____滴定法，滴定中用_____作指示剂。
7. $K_2Cr_2O_7$ 滴定液宜用_____法配制，而 I_2 滴定液则宜用_____法配制。

三、简答题
1. 应用于氧化还原滴定法的反应需具备什么条件？
2. $KMnO_4$ 滴定液如何配制？用 $Na_2C_2O_4$ 标定 $KMnO_4$ 需控制哪些实验条件？
3. 比较直接碘量法和间接碘量法在使用淀粉指示剂时的区别。

四、计算题
1. 称取纯铁丝 0.1658g，加稀 H_2SO_4 溶解后并处理成 Fe^{2+}，用 $KMnO_4$ 滴定液滴定至终点，消耗 27.05ml 滴定液。计算 $KMnO_4$ 滴定液的浓度。（已知 M_{Fe}=55.85g/mol）。
2. 称取 0.2495g 含草酸试样，用 $KMnO_4$ 滴定液（0.02083mol/L）滴定至终点时消耗 24.35ml，计算 $H_2C_2O_4 \cdot 2H_2O$ 的质量分数。（已知 $M_{H_2C_2O_4 \cdot H_2O}$=126.0g/mol）。

（白亚蒙）

第8章 电化学分析法

电化学分析法是根据待测液的电化学性质及其变化规律，建立待测液中目标物质与电位、电流、电导和电量等电化学参数之间的计量关系，对待测液进行定量和定性分析的一类仪器分析方法。

案 例　苯巴比妥含量测定

苯巴比妥的分子式 $C_{12}H_{12}N_2O_3$，分子量232.24，白色结晶粉末，无臭微苦，熔点189～191℃。在空气中稳定，微溶于水，溶于热水和乙醇，易溶于碱性溶液，用作镇静和催眠药物，适用于治疗神经过度兴奋引起的失眠症，能引起安稳睡眠。可由二乙基丙二酸酯与尿素在乙醇钠存在下经缩合反应制得。

苯巴比妥的含量测定：精密称定本品约0.2g，加甲醇40ml使之溶解，再加新配制的3%无水碳酸钠溶液15ml，按照电位滴定法，用 Ag 电极为指示电极，饱和甘汞电极为参比电极，使用硝酸银滴定液（0.1mol/L）滴定。1ml硝酸银滴定液（0.1mol/L）相当于23.22mg的 $C_{12}H_{12}N_2O_3$。含量计算公式：

$$\omega = \frac{VTF}{m_s \times 1000}$$

讨论：在该测定中，电位滴定法的原理是什么？滴定终点如何确定？

第一节　概　　述

电化学分析法的种类很多，根据测量的电化学参数的不同，可以分为电位法、电解法、电导法和伏安法等。

电位法是根据测量原电池的电动势，以确定待测物含量的分析方法。例如，直接电位法是通过测量原电池的电动势确定指示电极的电位，根据能斯特方程求算待测离子浓度的方法。电位滴定法是通过测量滴定过程中电池电动势的变化来确定滴定终点的滴定分析方法。它适用于各种滴定分析法，特别对没有合适指示剂、溶液颜色较深或浑浊，难以用指示剂判断终点的滴定分析法。

电解法是根据通电时，待测物在电池电极上发生定量作用的性质以确定待测物含量的分析方法。例如，库仑法是根据待测物完全电解时所消耗的电量进行分析的方法。库仑滴定法是根据滴定终点消耗的电量来确定待测组分含量的分析方法。

电导法是根据测量溶液的电导或电导改变以确定待测物含量的分析方法。例如，直接电导法是通过测量电导值确定待测物含量的方法。电导滴定法是根据滴定过程中溶液电导的变化来确定滴定终点的分析方法。

伏安法是根据电解过程中电流和电位变化曲线，对待测物进行定性和定量分析的方法。例如，极谱法是以滴汞电极为极化电极通过测量其电流电位（或电位时间）曲线来确定溶液中待测物质浓度的方法。电流滴定法是指固定电压下，根据滴定过程中电流变化确定滴定终点的方法。

电化学分析法具有良好的选择性和灵敏度，所需的仪器设备简单，操作简便，并能连续、快速和自动测量等优点，因此应用广泛。

本章重点介绍电位分析法和永停滴定法。电化学分析法均是通过在化学电池中发生电化学反应来实现的。因此，必须先了解化学电池的基本知识、基础原理和基本操作。

化学电池是化学能与电能互相转换的装置。原电池是将化学能转变成电能的装置（图 8-1A），其电极反应可自发进行。电解池是将电能转变成化学能的装置（图 8-1B），只有在外加电压条件下电极反应才能进行。无论是原电池还是电解池，它们都由两个电极插入电解质溶液中构成。

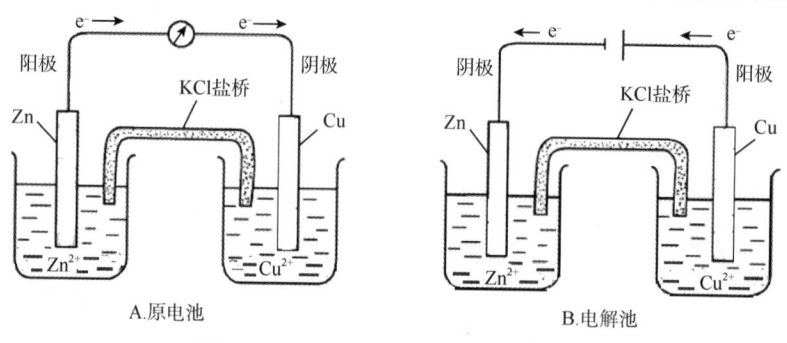

图 8-1　Cu-Zn 原电池（出版社绘制）

以 Cu-Zn 原电池为例，如图 8-1（A）所示，在两个烧杯中分别放入 $Zn(NO_3)_2$ 和 $Cu(NO_3)_2$ 溶液，在盛有 $Zn(NO_3)_2$ 溶液的烧杯中放入锌片，在盛有 $Cu(NO_3)_2$ 溶液的烧杯中放入铜片，将两个烧杯的溶液用一个盐桥连接。如果在 Cu-Zn 原电池外电路中加入一个电源，电源的正极接在铜片，负极接在锌片上，则构成电解池，如图 8-1（B）所示。

在电化学中规定，电极反应为氧化反应的电极是阳极，电极反应为还原反应的电极是阴极。电子流出的电极是负极，负极发生氧化反应；电子流入的电极是正极，发生还原反应。这既适应于原电池，也适应于电解池。

在 Cu-Zn 原电池中：

阳极　　$Zn(s) - 2e^- \rightleftharpoons Zn^{2+}$　　　　发生氧化反应

阴极　　$Cu^{2+}(aq) + 2e^- \rightleftharpoons Cu(s)$　　发生还原反应

电池总反应为　　$Zn(s) + Cu^{2+}(aq) \rightleftharpoons Zn^{2+} + Cu(s)$

电极电位分别为 $\varphi_{Zn^{2+}/Zn}$ 和 $\varphi_{Cu^{2+}/Cu}$，且均符合能斯特方程：

$$\varphi = \varphi^{\ominus} + \frac{2.303RT}{nF} \lg \frac{c_{氧化态}}{c_{还原态}}$$

式中，φ 为电极电位；$\varphi^{\ominus}$ 为标准电极电位；R 为摩尔气体常数；T 为热力学温度；n 为电极反应得失电子数；F 为法拉第常量。

电池电动势 $E = \varphi_+ - \varphi_-$。

在上述电解池中：

阳极　　$Cu(s) + 2e^- \rightleftharpoons Cu^{2+}(aq)$　　发生氧化反应

阴极　　$Zn^{2+} - 2e^- \rightleftharpoons Zn(s)$　　　　发生还原反应

电池总反应为　　$Zn^{2+} + Cu(s) \rightleftharpoons Zn(s) + Cu^{2+}(aq)$

第二节　指示电极和参比电极

电位法中一般用指示电极、参比电极和电解质溶液组成原电池。指示电极的电位值随电解质溶液中待测离子的浓度变化而变化。参比电极的电位值与电解质溶液中待测离子的浓度无关，在一定条件下，电位值已知且恒定。

一、指 示 电 极

常用的指示电极种类很多,电位法中常用的主要有金属基电极和离子选择性电极两大类。

(一)金属基电极

金属基电极是以金属为基体的电极,其电极电位建立在金属中电子可以自由移动的基础上,主要有金属-金属离子电极、金属-金属难溶盐电极、惰性金属电极这三类。

1. 金属-金属离子电极 是将金属浸入含有该金属离子的溶液中构成,用 $M|M^+$ 表示,这类电极又称为第一类电极。以 $Ag|Ag^+$ 电极为例,将银丝插入 Ag^+ 溶液中,其电极反应为

$$Ag^+ + e^- \rightleftharpoons Ag(s)$$

其电极电位符合能斯特方程:

$$\varphi_{Ag^+/Ag} = \varphi^{\ominus}_{Ag^+/Ag} + \frac{2.303RT}{F}\lg c_{Ag^+}$$

2. 金属-金属难溶盐电极 是由金属表面带有该金属难溶盐的涂层,浸入与其难溶盐有相同阴离子的溶液中组成,用 $M|M_mX_n|X^{m-}$ 表示,这类电极又称为第二类电极。以 $Ag|AgCl|Cl^-$ 为例,将表面沉积有一层氯化银的银丝浸入 NaCl 溶液中,其电极反应为

$$AgCl(s) + e^- \rightleftharpoons Ag(s) + Cl^-$$

其电极电位为

$$\varphi_{AgCl/Ag} = \varphi^{\ominus}_{AgCl/Ag} + \frac{2.303RT}{F}\lg c_{Cl^-}$$

3. 惰性金属电极 又称为零类电极,是指将惰性金属如 Pt 插入含有可溶性氧化物或还原物的溶液中组成,且金属 Pt 不参加电极反应,仅传导电子。以 $Pt|I_2,I^-$ 为例,将 Pt 电极插入含 I_2 和 I^- 的溶液中,其电极反应为

$$I_2(aq) + 2e^- \rightleftharpoons 2I^-$$

其电极电位为

$$\varphi = \varphi^{\ominus}_{I_2/I^-} + \frac{2.303RT}{2F}\lg\frac{c_{I_2}}{c_{I^-}^2}$$

(二)离子选择性电极

离子选择性电极也称为离子敏感电极,是一种特殊的电化学传感器,其电位与溶液中所给定的离子浓度的对数呈线性关系。根据敏感膜的不同,可以将离子选择性电极分为基本电极和敏化电极。其中,基本电极可以分为晶体膜电极和非晶体膜电极;敏化电极可以分为气敏电极和酶电极。离子选择性电极的电位是基于离子的扩散和交换,而没有电子的转移。以玻璃电极为例,介绍离子选择性电极。

玻璃电极是最早出现的膜电极,它的核心部分是玻璃膜。这种膜是在 SiO_2 基质中加入 Na_2O 和 CaO 烧结而成的特殊玻璃膜,厚 0.05mm 左右,呈球泡状,球泡内部装 pH 为 7 或 pH 为 4 的 KCl 的内参比缓冲溶液,溶液中插入一个 Ag-AgCl 内参比电极,其构造如图 8-2 所示。

玻璃电极在使用前应先在蒸馏水中浸泡 24h 以上,用水浸泡玻璃膜时,玻璃表面 Na^+ 与水中 H^+ 交换,在表面形成一水合硅胶层,交换反应如下

$$H^+ + Na^+Cl^- \rightleftharpoons H^+Cl^- + Na^+$$

在酸性或中性溶液中,膜表面上的 Na^+ 点位几乎全被 H^+ 所占据,使玻璃膜的外表面形成了水化层;由于内参比溶液的作用,玻璃的内表面

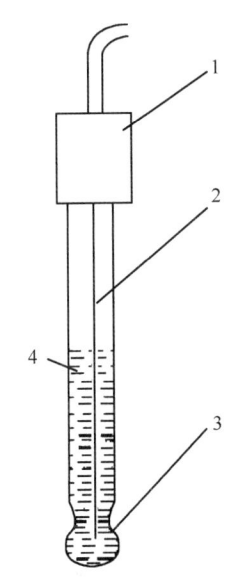

图 8-2 玻璃电极
1. 绝缘套;2. Ag-AgCl 电极;3. 玻璃膜;4. 内部缓冲溶液

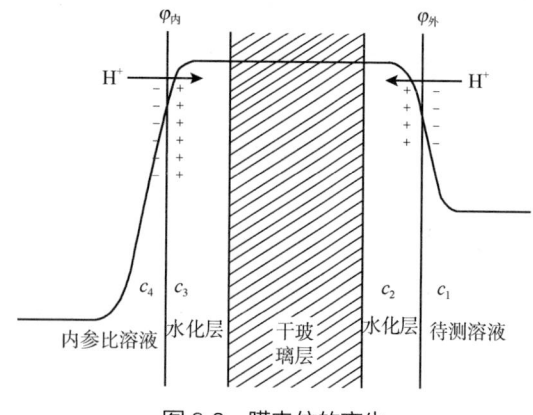

图 8-3 膜电位的产生

同样也形成了内水化层。当浸泡好的玻璃电极浸入待测溶液时，外水化层与待测溶液接触，由于水化层表面与溶液中 H^+ 浓度不同，形成浓度差，H^+ 从浓度大的一方向浓度小的一方扩散，产生一定的相界电位 $\varphi_{外}$，同理，在玻璃膜内侧水化凝胶层内部溶液界面也存在一定的相界电位 $\varphi_{内}$，如图 8-3 所示。

$$\varphi_{外} = K_1 + \frac{2.303RT}{F}\lg\frac{c_1}{c_2}$$

$$\varphi_{内} = K_2 + \frac{2.303RT}{F}\lg\frac{c_4}{c_3}$$

式中，K_1、K_2 分别为外、内水化层系数；c_1 和 c_4 分别为待测溶液和内参比溶液中 H^+ 的浓度；c_2 和 c_3 分别为内、外水化层的 H^+ 浓度。

由于内参比溶液和待测溶液中 H^+ 的浓度不同，因此相界电位 $\varphi_{外}$ 和 $\varphi_{内}$ 也不同，这样跨越整个玻璃层就产生了电位差，也就是膜电位，用 $\varphi_{膜}$ 表示。

$$\varphi_{膜} = \varphi_{外} - \varphi_{内} = \left(K_1 + \frac{2.303RT}{F}\lg\frac{c_1}{c_2}\right) - \left(K_2 + \frac{2.303RT}{F}\lg\frac{c_4}{c_3}\right)$$

由于玻璃膜内外结构一致，充分浸泡后内、外水化层的 H^+ 浓度近似，即有 $K_1=K_2$ 和 $c_2=c_3$，所以：

$$\varphi_{膜} = \frac{2.303RT}{F}\lg\frac{c_1}{c_4}$$

且内参比溶液中的 H^+ 浓度 c_4 为定值，所以：

$$\varphi_{膜} = K^* + \frac{2.303RT}{F}\lg c_1$$

因此膜电位由膜外溶液 H^+ 浓度决定。由于玻璃电极的球形薄膜对 H^+ 的这种选择性响应，因此称为 pH 玻璃电极。

对于玻璃电极整体而言，其电位应包含内参比电极的电位，即

$$\varphi_{玻} = \varphi_{膜} + \varphi_{内参}$$

Ag-AgCl 作为内参比电极，$\varphi_{内参}$ 为常数，所以：

$$\varphi_{玻} = K + \frac{2.303RT}{F}\lg c_1 = K - \frac{2.303RT}{F}\text{pH} \quad （8-1）$$

在 25℃时：

$$\varphi_{玻} = K - 0.0592\text{pH}$$

式中，K 为电极常数，与玻璃电极性能有关。由式（8-1）可见，在一定温度下，玻璃电极的电位与待测试液的 pH 呈线性关系，符合能斯特方程式，这是 pH 玻璃电极测定溶液 pH 的理论依据。

二、参比电极

参比电极是指电位值已知且稳定的电极。目前实验室一般用的是饱和甘汞电极或银-氯化银电极作为参比电极。

（一）甘汞电极

甘汞电极是由金属汞、甘汞（Hg_2Cl_2）和 KCl 溶液组成，用 $Hg|Hg_2Cl_2(s)|KCl$ 表示，其构造如图 8-4 所示。甘汞电极属于金属-金属难溶盐电极。

电极由内、外两个玻璃套管组成，内管上端封接一根铂丝，铂丝上部与电极引线相连，铂丝下部插入汞层中（汞层厚 0.5～

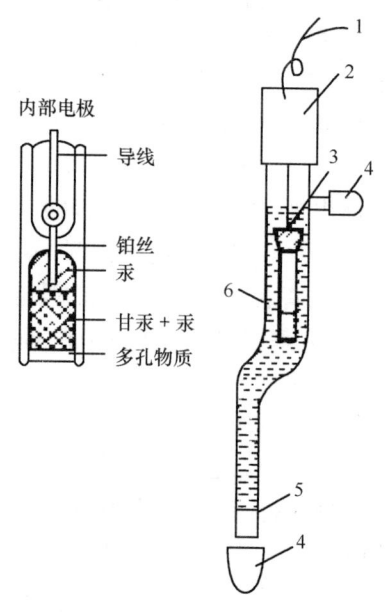

图 8-4 甘汞电极
1. 导线；2. 绝缘体；3. 内部电极；4. 橡皮帽；
5. 多孔物质；6. 饱和 KCl 溶液

1cm），汞层下部是汞和甘汞的糊状物，内玻璃管下端用石棉或纸浆类多孔物堵塞。外玻璃管内充饱和 KCl 溶液，最下端用素烧瓷微孔物质封紧，既可以将电极内外液隔开，又可以进行离子交换，起到盐桥的作用。

电极反应如下：

$$Hg_2Cl_2(s) + 2e^- \rightleftharpoons 2Hg(l) + 2Cl^-$$

25℃时，其电极电位表示为

$$\varphi_{Hg_2Cl_2/Hg} = \varphi^{\ominus}_{Hg_2Cl_2/Hg} - 0.0592 \lg c_{Cl^-}$$

由此可知，在一定的温度下，甘汞电极的电极电位取决于 KCl 的浓度，当 KCl 的浓度固定时，电极电位也是固定值。饱和甘汞电极（SCE）是在电位法中最常用的参比电极。在 25℃下，不同浓度的 KCl 对应的甘汞电极的电位，见表 8-1。

表 8-1　不同浓度 KCl 溶液的甘汞电极的电极电位（25℃）

KCl 溶液浓度/（mol/L）	0.1	1.0	饱和
电极电位/V	+0.3365	+0.2828	+0.2438

（二）Ag-AgCl 电极

Ag-AgCl 电极是在银丝上镀一层 AgCl 沉淀，并浸入一定浓度的 KCl 溶液中构成，属于金属-金属难溶盐电极，其构造如图 8-5 所示。由于其电极结构简单，体积小，常用来作为内参比电极。

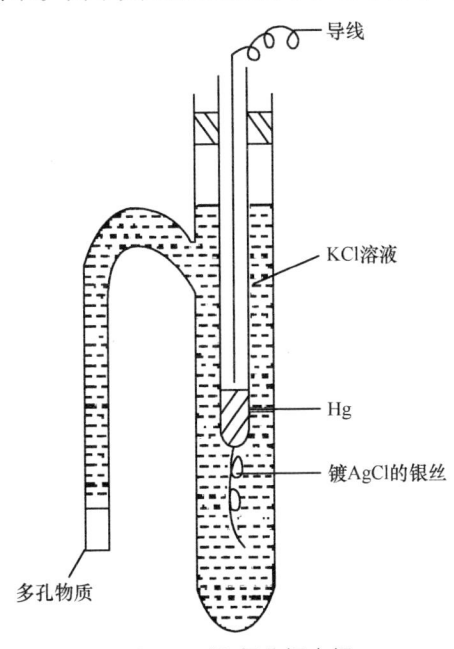

图 8-5　银-氯化银电极

电极反应为

$$AgCl + e^- \rightleftharpoons Ag + Cl^-$$

在 25℃时，其电极电位为

$$\varphi_{AgCl/Ag} = \varphi^{\ominus}_{AgCl/Ag} - 0.0592 \lg c_{Cl^-}$$

与甘汞电极一样，Ag-AgCl 电极的电位也取决于 KCl 的浓度。25℃时，不同浓度的 KCl 溶液的 Ag-AgCl 电极电位，见表 8-2。

表 8-2　不同浓度 KCl 溶液的 Ag-AgCl 电极的电极电位（25℃）

KCl 溶液浓度/（mol/L）	0.1	1.0	饱和
电极电位/V	+0.2880	+0.2223	+0.2000

甘汞电极和银-氯化银电极常用作参比电极，但又可以作为测量氯离子浓度的指示电极。因此，某一电极是参比电极还是指示电极，并不是一成不变的。

第三节 直接电位法

直接电位法是电位法的一种，根据待测离子的电化学性质，选择合适的指示电极和参比电极，浸入待测溶液中组成原电池，通过测量原电池的电位值，根据能斯特方程，求得待测离子浓度的方法。该法主要用于 pH 的测定和其他离子浓度的测定。

一、溶液 pH 的测定

直接电位法测定溶液的 pH，参比电极一般选用饱和甘汞电极，指示电极一般选用 pH 玻璃电极。

（一）测量原理和方法

用酸度计可直接测定溶液的 pH。测定时，用 pH 玻璃电极作指示电极，饱和甘汞电极作参比电极，与待测溶液组成一个测量电池：

pH 玻璃电极｜试样溶液｜饱和甘汞电极

其电极电位 $\varphi_{玻}$ 与溶液的 pH 有以下关系：

$$\varphi_{玻} = K - \frac{2.303RT}{F}\text{pH}$$

式中，K 为电极常数；R 为摩尔气体常数；T 为热力学温度；F 为法拉第常量。

该电池的电动势为

$$E = \varphi_{甘汞} - \varphi_{玻} = \varphi_{甘汞} - K + \frac{2.303RT}{F}\text{pH}$$

在一定温度下，该公式中 $\varphi_{甘汞}$ 为饱和甘汞电极的电极电位，为固定值。

由上式可知，在一定的温度下，E 与 pH 呈线性关系，斜率为 $2.303RT/F$，因此，只要测得 E，就可以计算出 pH。但在实际工作中，$\varphi_{甘汞} - K$ 受溶液组成、电极种类和电极使用时间等诸多因素的影响，其值不易准确计算。因此在用酸度计测量 pH 时，一般采用两次测量法。该方法的一般操作：在相同的条件下，首先测量已知 pH_s 标准缓冲溶液的电动势，再测量未知 pH_x 待测溶液的电动势。

电极插入标准缓冲溶液时，电池电动势为

$$E_s = \varphi_{甘汞} - K + \frac{2.303RT}{F}\text{pH}_s$$

在相同条件下，电极插入待测溶液时，电池电动势为

$$E_x = \varphi_{甘汞} - K + \frac{2.303RT}{F}\text{pH}_x$$

上两式中，pH_s 和 pH_x 分别是标准缓冲溶液与待测溶液的 pH，将两式整理相减可得：

$$\text{pH}_x = \text{pH}_s + \frac{E_x - E_s}{2.303RT}$$

在 25℃ 时，

$$\text{pH}_x = \text{pH}_s + \frac{E_x - E_s}{0.0592} \tag{8-2}$$

由式（8-2）可知，用两次测量法测定溶液 pH 时，只要使用同一对玻璃电极和饱和甘汞电极，在温度相同的条件下，不需要计算出公式中的 $\varphi_{甘汞} - K$，就可求出待测溶液的 pH。

因此，校正时应选用与样品溶液的 pH 尽量接近的标准缓冲溶液，以减少测定过程中由于残余液接电位而引起的误差。校正过的酸度计，可直接应用于测量待测溶液的 pH。

（二）复合 pH 电极

复合 pH 电极是将指示电极和参比电极组合在一起，构成单一电极体（一般由玻璃电极和参比电

极组成）。它以单一接头与酸度计连接。使用时，取下电极保护帽后要注意不要将在塑料保护栅内的敏感玻璃泡与硬物接触，任何破损和擦毛都会使电极失效；用蒸馏水清洗电极的球泡时，轻轻甩干电极，并用滤纸吸干球泡表面的水分；测量完毕，将电极保护帽套上，帽内放入少量补充液，以保持电极球泡的湿润。复合电极的外参比补充液为饱和 KCl 溶液，可从上端小孔加入。

pH 计（酸度计）是一种专为测量溶液 pH 而设计的电子电位计，一般由测量电池和主机两部分构成，复合玻璃电极和被测溶液组成测量电池，测量该电池的电动势，然后主机将电动势转换为 pH，直接标示出来。pH 计（图 8-6）因测量的精度不同而有多种类型，它们的测试原理基本相同，测定精度和结构略有差别。

在实际工作中，pH 计可直接显示出溶液的 pH，而不需要通过两次测量法计算待测溶液的 pH。测定溶液 pH 的方法，《中国药典》（2020 年版）规定选择两种 pH 约相差 3 个 pH 单位的标准缓冲溶液，并要求待测溶液的 pH 应处于两种标准缓冲溶液的 pH 之间。用与待测溶液的 pH 较接近的第一种标准缓冲溶液作校准液，对仪器进行校正（定位），使仪器示值与该标准缓冲溶液的 pH 保持一致。仪器定位后，再用第二种标准缓冲溶液核对仪器示值，误差应不大于 0.02 个 pH 单位。重复上述定位与斜率调节操作，至仪器显示值与标准缓冲溶液的规定数值相差不大于 0.02 个 pH 单位，否则，更换电极后，再行校正至符合要求，方可直接测量待测溶液的 pH。

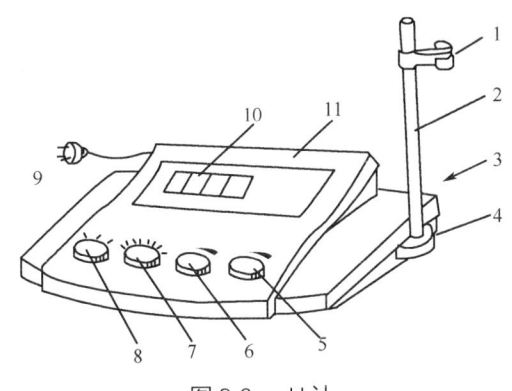

图 8-6　pH 计
1. 电极夹；2. 电极杆；3. 电极插口；4. 电极杆插座；5. 定位调节钮；6. 斜率补偿钮；7. 温度补偿钮；8. 选择开关；9. 电源插座；10. 显示屏；11. 面板

二、其他离子浓度的测定

测定其他离子浓度最常用的指示电极是离子选择性电极。离子选择性电极属于膜电极，它对溶液中特定离子有选择性响应。

（一）离子选择性电极

离子选择性电极（ISE）是一类化学敏感体，它的电位与溶液中特定离子的浓度存在对数关系，这种装置不适于含氧化还原反应的体系。

离子选择性电极一般用作指示电极，主要由内参比电极、内参比溶液和电极膜组成。不同离子选择性电极的形状、构造各异，但其基本构造大致相同，如图 8-7 所示。内参比电极一般用银-氯化银电极；内参比溶液一般由待测离子的强电解质及氯化物溶液组成；敏感膜由不同敏感材料制成。敏感膜是离子选择性电极最重要的部分，也是不同离子选择性电极的主要区别。离子选择性电极的电位与待测离子的浓度（c）的关系符合能斯特方程。在 25℃时，其电极电位为

$$\varphi = K \pm \frac{2.303RT}{nF}\lg c_i$$

式中，K 为电极常数；n 为响应离子的电荷数；待测离子为阳离子，取"+"号，待测离子为阴离子，取"-"号。

（二）离子浓度的测量方法

1. 电池电动势与离子浓度的关系　以待测离子的选择电极为指示电极，饱和甘汞电极为参比电极，浸入待测溶液中组成原电池，通过对电池电动势的测量，进而求出待测溶液的浓度。电池表示为

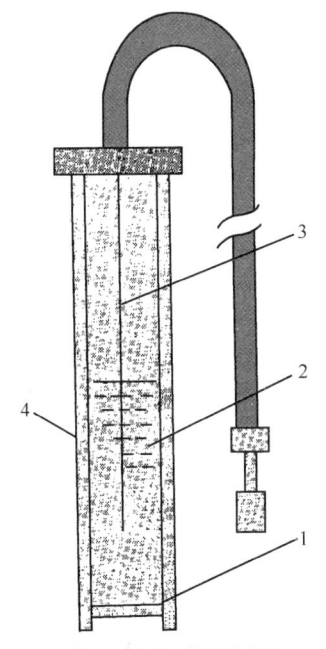

图 8-7　离子选择性电极
1. 电极膜；2. 内参比液；3. 内参比电极；4. 电极管

离子选择电极 | 待测溶液 | 饱和甘汞电极

电池电动势为

$$E = \varphi_{甘汞} - \varphi_{离}$$

将 $\varphi_{离}$ 代入上式可得

$$E = \varphi_{甘汞} - \left(K \pm \frac{2.303RT}{nF}\lg c_i\right) = K' \mp \frac{2.303RT}{nF}\lg c_i$$

为了确定上式中 K 为常数，要求溶液中的离子强度要足够大且稳定，为此，其他离子浓度的测定必须加入大量的惰性电解质。同时，为了满足在一定 pH 条件下测定和消除干扰离子的需要，还需加入缓冲溶液和掩蔽剂。实际工作中，将惰性电解质、缓冲溶液和掩蔽剂的混合溶液称为"总离子强度调节剂"（TSAB）。可见，TSAB 是一种不含被测离子、不与被测离子反应、不污染或损害电极膜的浓电解质溶液。

2. 定量方法　测定其他离子的浓度，一般不直接采用能斯特方程来计算，普遍用以下几种方法。

（1）两次测量法：与测定溶液的 pH 方法类似，即以已知离子浓度的标准溶液为基准，先测定已知离子浓度标准溶液的电动势，在同样的条件下再测定未知液的电动势，利用两次测量法，根据式（8-2），即可求得待测溶液 H^+ 浓度。

（2）标准曲线法：标准曲线法在离子选择性电极的线性范围内，用测定离子的纯物质配制不同浓度的标准系列溶液，并用总离子强度调节缓冲溶液离子强度的相对稳定，在相同的工作条件下，按浓度从低到高分别测定各标准溶液的电位值，并绘制 $E-(-\lg c_i)$ 关系曲线，得到标准曲线。然后在相同的条件下测定待测溶液的电位值 E_x，再根据绘制的标准曲线查出对应的 $-\lg c_x$，求出待测溶液中的离子浓度 c_x。这种方法适用于大批量样品分析。

（3）标准加入法：标准加入法又称增量法，即在待测溶液中加入标准溶液，再进行测量。先测量体积为 V_x，浓度为 c_x 的待测溶液的电动势 E_x，然后向待测溶液中加入浓度为 c_s（$c_s>10c_x$），体积为 V_s（$V_s<1/10V_x$）的标准溶液，在相同条件下，测量电动势 E，则

$$E_x = K' \mp \frac{2.303RT}{nF}\lg c_x$$

$$E = K' \mp \frac{2.303RT}{nF}\lg \frac{c_x V_x + c_s V_s}{V_x + V_s}$$

令 $S = \mp \dfrac{2.303RT}{nF}$，则 $\Delta E = E - E_x = S\lg \dfrac{c_x V_x + c_s V_s}{(V_x + V_s)c_x}$

由于 $V_x \gg V_s$，可以认为 $V_x + V_s \approx V_x$，整理上式后得

$$\Delta E = S\lg \frac{c_x V_x + c_s V_s}{V_x c_x} = S\lg\left(1 + \frac{c_s V_s}{V_x c_x}\right)$$

$$c_x = \frac{c_s V_s}{V_x}(10^{\Delta E/S} - 1)^{-1}$$

由上式可算出待测溶液中目标离子的浓度，且标准溶液加入前后待测溶液的性质基本不变，所以准确度较高，操作简单快速，适用于组成比较复杂，测定份数不多的试样。

第四节　电位滴定法

一、电位滴定法的基本原理

电位滴定法是根据滴定过程中测定电池的电动势变化以确定滴定终点的定量分析方法。进行电位滴定时，在待测溶液中插入一对合适的指示电极和参比电极，组成工作电池。随着滴定剂的不断加入，待测离子与滴定剂发生化学反应，使待测离子的浓度不断变化。根据能斯特方程，指示电极的电极电

位也随之发生相应的变化。在化学计量点附近，待测离子的浓度变化最大，引起电极电位产生突跃。通过测量电池电动势随滴定剂的消耗量（如滴定剂的体积）的变化可确定滴定终点。

电位滴定法与滴定分析法的主要区别是指示终点的方法不同，其中，电位滴定法通过电动势突变来指示终点，滴定分析法通过指示剂变色来指示终点。只要选择合适的指示电极和参比电极，电位滴定法就能应用于传统滴定分析法中，解决传统滴定分析法滴定终点难以辨别的问题。电位滴定装置，如图8-8所示。

电位滴定法与传统滴定分析法相比，具有以下优势：滴定终点的确定不存在主观性，不存在观测误差，结果更准确；可进行有色液、浑浊液及无合适指示剂的样品溶液滴定；易实现连续、自动和微量滴定。

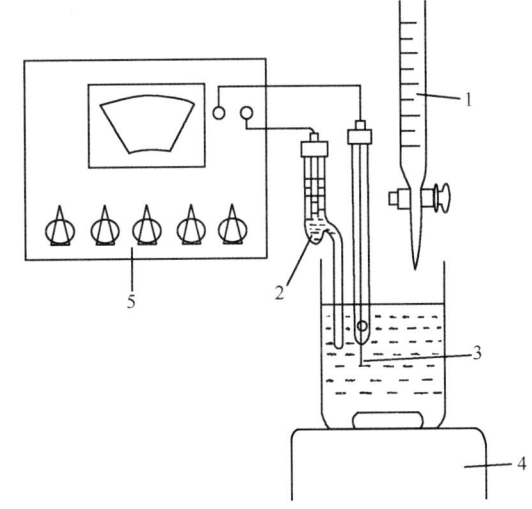

图8-8 电位滴定装置
1. 滴定管；2. 参比电极；3. 指示电极；4. 电磁搅拌器；5. 电位计

二、滴定终点的确定

电位滴定终点的确定方法一般有以下三种。

（一）E-V曲线法

以滴加滴定剂的体积V为横坐标，电动势E（电位计读数）为纵坐标作图得到E-V曲线，如图8-9所示。曲线的转折点（斜率最大处）所对应的体积V，即为化学计量点滴入的滴定液体积。这种方法处理数据简单，但准确性不够，适用于化学计量点处有明显突跃的滴定分析。

（二）$\Delta E/\Delta V - \bar{V}$曲线法

以相邻两次加入滴定剂体积的算术平均值$\bar{V}$为横坐标，$\Delta E/\Delta V$（滴定剂单位体积变化引起电动势的变化值）为纵坐标作图，得到一条峰状曲线，如图8-10所示。该曲线可以看成是E-V曲线的一阶导数曲线，所以这种方法又称一阶微商法。峰状曲线的最高点所对应的体积即为化学计量点的体积。这种方法比较准确，但数据处理和作图比较麻烦。

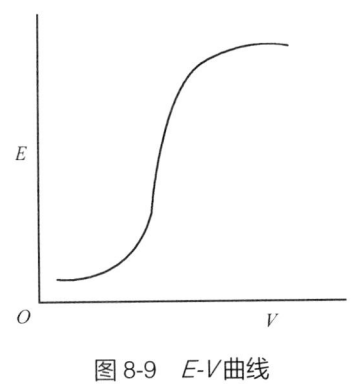

图8-9 E-V曲线

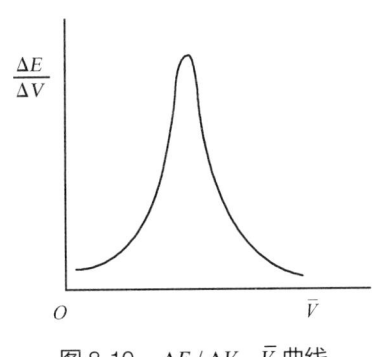

图8-10 $\Delta E/\Delta V - \bar{V}$曲线

（三）$\Delta^2 E/\Delta V^2 - V$曲线法

以滴入滴定液的体积为横坐标，以$\Delta^2 E/\Delta V^2$为纵坐标，得到一条具有两个极值的曲线。该曲线可以看作E-V曲线的近似二阶导数曲线，所以这种方法又称二阶微商法。曲线上$\Delta^2 E/\Delta V^2 = 0$时，所对应的体积即为化学计量点时滴入滴定液的体积。

其中：

$$\Delta^2 E/\Delta V^2 = \frac{\left(\dfrac{\Delta E}{\Delta V}\right)_2 - \left(\dfrac{\Delta E}{\Delta V}\right)_1}{V_2 - V_1}$$

除以上方法外，还可以用二阶导数内插法计算滴定终点体积。在实际的电位滴定中，传统的方法正逐渐被自动电位滴定所取代。自动电位滴定能自动判断滴定终点，并能自动绘制出 E-V 曲线或 $\Delta E/\Delta V$-$\bar{V}$ 曲线，在很大程度上提高了测定的灵敏度和准确度。

例题 8-1　以银-氯化银电极为指示电极，饱和甘汞电极为参比电极，用 0.1000mol/L AgNO$_3$ 滴定液滴定含 Cl$^-$ 的试液，得到的原始数据如下（电位突跃时的部分数据）。用二阶微商法求出滴定终点时消耗 AgNO$_3$ 滴定液的体积。

滴加体积/ml:	22.00	22.10	22.20	22.30	22.40	22.50	22.60	22.70
电位/V:	0.172	0.181	0.192	0.231	0.314	0.338	0.349	0.356

解： 将原始数据按二阶微商法处理

滴入 AgNO$_3$ 的体积/ml	测量电位/V	$\Delta E/\Delta V$	$\Delta^2 E/\Delta V^2$
22.00	0.172		
		0.09	
22.10	0.181		0.2
		0.11	
22.20	0.192		2.8
		0.39	
22.30	0.231		4.4
		0.83	
22.40	0.314		−5.9
		0.24	
22.50	0.338		−1.3
		0.11	
22.60	0.349		−0.4
		0.07	
22.70	0.356		

$$\frac{\Delta E}{\Delta V} = \frac{0.316-0.233}{22.40-22.30} = 0.83$$

$$\frac{\Delta^2 E}{\Delta V^2} = \frac{0.24-0.83}{22.40-22.30} = -5.9$$

二阶微商等于零所对应的体积值应在 22.30～22.40ml，由内插法得

$$\frac{V_{终点}-22.30}{(0-4.4)} = \frac{22.30-22.40}{4.4+5.9} = 22.34\text{ml}$$

第五节　永停滴定法

一、永停滴定法的基本原理

永停滴定法是电化学分析中一种灵敏度高、准确度高的终点确定方法，根据滴定过程中电流的变化来确定终点，属于电流滴定法。

测量时，将两个相同的铂电极插入待测溶液中，在两电极间外加一个小电压（10～200mV），并在线路中串联一个灵敏的检流计 G，如图 8-11 所示。在不断搅拌条件下，加入滴定剂，观察滴定过程中电流变化，由于溶液中可逆电对的生成或消失，电流值突变，即为滴定终点。也可通过记录加入滴定剂的体积 V 和相应的电流 I，绘制 I-V 滴定曲线，从中找出滴定终点。永停滴定法装置简单、准确度高，确定终点方便快捷。《中国药典》（2020 年版）将其作为重氮化（亚硝酸钠）滴定和卡氏水分测定确定终点

的法定方法，主要应用于大多数抗生素及其制剂的水分限量检查和磺胺类药物的含量测定。

二、可逆电对和不可逆电对

若溶液中同时存在氧化型物质及与其对应的还原型物质，例如，溶液中同时存在 I_2 和 I^-，在此溶液中插入一个惰性 Pt 电极，按照能斯特方程，25℃时 Pt 电极的电极电位为

$$\varphi_{I_2/I^-} = \varphi_{I_2/I^-}^{\ominus} + \frac{0.0592}{2F} \lg \frac{c_{I_2}}{c_{I^-}^2}$$

如果同时插入两个 Pt 电极，因两个电极的电极电位相同，没有电极反应发生，电流为零。若在两电极之间外加一小电压，形成电解池，连接正极的电极（阳极）将发生氧化反应，连接负极的电极（阴极）将发生还原反应。

阳极　$2I^- - 2e^- \rightleftharpoons I_2$

阴极　$I_2 + 2e^- \rightleftharpoons 2I^-$

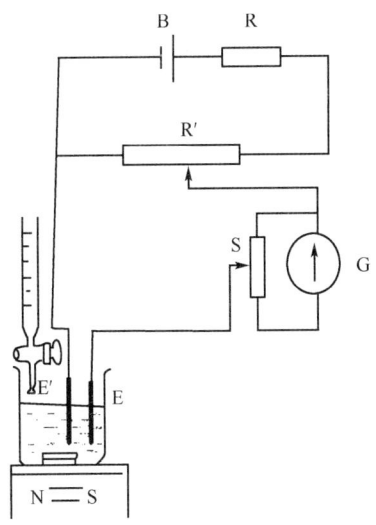

图 8-11　永停滴定法一般装置

上述反应可以看出溶液产生的电解过程，当阳极失去电子，阴极得到电子时，电路中就会有电流产生。把这种电极反应可逆的电对称为可逆电对。可逆电对电流大小取决于浓度低的氧化态或还原态浓度。电流随低浓度一方的改变而改变，当氧化态和还原态浓度相等时，电流最大。

若溶液中的电对是 $S_4O_6^{2-}/S_2O_3^{2-}$，同时插入两个 Pt 电极，加小电压，只有阳极能发生电极反应：$2S_2O_3^{2-} - 2e^- \longrightarrow S_4O_6^{2-}$，而阴极　$S_4O_6^{2-} + 2e^- \longrightarrow 2S_2O_3^{2-}$ 不能进行，故不电解，无电流产生。这种电极反应不可逆的电对称为不可逆电对。

永停滴定法就是依据在外加小电压下，溶液中有可逆电对就有电流、无可逆电对就无电流的现象来确定终点。

三、滴定曲线和终点判断

在氧化还原滴定过程中，由于氧化剂和还原剂在电极上的反应有可逆和不可逆两种情况，所以永停滴定反应主要有以下三种类型。

（一）滴定液为可逆电对，待测物为不可逆电对

用 I_2 滴定液滴定 $Na_2S_2O_3$ 溶液就属于这种类型。在 $Na_2S_2O_3$ 溶液中，插入两个 Pt 电极，外加一小电压，用灵敏电流计测量两极间的电流。在化学计量点前，待测液中有 $S_2O_3^{2-}$、$S_4O_6^{2-}$、I^-，不存在可逆电对，因此电流计指针停在零点。化学计量点后，过量的 I_2 和待测溶液中的 I^- 构成可逆电对 I_2/I^-，在两个 Pt 电极上发生电解反应，故有电流通过电解池，电流计指针突然发生偏转。而且随着过量 I_2 的不断增加，电流强度不断增大，电流计的指针越偏离零点。这种类型的滴定，是以电流计的指针在零点到发生偏转并不再回到零点为终点，滴定曲线如图 8-12 所示，曲线上的转折点即为化学计量点时所消耗的 I_2 的体积。

（二）滴定液为不可逆电对，待测物为可逆电对

用 $Na_2S_2O_3$ 滴定液滴定 I_2 溶液就属于这种类型。在含有 I^- 的 I_2 溶液中插入两个 Pt 电极，外加一小电压，用灵敏电流计测量两极间的电流。在滴定开始前，溶液中存在可逆电对 I_2/I^-，因此有电流通过电解池，且 $c_{I^-} < c_{I_2}$，电流的大小取决于 I^- 浓度；滴定开始后，待测溶液中 I^- 浓度逐渐增大，电流强度也逐渐增大，直至待测溶液中 $c_{I^-} = c_{I_2}$，此时电流强度最大；继续滴定，待测溶液中 $c_{I_2} < c_{I^-}$，电流的大小取决于 I_2 浓度，随着滴定的进行，I_2 浓度逐渐降低，所以电流也逐渐降低。滴定至化学计量点时，待测溶液中 $c_{I_2} = 0$，不存在可逆电对，故电流计指针停留在零点，因此称为永停滴定法。滴定曲线如图 8-13 所示。

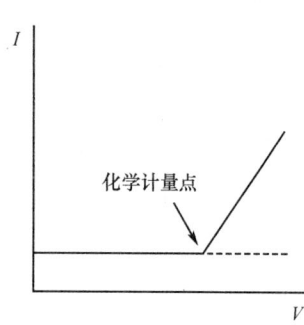

图 8-12　可逆电对滴定不可逆电对的滴定曲线图

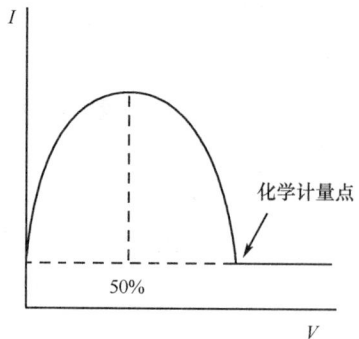

图 8-13　不可逆电对滴定可逆电对的滴定曲线图

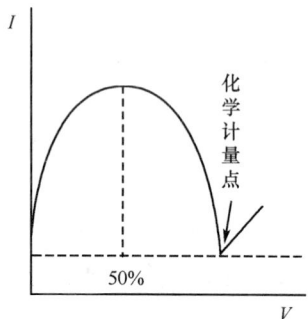

图 8-14　可逆电对滴定可逆电对的滴定曲线图

（三）滴定液为可逆电对，待测物为可逆电对

用 $Ce(SO_4)_2$ 溶液滴定 $FeSO_4$ 溶液就属于这种类型。在滴定开始前，待测溶液中只有 Fe^{2+}，不存在可逆电对，无电解反应，无电流通过。滴定开始后，溶液中有 Fe^{3+} 生成，存在可逆电对 Fe^{3+}/Fe^{2+}，故有电流通过，且电流大小取决于 Fe^{3+} 的浓度。随着滴定的进行，Fe^{3+} 的浓度不断增大，因此电流也不断增大，当 $c_{Fe^{3+}} = c_{Fe^{2+}}$ 时，电流达到最大值。继续滴定，溶液中 $c_{Fe^{3+}} > c_{Fe^{2+}}$，电流的大小取决于 Fe^{2+} 的浓度。随着滴定的进行，Fe^{2+} 浓度逐渐降低，因此电流也逐渐降低。滴定至化学计量点时，待测溶液中只有 Ce^{2+} 和 Fe^{3+}，待测溶液中无可逆电对，此时无电流通过。化学计量点后继续滴定，待测溶液中有 Ce^{4+}、Ce^{2+} 和 Fe^{3+}，此时存在不可逆电对 Ce^{4+}/Ce^{2+}，故有电流通过，且随着滴定液的增加，Ce^{4+} 的浓度逐渐增大，电流也逐渐增大。滴定曲线如图 8-14 所示。

> **课堂互动**
>
> 永停滴定法中为什么没有不可逆电对滴定不可逆电对？

自 测 题

一、选择题（A 型题）

1. 甘汞电极是常用的参比电极，它的电极电位取决于（　　）。
   A. 温度　　　　　　　　B. 氯离子的浓度
   C. 主体溶液的浓度　　　D. 钾离子的浓度
2. 测定溶液 pH 时，所用的指示电极是（　　）。
   A. 氢离子电极　　　　　B. 玻璃电极
   C. 铂电极　　　　　　　D. Ag-AgCl 电极
3. 测定溶液 pH 时，常用的参比电极是（　　）。
   A. 饱和甘汞电极　　　　B. 银-氯化银电极
   C. 玻璃电极　　　　　　D. 钠电极
4. 在电位滴定中，以 $\Delta^2 E/\Delta V^2 - V$（$E$ 为电位，V 为滴定液体积）作图绘制滴定曲线，滴定终点为（　　）。
   A. 曲线的最高点　　　　B. 曲线的转折点
   C. 曲线斜率为零的点　　D. $\Delta^2 E/\Delta V^2$ 为零的点
5. 用电位法测定溶液的 pH 选择（　　）。
   A. 永停滴定法　　　　　B. 电位滴定法
   C. 直接电位法　　　　　D. 电导法
6. 玻璃电极在使用前，应在纯化水中浸泡（　　）。
   A. 6h　　　　　　　　　B. 18h
   C. 24h　　　　　　　　 D. 30h
7. 当 pH 计上的电表指针所指示的 pH 与标准缓冲溶液的 pH 不相符时，可通过调节（　　）使之相符。
   A. 温度补偿器　　　　　B. 定位调节器
   C. 零点调节器　　　　　D. p-mV 转换器
8. 滴定分析法与电位滴定法的主要区别是（　　）。
   A. 滴定对象不同　　　　B. 滴定液不同
   C. 指示剂不同　　　　　D. 指示终点的方法不同
9. 电位滴定法中电极组成为（　　）。
   A. 两支不相同的参比电极
   B. 两支相同的指示电极
   C. 两支不相同的指示电极
   D. 一支参比电极，一支指示电极
10. 永停滴定法属于（　　）。

A. 电位滴定法　　　　B. 电导滴定法
C. 氧化还原滴定法　　D. 电流滴定法
11. 电位滴定法中电极组成为（　　）。
   A. 两支不相同的参比电极
   B. 两支相同的指示电极
   C. 两支不相同的指示电极
   D. 一支参比电极，一支指示电极
12. 永停滴定法中电极组成为（　　）。
   A. 两支不相同的参比电极
   B. 两支相同的指示电极
   C. 两支不相同的指示电极
   D. 一支参比电极，一支指示电极
13. 永停滴定法属于（　　）。
   A. 电压滴定法　　　B. 电流滴定法
   C. 直接电位法　　　D. 电导法
14. 永停滴定法中，当通过的电流达到最大时，其氧化态和还原态的浓度关系为（　　）。
   A. 氧化态浓度大于还原态浓度
   B. 氧化态浓度等于还原态浓度
   C. 氧化态浓度小于还原态浓度
   D. 氧化态浓度或还原态浓度为零
15. 电位法常用的参比电极是（　　）。
   A. Ag-AgCl 电极　　B. 饱和甘汞电极
   C. 玻璃电极　　　　D. 复合玻璃电极

二、填空题

1. 玻璃电极的内参比电极是_____，在使用前必须在纯化水中浸泡_____h。
2. 电化学分析方法主要分为_____、_____、_____和_____四种类型。
3. 电位法常用的参比电极是_____和_____。
4. 测定溶液的 pH，常用_____参比电极，_____指示电极。
5. 电位滴定法判断终点的方法有_____、_____、_____。
6. 永停滴定法的类型有_____、_____、_____。
7. 电位法包括_____和_____。

三、计算题

1. 25℃时，以玻璃电极为指示电极，饱和甘汞电极为参比电极。当此电池中溶液为 pH 6.80 的缓冲溶液时，测得其电动势为 0.329V，当用未知溶液取代缓冲溶液时，测得电动势为 0.290V，请计算该未知溶液的 pH。

2. 用电位滴定法测定氯化钠含量时得到如下数据，请用 $\Delta^2 E / \Delta V^2 - V$ 曲线法和内插法求其化学计量点时硝酸银滴定液的体积。

V_{AgNO_3}/ml :	11.10	11.20	11.30	11.40	11.50	11.60
E/mV :	210	224	250	303	328	365

（伍　乔）

第 9 章

紫外-可见分光光度法

紫外-可见分光光度法是基于物质在 200～800nm 波长范围内对光的选择性吸收来对物质进行定性与定量分析的方法。紫外-可见分光光度法的灵敏度和准确度较高，仪器的检测限可以达到 10^{-7}～10^{-4}g/ml，测量的相对误差一般小于 1%。此外，该方法操作简便、快速、分析成本低，因此广泛应用于化学、食品卫生等领域。

案 例　奥沙西泮片的含量测定

奥沙西泮为地西泮的代谢产物，结构中含有两个苯环和一个七元亚胺内酰胺环，是用于抗焦虑、失眠的苯二氮䓬类药物。

采用紫外-可见分光光度法测定的方法为：取本品 20 片，精密称定并研细，精密称取适量（约相当于奥沙西泮 15mg），置于 200ml 的量瓶中，加乙醇 150ml 置温水浴中加热，振摇至溶解，取出放冷，加入乙醇至刻度，摇匀，滤过。精密量取续滤液 5ml 置于 100ml 量瓶中，用乙醇稀释至刻度，摇匀。在 229nm 波长处测定吸光度，以奥沙西泮的吸收系数 $E_{1cm}^{1\%}$ 为 1252 进行计算可得其含量。

讨论：该测定方法的原理是什么？采用的定量方法是哪种？

第一节　基 本 原 理

一、光的本质与电磁波谱

（一）光的本质

光是一种电磁波，也称为电磁辐射，以极大的速度通过空间传播而不需要任何物质作为媒介。光具有波粒二象性（wave-particle duality），在传播过程中主要表现为波动性，在与物质相互作用时主要表现为粒子性。光的折射、反射、偏振干涉等在传播过程中的现象可用光的波动性来解释，用波长（λ）、频率（ν）与速度（c）等参数来描述，具有如下关系：

$$\nu = \frac{c}{\lambda} \tag{9-1}$$

在真空中，所有电磁辐射的传播速度相同，c 值为 2.9979×10^{10} cm/s。

光是由带有能量的微粒组成的，当与物质相互作用时表现出粒子性，可看作是不连续的粒子流，这些粒子称为光子或光量子。不同的光，波长不同，因此能量不同。光子的能量与频率成正比，与波长成反比，其关系式如下：

$$E = h\nu = h\frac{c}{\lambda} \tag{9-2}$$

式中，E 为光子能量，J 或 eV；h 为普朗克常量，数值为 6.6262×10^{-34} J·s。

光的波长越长，波动性越明显，波长越短，粒子性越明显。

（二）电磁波谱

由于不同电磁辐射的波长与能量不同，将电磁辐射按照波长顺序排列可得到电磁波谱，如表 9-1 所示。

表 9-1　电磁波谱表

光谱区域	波长范围	光子能量/eV	电子跃迁类型	分析方法
γ射线区	0.005~0.1nm	>2.5×10^5	原子能级	γ射线光谱法
X射线区	0.1~10nm	1.24×10^4~1.24×10^2	内层电子能级	X射线光谱法
远紫外区	10~200nm	120~6.2	价电子能级	真空紫外光谱法
近紫外区	200~400nm	6.2~3.1		紫外分光光度法
可见光区	400~760nm	3.1~1.7		可见分光光度法或比色法
近红外区	0.76~2.5μm	1.7~0.5	分子振动能级	红外光谱法
中红外区	2.5~50μm	0.5~2.5×10^{-2}		
远红外区	50~1000μm	2.5×10^{-2}~1.24×10^{-3}	分子转动能级	
微波区	0~300mm	1.24×10^{-3}~4.1×10^{-6}		微波光谱法
无线电波区	>300mm	<4×10^{-7}	电子或分子自旋能级	核磁共振波谱法

随着波长增大，电磁辐射的光子能量逐渐减小。根据能量大小，电磁波谱可分为三个区域：高能辐射区包括γ射线区和X射线区；中能辐射区包括紫外光区、可见光区和红外光区；低能辐射区包括微波区和无线电波区，通常称为波谱区。

二、物质对光的选择性吸收

可见光的波长范围在 400~760nm，肉眼可观察到。可见光是红、橙、黄、绿等多种色光的复合光，如白光。每一种色光均有一段对应的波长范围，单一波长的光称为单色光。若两种颜色不同的单色光按照一定强度与比例混合在一起得到白光，那么这两种色光称为互补色光，这一现象称为光的互补，如绿光和紫光互补，黄光和蓝光互补。

物质能呈现出颜色，这是物质对不同波长的光进行选择性吸收的结果。例如，当一束白光照射某一均匀的物质溶液时，若溶液几乎将各种波长的光吸收，溶液呈黑色；若溶液不吸收任何一段波长的光，那么白光全部透过，溶液则呈无色透明；若溶液选择性地吸收了黄色光，其余颜色的光均透过溶液，根据光的互补原理，溶液呈现的是黄色光的互补色光——蓝光。

物质对光的选择性吸收是由物质的内部结构决定的。物质分子具有不同的运动状态，而在分子内部的运动有电子运动、分子振动和分子转动，每种运动状态都有一定的能量，它们的能量都是量子化的，故分别称为电子能级 E_e、振动能级 E_v 和转动能级 E_r。当物质分子与辐射光子发生碰撞时，光子能量被分子吸收，使分子受到激发从低能级（基态）跃迁至高能级（激发态）：

$$M + h\nu \Rightarrow M'$$
（基态）　　（激发态）

在跃迁过程中伴随着电子能级（E_e）、振动能级（E_v）和转动能级（E_r）3种能级的能量变化，则有

$$\Delta E = \Delta E_e + \Delta E_v + \Delta E_r \tag{9-3}$$

被吸收的光子能量（$h\nu$）应满足分子由低能级跃迁至高能级之间的能量差（ΔE），即只有当吸收的光子能量恰好等于两个能级的能量差时（$h\nu=\Delta E$），分子才能跃迁产生吸收光谱。不同物质结构中的粒子（分子或原子）具有的能级不同，使粒子发生能级跃迁所需要吸收的光子能量各不相同，因此，物质对光的吸收是选择性的。有如下关系：

$$\Delta E = h\nu = h\frac{c}{\lambda} \tag{9-4}$$

三、紫外-可见吸收光谱

紫外-可见吸收光谱是物质在紫外-可见光区吸收相应的辐射光子能量，使分子外层电子发生能级跃迁产生的光谱。

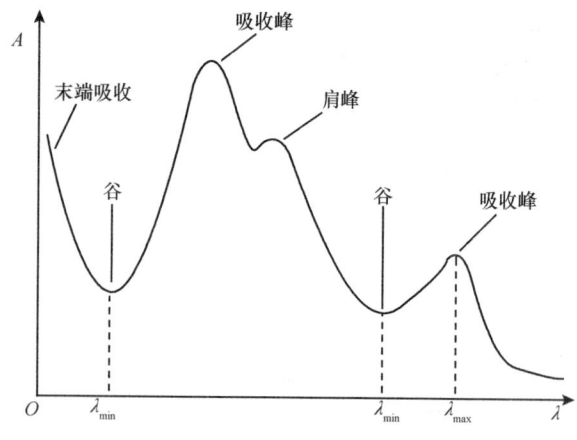

图 9-1 紫外-可见吸收光谱示意图

（一）紫外-可见吸收曲线

吸收光谱也称为吸收曲线，紫外-可见吸收光谱是以入射波长为横坐标，溶液吸光度为纵坐标所绘制的曲线，如图 9-1 所示。该曲线称为某物质溶液对光的吸收光谱或吸收曲线，描绘物质对不同波长光的吸收程度。

如图 9-1 所示，曲线上的波峰称为吸收峰，吸收峰所处位置对应的波长称为最大吸收波长，用 λ_{max} 表示；在吸收峰旁边出现的曲折称为肩峰；曲线上的低谷称为波谷或吸收谷，所对应的波长为最小吸收波长，用 λ_{min} 表示；在短波长的一端出现强吸收却不成峰形的部分为末端吸收。

物质的结构不同，使其呈现的吸收光谱形状各有差异，包括吸收峰数目、峰强度以及最大吸收波长等。由此在实际运用中，可根据各物质的特征吸收峰进行定性鉴别。定量分析时，通常采用物质的最大吸收波长 λ_{max} 作为入射光波长，使测量的灵敏度最高，同时也具有较好的稳定性。

（二）紫外-可见吸收光谱的电子跃迁类型

紫外-可见吸收光谱是分子的价电子在不同的分子轨道之间跃迁而产生的。价电子包括形成单键的 σ 电子、双键的 π 电子和非成键的 n 电子，分子轨道有成键轨道（能量较低）、非成键轨道和反键轨道（能量较高）。一般外层电子均位于成键轨道，即位于分子轨道的基态，当价电子吸收一定能量后，便会跃迁至较高的能级，如图 9-2 所示。

由于实现 σ→σ*、σ→π*、π*→σ* 跃迁需要的能量较高，主要发生在波长小于 200nm 的光区，因此在紫外-可见光区（波长 200～800nm），有机化合物

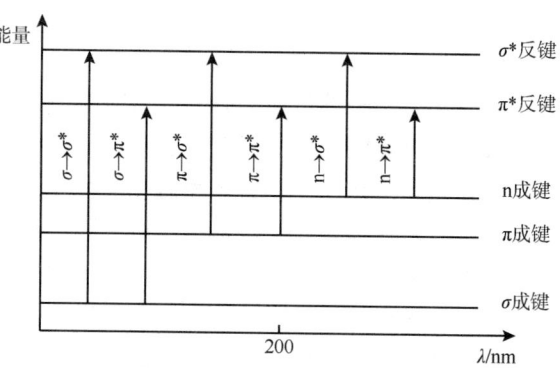

图 9-2 电子跃迁示意图

的吸收光谱主要有 π→π*、n→σ*、n→π* 三种电子跃迁形式，所需能量大小顺序为：n→π* < π→π* < n→σ*。无机化合物的紫外-可见吸收主要有电荷转移跃迁和配位场跃迁。

四、光的吸收定律与吸收系数

（一）光的吸收定律

1. 透光率和吸光度 当一束平行的单色光照射某一均匀非散射溶液时，一部分光会被器皿表面反射，一部分光被吸收，另一部分光则透过溶液。光的强度是指光在单位时间（1s）内照射在 $1cm^2$ 面积上的光子能量，用 I 表示。假设入射光强度为 I_0、透射光强度为 I_t、反射光强度为 I_r、吸收光强度为 I_a，则它们的关系为

$$I_0 = I_t + I_r + I_a \tag{9-5}$$

当对溶液进行吸光度测定时，被测溶液和参比溶液均使用同种材质同等厚度的吸收池，用同一束单色光分别照射吸收池表面，它们对光的反射几乎相同。当入射光强度一定时，吸收光强度 I_a 越大，透射光强度 I_t 越小。因此在式（9-5）中，反射光强度 I_r 可忽略不计，简写为

$$I_0 = I_t + I_a \tag{9-6}$$

透光率也称为透光度，是指透射光强度 I_t 与入射光强度 I_0 之比，常用 T 表示，T 的值在 0～1，用百分数来表示时即 $T\%$。

$$T = \frac{I_t}{I_0} \tag{9-7}$$

T 值越大，溶液对光的吸收越弱；T 值越小，溶液对光的吸收越强。常用吸光度 A 更直观地表达溶液对光的吸收程度，以透光度的倒数的对数值作为溶液的吸光度，即

$$A = \lg \frac{1}{T} = -\lg T \tag{9-8}$$

2. 朗伯-比尔（Lambert-Beer）定律 朗伯-比尔定律是紫外-可见分光光度法对物质定量分析的理论基础。朗伯和比尔分别在 1760 年和 1852 年研究了光的吸收与溶液的液层厚度及溶液浓度的关系，得出了光的吸收定律，表达式为

$$A = E \cdot L \cdot c \tag{9-9}$$

式中，E 为吸光系数，与被测物质的性质、入射光的波长和溶液的温度有关；A 为含吸光物质溶液的吸光度；L 为溶液的液层厚度；c 为溶液的浓度。

朗伯-比尔定律表示：当一束单色光通过均匀、非散射性的含吸光物质的溶液时，溶液的吸光度 A 与溶液中吸光物质的浓度 c 及液层厚度 L 的乘积成正比。朗伯-比尔定律既适用于可见光，也适用于紫外光和红外光；既适用于溶液，也适用于气体和固体，但应满足物质为均匀无散射等条件。

（二）吸收系数

吸收系数也称吸光系数，其物理意义是吸光物质在单位浓度及单位厚度时的吸光度。在入射光一定的条件下，吸收系数大小仅与物质自身性质有关，吸收系数的数值越大，物质的吸光能力越强，因此它是物质特征性的物理常量，可根据这一特征性作为物质定性与定量分析的参数。吸收系数 E 的数值常与物质浓度 c 的单位有关，因此吸收系数常有两种表示方式：

1. 摩尔吸光系数 用 ε 表示，是指在一定波长下，溶液浓度为 1mol/L，液层厚度为 1cm 时的吸光度，单位为 L/(mol·cm)。

2. 百分吸收系数 用 $E_{1cm}^{1\%}$ 表示，是指在一定波长下，溶液浓度为 1%（W/V，g/100ml），或 100ml 溶液中含被测物质 1g，液层厚度为 1cm 时的吸光度，单位为 100ml/(g·cm)。百分吸收系数也称比吸收系数。

ε 和 $E_{1cm}^{1\%}$ 之间的关系：

$$\varepsilon = \frac{M}{10} \times E_{1cm}^{1\%} \tag{9-10}$$

式中，M 为吸光物质的摩尔质量。在测量中，常选择吸光系数较大的化合物作为被测物质，以提高测量的灵敏度与准确度。摩尔吸光系数一般不超过 10^5 数量级，ε 在 $10^4 \sim 10^5$ 范围内为强吸收，小于 10^2 为弱吸收，介于两者之间为中强吸收。需要确定某物质的吸收系数时，一般是通过已知浓度稀溶液的吸光度经过计算而得。

例题 9-1 某摩尔质量为 323.15g/mol 的化合物，将其配制成浓度为 5×10^{-3}g/L 的水溶液，吸收池厚度为 1cm，在波长 278nm 处测得溶液的透光度为 26.4%，计算该化合物在 278nm 处的 ε。

解：已知摩尔质量为 323.15g/mol，则溶液浓度为

$$c = \frac{5 \times 10^{-3}}{323.15} = 1.55 \times 10^{-5} (\text{mol/L})$$

由朗伯-比尔定律可得

$$\varepsilon = \frac{A}{cL} = \frac{-\lg T}{cL}$$

$$\varepsilon = \frac{-\lg 0.264}{1.55 \times 10^{-5} \times 1} = 3.96 \times 10^4 (\text{L} \cdot \text{mol/cm})$$

当溶液中存在多种吸光物质时，在同一波长下，只要共存物质互相不影响吸光性质，即本身的吸光系数不发生改变，则溶液的总吸光度数值上等于各组分的吸光度数值之和，即

$$A_{总} = A_1 + A_2 + A_3 + \cdots \tag{9-11}$$

溶液中各组分的吸光度大小取决于各自的浓度与吸光系数。因此，吸光度的这一加和性是分光光

度法进行多组分定量分析的依据。

（三）偏离朗伯-比尔定律的原因

配制一系列不同浓度的标准溶液，在相同条件下分别测定吸光度，以吸光度为纵轴对标准溶液浓度作一条 A-c 曲线，称为标准曲线。根据朗伯-比尔定律，标准曲线应是通过原点的直线，但在实际工作中，标准曲线常出现弯曲（图 9-3），这种现象称为偏离朗伯-比尔定律，主要原因有以下两个方面。

1. 光学因素 朗伯-比尔定律的适用条件是入射光为单色光，但实际上提供的入射光是一段狭窄波长范围的复合光，包含所需波长的光和附近波长的光。物质对不同波长的光的吸收程度不同，因而引起朗伯-比尔定律的偏离。

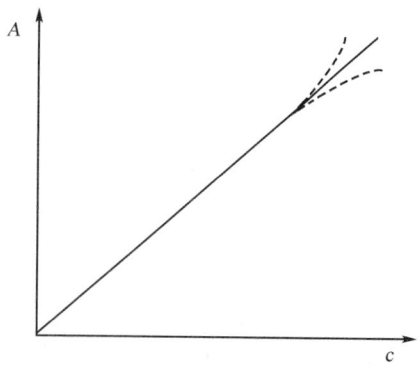

图 9-3 朗伯-比尔定律偏离示意图

假设入射光由两种波长 λ_1 和 λ_2 的光组成，所对应的物质的吸光系数分别为 ε_1 和 ε_2。ε_1 和 ε_2 的差值越大，偏离越明显。假设 λ_1 是所需测定波长，若 $\varepsilon_1 < \varepsilon_2$，测得吸光度偏大，产生正偏离；若 $\varepsilon_1 > \varepsilon_2$，测得吸光度偏小，产生负偏离；只有当 $\varepsilon_1 = \varepsilon_2$ 时，A-c 曲线才能为直线。物质在最大吸收波长 λ_{max} 的吸光系数最大，变化较小。因此，选用 λ_{max} 作为测定的入射光，测量误差较小。

此外，仪器的杂散光、试样溶液和吸收池对入射光的散射和反射等因素也会影响测量结果。

2. 化学因素 溶液中吸光物质所处的化学体系因条件的变化可能产生新的化合物或者改变吸光物质的浓度。例如，吸光组分在溶液中解离、缔合、互变异构以及与溶剂间的作用等，都会导致偏离朗伯-比尔定律。例如重铬酸钾水溶液的化学平衡，若溶液稀释 2 倍，$Cr_2O_7^{2-}$ 浓度不是减少 2 倍，而是受稀释平衡向右移动的影响，浓度的减少明显多于 2 倍，结果偏离比尔定律，产生误差。

$$Cr_2O_7^{2-} + H_2O \rightleftharpoons 2H^+ + 2CrO_4^{2-}$$

因此在测定工作中，根据吸光物质的性质以及溶液中化学平衡的原理，确保溶液在测定时间内的稳定性是十分重要的。如需进行显色反应，要严格控制反应条件，包括显色时间、显色剂用量、反应温度等。

五、测量条件的选择

在进行吸光度测定时，测定结果应当具有较高的准确度和灵敏度，因此选择和控制合适的测量条件十分重要。

（一）入射波长的选择

为了有较高灵敏度，通常情况选择被测物质的最大吸收波长作为入射光波长，使测定结果的准确度较高。对未知 λ_{max} 的被测物质，可先对其进行全波长扫描或绘制其吸收曲线，从中找出最大吸收波长 λ_{max}。如果吸收峰处有其他物质的吸收干扰，按照"干扰最小、吸收最大"原则进行选择，使得测定有较高的灵敏度，同时又尽可能地避免干扰。

（二）吸光度范围的选择

在实际的分光光度分析中，并不是试液浓度越大，所测得的吸光度值越准确。通常需要调节试液的浓度，或选择不同厚度的吸收池，使测得的吸光度在 0.2～0.7 范围之内，以得到准确满意的测量结果。

（三）显色反应条件的选择

在可见光区，有色溶液可通过对可见光的吸收来测定吸光度，这种测定方法称为比色法，也称可见分光光度法。对于自身无色的溶液，可加入显色剂使之生成有色物质，这种显色剂与待测物质作用生成有色化合物的反应称为显色反应。显色反应有配位反应、氧化还原反应等，应用最广的是配位反应。

1. 对显色反应的要求 一是灵敏度要高，反应产物的摩尔吸光系数足够大（10^3～10^5），才有足够的灵敏度；二是反应的选择性要好，显色剂最好只与被测组分反应，减少干扰或易于消除；三是反应产物应具有较好的稳定性，生成的有色化合物组成恒定，不易受外界环境的影响，能在测定时间范围内显色稳定，同时显色反应须是定量反应，才能通过产物的吸光度反映被测物质的量；四是显色剂在测定波长处无明显吸收，一般要求显色剂与有色产物的最大吸收波长之差$\Delta\lambda_{max} \geq 60nm$。

2. 反应条件的选择

（1）显色剂及其用量：显色剂的选用除了应满足反应的灵敏度、显色的稳定性和反应的选择性，试剂的用量也十分重要。为了使被测物质与显色剂反应完全，显色剂的用量一般情况是过量的，但并非越多越好。显色剂加入太多反而引起副反应，或者有色产物的吸光度达到一定峰值后会降低。具体用量可通过实验进行选择，即固定被测物质的浓度，绘制不同用量显色剂与吸光度的变化曲线，选择曲线较平坦时的显色剂用量。

（2）溶液酸度：溶液酸度过低可使金属离子发生水解，甚至析出沉淀。此外，溶液的酸度还影响显色产物的生成，例如，Fe^{3+}与磺基水杨酸根（$C_7H_4SO_6^{2-}$）的配位显色，在 pH 为 1.8～2.5 时，生成$[Fe(C_7H_4SO_6)]^+$（紫红色）；pH 为 4～8 时，生成$[Fe(C_7H_4SO_6)_2]^-$（褐色）；pH 为 8～11.5 时，生成$[Fe(C_7H_4SO_6)_3]^{3-}$（黄色）。测量过程中可采用缓冲溶液以控制 pH 的变化，也可通过实验确定溶液的酸度。

（3）时间：各反应的速率不同，所需要的反应时间各有差异。有的显色反应能在很短时间完成，有的则需要一段时间，甚至有的显色产物颜色不稳定，放置一段时间后会变浅。因此需要控制好反应时间，确保吸光度在产物颜色稳定的时间范围内测定。

（4）温度：显色反应一般在室温就能进行，室温的轻微变动对其影响不大。有的显色反应提高温度能加快反应进程，但容易发生副反应，有的显色产物也可能在高温下降解。具体温度可通过实验确定。

（四）参比溶液的选择

在对试样溶液进行测定之前，需用参比溶液消除干扰，调节仪器的零点，消除由溶剂、试剂及吸收池等对入射光的吸收和反射产生的误差。根据具体情况，选择参比溶液。

1. 溶剂参比 当试液中组分较为单一，显色剂和样品溶剂及其他试剂在测量波长下均无吸收时，可用纯溶剂（通常为蒸馏水）作为参比溶液。

2. 试样参比 试液中的其他离子有吸收，而试剂、显色剂无吸收时，可按相同反应条件，以仅不加显色剂的试样溶液作为参比溶液。

3. 试剂参比 如果显色剂或其他试剂在测量波长处有吸收，则以不含待测组分的显色剂和试剂经相同反应条件处理作为参比溶液。

4. 平行操作溶液参比 用不含待测组分的溶液，在相同条件下与待测试样同时处理，称为平行操作溶液参比。

第二节 紫外-可见分光光度计

一、分光光度计的构造与类型

（一）分光光度计的构造

分光光度计是在紫外-可见光区（波长 200～800nm）选择所需入射波长进行光度分析的仪器。分光光度计的种类和型号较多，但其基本结构和原理均相似。分光光度计的基本结构主要由 5 个部件组成，即光源、单色器、吸收池、检测器及显示系统，其结构如图 9-4 所示。

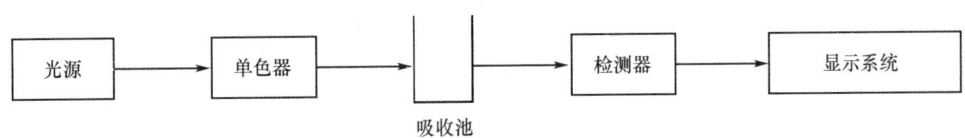

图 9-4 紫外-可见分光光度计结构示意图

1. **光源** 分光光度计常用的光源有钨灯和氢灯（或氘灯）。

钨灯用于可见光区的测定，是固体炽热发光的光源，能发出波长在 320~2500nm 范围内的连续光谱。钨灯的光强度会因电源电压的微小波动引起较大变化，为了保证仪器光源的稳定性，控制电压的波动非常关键。

氢灯（或氘灯）为分光光度计紫外波段的光源，它能发射 190~400nm 范围内的连续光谱。氢灯的发光稳定性也与电压有关。

2. **单色器** 单色器是将光源发出的复合光分离成所需要的某一波长的单色光的器件，是整个仪器的核心部分，主要由狭缝、准直镜、色散元件、透镜系统组成。其中常用的色散元件有棱镜和光栅或两者结合。

棱镜是利用光的折射原理，不同波长的光在棱镜内折射率不同将复合光色散为单色光的。棱镜的材质可为玻璃或石英，材质不同，色散作用不同。玻璃吸收紫外光，只适用于可见光区，而石英棱镜在紫外和可见光区均适用。

光栅的色散原理是以光的衍射和干涉现象为基础的。相比棱镜，光栅具有很好的色散率和分辨率以及较宽的使用范围，因此，目前生产使用的分光光度计多是以光栅单色器作为色散元件。

棱镜单色器，如图9-5所示。

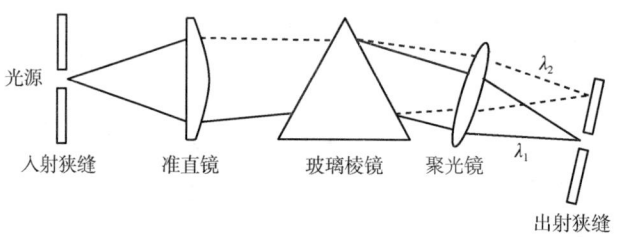

图 9-5　棱镜单色器示意图

3. **吸收池** 吸收池也称为比色皿，是用于盛放样品溶液以及参比溶液的容器，厚度有 0.5cm、1cm、2cm、3cm 等规格。吸收池也有玻璃材质和石英材质之分，玻璃吸收池只可用于可见光区，石英吸收池可用于紫外光区，也可用于可见光区。在使用过程中，应将盛放样品溶液的吸收池和盛放参比溶液的吸收池配套使用。同时，为了减少入射光的反射损失，入射光束必须垂直于吸收池的透光面，还应注意吸收池的透光面不能受到指纹、油脂等沾污，以免影响其透射性。

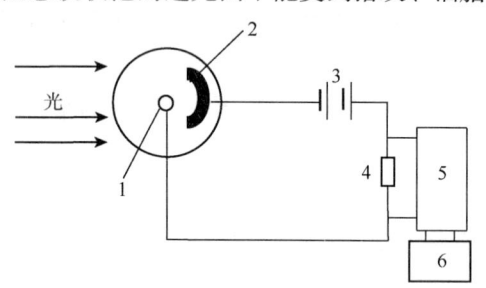

图 9-6　光电管检测器示意图
1. 阳极；2. 光敏阴极；3. 90V 直流电源；4. 电阻；5. 直流放大器；6. 指示器

4. **检测器** 检测器是将光强度信号转换为电流的装置，能检测到光强度变化，是一种光电转换器。在测定波长范围内，检测器对光的响应应快速、灵敏，并且转换的光电流与照射的光强度应呈线性关系。目前使用的检测器有光电管、光电倍增管及光电二极管阵列检测器（PDA）。

光电管是由一个阳极和一个光敏阴极组成的真空（或充少量惰性气体）二极管（图9-6）。阴极表面镀有碱金属等光敏材料，当它被具有足够能量的光子照射时，即可发射电子，向两极间施加电压时，发射的电子流向阳极而产生电流，电流大小与照射光的强度成正比。

光电倍增管是基于光电管的基本原理，在阴极和阳极之间增加了多个中间倍增极，使光信号的放大倍数更大，产生较大电流。光电倍增管检测器的灵敏度大大提高，微弱光信号也可检测。

光电二极管阵列检测器是一种光学多通道检测器，是在晶体硅上紧密排列一系列光二极管检测管，光经光栅表面色散并透射到二极管阵列上，被各光二极管接收。二极管越多，分辨率越高，例如，在 190~950nm 范围内，由 1024 个二极管组成。光电二极管阵列检测器可实现多通道、全波长自动扫描，具有分辨率高、扫描速度快、信噪比高等优点，现除了用于分光光度分析，还大量用于高效液相色谱分析。

5. **显示系统**　检测器输出的电信号经放大后以某种方式显示出测量结果,可通过荧光屏显示、数字显示、结果打印与曲线扫描等方式显示。

(二)分光光度计的类型

紫外-可见分光光度计的种类目前主要有单光束、双光束、双波长分光光度计以及二极管阵列分光光度计。

1. **单光束分光光度计**　光源发出的复合光经单色器分离后,一直到检测器的整个过程只有一束单色光轮流通过样品溶液和参比溶液。这类光度计结构简单、价格低廉、操作简单,而且一般适用于指定波长下测量吸光度,若要绘制多个波长的吸收光谱,则要不断调节测量波长和吸光度调零,操作烦琐,同时对光源稳定性要求较高。

2. **双光束分光光度计**　与单光束分光光度计相比,双光束分光光度计(图9-7)的不同之处在于加了一个扇形旋转镜(扇面镜),将光分成两束同等强度的单色光,交替通过参比池和样品池。检测系统交替接收相应信号,将差值转换为电信号。扇面镜的快速旋转使单色光在很短时间内交替通过空白与试样溶液,可以减免由光源不稳定引入的误差,并可以扫描吸收光谱。

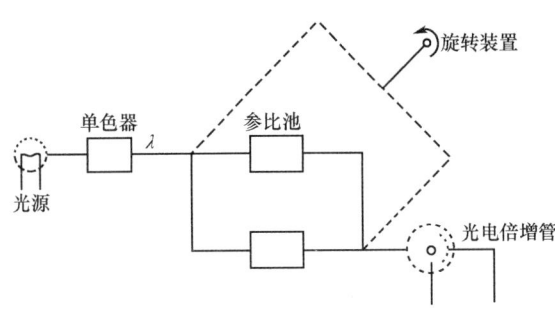

图9-7　双光束分光光度计光路示意图

3. **双波长分光光度计**　双波长光路(图9-8)具有两个单色器,从同一光源分解出不同波长的两束单色光,经过切光器交替照射样品溶液。得到的吸光度为两个波长下的吸光度差值ΔA,能扣除背景和共存组分的吸收干扰。双波长分光光度计对于微量组分的测定以及有共存组分干扰的多组分分析,具有较好的选择性和灵敏度,此外无须使用参比溶液。

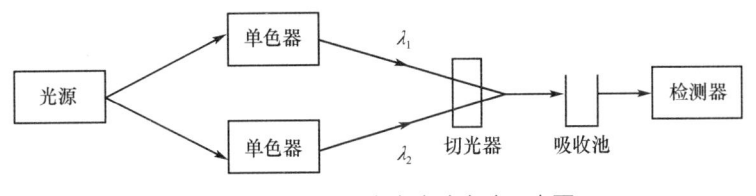

图9-8　双波长分光光度计光路示意图

4. **二极管阵列分光光度计**　二极管阵列分光光度计是多通道的分光光度计。透镜将光源发出的光聚焦后通过吸收池,再到达光栅,经光栅分光后透射到二极管阵列检测器上。二极管阵列的电子系统在0.02s之内可扫描获得190~1100nm的光谱数据。这类分光光度计扫描速度快,操作简便高效。

二、分光光度计的使用方法

紫外-可见分光光度计因种类不同,使用方法有一定差异,本书仅介绍常用的分光光度计的使用方法。

(一)使用前准备

使用前应了解仪器的基本结构和工作原理,以及各调节按键或旋钮的功能。并检查仪器的电源电压是否正常,确保光源能稳定工作。同时,检查仪器样品室,以免有其他物品遮挡光路。

(二)仪器的使用

以UV1100型紫外-可见分光光度计的使用为例。

1. 开启分光光度计电源开关,待仪器系统自检完成后,预热20min,使仪器达到稳定状态,确保测量数据准确可靠。若仪器长时间未用,还应增加预热时间。

2. 在菜单界面按键进入吸光度测试。

3. 设置测定波长,通过按界面上、下键调节波长并确认。通常选择被测物质的最大吸收波长为测量波长。

4. 在测定试液吸光度前，应使用参比溶液调节透射比为 100%或吸光度为 0，目的是消除溶剂和吸收池对光的吸收、反射带来的误差。将参比溶液（空白溶液）和试样溶液分别装至吸收池的 3/4 处，用滤纸轻轻吸去吸收池外部液体，并用擦镜纸擦拭透光面至洁净透明。垂直放入样品架，使参比吸收池透光面置于光路，按"ZERO"键调节透射比为 100%或吸光度为 0。

5. 进行试液测定，拉动试样架拉手使试液置于光路，屏幕上显示的数据即为该试液的吸光度值。

6. 测量结束后，取出吸收池洗净后倒置于滤纸上晾干。关闭仪器电源。

（三）使用吸收池的注意事项

1. 吸收池应配对使用，即一个盛放参比溶液，另一个盛放样品溶液。
2. 溶液装入前，用溶液润洗内壁 2~3 次；避免手指直接接触透光面，或使透光面被脏物沾污而影响测量结果。
3. 测定系列溶液时，应按浓度从低到高的顺序进行。

第三节 定性与定量分析

一、定性方法

紫外-可见分光光度法可通过测量化合物在紫外及可见光区的吸收光谱特征对其进行定性鉴别。其理论依据是大多有机化合物具有不同的吸收特征，如最大吸收波长（λ_{max}）、吸收峰数目、吸收强度、吸收系数（$E_{1cm}^{1\%}$）及光谱曲线形状等。通过采用对比法，即将试样的吸收光谱特征与标准化合物的吸收光谱特征或文献所载的标准图谱进行比较，对药物进行定性鉴别。

（一）对比吸收光谱特征数据

常用 λ_{max} 和 $E_{1cm}^{1\%}$ 作为吸收光谱特征数据进行对比。化合物的吸收峰对应的波长 λ_{max} 取决于结构中的吸收基团，当吸收光谱存在多个吸收峰时，都应纳入对比范围，同时作为鉴别依据。不同的化合物，λ_{max} 可能相同，但它们的分子量不一定相同，则 $E_{1cm}^{1\%}$ 就有差异。因此，对比 $E_{1cm}^{1\%}$ 的一致性也常用于化合物的定性。例如，醋酸甲羟孕酮和炔诺酮均为甾体化合物，λ_{max} 均为 240nm，但它们的 $E_{1cm}^{1\%}$ 有明显差异。

醋酸甲羟孕酮
$M = 386.53 \text{g/mol}$
$\lambda_{max} = (240 \pm 1) \text{nm}$
$E_{1cm}^{1\%} = 408$

炔诺酮
$M = 298.43 \text{g/mol}$
$\lambda_{max} = (240 \pm 1) \text{nm}$
$E_{1cm}^{1\%} = 571$

（二）对比吸光度比值

当化合物的吸收峰有两个以上时，可将两处吸收峰的吸光度值之比进行比较以鉴别，即对比 $\dfrac{A_1}{A_2}$。例如，维生素 B_{12} 在 361nm 与 278nm 处的吸光度比值应为 1.70~1.88；在 361nm 与 550nm 处的吸光度比值应为 3.15~3.45。

由于：

$$\frac{A_1}{A_2} = \frac{\varepsilon_1 cL}{\varepsilon_2 cL} = \frac{\varepsilon_1}{\varepsilon_2}$$

因此也可以比较吸光系数的比值。

（三）比较吸收光谱曲线一致性

比较吸收光谱曲线的一致性相对于比较吸光度比值及 λ_{max} 的方法来说更加全面。因为即使物质的吸光度比值、最大吸收波长及吸收系数均相同，也可能不是同一物质，在吸收曲线上还存在差异。因此，可将相同浓度的试液和标准品溶液进行光谱扫描，比较它们的吸收曲线，如果曲线能完全重合，则可确定是同一物质。这种方法要求溶剂的吸收干扰要小，使吸收光谱曲线能较为精细，便于核对。

例如，醋酸可的松、醋酸氢化可的松和醋酸泼尼松有近乎完全相同的 λ_{max} 和 ε 值，但三者的吸收光谱曲线仍有差异，可以根据这些差异进行鉴别。

二、纯度检查

紫外-可见分光光度法还可用于化合物纯度的检查。如果某化合物在紫外-可见光区无明显吸收，而杂质有较强吸收，少量的杂质就能通过光谱检查出来。例如，苯在 256nm 处有较强吸收，而乙醇和环己烷没有，因此，即使乙醇和环己烷中混入了 0.001% 的苯，也能从光谱中检出。

三、定量方法

（一）单组分的定量方法

1. 吸收系数法　根据朗伯-比尔定律 $A=EcL$，若从资料文献中查得被测物质的吸收系数 $E_{1cm}^{1\%}$ 或 ε，那么通过测定试液的吸光度，可计算出试液的浓度。

$$c = \frac{A}{E_{1cm}^{1\%} \cdot L}$$

例题 9-2　已知维生素 B_{12} 的水溶液在波长 361nm 处的 $E_{1cm}^{1\%}$ 为 207，使用 1cm 的吸收池，在波长 361nm 处测得溶液的吸光度值为 0.414，计算维生素 B_{12} 溶液的浓度。

解： 根据已知条件可得：

$$c = \frac{A}{E_{1cm}^{1\%} L} = \frac{0.414}{207 \times 1} = 0.002 (g/100ml)$$

需要注意的是，此法计算出的浓度单位为每 100ml 中所含物质的克数。若用 ε 进行计算，那么浓度单位为每升溶液中所含溶质的摩尔数，即 mol/L。也可通过比较样品的百分吸收系数和标准物质的吸光系数，计算样品中被测组分的含量（质量分数或体积分数）。

例题 9-3　已知标准维生素 B_{12} 的 $E_{1cm}^{1\%}$ 为 207，取维生素 B_{12} 样品 26.0mg，用水溶解并稀释至 1000ml，以 1cm 厚度的吸收池，在波长 361nm 处测得溶液的吸光度值为 0.524，计算该样品中维生素 B_{12} 的质量分数。

解：

$$E_{1cm样}^{1\%} = \frac{A}{cL} = \frac{0.524}{0.0026 \times 1} = 201.5$$

维生素 B_{12} 的质量分数为

$$\frac{E_{1cm样}^{1\%}}{E_{1cm标}^{1\%}} \times 100\% = \frac{201.5}{207} \times 100\% = 97.34\%$$

吸收系数法对仪器的要求较高，尤其是要确保入射的单色光要纯，若单色光不纯，测定的吸光度值不准确，计算结果会有较大误差。

2. 对照比较法　相同条件下配制浓度相近的试样溶液与对照品溶液，浓度相差在 ±10% 范围内。在同一波长等相同条件下测定吸光度，则

$$\frac{A_s}{A_x} = \frac{c_s}{c_x} \quad c_x = \frac{A_x c_s}{A_s} \tag{9-12}$$

式中，A_s 和 c_s 分别为对照溶液的吸光度和浓度；A_x 和 c_x 分别为试样溶液的吸光度和浓度。

3. 标准曲线法　标准曲线法因方法快速准确而被经常使用。由于标准溶液和试样溶液都使用同一台仪器测定吸光度，其他测量条件也完全相同，因此，吸光度和浓度在一定范围内可具有线性关系。

标准曲线定量方法为：配制系列已知浓度的标准溶液（一般 5~7 个），在使用同一台仪器等相同

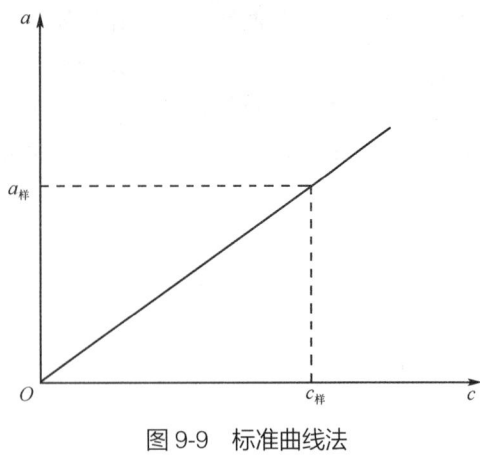

图 9-9 标准曲线法

测定条件下，分别测定吸光度。以浓度为横坐标，吸光度为纵坐标绘制 A-c 曲线（称为标准曲线或工作曲线），如图 9-9 所示。利用试样溶液在相同条件下测得的吸光度值可在曲线上查得对应的溶液浓度，或通过标准曲线的回归方程计算得到，并求出含量。

（二）多组分的定量方法

多组分的定量方法是以吸光度的加和性作为理论依据建立的，可分为试样溶液中共存组分在最大吸收波长处无重叠、部分重叠以及互相重叠的情况。

假设溶液中含有两个组分，则可能出现 3 种吸收情况，如图 9-10 所示。

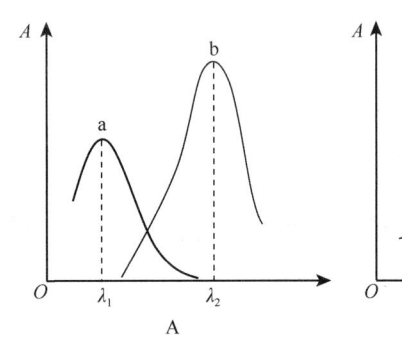
A
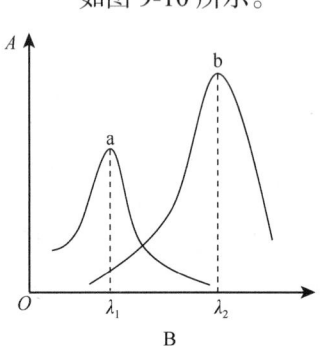
B
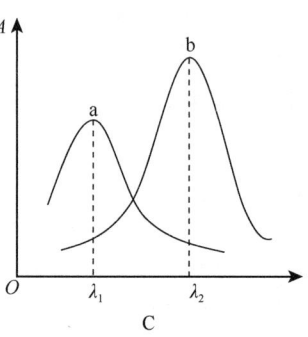
C

图 9-10　溶液中多组分可能出现的吸收情况

图 9-10A 中组分 a、组分 b 在最大吸收波长处互相无干扰。可按照单组分的定量方法进行测定与计算，即在各组分对应的最大吸收波长处测定吸光度，计算浓度。

图 9-10B 中组分 a 在 λ_1 处受到组分 b 的吸收干扰，而组分 a 在组分 b 的 λ_2 处无吸收，这种情况可先测出组分 b 的吸光度，根据吸光度的加和性计算出组分 a 的浓度，即

$$A_1^{a+b} = A_1^a + A_1^b = \varepsilon_1^a L c_a + \varepsilon_1^b L c_b$$

式中，ε_1^a 和 ε_1^b 可用组分 a、组分 b 已知浓度的纯溶液，在 λ_1 处分别测定吸光度求得。

当溶液中组分 a、组分 b 的吸收曲线互相有重叠，如图 9-10C 所示，这种情况有多种定量方法，如解联立方程和双波长法等。

1. 解联立方程法　通过测定溶液的吸光度以及 λ_1 和 λ_2 处组分 a、组分 b 的摩尔吸光系数，建立方程组可分别求得组分 a、组分 b 的浓度，即

$$A_1^{a+b} = \varepsilon_1^a l c_a + \varepsilon_1^b L c_b$$
$$A_2^{a+b} = \varepsilon_2^a l c_a + \varepsilon_2^b L c_b$$

2. 双波长法　双波长法也称为等吸收点法，适用于溶液中各组分的吸收曲线相互重叠的复杂情况，是具有代表性的计算分光光度法。如图 9-11 所示，以测定组分 a 为例，若要测定组分 a 的浓度，需消除组分 b 的干扰，可从组分 b 的吸收曲线上选取两个吸光度相等的点，对应的波长分别为 λ_1 和 λ_2，以测定混合溶液在 λ_1 和 λ_2 的吸光度差值 ΔA 来计算组分 a 的浓度。

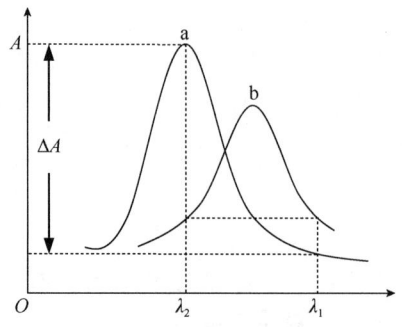

图 9-11　双波长法示意图

波长选取方法：以 λ_2 作为组分 a 的测定波长，以 λ_2 为起点作一条垂直于横轴的直线并与组分 b 的吸收曲线相交于一点，从这一点作一条平行于纵轴的直线，并与组分 b 的吸收曲线相交于一点或数点，选择这些交点对应的波长作为参比波长 λ_1。λ_1 的选择应使待测组分的 ΔA 尽可能大，同时应满足 $A_1^b = A_2^b$。对混合溶液测定吸光度，得

$$\Delta A = A_2 - A_1 = (A_2^a + A_2^b) - (A_1^a + A_1^b)$$

因为

$$A_1^b = A_2^b$$

故

$$\Delta A = A_2^a - A_1^a = (\varepsilon_{2a} - \varepsilon_{1a})Lc_a$$

从上式可求得组分 a 的浓度，同理，可计算出组分 b 的浓度。

自 测 题

一、选择题（A 型题）

1. 下列关于光的性质描述，说法正确的是（　　）。
   A. 只具有波动性
   B. 只具有粒子性
   C. 具有波粒二象性
   D. 其能量大小与波长成正比

2. 可见光的波长范围为（　　）。
   A. 760～1000nm
   B. 400～760nm
   C. 200～400nm
   D. 小于 400nm

3. 两种互补色光，按一定的强度比例混合可成为（　　）。
   A. 红色光
   B. 白光
   C. 蓝色光
   D. 紫色光

4. 在分光光度法中，透过光强度（I_t）与入射光强度（I_0）之比称为（　　）。
   A. 吸光度
   B. 透光率
   C. 吸光系数
   D. 光密度

5. 朗伯-比尔定律描述了光的吸光度与（　　）。
   A. 溶液浓度的关系
   B. 波长的关系
   C. 溶液液层厚度的关系
   D. 溶液的浓度与液层厚度的关系

6. 在吸收光谱曲线上，如果固定其他条件而增加溶液的浓度，最大吸收波长的位置和峰的高度将（　　）。
   A. 峰位向长波方向移动，峰高增加
   B. 峰位向短波方向移动，峰高增加
   C. 峰位不移动，峰高降低
   D. 峰位不移动，峰高增加

7. 如果某化合物的摩尔吸光系数很大，下列说法正确的是（　　）。
   A. 该化合物溶液的浓度很大
   B. 光通过该化合物溶液的光程很长
   C. 该化合物对某波长的光吸收很强
   D. 测定该化合物的灵敏度高

8. 等吸收双波长法进行多组分定量分析的理论依据是（　　）。
   A. 溶液对两波长的吸光度之和为定值
   B. 溶液对两波长的吸光度之差与待测物浓度成正比
   C. 吸光度具有加和性
   D. 干扰物质和被测物质有等吸收点

9. 在分光光度法测定时，使用参比溶液的作用是（　　）。
   A. 调节仪器透光率的零点
   B. 吸收入射光中测定所需要的光波
   C. 消除试剂等非测定物质对入射光吸收的影响
   D. 调节测定的波长

10. 紫外-可见分光光度法是基于被测物质对光的（　　）。
    A. 发射
    B. 散射
    C. 吸收
    D. 衍射

11. 入射光的波长的选择应遵循的原则是（　　）。
    A. 吸收最大
    B. 干扰最小
    C. 吸光系数最大
    D. 吸收最大、干扰最小

12. 下列说法正确的是（　　）。
    A. 吸收曲线与物质的性质无关
    B. 浓度越大，吸光系数越大
    C. 吸收曲线是一条通过原点的直线
    D. 吸收曲线是溶液浓度与吸光度之间的关系曲线

二、简答题

1. 朗伯-比尔定律的应用条件是什么？引起朗伯-比尔定律偏离的因素有哪些？
2. 简述吸光度测定时应注意哪些测定条件。

三、计算题

1. 取对乙酰氨基酚样品约 44mg，置于 250ml 容量瓶中，加 0.4%氢氧化钠溶液 50ml 溶解后，加水至刻度，摇匀。精密取 5ml，置于 100ml 容量瓶中，加 0.4%氢氧化钠溶液 10ml，加水至刻度，摇匀。用 1cm 比色皿，在 257nm 波长处测定吸光度为 0.60，按 $C_8H_9NO_2$ 的吸收系数（$E_{1cm}^{1\%}$）为 715 计算样品中对乙酰氨基酚的含量。

2. 将已知浓度为 2.00mg/L 的蛋白质溶液经硫酸铜溶液显色反应后，在 540nm 波长下测得其吸光度为 0.320。另取一份试样溶液经相同处理后，在同样条件下测得吸光度为 0.440。求试样溶液中蛋白质的浓度。

（崔　婷）

第 10 章

红外分光光度法

当一束具有连续波长的红外光通过物质，其分子中某个基团的振动频率和红外光的频率一致时，吸收红外光的能量引起分子振动能级的跃迁，同时也伴随着分子转动能级的跃迁。将物质分子吸收红外光的情况用仪器记录下来，就是红外吸收光谱图。红外吸收光谱图上各官能团的吸收峰均出现在特定的波长范围内，所以可根据光谱中吸收峰的位置、形状来判断官能团的存在，从而进行定性分析。红外分光光谱法是"四大波谱"中应用最多、理论最为成熟的一种方法，特别是对未知物的结构鉴定方面发挥着极其重要的作用。

案 例 亮菌甲素注射液事件

某医院传染病科先后接诊多例急性肾衰竭患者，于是，院方立即组织多学科的专家会诊，发现这些患者都注射过同一种药物——某药厂生产的亮菌甲素注射液。经调查，生产厂家违规用二甘醇代替了丙二醇，二甘醇具有肾毒性，如短时间内身体摄入大量二甘醇则会引起肾损伤甚至肾衰竭。

讨论：在对亮菌甲素的检验中，如何检验丙二醇呢？

第一节 基 本 原 理

一、红外线及红外光谱

红外线是指波长长于可见光而短于微波的电磁波（0.76～1000μm）。习惯上按波长的不同，将红外光区分为 3 个区域，如表 10-1 所示。

表 10-1 红外光区区域

区域	波长/μm	波数/cm^{-1}	能级跃迁类型
近红外区（泛频区）	0.76～2.5	13 158～4 000	NH、OH、CH 倍频吸收区
中红外区（基本振动区）	2.5～25	4 000～400	振动，伴随着转动
远红外区（转动区）	25～1 000	400～10	转动

当分子受到红外光的辐射，产生振动能级的跃迁，在振动时伴有偶极矩改变者就吸收红外光子，形成红外吸收光谱。红外吸收光谱是利用物质的分子吸收了红外辐射后，产生分子振动和转动能级从基态到激发态的跃迁，得到分子振动能级和转动能级变化产生的振动-转动光谱，因为出现在红外区，所以称之为红外光谱。利用红外光谱进行定性、定量分析及测定分子结构的方法称为红外吸收光谱法。

红外吸收光谱图常以百分透光率（T，单位%）为纵坐标，以波数（σ，单位 cm^{-1}）或波长（λ，单位 μm）为横坐标绘制曲线，即 T-σ 曲线或 T-λ 曲线，如图 10-1 所示。

红外吸收光谱法可用于分子结构的基础研究（测定分子键长、键角，推断分子的立体构型等），化学组成的分析（化合物的定性与定量分析），但应用最广泛的还是有机化合物的结构鉴定，可根据红外吸收光谱的峰位置、峰强度、峰数目及峰形来判断化合物的类别，推测某种基团的存在，进而推断未知化合物的化学结构。

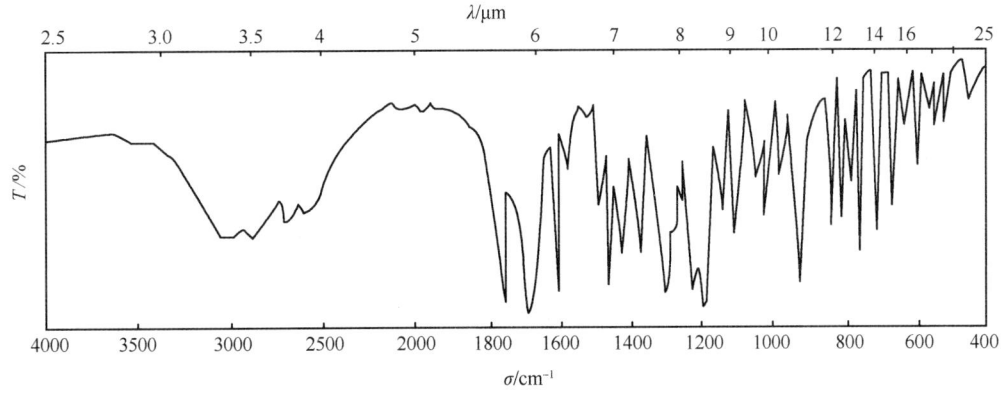

图 10-1 阿司匹林的红外光谱图

二、红外吸收光谱法的特点

近年来，出现了红外光谱仪与其他大型仪器的联用，使得红外吸收光谱法在结构分析、化学反应机理研究以及生产实践中发挥着极其重要的作用。红外吸收光谱法具有如下特点：

1. 应用范围广泛。气态、液态和固态样品均可进行红外吸收光谱测定。
2. 测定快，特征性强。多数化合物均有红外吸收，能显示丰富的结构信息。
3. 样品用量少，仅用很少的样品（微克级）就可完成样品的红外分析。
4. 红外测定新技术发展快。针对特殊样品的测试要求，发展了多种测量新技术，如光声光谱（PAS）、衰减反射光谱（ATR）、漫反射、红外显微镜等。

三、红外吸收光谱产生的原理和条件

（一）红外吸收光谱产生的原理

有机分子中诸原子通过各类化学键连接为一个整体，当它受到光的辐射时，发生转动和振动能级的跃迁。为了了解红外吸收光谱中的吸收峰的起因、数目及变化规律，需要从研究分子的振动入手。

1. 分子的振动类型　红外吸收光谱中的吸收峰是由分子不同的振动发生能级的跃迁产生的。双原子分子仅有一种振动形式，多原子分子的振动形式虽较多，但基本上包括两大类，即伸缩振动和弯曲振动。

（1）伸缩振动。伸缩振动表示符号为 v，是化学键沿着键轴方向做规律性的伸与缩的运动，即键长有变化，键角无变化。伸缩振动又分为：对称伸缩振动，表示符号为 v_s；不对称伸缩振动，表示符号为 v_{as}。两个化学键同时伸长或缩短，称为对称伸缩振动；两个化学键交替伸长或缩短，称为不对称伸缩振动。

（2）弯曲振动。弯曲振动是键角发生规律性变化的振动，其振动形式可分为：

1）面内弯曲振动，表示符号为 β，是在由几个原子所构成的平面内进行的振动。面内弯曲振动又分为：剪式振动，表示符号为 δ；面内摇摆振动，表示符号为 ρ。

2）面外弯曲振动，表示符号为 γ，是在垂直于由几个原子所构成的平面方向上进行的弯曲振动。面外弯曲振动又分为：面外摇摆振动，表示符号为 ω；蜷曲振动，表示符号为 τ。

3）变形振动，表示符号为 δ，是多个化学键端的原子相对于分子的其余部分的弯曲振动，有键角变化。变形振动又分为：对称变形振动，表示符号为 δ_s；不对称变形振动，表示符号为 δ_{as}。

2. 分子的振动自由度　红外吸收光谱上吸收峰的峰数主要取决于分子基本振动的数目，即分子的振动自由度。对于含有 N 个原子的分子中，分子自由度的总数为 $3N$ 个。分子总的自由度包括平动自由度、转动自由度和振动自由度，即分子总的自由度 $3N$=平动自由度+转动自由度+振动自由度。非线型分子的振动自由度=$3N-3-3=3N-6$，线型分子的振动自由度=$3N-3-2=3N-5$。例如，水分子为非线型分子，振动自由度=$3\times3-6=3$，有三种振动形式，每种振动形式产生一个吸收峰，在红外吸收光谱上有 3 个吸收峰。

理论上，每个振动自由度（基本振动数）在红外光谱区将产生一个吸收峰。但是实际上，峰数往往少于基本振动数，其主要原因是：当振动过程中分子不发生瞬间偶极矩变化时，不引起红外吸收；频率完全相同的振动彼此发生简并；弱的吸收峰位于强、宽吸收峰附近时被覆盖；吸收峰太弱，仪器分辨率太低，以致无法测定。

（二）红外吸收光谱产生的条件

只有能引起偶极矩变化的振动才能吸收能量相当的红外辐射，而在红外吸收光谱上才能观测到吸收峰。故把能引起偶极矩变化的振动称为红外活性振动。反之，把不能引起偶极矩变化的振动称为红外非活性振动。因此并不是所有的分子振动都能引起红外光的吸收，物质分子吸收红外光必须满足两个条件：

1. 红外光辐射的能量应恰好等于振动能级跃迁所需的能量，也就是红外光辐射的频率与分子中某基团的振动频率相等或者是其振动频率的倍数时，红外光才能被吸收，产生红外光谱。

2. 在振动过程中，分子必须有偶极矩的变化。只有当红外光频率与分子偶极矩变化频率一致时，分子才与红外光相互作用（振动耦合）而增加振动能，使振幅增大，即分子由原来的基态振动跃迁到较高的能级上振动。

四、基团频率和特征吸收

物质的红外吸收光谱是分子结构的反映。谱图中的吸收峰与分子中各基团的振动形式相对应。多原子分子的红外吸收光谱与其结构的关系，一般是通过实验手段得到的。这就是通过大量的已知化合物的红外吸收光谱，从中总结出各种基团的吸收规律。实验表明，组成分子的各种基团，如O—H、N—H、C—H、C=C、C=O等，都有自己特定的红外吸收区域，分子的其他部分对其吸收位置影响较小。通常把这种能代表基团存在，并有较高强度的吸收谱带称为基团频率，其所在位置一般又称为特征吸收峰。

红外吸收光谱最常用的是将4000～400 cm^{-1}分成不同区域进行的归纳法。以1300 cm^{-1}为界分成官能团区和指纹区两部分。官能团区为4000～1300 cm^{-1}，是由含氢的官能团和含双键、三键的官能团产生的，由于折合质量小或键的力常数大，因而出现在高波数，峰的数目较少但强度较大，一般来说，每个峰都可得到较确切的归属，由此给出化合物的特征官能团和结构类型的重要信息。从1300～400 cm^{-1}区域内通常称为指纹区，主要由含氢的单键官能团伸缩振动和双键、三键的变角振动引起的，各种振动的频率差别较小、数目较多、相互重叠耦合、谱图变化较多，大部分峰找不到准确的归属，但综合起来作为化合物的具体特征指纹图。

第二节 红外分光光度计及样品的制备技术

红外分光光度计是由光源、吸收池、单色器、检测器、计算机工作站等部分构成。除光源、色散元件、检测器等与紫外-可见分光光度计不同外，吸收池与单色器的位置顺序也不同。1970年以后诞生了基于干涉调频分光的傅里叶变换红外光谱仪（Fourier transform infrared spectrometer，FT-IR），属于第三代红外光谱仪。它具有很高的分辨率和极快的扫描速度，扫描一张红外全谱的时间只需百分之几秒到十分之几秒。由于这种仪器中没有狭缝，光通量大大增加，使其灵敏度比光栅型的红外光谱仪高两个数量级。它的这些特点，使得色谱与红外光谱的联用成为现实。

一、傅里叶变换红外分光光度计

傅里叶变换红外光谱法是根据傅里叶变换的基本原理，即利用两束光相互干涉产生干涉谱而经过傅里叶变换测定红外吸收光谱的技术。因其具有很高的分辨率、灵敏度和很快的扫描速度，仪器的性价比也越来越高，同时也是实现联用技术较理想的仪器，目前已有气相-红外、高效液相-红外、热重-红外等联用的仪器，应用范围日益广泛。

红外光源发出的光首先通过一个光圈，然后逐步通过滤光片，进入干涉仪（光束在干涉仪里被动镜调制），到达样品（透射或反射），最后聚焦到检测器上。每一个检测器包含一个前置放大器，前置放大器输出的信号（干涉图）发送到主放大器，在这里被放大，通过模/数转换器送入计算机，由计算机进行傅里叶变换的快速计算，将这一干涉信号所带有的光谱信息转换成以波数为横坐标的红外光谱图，然后再通过数/模转换器送入绘图仪，便得到与色散型红外光谱仪完全相同的红外光谱图。傅里叶变换红外分光光度计的构成，见图10-2。

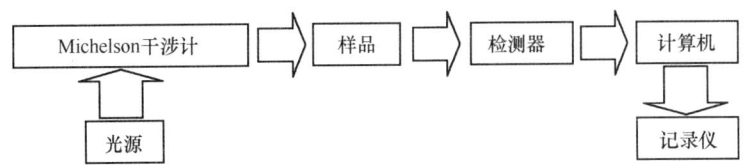

图 10-2　傅里叶变换红外分光光度计构成示意图

（一）光源

光源的作用是产生高强度、连续的红外光。通常采用惰性固体作光源，目前中红外区较为常用的有硅碳棒和能斯特灯（Nernst灯）。

Nernst灯由锆、钇、铈或钍的氧化物混合烧结而成，发射强度大，尤其在高于1000cm^{-1}的区域稳定性较好，但机械强度较差，价格较贵。

硅碳棒是用硅碳砂压制成中间细两端粗的实心棒烧结而成，在低波数区发射较强，波数范围宽，4000～400cm^{-1}；坚固、寿命长，发光面积大，较多用特殊金属丝制成。

（二）吸收池

红外分光光度计所使用的吸收池有气体池、液体池和固体池，由于中红外光不能透过玻璃和石英，一般用一些盐类的单晶制作盐片（如 KBr 或 NaCl 等），可测定固、液、气态样品。KBr 和 NaCl 很容易潮解，在相对湿度大于45%的环境下使用会逐渐变得不透明，在不使用时应在保干器中存放。

（三）干涉仪

干涉仪是光谱仪的心脏，光束进入干涉仪后一分为二：一束透过到动镜，另一束反射到定镜。透射光从定镜反射回来（在这里被调制）到达分束器，一部分透射返回光源，另一部分反射到样品。反射光从定镜反射回来到分束器，一部分反射返回光源，一部分透射到样品。也就是说在干涉仪的输出部分有两部分，根据动镜的位置，这两束光得到加强或减弱，产生干涉，得到干涉图。干涉图信号经检测器转变成电信号，通过计算机经傅里叶变换后即得红外光谱图。

（四）检测器

检测器的作用是将照射在它上面的红外光变成电信号。红外区光子能量低，不能使用紫外可见吸收光谱仪上的光电管或光电倍增管。常用的红外检测器有两种：热电型、光电导型。

（五）记录系统

由记录仪自动记录图谱。

二、红外分光光度法样品的制备技术

测定红外吸收光谱的试样必须是纯物质，若有杂质须进行分离提纯，使纯度大于98%，一般应不含水；试样的浓度和测试厚度应适当，确保图谱中大多数吸收峰的透光率处于10%～80%范围内。

（一）固体样品的制备技术

固体样品制备常用压片法、糊剂法及薄膜法。这三种制备方法各有优缺点，实验室采用较多的还是压片法。

1. 压片法　压片法是测定固体样品常用的方法，尤其对于不溶于有机溶剂的固体物质，采取压片法较合适。取样品1～2mg，加入干燥 KBr 约200mg，置玛瑙研钵中，在红外灯照射下研磨，混匀，装入压片模具，边抽气边加压，至压力为15～20MPa，维持压力1～2min，卸掉压力，可得到厚约1mm的透明 KBr 样品片。

KBr 为最常用的固体分散介质，要求 KBr 为光谱纯、粒度约 200 目，并为干燥品。无光谱纯 KBr 时，可用 GR 或 AR 级品重结晶，未精制前，若无明显吸收，也可直接使用。若测定试样为盐酸盐时，应用 KCl 压片。

2. 糊剂法 压片法无法避免固体粒子对光的散射现象，可采用糊剂法。首先把干燥的样品放入玛瑙研钵中充分研细，然后滴几滴液体石蜡到玛瑙研钵中继续研磨，直到呈均匀的糊状，用样品铲把分散在玛瑙研钵四周的样品糊聚拢并铲入盐片上，放入仪器光路中测绘其光谱。

最常用的液体分散介质为石蜡油（白油）、全氟代烃，其中，石蜡油适用于 $1300\sim400cm^{-1}$，全氟代烃适用于 $4000\sim1300cm^{-1}$，可根据样品出峰情况选用。由于石蜡是高碳数饱和烷烃，因此此法不适于测定饱和烷烃。

3. 薄膜法 此法主要用于能够成膜的高分子物质。制备方法根据试样的理化性质而定：低熔点的样品可在熔融后涂制或压制成膜，也可将样品溶解在低沸点的易挥发溶剂中，涂在盐片上，待溶剂挥发后成膜。

（二）液体样品的制备技术

1. 液体池法 一般液体试样及有合适溶剂的固体试样均可采用液体池法。最常用的溶剂有 CCl_4、CS_2、$CHCl_3$、环己烷等，对于某些难溶性高聚物或其他物品，多采用四氢呋喃、吡啶、二甲基甲酰胺等。该法需要选用在测定波数区域无严重干扰吸收的溶剂，否则即便使用空白抵偿也不能完全抵消干扰吸收。因此作精密测定时，需要按波段选择数个溶剂完成整个区间的测定。一般常用的溶剂有 CCl_4（$4000\sim1350cm^{-1}$）及 CS_2（$1350\sim600cm^{-1}$）。CCl_4 在 $1580cm^{-1}$ 处稍有干扰。

2. 夹片法及涂片法 对于挥发性不大的液体试样可采用夹片法，即将液体试样滴在一片 KBr 窗片上，用另一片 KBr 窗片夹住后测定，方法简便实用。对于黏度大的液体样品可采用涂片法，即将液体样品涂在一片 KBr 窗片上测定。KBr 窗片使用完后，需要用合适的有机溶剂清洗后保干保存。

第三节 红外分光光度法的应用

红外光谱在化学领域中的应用是多方面的，其方法简便、迅速和可靠；同时样品用量少、可回收；对样品也无特殊要求，无论气体、固体和液体均可以进行检测。所以它广泛地用于化合物的定性、定量分析和化学反应的机理研究等，应用最广的还是对未知化合物进行结构鉴定。

一、定 性 分 析

定性分析大致可分为化合物的鉴别和结构定性两个方面。定性分析的一般过程如下：试样的分离和精制→试样有关材料的了解→试样谱图的解析→标准谱图对照→红外光谱谱库检索→分子结构的确定。

1. 鉴别化合物的异同 化合物的红外光谱图与其熔点、沸点、折射率和比旋度等物理常数一样，是该化合物的一种特征。大多数有机化合物的红外光谱吸收峰多达 20 个以上，如同人的指纹一样彼此不相同，因此用它鉴别化合物，可靠性比其他物理性质强。如果两个样品在相同的条件下测得的红外光谱图完全一致，就可以确认它们是同一化合物。但当两个图有差别时，需要从同质异晶体、同系物、来源、精制方法、溶剂的浓度和吸收峰的相对强度等因素来考虑，方能作出正确的结论。确定已知范围的未知化合物，红外鉴别方法有两种：对照品对比法和标准图谱对比法。

2. 推断化合物的结构 红外光谱可提供物质分子中官能团、化学键及空间立体结构的信息，可用于对未知化合物的结构推测，解析红外光谱前应了解试样的来源及理化性质。试样的物理常数（熔点、沸点、比旋度、折光率等），可作为光谱解析的佐证。

二、定 量 分 析

红外光谱定量的依据也是朗伯-比尔定律，定量分析方法很多，视被测物质的情况和定量分析的要求可采用直接计算法、工作曲线法等。但由于摩尔吸光系数小，灵敏度低；吸收光程较难控制，测量误差大；吸收峰受化学环境、溶剂效应的影响较大等原因给红外光谱定量带来一定的困难，因此应用没有紫外广泛。

自测题

一、选择题（A 型题）

1. 红外吸收光谱的产生是由于（　　）。
   A. 分子外层电子、振动、转动能级的跃迁
   B. 原子外层电子、振动、转动能级的跃迁
   C. 分子振动-转动能级的跃迁
   D. 分子外层电子的能级跃迁

2. 在红外光谱分析中，用 KBr 制作试样池，这是因为（　　）。
   A. KBr 晶体在 4000～400cm^{-1} 范围内不会散射红外光
   B. KBr 在 4000～400cm^{-1} 范围内有良好的红外光吸收特性
   C. KBr 在 4000～400cm^{-1} 范围内无红外光吸收
   D. 在 4000～400cm^{-1} 范围内，KBr 对红外光无反射

3. 用红外吸收光谱法测定有机化合物结构时，试样应该是（　　）。
   A. 单质　　　　　B. 纯物质
   C. 混合物　　　　D. 任何试样

4. 红外光谱是（　　）。
   A. 分子光谱　　　B. 离子光谱
   C. 电子光谱　　　D. 分子电子光谱

5. 红外分光光度计的结构组成为（　　）。
   A. 光源—吸收池—单色池—检测器—计算机工作站
   B. 光源—单色池—吸收池—检测器—计算机工作站
   C. 单色器—吸收池—光源—检测器—计算机工作站
   D. 光源—吸收池—单色器—检测器

二、填空题

1. 红外吸收光谱是利用物质的分子吸收了红外辐射后，产生分子振动和转动能级从基态到激发态的跃迁，得到分子_____能级和_____能级变化产生的振动-转动光谱。

2. 红外吸收光谱图是常以_____为纵坐标，以_____或_____为横坐标绘制的曲线，即 T-σ 曲线或 T-λ 曲线。

3. 多原子分子的振动形式基本上包括两大类，即_____振动和_____振动。

4. 能引起偶极矩变化的振动称为_____振动。反之，把不能引起偶极矩变化的振动称为_____振动。

（邹小丽）

第 11 章

经典液相色谱法

随着科学技术的发展，分析工作者面临的分析对象更多是多种组分混合的复杂体系。对复杂物质的分析经常需要将样品中的各种组分先分离，再分析。色谱法是现今应用最为普遍、最为重要的分离、分析方法。

以液体为流动相的色谱法称为液相色谱法。按照固定相的种类和规格、流动相的输送方式、柱效、分离周期和检测灵敏度的不同，液相色谱法分为经典液相色谱法和现代液相色谱法，本章讨论经典液相色谱法。

经典液相色谱法采用普通规格的固定相、常压输送流动相，一般不具备在线检测器。根据操作形式的不同，经典液相色谱法又可以分为柱色谱法和平面色谱法。

案 例

著名的植物学家茨维特（M. S. Tswett）在研究植物叶子色素组成时做了一个著名实验，他将碳酸钙吸附剂填充到竖直的玻璃管中，从顶端注入用石油醚提取的植物色素，然后用石油醚从上而下冲洗。结果发现，玻璃管上端的混合液不断向下移动，并逐渐分离成具有一定间隔的颜色不同的清晰色带。

讨论：为什么提取液中的混合色素在碳酸钙柱子上得到分离并形成不同颜色的色带？它的分离原理是什么？

第一节 概 述

一、色 谱 法

色谱法（chromatography）是一种分离分析技术。它是利用物质在两相中具有不同的分配系数，当两相做相对运动时，这些物质在两相中进行反复多次的分配以达到分离的方法。这两相中一相保持不动，称为固定相，另一相携带试样向一定方向移动，称为流动相，将装有固定相的细长管（如玻璃管、不锈钢管）称为色谱柱。

色谱法始于 20 世纪的柱色谱，它的出现是分离科学史上的一个里程碑。其后，30 年代与 40 年代又相继出现了薄层色谱法和纸色谱法。这些方法都是以液体作为流动相，故被称为经典液相色谱法。

二、色谱分离过程

色谱分离过程是物质分子在相对运动的两相间反复分配"平衡"的过程。由于混合物中各组分在性质和结构上的差异，与固定相之间产生的作用力的大小、强弱不同，随着流动相的移动，混合物在两相间经过反复多次的分配平衡，使得各组分被固定相保留的时间不同，从而按一定次序从色谱柱中流出。

现以吸附柱分离 A、B 两组分的样品为例，说明样品分离的过程。将含有 A、B 两组分的样品加到色谱柱的顶端，然后用适当的流动相冲洗，随着流动相不断的冲洗，被吸附在固定相上的 A、B 两组分在两相间不断地产生吸附、解吸附、再吸附、再解吸附……的过程。若两组分的理化性质存在着微小的差异，则固定相对两组分的吸附能力也存在微小的差异，经过反复多次的重复，两组分彼此被分离，如图 11-1 所示，吸附能力弱的组分 B 迁移速度快，先从色谱柱中流出，吸附能力强的组分 A 迁移速度慢，后流出色谱柱。

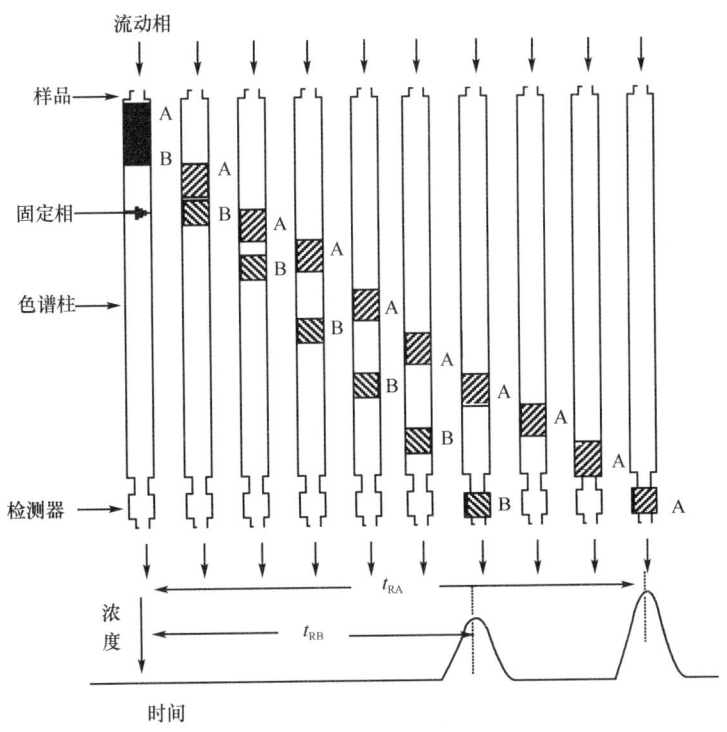

图 11-1　色谱过程示意图

如果在经典柱后面配置检测器，可以测定流出组分的浓度对时间的曲线，即色谱流出曲线。如图 11-1 所示，当组分 B 随流动相进入检测器时，流出曲线开始突起，随 B 在检测器中的浓度变化而形成 B 的色谱峰，当 B 完全通过检测器后，流出曲线恢复平直；而后组分 A 进入检测器，形成 A 的色谱峰，A 通过后，流出曲线又恢复平直。

三、色谱法分类

色谱法可以从不同角度进行分类。

（一）按两相所处的物理状态分类

其分类情况，见表 11-1。

表 11-1　色谱法按两相所处的物理状态分类

色谱类型	流动相	固定相	色谱法名称	主要分析对象
液相色谱法（LC）	液体	固体	液-固色谱法	可以溶于水或有机溶剂的各种物质
		液体	液-液色谱法	
		化学键合相	化学键合相色谱法	
气相色谱法（GC）	气体	固体	气-固色谱法	挥发性差、沸点低
		液体	气-液色谱法	
超临界流体色谱法（SFC）	超临界流体	固体	超临界流体色谱法	各种有机化合物
		化学键合相		

（二）按操作形式分类

按固定相的操作形式，可分为柱色谱法和平面色谱法等类别。

1. **柱色谱法**　将固定相装于柱管内，流动相通过重力或加压作用流经固定相。
2. **平面色谱法**　将固定相涂布于平面载板上或附着在纸纤维或基质膜上，混合组分被流动相携带通过毛细管或加压作用流经固定相实现分离。平面色谱法又分为纸色谱法（PC）和薄层色谱法（TLC）。

（三）按分离机制分类

根据分离机制不同，色谱法可分为吸附色谱法（adsorption chromatography，AC）、分配色谱法（partition chromatography，DC）、离子交换色谱法（ion exchange chromatography，IEC）、体积排阻色谱法（size exclusion chromatography，SEC）等。

四、色谱法特点

（一）分离效能高

在一个分析周期内可以分离十多种化合物，甚至上百种化合物。特别对于有机同系物和异构体的分离，色谱法比其他经典分离技术（如萃取、蒸馏、重结晶）更有效。

（二）灵敏度高

采用高灵敏度的检测器可以分析痕量组分，是分析混合物最常用的手段。

（三）分析速度快

一般在几分钟或几十分钟内可以完成一个试样的分析。

（四）应用范围广

色谱法可以分离分析无机、有机样品，低分子量或高分子量样品，甚至对热不稳定或有生物活性的样品也可进行分离测定。其应用几乎涵盖所有的生产性领域。

第二节　色谱法的基本术语

一、色谱图和色谱峰

1. 色谱流出曲线　当组分进样后，经过色谱柱到达检测器所产生的响应信号随时间变化的曲线称为色谱流出曲线，也称色谱图，它的横坐标是时间，纵坐标是检测器的响应值，如图11-2所示。

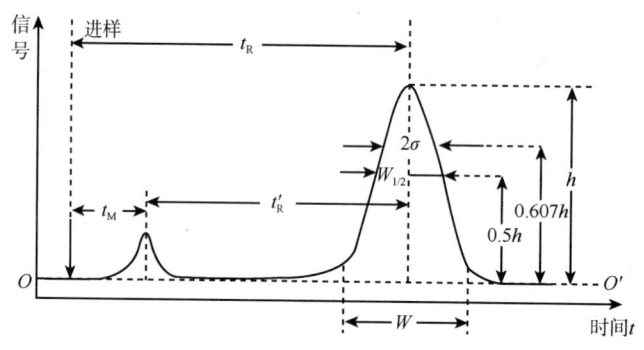

图 11-2　色谱流出示意图

2. 基线　操作条件稳定后，无样品通过时检测器所反映的信号-时间曲线。稳定的基线是一条水平直线，是测量基准，也是检查仪器工作是否正常的指标之一。如图11-2中的OO'线。在规定工作条件下，规定时间内，仪器的响应信号随时间定向的缓慢变化，称为漂移（drift）。

3. 色谱峰　从被测组分开始进入检测器直至完全流出检测器所形成的峰形部分称为色谱峰。基线与色谱峰组成了一个完整的色谱图。正常的色谱峰为左右对称的正态分布曲线，色谱峰的峰位（保留值）、峰面积或峰高、峰宽三个参数分别用于组分的定性、定量、柱效分析。

4. 拖尾因子 T　是用来衡量色谱峰对称性的参数，也称对称因子，计算公式为

$$T = \frac{W_{0.05}}{2A} = \frac{A+B}{2A} \tag{11-1}$$

式中，$W_{0.05}$为0.05倍峰高处的峰宽；A为峰极大值到峰前沿之间的距离；B为峰极大值到峰后沿之间的距离，如图11-3所示。T值在0.95～1.05的色谱峰为对称峰，小于0.95为前延峰，特点是前面平缓，后面陡峭；大于1.05为拖尾峰，特点是前面陡峭，后面平缓。

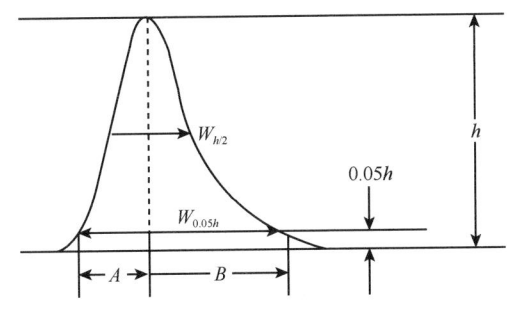

图 11-3 拖尾因子计算示意图

二、定量参数——峰高、峰面积

1. **峰高** 色谱峰顶到基线的垂直距离，以 h 表示，如图 11-2 所示。

2. **峰面积** 由色谱峰与基线之间所围成的面积称为峰面积，用 "A" 表示，是色谱定量分析的基本依据。对于对称峰，峰面积与峰高 h、半峰宽 $W_{1/2}$ 的关系为

$$A = 1.065 h W_{1/2} \tag{11-2}$$

三、定性参数——保留值

色谱的保留值表示试样中各组分在色谱固定相内的滞留状态，是主要的色谱定性参数。保留值通常通过实验测定，用时间或相应的流动相体积表示，分别称为保留时间和保留体积，具体可分为以下几种：

1. **保留时间 t_R** 组分从进样开始到出现色谱峰顶所需要的时间。

$$t_R = \frac{L}{u} \tag{11-3}$$

式中，L 为柱长，cm；u 为溶质（即组分）通过色谱柱的线速度，cm/s。

2. **死时间 t_M** 是分配系数为零，即不被固定相保留的组分（如空气或甲烷）从进样开始到色谱峰顶（即浓度极大）所对应的时间，称为死时间。死时间与柱前后的连接管道和柱内空隙体积的大小有关。利用死时间可以测定流动相的平均线速 u_m，即

$$u_m = \frac{L}{t_M} \tag{11-4}$$

3. **调整保留时间 t'_R** 扣除死时间后的组分的保留时间，称为调整保留时间。它表示该组分因吸附、溶解或其他原因滞留于固定相，比非滞留组分在柱内多滞留的时间：

$$t'_R = t_R - t_M \tag{11-5}$$

4. **保留体积 V_R** 某组分在保留时间内流经色谱柱的流动相体积，称为保留体积，用 V_R 表示：

$$V_R = t_R \times F_c \tag{11-6}$$

式中，V_R 为保留体积，ml；t_R 为保留时间，min；F_c 为流速，ml/min。

5. **死体积 V_M** 是分配系数为零，即不被固定相保留的组分通过色谱柱所消耗的流动相体积，称为死体积，用 V_M 表示：

$$V_M = t_M \times F_c \tag{11-7}$$

式中，V_M 为死体积，ml；t_M 为死时间，min；F_c 为流速，ml/min。

6. **调整保留体积 V'_R** 由保留体积扣除死体积后的体积，称为调整保留体积，用 V'_R 表示：

$$V'_R = V_R - V_M \tag{11-8}$$

式中，V'_R 为调整体积，ml；V_R 为保留体积，ml；V_M 为死体积，ml。

7. **相对保留值 r_{is}** 一定实验条件下组分 i 与另一标准组分 s 的调整保留时间之比：

$$r_{is} = \frac{t'_{Ri}}{t'_{Rs}} = \frac{V'_{Ri}}{V'_{Rs}} \tag{11-9}$$

r_{is} 仅与柱温及固定相性质有关，而与其他操作条件如柱长、柱内填充情况及载气的流速等无关，因此

r_{is} 是色谱定性分析的重要参数。

四、柱效参数——区域宽度

区域宽度是组分在色谱柱中展宽因素的函数，是一种动力学参数。一般来说，在相同的色谱操作条件下获得的色谱峰的区域宽度值越小，说明色谱柱的分离效能越好，柱效越高。通常，度量色谱峰区域宽度有三种方法。

1. **峰宽 W**　是从色谱峰两个拐点上的切线与基线交点之间的距离，也称基线宽。
2. **半峰宽 $W_{1/2}$**　是色谱峰高一半处的宽度。
3. **标准偏差 σ**　是峰高（h）的 0.607 倍处色谱峰宽度的一半。σ 与半峰宽及峰底宽的关系为

$$W = 4\sigma \tag{11-10}$$

$$W_{1/2} = 2\sigma\sqrt[2]{2\ln 2} \tag{11-11}$$

五、分离参数——选择因子、分离度

色谱中描述相邻组分分离状态的指标一般用选择性因子（又称分离因子）或分离度表示。

1. **选择性因子 α**　指相邻两组分调整保留时间之比：

$$\alpha = \frac{t'_{R_2}}{t'_{R_1}} = \frac{V'_{R_2}}{V'_{R_1}} \tag{11-12}$$

α 值的大小反映了色谱柱对难分离组分的分离选择性，α 值越大，相邻两组分色谱峰相距越远，色谱柱的分离选择性越高。当 α 等于或接近 1 时，说明相邻两组分不能分离。

2. **分离度 R**　是定量描述相邻两组分在色谱柱内分离情况的指标，其定义为两相邻组分色谱峰的保留时间之差与两组分色谱峰宽之和一半的比值，即

$$R = \frac{t_{R_2} - t_{R_1}}{\frac{1}{2}(W_2 + W_1)} = \frac{2(t_{R_2} - t_{R_1})}{W_2 + W_1} \tag{11-13}$$

R 值越大，表明两组分的分离度越高，$R<1.0$ 时，两峰有部分重叠，$R=1.0$ 时，分离程度可达 98%，$R=1.5$ 时，分离程度达到 99.7%。所以，通常用 $R=1.5$ 作为相邻两色谱峰完全分离的指标。

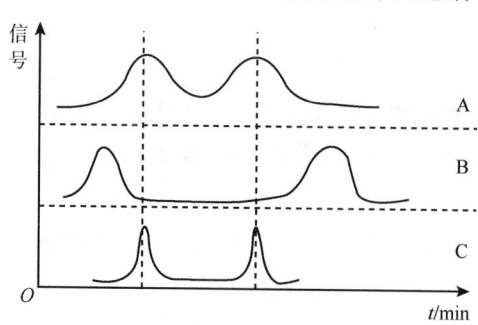

A. $R<1.0$，两峰部分重叠；B. $R=1.0$，两峰基本分离；C. $R\geq 1.5$，两峰完全分离

图 11-4　两组分的分离情况

六、相平衡常数——分配系数、分配比

色谱过程是相平衡过程，相平衡过程的主要参数为分配系数（K）及分配比（k）。

1. **分配系数 K**　组分固定相和流动相之间的分配处于平衡状态时，在两相中的浓度之比：

$$K = \frac{\text{组分在固定相中的浓度}}{\text{组分在流动相中的浓度}} = \frac{c_s}{c_m} \tag{11-14}$$

K 值与固定相和温度有关，K 值小的组分，每次分配达平衡后在流动相中的浓度较大，因此能较早地流出色谱柱；K 值大的组分后流出柱。所以，分配系数不同是混合物中有关组分分离的基础。

2. **分配比**（也称保留因子或容量因子）k　在一定温度和压力下，组分在两相间分配达平衡时，分配在固定相和流动相中的质量比：

$$k = \frac{\text{组分在固定相中的质量}}{\text{组分在流动相中的质量}} = \frac{m_s}{m_m} = \frac{c_s V_s}{c_m V_m} = K \frac{V_s}{V_M} = \frac{K}{\beta} \quad (11\text{-}15)$$

k 值越大，说明组分在固定相中的量越多，因此又称保留因子或容量因子。它是衡量色谱柱对被分离组分保留能力的重要参数。式（11-15）中，c_m、c_s 分别为组分在流动相与固定相中的浓度；V_m、V_s 分别为柱中流动相与固定相的体积；V_m 近似死体积 V_M；V_s 在分配色谱柱表示固定液的体积，而在凝胶色谱柱中表示固定孔穴的体积；$\beta = V_m / V_s$，表示相比率，对于填充柱，β 值一般为 6～35，对于毛细管柱，β 值一般为 60～600。

第三节　柱色谱法

柱色谱法是将固定相（色谱填料）装于色谱柱内，流动相为液体，样品随流动相由上而下移动达到分离组分的色谱法。按分离原理，柱色谱法可分为吸附色谱法、分配色谱法、离子交换色谱法和凝胶色谱法（又称为尺寸排阻色谱法或分子排阻色谱法）。

一、液-固吸附色谱法

该法是以固体吸附剂为固定相，以液体为流动相，利用吸附剂对不同组分吸附能力差异进行分离的方法。

（一）分离原理

吸附色谱法的固定相为固体吸附剂，吸附剂一般是多孔性微粒状物质，其表面有许多吸附中心，如硅胶的吸附活性中心是硅醇基。吸附过程是样品中的组分分子与流动相分子，彼此不断竞争占据吸附剂表面活性中心的过程。当组分分子占据吸附活性中心时，称为吸附；当流动相分子从活性中心置换出被吸附的组分分子时，称为解吸附。在整个分离过程中，组分不断被吸附、解吸附、再吸附、再解吸附，如此反复多次。因吸附剂表面对不同组分吸附能力的不同和流动相对各组分的洗脱能力或称解吸能力的差异，最终导致混合物中各组分流出色谱柱的先后顺序（或在色谱柱中停留的时间即保留时间）不同而达到分离的目的。

（二）固定相

在吸附色谱法中，固定相又称吸附剂，吸附剂吸附能力的大小，一是取决于吸附中心（吸附点位）的多少；二是取决于吸附中心与被吸附物形成氢键能力的大小。吸附活性中心越多，形成氢键能力越强，吸附剂的吸附能力越强。常用的固定相有硅胶、氧化铝、聚酰胺、大孔吸附树脂等。

1. 硅胶　硅胶（$SiO_2 \cdot xH_2O$）具有多孔性的硅氧（—Si—O—Si—）交联结构，其表面有许多硅羟基（—Si—OH）。由于硅羟基能与极性化合物或不饱和化合物形成氢键而使硅胶具有吸附能力，也称吸附活性。硅胶表面的羟基也能与水结合成水合硅羟基（—Si—OH·H_2O）而使其失去吸附能力，此过程称为失活或脱活。硅胶吸附活性与其含水量有关，含水量越大，活性越弱。一般根据含水量，硅胶的活性分为 5 个活度等级（表 11-2）。在 105～110℃下加热 30min，硅胶表面结合的水（自由水）能可逆地除去，使其吸附能力增强，此过程称为活化。若加热至 500℃，由于硅胶结构内的水（结构水）不可逆地失去，硅醇基结构变成硅氧烷结构，吸附能力显著下降。

表 11-2　硅胶和氧化铝含水量与活性的关系

活度等级	硅胶含水量/%	氧化铝含水量/%	吸附能力
I	0	0	大
II	5	3	↑
III	15	6	
IV	25	10	
V	38	15	小

硅胶具有微酸性，适用于分离酸性和中性物质，如有机酸、氨基酸、甾体、萜类等。

2. 氧化铝 氧化铝表面的吸附机制是其表面铝羟基（Al—OH）的氢键作用而能吸附其他物质，吸附能力略高于硅胶，分离能力强，活性可以控制。氧化铝的吸附能力也与含水量有关，如表11-2所示。色谱用氧化铝有碱性、中性、酸性3种，而中性氧化铝使用最多，各自使用范围如表11-3所示。常用的氧化铝和硅胶活度等级为Ⅱ～Ⅲ级。

表 11-3　氧化铝分类及应用范围

氧化铝种类	pH	应用范围
酸性氧化铝	4～5	分离酸性和对酸稳定的中性化合物，如酸性色素、氨基酸
中性氧化铝	7.5	分离酸性、中性和碱性化合物，如生物碱、挥发油、萜类、甾体、蒽醌，以及在酸碱中不稳定的苷类、酯、内酯等
碱性氧化铝	9～10	分离碱性和中性化合物，如生物碱

3. 聚酰胺 聚酰胺是一类由酰胺聚合而成的高分子化合物。常用的聚酰胺是聚己内酰胺，其酰胺基中的羰基能与酚类、黄酮类和酸类化合物中的羟基形成氢键；氨基与醌类、脂肪羧酸上的羰基形成氢键而产生吸附作用。不同的化合物，由于活性基团的种类、数目与位置不同，与聚酰胺形成氢键的形式和能力不同，从而实现分离。聚酰胺在水中形成氢键的能力最强，在有机溶剂中较弱，在碱性溶剂中最弱，主要适合含—OH的天然产物的有效成分分离。

4. 大孔吸附树脂 大孔吸附树脂是一种不含交换基团，具有大孔网状结构的高分子化合物，理化性质稳定，不溶于酸、碱及有机溶剂。大孔吸附树脂粒度多为20～60目，在水溶液中吸附能力较强并具有良好的吸附选择性，而在有机溶剂中吸附能力较弱。它是一种吸附性与筛分性原理相结合的分离材料。大孔吸附树脂主要用于水溶性化合物的分离纯化，如皂苷及其他苷类化合物的分离，对脂溶性化合物如果改变条件使其溶解在水中，掌握适宜的分离条件，也可达到满意的分离效果。

（三）流动相

在吸附色谱法中，流动相又称洗脱剂。流动相具有洗脱作用，其洗脱过程实质上是流动相分子与被分离组分分子竞争占据吸附剂表面活性中心的过程。极性强的流动相分子占据吸附中心的能力强，具有强的洗脱作用；极性弱的流动相分子占据吸附中心的能力弱，具有弱的洗脱作用。常见溶剂的洗脱能力从弱到强的顺序为：正己烷＜异辛烷＜四氯化碳＜四氯丙烷＜氯仿＜二氯甲烷＜四氢呋喃＜乙醚＝乙酸乙酯＜二噁烷＜乙腈＜异丙醇＜甲醇＜水。

（四）色谱条件的选择

建立合适的色谱条件实现混合物的分离，就是要选择合适的固定相（吸附剂）和流动相（洗脱剂）。通常考虑三个方面的因素，即组分极性的大小、吸附剂的吸附活性和流动相的极性。

1. 被测物质的极性 被测物质的结构不同，其极性也不同，被吸附剂表面吸附的能力也不同。化合物的极性大小由其官能团决定。常见官能团的极性由小到大的顺序是：烷烃＜烯烃＜醚类＜硝基化合物＜二甲胺＜酯类＜酮类＜醛类＜硫醇＜胺类＜酰胺＜醇类＜酚类＜羧酸类。

判断物质极性大小，可以参考以下规律：

（1）饱和碳氢化合物为非极性化合物，一般不被吸附剂吸附或吸附不牢；

（2）基本母核相同，分子中极性基团的极性越大、极性基团越多，则分子的极性就越大；

（3）分子中双键越多、共轭双键链越长，极性越大；

（4）分子中取代基的空间排列对吸附性也有影响，例如，羟基处于能形成分子内氢键的位置时，其吸附能力降低；

（5）在同系物中，分子量越大，分子的极性越小。

2. 吸附剂的性能 分离极性大的物质，一般选用吸附活性小的吸附剂；分离极性小的物质，可选择吸附活性稍大的吸附剂。

3. 流动相的极性 一般依据"相似相溶"原则，分离极性较大的物质应选择极性较大的溶剂作流动相；分离极性较小的物质，则宜选择极性较小的溶剂作流动相。

选择色谱分离条件应从上述 3 方面因素考虑。一般情况下，若被测物质极性较大，应选择吸附活性较小的吸附剂，用极性较大的溶剂作为流动相；如被测物质极性较小，应选择吸附活性较大的吸附剂，用极性较小的溶剂作为流动相。被分离物质、吸附剂和流动相选择原则如图 11-5 所示。一般被分离的物质往往优先确定，主要是选择吸附剂的活性和流动相的极性，最佳方案总是通过实验来确定。

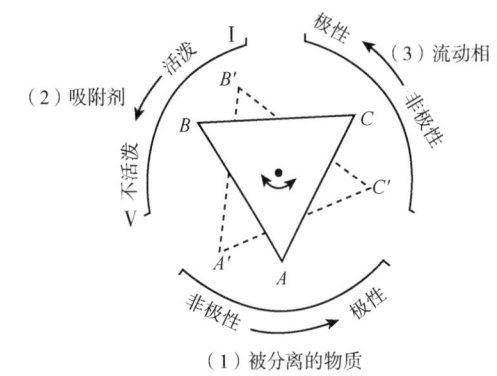

图 11-5 被测物质的极性、吸附剂活性和流动相极性之间的关系示意图

为了得到极性适当的流动相，在实际工作中常采用多元混合流动相。

（五）吸附色谱操作技术

吸附色谱操作技术主要包括装柱、加样、洗脱、收集和检测五个步骤。

色谱柱为内径均匀、下端（带或不带活塞）缩口的硬质玻璃管，端口或活塞上部铺垫适量棉花或玻璃纤维，管内装入吸附剂。吸附剂的颗粒应尽可能大小均匀，以保证良好的分离效果。除另有规定外，通常采用直径为 0.07～0.15mm 的颗粒。

1. 装柱 有以下两种方法。

（1）干法：将吸附剂一次加入色谱柱，振动管壁使其均匀下沉，然后沿管壁缓缓加入洗脱剂；若色谱柱本身不带活塞，可在色谱柱下端出口处连接活塞，加入适量的洗脱剂，旋开活塞使洗脱剂缓缓滴出，然后自管顶缓缓加入吸附剂，使其均匀地润湿下沉，在管内形成松紧适度的吸附层。操作过程中应保持有充分的洗脱剂留在吸附层的上面。

（2）湿法：将吸附剂与洗脱剂混合，搅拌除去空气泡，徐徐倾入色谱柱中，然后加入洗脱剂将附着在管壁的吸附剂洗下，使色谱柱面平整。待填装吸附剂所用洗脱剂从色谱柱自然流下，至液面和柱表面相平时，即加供试品溶液。

2. 加样 除另有规定外，将供试品溶于开始洗脱时使用的洗脱剂中，再沿管壁缓缓加入，注意勿使吸附剂翻起。或将供试品溶于适当的溶剂中，与少量吸附剂混匀，再使溶剂挥发除尽使呈松散状，加在已制备好的色谱柱上面。如供试品在常用溶剂中不溶，可将供试品与适量的吸附剂在研钵中研磨混匀后加入。

3. 洗脱 除另有规定外，通常按洗脱剂洗脱能力大小递增变换洗脱剂的品种和比例，分步收集流出液，至流出液中所含成分显著减少或不再含有时，再改变洗脱剂的品种和比例。操作过程中保持有充分的洗脱剂留在吸附层上面。

4. 收集 收集流出液通常有两种方式，一是等份收集（也可用自动收集器），二是按变换洗脱剂收集，该法操作时通常收集至流出液中所含成分显著减少或不再含有时，再改变洗脱剂的品种或比例。

5. 检测 对收集到的样品用适当方法（分光光度法、薄层色谱法）进行分析检测，如果为单一成分，则回收溶剂，得到组分；如果仍为混合物，可再用其他方法进行分离。

（六）应用

吸附色谱法主要用于亲脂性样品的分离和分析。

二、液-液分配色谱法

该法是以液体为固定相，以液体为流动相，利用混合物中被分离组分在固定相和流动相中溶解度（分配系数）的差异进行分离的方法。

（一）分离原理

分配色谱法的固定相由载体（担体）和固定液组成。分配色谱法的基本原理与液-液萃取原理基本相同，不同的是分配色谱法的分配平衡是在相对移动的固定相和流动相之间进行的。当流动相携带样品流经固定相时，样品的各组分在两相间不断进行溶解、萃取、再溶解、再萃取，当样品在色谱柱内经过数次分配后，分配系数稍有差异的组分就以不同的迁移速度通过色谱柱而实现分离。其中分配系数小的组分，洗脱时移动速度快，先从柱中流出；分配系数大的组分，洗脱时移动速度慢，后从柱中流出。各组分的分配系数相差越大，越容易分离。当各组分的分配系数相差不大时，可通过增加柱长来达到较好的分离效果。

（二）固定相

固定相由载体和涂渍或键合在载体表面的固定液组成，对被测组分具有一定的溶解度。

1. **载体** 又称担体，是一种惰性物质，不与固定液、流动相及被测物质发生化学反应，不溶于两相，有较大的表面积，机械强度高，在色谱中主要起支撑固定液的作用。常用的载体有硅藻土、吸水硅胶、纤维素以及微孔聚乙烯小球等。

2. **固定液** 是涂布在载体表面的特殊液体。要求固定液是样品的良好溶剂，与流动相极性差异较大，不溶或难溶于流动相，且组分在固定液中的溶解度要略大于其在流动相中的溶解度，以保证较好分离。

（三）流动相

液-液分配色谱法的流动相种类较多，水、酸、碱、盐、缓冲溶液、不同极性的溶剂等均可用作流动相。对流动相的要求：①与固定液互不溶，极性相差较大；②对样品组分的溶解度足够大，又相对小于固定液对组分的溶解度。

（四）色谱条件的选择

根据固定相和流动相的极性相对强度，分配色谱法分为正相（normal phase，NP）分配色谱和反相（reverse phase，RP）分配色谱。固定相比流动相的极性强的，称为正相分配色谱；固定相比流动相的极性弱的，称为反相分配色谱。

1. **正相分配色谱色谱条件的选择** 固定相为强极性溶剂，如水、各种缓冲溶液、甲醇、甲酰胺、丙二醇等及它们的混合溶液等；流动相为弱极性的有机溶剂，如石油醚、醇类、酮类、酯类、卤代烃等或它们的混合溶液，适用于分离强极性的组分，极性小些的组分先流出色谱柱。

2. **反相分配色谱色谱条件的选择** 固定相为极性小的有机溶剂，如硅油、液体石蜡等；流动相为强极性溶剂，如水、各种水溶液（包括酸、碱、盐及缓冲溶液）、甲醇等，适用于分离非极性、弱极性或中等极性的组分，被分离组分流出顺序与正相分配色谱相反，极性大的组分先流出。一般反相分配色谱应用更为广泛。

（五）分配色谱操作技术

1. **装柱** 装柱的要求与吸附色谱基本相同，不同之处是装柱前先将固定相液体与载体充分混合。

2. **洗脱** 洗脱剂必须先用固定液饱和，否则当洗脱剂不断流过固定相时会把载体上的固定液逐步溶解，使分离失败。

洗脱剂的收集与处理和吸附色谱相同。

（六）应用

分配色谱法主要用于强极性样品的分离和分析，如生物碱、苷类、有机酸、糖类及氨基酸的衍生物等。

三、离子交换色谱法

离子交换色谱法是以离子交换树脂作为固定相，以液体作为流动相，由流动相携带被分离的离子型化合物在离子交换树脂上进行离子交换，根据离子交换能力的差异实现分离的方法。

（一）分离原理

离子交换树脂上具有固定的离子基团及可交换的离子基团，按可交换离子的电荷符号又可分为阳离子交换树脂和阴离子交换树脂。当流动相带着组分电离生成的离子通过固定相时，组分离子与树脂上带有相同电荷的可交换的离子基团进行可逆交换，形成离子交换平衡，从而在流动相与固定相之间形成分配。不同组分的离子与树脂的可交换离子竞争交换能力不同，交换能力弱，不易被树脂吸附，移动速度快，保留时间短，先流出色谱柱；交换能力强的组分离子，易被树脂吸附，移动速度慢，保留时间长，后流出色谱柱。

（二）固定相

离子交换树脂是一类具有网状结构的高分子多元酸或多元碱的聚合物。其中聚苯乙烯型离子交换树脂应用比较普遍，它是以苯乙烯为单体，二乙烯苯为交联剂聚合而成的球形网状结构。如果在网状骨架结构上引入不同的可以被交换的活性基团，即成离子交换树脂。根据引入基团的不同，可分为阳离子交换树脂和阴离子交换树脂。

1. 阳离子交换树脂 如果在树脂骨架结构上引入的是酸性基团，如磺酸基—SO_3H、羧基—$COOH$和酚羟基—OH 等。这些酸性基团的 H^+ 可以和组分中阳离子发生交换，故称为阳离子交换树脂。由于不同酸性基团的树脂解离度不同，阳离子交换树脂又可分为强酸性阳离子交换树脂和弱酸性阳离子交换树脂。常用的阳离子交换树脂多为强酸性，如磺酸基阳离子交换树脂，以 R—SO_3H 表示，R 代表树脂的骨架部分。弱酸性阳离子交换树脂的交换能受外界酸性影响较大，如 R—$COOH$ 要在 $pH>4$ 时才具有离子交换能力，因此其应用受到一定的限制。

2. 阴离子交换树脂 如果在树脂骨架结构上引入的是碱性基团，如季铵基—$N(CH_3)_3^+$、伯胺基—NH_2、仲胺基—$NHCH_3$ 等。这些碱性基团上的 OH^- 可以和组分中的阴离子发生交换，故称为阴离子交换树脂。同样，阴离子交换树脂又可分为强碱性阴离子交换树脂和弱碱性阴离子交换树脂。常用的阴离子交换树脂多为强碱性，如季铵基阴离子交换树脂，以 R—$N(CH_3)_3^+OH^-$ 表示。

（三）流动相

离子交换色谱法常用缓冲溶液作为流动相，有时加入与水混溶的有机溶剂。选择离子交换色谱的流动相应该满足的条件有：能够充分溶解各种盐并提供离子交换所必需的缓冲液；具有合适的离子强度以便控制样品的保留值；对被分离对象有选择性。

（四）色谱条件的选择

被分离组分在离子交换柱中的保留时间除与样品组分的离子和树脂上的离子交换基团作用强弱有关外，还受流动相的 pH、所加盐的种类和浓度、加入有机溶剂等因素的影响。

（五）应用

离子交换色谱法不但可以分离无机离子，也可以分离有机离子、金属配位离子。其分离设备简单，操作方便，树脂可以再生，在药物生产、抗生素及中草药的提取分离和水的纯化等方面广泛应用。

四、凝胶色谱法

凝胶色谱法又称体积排阻色谱法，是根据分子尺寸的差异进行分离的一种简单而有效的液相分离分析制备色谱技术，是蛋白质纯化的重要技术。凝胶色谱法具有设备简单、分离效果好、重复性高、不影响分子生物学活性等优点。

（一）分离原理

凝胶色谱法以具有一定大小孔径分布的凝胶为固定相。根据凝胶中孔径的大小不同而对大小不同的分子进行分离的，当流动相携带具有不同分子大小的样品进入色谱柱时，大于凝胶孔径的大分子，因不能渗入孔内而被流动相携带着沿颗粒间隙最先流出色谱柱；中等体积组分的分子能渗透到某些孔隙，但不能进入另一些更小的孔隙，它们以中等速度流出色谱柱；小体积的组分分子可以进入所有孔隙，因而被最后淋洗出色谱柱，从而实现分离。

（二）固定相

凝胶色谱柱多以亲水硅胶、凝胶或经修饰凝胶等高分子聚合物为填充剂，这些填充剂表面分布着不同尺寸的孔径，每个颗粒犹如一个筛子。

（三）流动相

流动相须满足以下条件：①能溶解试样，并能润湿凝胶；②黏度低。一般水溶性试样选择水溶液为流动相，非水溶性试样选择四氢呋喃、三氯甲烷、甲苯等有机溶剂为流动相。

（四）应用

凝胶柱色谱法通常用于分子量大于 2000 的样品的分离。

几种柱色谱比较如表 11-4 所示。

表 11-4　几种柱色谱比较

类型	分离原理	固定相	流动相	分离对象
吸附色谱	吸附-解吸	吸附剂	极性不同的溶剂	极性小的组分
分配色谱	两相溶剂萃取	与洗脱剂不相溶的溶剂	与固定相不相溶的溶剂	极性较大的组分
离子交换色谱	离子交换	离子交换树脂	酸、碱性溶剂	离子型组分
凝胶色谱	分子筛	凝胶	水或有机溶剂	大分子组分

第四节　平面色谱法

平面色谱法是指固定相呈平面状态的色谱法。平面色谱法与柱色谱法的分离机制基本相同，操作方式有所区别。柱色谱法的固定相填充于柱管中，流动相靠重力作用流经固定相，分离过程称为洗脱，流动相称为洗脱剂；而平面色谱法的固定相涂布于平面载板上或以纸纤维为平面载体，流动相通过毛细作用流经固定相，分离过程称为展开，流动相也称为展开剂。

平面色谱法具有分离效率高、分析速度快、灵敏度高、应用范围广、仪器简单、操作方便等特点。本节主要介绍薄层色谱法和纸色谱法。

一、薄层色谱法

薄层色谱法（thin layer chromatography，TLC）是将供试品点于薄层板上，在展开容器内用展开剂展开，使供试品所含成分分离，所得色谱图与适宜的标准物质按同法所得的色谱图对比，用于鉴别、检查或含量测定。按分离机制不同，薄层色谱法可分为吸附、分配、离子交换和凝胶色谱法等，以吸附薄层色谱法应用最多，本节主要介绍吸附薄层色谱法。

（一）分离原理

吸附薄层色谱法所用的固定相为固体吸附剂，流动相为不同极性的溶剂，称为展开剂。由于固体吸附剂对不同极性组分具有不同吸附能力，展开剂流过固定相的过程中对不同极性组分也具有不同的溶解能力，使各组分在两相中的分配情况不同，即分配系数 K 不同，最终达到分离目的。如将含有组分 A、组分 B（组分 A 极性大于组分 B）的混合溶液点于薄层板的一端，在密闭的容器中，将点样端浸入展开剂中（注意：原点不能没入展开剂中），借助于薄层板上吸附剂的毛细管作用，展开剂携带被分离组分向前移动，这一过程称为展开。展开时，各组分不断被吸附剂所吸附，又不断被展开剂所溶解而解吸附，在吸附剂与展开剂之间不断地发生吸附、解吸附、再吸附、再解吸附，极性较大的组分吸附能力较大，分配系数 K 较大，随展开剂移动较慢；反之，极性较小的组分吸附能力较小，分配系数 K 较小，随展开剂移动较快，产生差速移动得到分离。经过一段时间，当展开剂前沿到达预定位置后，取出薄层板，极性不同的组分可在薄层板上形成彼此分离的斑点，如图 11-6 所示。

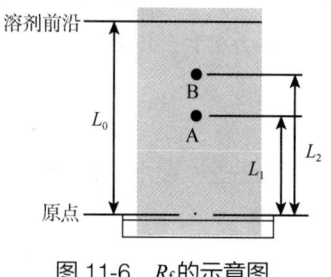

图 11-6　R_f 的示意图

（二）薄层色谱参数

1. 比移值 R_f　是指在一定色谱条件下，原点中心至组分斑点中心的距离与原点中心至溶剂前沿的距离之比。也可以说是组分迁移的距离与展开剂迁移的距离之比。如图 11-6 所示，组分 A、组分 B 比移值的计算公式为

$$R_{f_A} = \frac{L_1}{L_0} \quad R_{f_B} = \frac{L_2}{L_0} \tag{11-16}$$

式中，L_0 为展开剂迁移的距离；L_1 为组分 A 迁移的距离；L_2 为组分 B 迁移的距离。当色谱条件一定时，组分的 R_f 值为常数，是薄层色谱的基本定性参数，能说明组分在色谱系统中的保留行为。R_f 值在 $0\sim 1$，若 $R_f=0$，表示组分没有随展开剂展开，仍停留在原点上；若 $R_f=1$，表示吸附剂对组分基本无吸附，随着展开剂到达溶剂前沿。R_f 可用范围为 $0.2\sim 0.8$，最佳范围为 $0.3\sim 0.5$，两物质的 R_f 值差值应大于 0.05 才能分离。

影响比移值的主要因素：①被分离物质的结构和性质；②薄层板的性质；③展开剂的极性；④温度、湿度；⑤展开槽内的展开剂蒸气饱和程度。

2. 相对比移值 R_r 由于比移值（R_f）受诸多因素影响，常采用相对比移值（R_r），可以消除一些实验过程中的系统误差，使定性结果更为可靠。R_r 是指被测组分 i 的比移值 R_{f_i} 与对照组分 s 的比移值 R_{f_s} 之比。如图 11-7 所示，R_r 的计算公式为

$$R_r = \frac{R_{f_i}}{R_{f_s}} = \frac{L_i/L_0}{L_s/L_0} = \frac{L_i}{L_s} \quad (11\text{-}17)$$

式中，L_0 为展开剂迁移的距离；L_i 为被测组分迁移的距离；L_s 为对照组分迁移的距离。

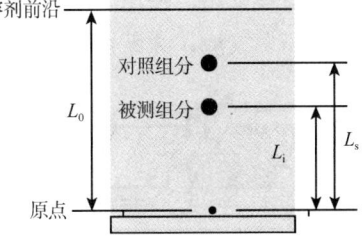

图 11-7 相对比移值测量示意图

3. 分离度 R 是衡量平面色谱分离效果的重要指标，是指相邻两斑点中心至原点的距离之差与两斑点平均径向宽度（径向宽度是指斑点沿着展开方向的宽度）的比值，如图 11-8 所示。其计算公式为

$$R = \frac{d}{\frac{1}{2}(W_1+W_2)} = \frac{2d}{W_1+W_2} = \frac{2(L_2-L_1)}{W_1+W_2} \quad (11\text{-}18)$$

式中，L_1、L_2 分别为两斑点中心至原点的距离；W_1、W_2 分别为两斑点的径向宽度。$R>1.0$ 时，相邻两斑点全分开。

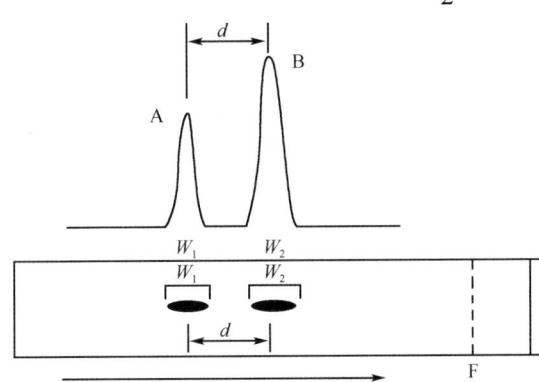

图 11-8 薄层板色谱分离度示意图

（三）固定相（吸附剂）及其选择

薄层色谱固定相与柱色谱固定相基本相同，但薄层色谱固定相颗粒更细，分离效能更高。与柱色谱不同的是，薄层色谱固定相是通过加入一定量的黏合剂或烧结方式使吸附剂牢固地吸在薄层板上而不脱落。常用的固定相有硅胶、氧化铝、聚酰胺、微晶纤维素、硅藻土等。硅胶主要有硅胶 H、硅胶 G、硅胶 GF_{254}、硅胶 HF_{254} 等。硅胶 H 是不含黏合剂的硅胶；硅胶 G 是含黏合剂煅石膏的硅胶；硅胶 GF_{254} 是含黏合剂煅石膏和无机荧光剂的硅胶，在 254nm 紫外光处呈现黄绿色荧光背景。

固定相（吸附剂）的选择原则与吸附色谱法基本一致。根据被测物极性和吸附剂的吸附能力来选择：分离极性大的物质，一般选用吸附活性小的吸附剂；反之亦然。即使得吸附剂与被分离物质间存在适宜强度的吸附作用力。

（四）流动相（展开剂）及其选择

薄层色谱流动相为不同极性的溶剂，其选择原则与吸附色谱中流动相的选择原则相同，遵循"相似相溶"原则，极性大的组分选择极性大的展开剂，反之亦然。

（五）操作技术

薄层色谱法的操作可分为制板、点样、展开、显色与检视、记录 5 部分。

1. 薄层板的制备 薄层板分为不含黏合剂的软板和含有黏合剂的硬板两种。软板固定相疏松、易被吹散，已很少使用。这里主要介绍硬板的制备方法。

（1）市售薄层板：使用前一般应在 110℃下活化 30min。聚酰胺薄膜不需活化。铝基片薄层板、

塑料层板可根据需要剪裁，但须注意剪裁后的薄层板底边的固定相层不得破损。若在存放期间被空气中杂质污染，使用前可以三氯甲烷、甲醇或二者的混合溶剂在展开缸中上行展开预洗，晾干，110℃下活化，置干燥器中备用。

（2）自制薄层板：除另有规定外，将1份固定相和3份水（或0.2%～0.5%羟甲基纤维素钠水溶液）在研钵中按同一方向研磨混合，静置15min，去除表面气泡后，倒入涂布器中（图11-9），在玻板上平稳地移动涂布器进行涂布（厚度为0.2～0.3mm），取下涂好薄层的玻板，置水平台上于室温下晾干后；如无涂布器可将研磨混合、静置15min，去除表面气泡后，用药匙取适量于玻片上，手指轻弹玻片，反复数次，使糊状物均匀铺在玻片上，于室温下晾干。在110℃下烘干30min，随即置于有干燥剂的干燥箱中备用。使用前检查其均匀度，在反射光及透视光下检视，表面应均匀、平整、光滑，并且无麻点、无气泡、无破损及污染。

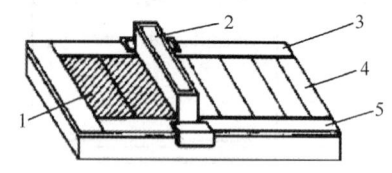

图11-9 涂布器
1. 吸附剂薄层；2. 涂布器；3. 玻璃夹板；4. 玻璃板；5. 玻璃夹板

2. 点样 用毛细管或微量注射器进行点样。一般为圆点，点样基线距底边1.0～1.5cm（高效薄层板一般基线离底边8～10mm），样点直径一般不大于4mm（高效薄层板一般不大于2mm）。接触点样时注意勿损伤薄层表面。条带状宽度一般为5～10mm（高效薄层板条带宽度一般为4～8mm）。点间距离可视斑点扩散情况以相邻斑点互不干扰为宜，一般不少于8mm（高效薄层板供试品间隔不少于5mm）。

3. 展开 将点好供试品的薄层板放入展开缸中，浸入展开剂的深度为距原点5mm为宜，密闭。除另有规定外，一般上行展开8～15cm，高效薄层板上行展开5～8cm。溶剂前沿达到规定的展距，取出薄层板，快速标记溶剂前沿位置（用于计算比移值），晾干，待检测。

展开前如需要溶剂蒸气预平衡，可在展开缸中加入适量的展开剂，密闭，一般保持15～30min。溶剂蒸气预平衡后，应迅速放入载有供试品的薄层板，立即密闭，展开。

为防止边缘效应（边缘效应是指同一组分的斑点在同一薄层板上出现边缘部分的R_f值大于中间部分的R_f值的现象），在展开之前，通常将点好样的薄层板置于盛有展开剂的展开缸内（此时薄层板不浸入展开剂中）密闭，放置一定时间，这个过程称为饱和。为了缩短饱和时间，常在色谱缸的内壁浸有滤纸，以使展开剂蒸气在色谱缸内迅速达到饱和。待色谱缸的内部空间及放入其中的薄层板被展开剂蒸气完全饱和后，再将薄层板浸入展开剂中展开。

4. 显色与检视 有颜色的物质可在可见光下直接检视。无色物质可用喷雾法或浸渍法以适宜的显色剂显色，或加热显色，在可见光下检视；有荧光的物质或显色后可激发产生荧光的物质可在紫外光灯（365nm或254nm）下观察荧光斑点；对于在紫外光下有吸收的成分，可用带有荧光剂的薄层板（如硅胶GF_{254}），在紫外光灯254nm下观察荧光板上的荧光物质猝灭形成的斑点。

5. 记录 薄层色谱图像一般可采用摄像设备拍摄，以光学照片或电子图像的形式保存。也可用薄层色谱扫描仪扫描或其他适宜的方式记录相应色谱图。

（六）系统适用性试验

对实验条件进行系统适用性试验，即用供试品和标准物质对实验条件进行试验和调整，应符合规定的要求。系统适用性试验主要是为了确定分析使用的色谱系统是有效的、适用的。薄层色谱系统适用性试验主要指标有比移值、检出限、分离度、相对标准偏差。

1. 比移值 一般要求各斑点的比移值在0.2～0.8为宜。

2. 检出限 是指限量检查或杂质检查时，供试品溶液中被测物质能被检出的最低浓度或量。一般采用已知浓度的供试品溶液或对照标准溶液，与稀释若干倍的自身对照标准溶液在规定的色谱条件下，在同一薄层板上点样、展开、检视，后者显清晰可辨斑点的浓度或量作为检出限。

3. 分离度（或称分离效能） 鉴别时，供试品与标准物质色谱中的斑点均应清晰分离。当薄层色谱法用于限量检查和含量测定时，要求定量峰与相邻峰之间有较好的分离度，分离度应大于1.0。

4. 相对标准偏差 薄层扫描含量测定时，同一供试品溶液在同一薄层板上平行点样的待测组分的峰面积测量值的相对标准偏差不大于5.0%；需显色后测定或者异板的相对标准偏差不大于10.0%。

（七）薄层色谱法的应用

1. 定性鉴别 制备供试品溶液和对照标准溶液，在同一薄层板上点样、展开与检视，供试品色谱图中所显斑点的位置和颜色（或荧光）应与标准物质色谱图的斑点一致。或采用样品溶液与标准溶液等体积混合，应显示单一、紧密的斑点。

2. 杂质检查 可采用杂质对照法、供试品溶液的自身稀释对照法或两法并用。供试品溶液除主斑点外的其他斑点，与相应的杂质对照标准溶液或系列浓度杂质对照标准溶液的相应主斑点比较，不得更深；或与供试品溶液自身稀释对照溶液或系列浓度自身稀释对照溶液的相应主斑点比较，不得更深。通常应规定杂质的斑点数和单一杂质量，当采用系列自身稀释对照溶液时，也可规定估计的杂质总量。

3. 定量分析

（1）直接法：在相同的实验条件下，或在同一块板上，测量斑点面积大小或颜色深浅进行定量。它又分为目视比较法、斑点面积测量法和薄层色谱扫描法。这几种方法以薄层色谱扫描法最为常用。但要注意，色斑要集中、无拖尾现象；应选用对被测组分有较大溶解度的溶剂浸泡并多次洗脱；对吸附性较强、不易洗脱的组分，可采用离心分离或滤过等方法进行定量洗脱。

（2）洗脱测定法：是将斑点从硅胶上洗脱下来，再用其他方法定量。但是该法回收率往往偏低，主要原因是样品在吸附剂上不易完全洗脱。

二、纸色谱法

纸色谱法（paper chromatography，PC）又称纸层析，是以纸作为载体的色谱法，属于液-液分配色谱。固定相一般为滤纸纤维上吸附的水分，流动相（展开剂）为不与水混溶的有机溶剂。目前应用中，也常用与水相混溶的溶剂作流动相，因为滤纸纤维可以吸附20%的水，其中约6%的水通过氢键与纤维上的羟基结合成复合物，这一部分水和与水混溶的溶剂（如丙酮、乙醇、丙醇等）仍能形成不相混合的两相。除水外，滤纸也可吸附其他极性物质（如甲酰胺或缓冲溶液等）作为固定相。

纸色谱法的色谱过程是溶质在固定相和流动相间连续分配的过程，按分配色谱法分离机制，组分在两相间的分配系数不同，导致组分随展开剂迁移的速度不一样，从而达到分离目的。

（一）参数

纸色谱法与薄层色谱法一样，用比移值、相对比移值及分离度等作为参数。

（二）固定相的选择和处理

1. 滤纸的选择 纸色谱使用的滤纸应具备以下条件：①滤纸的质地要均匀，厚薄均一，纸面必须平整；②具有一定的机械强度，被溶剂润湿后仍能悬挂；③具有足够的纯度；④滤纸有厚型和薄型、快速和慢速之分，要选择纤维松紧适宜，薄厚适当，展开剂移动速度适中的滤纸。

2. 滤纸处理 有时为了适应某些特殊化合物分离的需要，要对滤纸进行处理，使其具有新的性能。有些化合物受pH的影响而有离子化程度的改变，例如，多数生物碱在中性溶剂中分离往往产生拖尾现象，如将滤纸预先用一定pH的缓冲溶液处理就能克服。有时候滤纸上加有一定浓度的无机盐类借以调整纸纤维中的含水量，以改变分配比，改善分离效果。

（三）流动相（展开剂）的选择

纸色谱最常用的展开剂是水饱和的正丁醇、正戊醇、酚等。此外，为了防止弱酸、弱碱的解离而引起拖尾，常加入少量的弱酸或弱碱，如乙酸、吡啶等。有时加入一定比例的甲醇、乙醇等以增加水在正丁醇中的溶解度，使展开剂极性增大，增强它对极性化合物的展开能力。例如正丁醇-乙酸作展开剂，应当先在分液漏斗中把它们与水振摇，分层后，分离被水饱和的有机层使用。展开剂如果没有预先被水饱和，则展开过程会把固定相中的水夺去，使分配过程不能正常进行。

（四）操作技术

纸色谱法与薄层色谱法基本操作相同，包括点样，展开，检视，定性、定量分析等步骤。

1. 点样　与薄层色谱法相似。

2. 展开　与薄层色谱法展开类似，在展开前，应先用溶剂蒸气饱和，然后再将滤纸浸入溶剂中进行展开。纸色谱法的展开方式有上行法、下行法等。其中最常用的是上行法展开，它是让展开剂借助于纤维毛细管效应向上扩展，此法适用于分离 R_f 值相差较大的样品。下行法是借助于重力使溶剂由纤维毛细管向下移动，适用于 R_f 值相差较小的组分。

3. 检视　纸色谱法的检视与薄层色谱法基本相同，但纸色谱法不能用硫酸等腐蚀性显色剂。

4. 定性、定量分析　与薄层色谱法基本相同。

纸色谱法的实验设备简单，操作费用低。但纸色谱法难以分离不溶于水的物质，而且展开时间明显长，因此应用范围不如薄层色谱法广泛。纸色谱法主要用于分析水溶性成分，如糖类、氨基酸类、无机离子等极性较大的物质。

自 测 题

一、选择题（A 型题）

1. 以硅胶为吸附剂的柱色谱分离极性较弱的物质时，宜选用（　　）。
   A. 极性较强的流动相
   B. 活性较高的吸附剂和极性较弱的流动相
   C. 活性较低的吸附剂和极性较弱的流动相
   D. 活性较高的吸附剂和极性较强的流动相

2. 硅胶是一个略显酸性的物质，通常用于以下（　　）物质的分离。
   A. 酸性
   B. 中性
   C. A+B
   D. 碱性

3. 色谱法用的氧化铝（　　）。
   A. 活性的强弱用活度级Ⅰ～Ⅴ表示，活度Ⅴ级吸附最强
   B. 活性的强弱用活度级Ⅰ～Ⅴ表示，活度Ⅴ级吸附最弱
   C. 中性氧化铝适于分离非极性物质
   D. 活性与水量无关

4. 液-液色谱中，下列叙述正确的是（　　）。
   A. 分配系数大的组分先流出柱
   B. 分配系数大的组分后流出柱
   C. 吸附能力大的组分先流出柱
   D. 吸附能力大的组分后流出柱

5. 薄层色谱法的主要定性参数是（　　）。
   A. 峰面积
   B. 校正因子
   C. 半峰宽
   D. 比移值

6. 用硅胶制备薄层板时，活化温度为（　　）。
   A. 30℃
   B. 60℃
   C. 90℃
   D. 110℃

7. 纸色谱法的分离原理及固定相分别是（　　）。
   A. 吸附层析，固定相是纸纤维
   B. 分配层析，固定相是纸纤维
   C. 吸附层析，固定相是纸上吸附的水
   D. 分配层析，固定相是纸上吸附的水

8. 样品在分离时，要求其 R_f 值大小为（　　）。
   A. 0～0.3
   B. 0.7～1.0
   C. 0.2～0.8
   D. 1.0～1.5

二、简答题

1. 解释：比移值、相对比移值、分离度。
2. 用硅胶色谱分离极性较强的物质时，吸附剂与流动相的选择原则是什么？为什么？

三、计算题

1. 已知化合物 A 在薄层板上从样品原点迁移 7.6cm，溶剂前沿距原点 16.2cm，计算化合物 A 的比移值。
2. 已知化合物 A 的 R_f 为 0.52，样品原点到溶剂前沿是 15.0cm，则此时化合物 A 应在薄层板的何处。

（刘程程）

第 12 章 气相色谱法

气相色谱法是以气体为流动相的柱色谱分离分析方法。它具有操作方便、分离效率高、灵敏度高、分析速度快、应用范围广等优点。据统计，能用气相色谱法直接分析的有机化合物约占全部有机化合物的 20%；用毛细管柱可分析汽油中 50~100 个组分；可检测出 10^{-12}~10^{-14}g 的痕量物质；分析时间一般在几十分钟甚至几秒即可完成。目前该法已广泛用于化工、生物化学、医药卫生、环境监测和食品分析等领域。

> **案例　农药残留**
>
> 小明看到新闻报道称某农场的蔬菜农药残留量严重超标，涉事人受到了严厉惩处。他很好奇，凭肉眼无法看到的农药，是怎么被质检人员从蔬菜里发现的呢？
>
> **讨论：**该如何检测蔬菜是否有农药残留呢？

第一节　概　　述

一、气相色谱法的分类

气相色谱法属于柱色谱法，按固定相状态，分为气-固色谱（GSC）和气-液色谱（GLC）；按柱粗细及填充情况，可分为填充柱色谱和毛细管柱色谱；按分离机制，可分为吸附色谱和分配色谱。

二、气相色谱仪的基本组成及工作流程

气相色谱仪由载气系统、进样系统、分离系统、检测系统、温度控制系统和信号记录系统等组成，如图 12-1 所示。

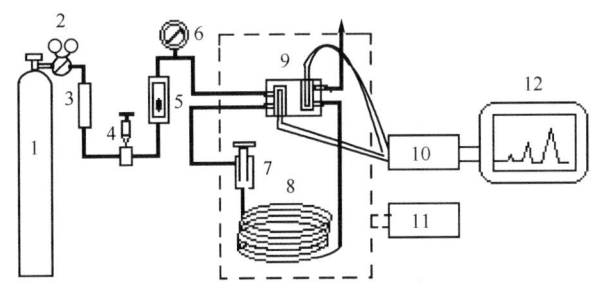

图 12-1　气相色谱仪示意图
1. 载气钢瓶；2. 减压阀；3. 净化干燥管；4. 针形阀；5. 流量计；6. 压力表；7. 进样器；8. 色谱柱；
9. 检测器；10. 放大器；11. 温度控制器；12. 记录仪

1. **载气系统**　整个气路系统要求载气纯净、密闭性好、流速稳定及流速测量准确。
2. **进样系统**　包括进样器和气化室两部分。样品由进样器送入气化室瞬间气化后被载气带入色谱柱。
3. **分离系统**　包括色谱柱和柱室，是气相色谱仪的核心系统。
4. **检测系统**　由检测器、信号转换与处理器、记录仪组成。其作用是把被色谱柱分离的样品组分的浓度或质量转换成电信号，经放大后，由记录仪记录成色谱图，供定性、定量分析用。

5. **温度控制系统** 用于控制和测量色谱柱、检测器、气化室温度,是气相色谱仪的重要组成部分。

6. **信号记录系统** 包括放大器、记录仪或数据处理机。

第二节 气相色谱法的基本理论

气相色谱法的基本理论主要包括热力学理论和动力学理论。热力学理论从相平衡观点来研究分离过程,以塔板理论为代表。动力学理论从动力学观点来研究各种动力学因素对柱效的影响,以速率理论为代表。

一、塔板理论

塔板理论将色谱柱设想成由许多小段组成的分馏塔,在每一小段内,一部分空间为固定相占据,另一部分空间充满流动相。组分随流动相进入色谱柱后,在两相间进行分配,假定在每一小段内组分可以很快地在两相中达到分配平衡,这样一个小段称为一个理论塔板,一个理论塔板的长度称为理论塔板高度。组分经过多次分配平衡,分配系数小的组分先离开分馏塔,分配系数大的组分后离开分馏塔。由于色谱柱内的塔板数相当多,因此即使组分分配系数只有微小差异,也可以获得好的分离效果。

塔板理论假设为:

1. 色谱柱内存在许多塔板,组分在塔板间隔(即塔板高度)内完全服从分配定律,并很快达到分配平衡。
2. 样品加在第 0 号塔板上,样品沿色谱柱轴方向的扩散可以忽略。
3. 流动相在色谱柱内间歇式流动,每次进入一个塔板体积。
4. 在所有塔板上分配系数相等,与组分的量无关。

理论塔板高度(H)可由色谱柱长(L)和理论塔板数来计算:

$$H = \frac{L}{n} \tag{12-1}$$

理论塔板数(n)和峰宽的关系:

$$n = \left(\frac{t_R}{\alpha}\right)^2 = 5.54\left(\frac{t_R}{W_{1/2}}\right)^2 = 16\left(\frac{t_R}{W}\right)^2 \tag{12-2}$$

二、速率理论

载气携带组分通过色谱柱时,由于载气的线速度较快,组分在固定相与载气间不可能达到分配平衡。另外,组分在色谱柱中以"塞子"形式移动,其前后存在浓度梯度,纵向扩散不能忽略。1956年,荷兰学者范第姆特等在塔板理论的概念基础上,与影响塔板高度的动力学因素结合起来,提出了色谱过程速率理论。将色谱过程看作一个动态非平衡过程,研究过程中的动力学因素对峰展宽(即柱效)的影响,提出范第姆特方程:

$$H = A + \frac{B}{u} + Cu \tag{12-3}$$

式中,H 为理论塔板高度,cm;u 为载气的线性流速,cm/s;A 为涡流扩散项因子;B/u 为纵向扩散项;Cu 为传质阻力项。

式(12-3)表明:在 u 一定时,A、B、C 3 个常数越小,H 越小,柱效越高,峰越尖锐;反之,则峰扩张,柱效降低。当低流速(小于最佳流速)时,u 越小,B/u 项越大,Cu 项越小,此时可忽略 Cu 项,B/u 项起主导作用,u 增加则 H 降低,柱效增高;在高流速(大于最佳流速)时,u 越大,B/u 项越小,Cu 项越大,此时可忽略 B/u 项,Cu 项起主导作用,u 增加则 H 增加,柱效降低。下面分别讨论在 u 一定时各项对柱效的影响。

1. 涡流扩散项 涡流扩散也称多径项,以 A 表示。溶质分子在填充柱内沿不同路径运动,由于柱填料粒径大小不同,粒度分布范围不一致及填充不均匀,形成宽窄、长短不同的路径,流动相沿柱内各路径流动形成类似"涡流"的运动。这样，同组分的分子沿宽窄、长短不同的路径运动，从而引起超前或滞后，导致色谱峰扩展，这种现象称为涡流扩散。填料粒径（d_p）、填充不均匀性因子（λ）与涡流扩散项（A）的关系为

$$A = 2\lambda d_p \quad\quad\quad (12-4)$$

实验表明：d_p 增大，λ 降低，而 A 升高。d_p 小有利于降低 A，但不易填充均匀，同时降低了柱渗透性，因此，普通填充柱多采用粒度 60～80 目或 80～100 目填料。

2. 纵向扩散项 B/u 为纵向扩散项，也称分子扩散项，常数 B 称为纵向扩散系数或分子扩散系数。在色谱过程中，组分"塞子"前后因存在浓度差而产生纵向扩散，引起色谱峰展宽的现象称为纵向扩散。扩散即浓度趋向均一的现象，扩散程度与组分分子在载气中停留的时间和在载气中的扩散系数有关。为缩短分子在载气中停留的时间，可采用较高的载气流速；选择分子量大的载气（如氮气），可以降低组分在载气中的扩散系数；但载气分子量大时，黏度大，柱压升高，因此，当载气线速度相对低时用氮气，较高时宜用氦气或氢气。

3. 传质阻力项 试样随流动相进入色谱柱，组分在二相中溶解、扩散、分配、平衡及转移的整个过程称为传质过程，影响该过程进行的阻力称为传质阻力。色谱过程中，流动相处于连续流动状态，有些组分未能进入固定相即被流动相推向前进，发生分子超前；而有些组分在固定相中未能及时解吸进入流动相，发生分子滞后。适当减少固定相用量、降低固定液液膜厚度和增加组分在固定液中的扩散系数，可以减小传质阻力，提高柱效。随着快速气相色谱的发展，流动相线速度升高，固定相液膜厚度降低，流动相传质过程对色谱区带扩展的影响已成为不可忽略的因素。

第三节 气相色谱法的固定相和流动相

一、气-液色谱的固定相

气-液色谱的固定相是涂渍在载体表面上的固定液。固定液对待分离组分起着溶解作用，对载体表面有良好浸润性，易涂布均匀。

（一）固定液

1. 对固定液的要求 一般是些高沸点的液体，在操作温度下为液态，蒸气压低，不易流失，黏度小。理想的固定液需要满足以下要求：

（1）固定液应是一种高沸点有机化合物，其凝固点低，在室温时为固态或液态（一般根据固定液的凝固点决定其最低使用温度），在操作温度下为液态，其蒸气压要低，挥发性要小，以免在操作柱温下发生流失而影响柱寿命（一般根据固定液沸点确定其最高使用温度）。

（2）稳定性好，在操作柱温下不分解，不与载体以及待测组分发生不可逆的化学反应，并且其黏度小，以保证固定液能均匀地分布在载体上，并减小液相传质阻力。

（3）对样品各组分有足够的溶解能力，并且具有良好的选择性，这样才能根据各组分溶解度的差异，达到相互分离。

总之，对固定液的要求为选择性能高、样品溶解能力强、热稳定性和化学稳定性好、蒸气压低。

2. 固定液种类 按官能团名称不同可分为：烃类、硅氧烷类、醇类、酯类等。此类方法的优点是便于依据相似相溶原理选择固定相。

按固定液的相对极性为依据的分类方法称为极性分类方法。这种方法在气相色谱中应用最广泛。固定液极性是表示含有不同官能团的固定液，与分析组分中官能团及亚甲基间相互作用的能力，通常用相对极性（P）的大小来表示。这种表示方法规定：β, β'-氧二丙腈的相对极性 $P=100$，角鲨烷的相对极性 $P=0$，其他固定液以此为标准，通过实验测出它们的相对极性均在 0～100。通常将相对极性值分为五级，每 20 个相对单位为一级，相对极性在 0～+1 间的为非极性固定液（也可用"−1"表示非极性）；+2、+3 为中等极性固定液；+4、+5 为强极性固定液。表 12-1 列出了一些固定液相对极性数

据,最高使用温度和主要分析对象等资料,供使用时选择和参考。

表 12-1 优选固定液

固定液名称	型号	相对极性	最高使用温度/℃	溶剂	分析对象
甲基硅油或	SE30	+1	350	氯仿、甲苯	各种高沸点化合物
甲基硅橡胶	OV101		200		
苯基(10%)甲基聚硅氧烷	OV3	+1	350	丙酮、苯	各种高沸点化合物、对芳香族和极性化合物保留值增大 OV17+QF1 可分析含氯农药
苯基(25%)甲基聚硅氧烷	OV7	+2	300	丙酮、苯	
苯基(50%)甲基聚硅氧烷	OV17	+2	250	丙酮、苯	
三氟丙基(50%)甲基聚硅氧烷	QF1 OV210	+3	200	氯仿 二氯甲烷	含卤化合物、金属螯合物、甾类
β-氰乙基(25%)甲基聚硅氧烷	XE60	+3	275	氯仿 二氯甲烷	苯酚、酚醚、芳胺、生物碱、甾类
聚乙二醇	PEG20M	+4	225	丙酮、氯仿	选择性保留分离含 O、N 及 O、N 杂环化合物
聚丁二酸二乙二醇酯	DEGS	+4	220	丙酮、氯仿	分离饱和及不饱和脂肪酸酯,苯二甲酸酯异构体
1,2,3-三(2-氰乙氧基)丙烷	TCEP	+5	175	氯仿、甲醇	选择性保留低级含 O 化合物,伯、仲胺,不饱和烃、环烷烃等

3. 固定液的选择 对于组分已知的样品,如果难分离物质对初步确定,那么选择固定液的指标就是使难分离物质对达到定量分离。一般可以按照相似相溶原理进行选择,即按待分离组分的极性或化学结构与固定液相似的原理来选择,其一般规律如下。

(1)分离非极性物质,一般选用非极性固定液。试样中各组分按沸点从低到高的顺序流出色谱柱。

(2)分离极性物质,一般按极性强弱来选择相应极性的固定液。试样中各组分一般按极性从小到大的顺序流出色谱柱。

(3)分离非极性和极性混合物时,一般选用极性固定液。这时非极性组分先出峰,极性组分后出峰。

(4)对于易形成氢键的试样,如醇、酚、胺和水的分离,一般选用氢键型固定液或极性固定液,如腈醚、多元醇等。此时试样中各组分按与固定液分子间形成氢键能力大小的顺序流出色谱柱。

固定液种类繁多,选择范围大,灵活性强,20 世纪 70 年代人们对固定液进行了优选,表 12-1 列出了几种固定液可以对 90%以上的样品提供较满意的分离,称为优选固定液。

(二)载体

载体又称担体,是一种化学惰性、多孔性的固体微粒。其作用是提供一个大的惰性表面,用以承担固定液,使固定液能在它的表面上形成一层薄而均匀的液膜。故气-液色谱要求载体具有如下特性:

1. 具有化学惰性或化学性质均匀,无表面吸附作用。
2. 载体粒度均匀,以便于填充,减小涡流扩散,提高柱效。
3. 孔径适度,孔穴均匀,比表面积大,有一定的机械强度和浸润性。
4. 热稳定性好,无催化活性。

气-液色谱法使用的载体可分为硅藻土和非硅藻土两类。

目前常用硅藻土载体是由天然硅藻土煅烧制得,分为红色载体和白色载体两种。

红色载体是将硅藻土与黏合剂在 900℃煅烧后,破碎过筛而得,因铁生成氧化铁呈红色,故称红色载体。其特点是表面孔穴密集、孔径较小、比表面积较大,机械强度较好,液相载荷量大,涂渍的固定液膜较薄,柱效较高,适宜涂布非极性固定液,分析非极性或弱极性物质。

白色载体是将硅藻土与20%的碳酸钠（助熔剂）混合煅烧而成，呈白色。由于煅烧过程中破坏了大部分的细孔结构，变成了较多松散的烧结物，所以孔径比较粗，表面积小，能负载的固定液少，机械强度低于红色载体。但其表面吸附作用和催化作用较小，能用于高温分析，适宜配合极性固定液，分析极性或碱性物质。

非硅藻土载体有玻璃微珠载体、氟载体、高分子多孔微球等。这类载体常用于极性样品和强腐蚀性物质的分析，但由于表面浸润性差，液相载荷量低，柱效低。

总之，对载体的要求：①表面积大；②化学惰性，表面吸附或催化性很小；③热稳定性高；④粒度及孔径均匀，有一定机械强度。

二、气-固色谱的固定相

气-固色谱的固定相可为吸附剂、分子筛、高分子多孔微球及化学键合相等。吸附剂主要有强极性硅胶、中等极性氧化铝、非极性活性炭。分子筛常用4A、5A及13X，其中4、5及13表示平均孔径，A、X表示类型。吸附剂与分子筛主要用于惰性气体和H_2、O_2、N_2、CO、CO_2、CH_4等一般气体及低分子量化合物的分析。高分子多孔微球（GDX）是一种人工合成的新型固定相，具有粒度均匀、机械强度高、热稳定性好、柱寿命长和分离效果好等特点，常用于药物分析。化学键合相是新型气相色谱固定相，具有分配与吸附两种作用，键合固定相的热稳定性和化学稳定性大大提高，而且键合的固定液往往以单分子层存在，液相传质阻力小、柱效高，适用于快速分析，但其价格较贵。

链接 毛细管柱气相色谱法

毛细管柱气相色谱法是1957年由美国学者Golay（戈雷）在填充柱气相色谱法基础上提出的，使用具有高分辨能力的毛细管色谱柱来分离复杂组分的色谱法。毛细管色谱柱内径只有0.1～0.53mm，长度可达100m，甚至更长，空心。虽然每米理论板数与填充柱相近，但可以使用50～100m的柱子，而柱压降只相当于4m长的填充柱，理论板数可达10万～30万。毛细管色谱的出现使色谱分离能力大大提高，对于分析复杂的有机混合物样品，如石油化工、环境污染、天然产品、食品等方面开辟了广阔的前景，已成为色谱学科中一个独具特色的分支。

三、气相色谱的流动相

气相色谱的流动相也称载气，常用N_2、H_2、He和Ar等气体。它们不与组分相互作用，其功能仅仅是携带试样、洗脱组分。载气种类的选择首先要考虑使用何种检测器。如使用热导检测器，选用氢气或氦气作载气，能提高灵敏度；使用氢火焰离子化检测器，则选用氮气作载气。另外，所选的载气要有利于提高柱效和分析速度，若选用摩尔质量大的载气（如氮气），可以使组分在气相中的扩散系数D_g减小，提高柱效。

第四节 检测器

检测器是将流出色谱柱的载气中被分离组分的浓度（或质量）的变化转换为电信号（电压或电流）变化的装置。目前可用于气相色谱分析法的检测器已有几十种，其中最常用的是热导检测器（TCD）、氢焰离子化检测器（FID），此外还有电子捕获检测器（ECD）、氮磷检测器（NPD）及火焰光度检测器（FPD）等。目前普及型的仪器配有TCD和FID两种检测器。

一、检测器的性能指标

检测器的性能指标主要指灵敏度、检测限、噪声、线性范围和响应时间等。

（一）噪声和漂移

无样品进入检测器时，仅由于仪器本身及工作条件等偶然因素引起的基线起伏称为噪声（N），单位用毫伏表示。测量噪声时，可让仪器在最灵敏挡走基线约1h，基线上下起伏的最大峰值即为N（图12-2），一般为±（0.01～0.05）mV。实验条件稳定时，基线是一条波动极小的直线，基线随时间定向的缓慢变化称为漂移（M），单位用毫伏每小时表示。漂移应予以消除或控制，一般情况下，基线漂移应小于 0.05mV/h。

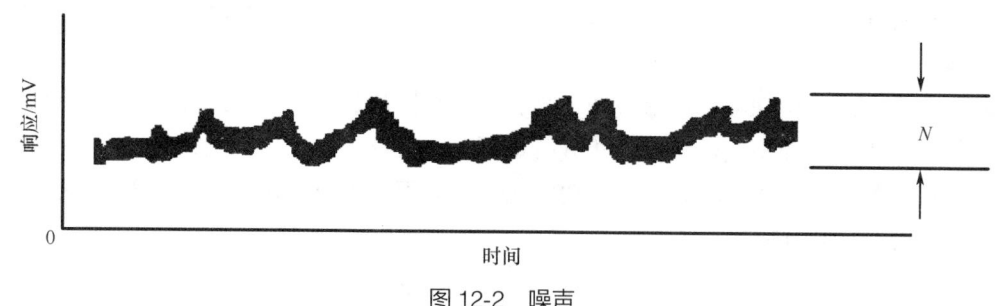

图 12-2 噪声

（二）灵敏度

单位物质量通过检测器时产生的信号大小称为检测器对该物质的灵敏度（S）。S 越大，检测器越灵敏。

（三）检测限

通常将产生两倍噪声信号时，单位体积的载气或单位时间内进入检测器的组分量称为检测限（D），也称敏感度。

二、常用检测器

（一）热导检测器

热导检测器是利用被测组分和载气的导热系数不同而响应的浓度型检测器，也称为热导池。当载气和流出组分通过热敏元件时，两者的热导率不同使电阻产生差异而产生电信号，是气相色谱常用的检测器。其结构简单、稳定性好、线性范围宽、样品不被破坏、对有机化合物和无机化合物都有响应，但灵敏度较低，一般适宜做常量或 10^{-6} 量级分析。

（二）氢火焰离子化检测器

FID 是利用有机化合物在氢焰的作用下发生化学电离而形成电子流，借测定离子流强度进行检测。FID 是典型的破坏型质量型检测器，其特点是灵敏度高，比 TCD 的灵敏度高约 10^3 倍；检出限低，可达 10^{-12}g/s；线性范围宽，可达 10^7。FID 结构简单，死体积一般小于 1μl，响应时间仅为 1ms。FID 对能在火焰中燃烧电离的有机化合物都有响应，可以直接进行定量分析，是目前应用最为广泛的气相色谱检测器之一。FID 的主要缺点是不能检测永久性气体、水、一氧化碳、二氧化碳、氮的氧化物、硫化氢等物质。

第五节 分离操作条件的选择

一、色谱柱及柱温的选择

在气相色谱分析中，分离过程是在色谱柱内完成的。混合组分能否在色谱柱中得到完全分离，在很大程度上取决于色谱柱的选择是否合适。因此，色谱柱的选择成为色谱分析中的关键问题，主要是选择固定相和柱长。

固定相的选择详见第三节，选择中需注意两个方面：极性及最高使用温度。柱温不能超过最高使用温度，在分析高沸点化合物时，需选高温固定相。气-液色谱法还要注意载体的选择，高沸点样品用比表面积小的载体、低固定液配比（1%~3%），以防保留时间过长，峰扩张严重；低沸点样品宜用高固定液配比（5%~25%）。难分离样品可用毛细管柱。

柱长加长能增加塔板数 n，使分离度提高。但柱长过长，峰变宽，柱阻增加，并不利于分离。因此选择柱长的原则是：在使最难分离的组分得以分离的情况下，尽量选择短柱。

柱温是气相色谱的重要操作条件，柱温直接影响色谱柱的使用寿命、柱的选择性、柱效能和分析速度。柱温低有利于分配，有利于组分的分离，但柱温过低，被测组分可能在柱中冷凝，或者传质阻力增加，使色谱峰扩张，甚至拖尾。柱温高，虽有利于传质，但分配系数变小不利于分离。一般通过实验选择最佳柱温。原则是：使物质既分离完全，又不使峰形扩张、拖尾。柱温一般选各组分沸点平均温度或稍低些，对于高沸点样品（300~400℃），柱温可比沸点低 100~150℃；对于低沸点样品（＜300℃），柱温可比平均沸点低 50℃。对于宽沸程样品，需采用程序升温的方法，才能使高沸点及低沸点组分都获得满意结果。

二、载气及流速的选择

载气种类的选择首先要考虑使用何种检测器。例如使用 TCD，选用氢气或氦气作载气，使用 FID 则选用氮气作载气。然后再考虑所选的载气要有利于提高柱效能和分析速度。同时由速率理论方程式可以看出，分子扩散项与载气流速成反比，而传质阻力项与流速成正比，所以必然有一最佳流速使板高 H 最小，柱效能最高。载气及流速选择一般从对峰扩张、柱压降及对检测器的灵敏度三方面考虑，简要总结如下：

载气采用低线速时，宜用氮气为载气；高线速时宜用氢气；色谱柱较长时，采用氢气较合适。氢气的最佳线速度为 10~12cm/s；氮气为 7~10cm/s；通常载气体流速（F_c）可在 20~80ml/min 内，通过实验确定最佳流速，以获得高柱效，但为缩短分析时间，载气流速常高于最佳流速。

三、其他条件的选择

（一）气化室温度

合适的气化室温度既能保证样品迅速且完全气化，又不引起样品分解。一般气化室温度比柱温高 30~70℃或比样品组分中最高沸点高 30~50℃，就可以满足分析要求。温度是否合适，可通过实验来检查。检查方法是：重复进样时，若出峰数目变化，重现性差，则说明气化室温度过高；若峰形不规则，出现平头峰或宽峰则说明气化室温度太低；若峰形正常，峰数不变，峰形重现性好则说明气化室温度合适。

（二）检测室温度

检测室温度需高于柱温 30~50℃，或等于气化室温度。若检测室温度过高，热导检测器的灵敏度降低，检测室温度过低，柱内流出物在检测器中冷凝而污染检测器。

（三）进样量

进样量大小直接影响谱带的初始宽度。进样量大，所得到的色谱峰峰形不对称程度增加，峰变宽，分离度变小，保留值发生变化。峰高、峰面积与进样量不呈线性关系，无法定量。若进样量太小，又会因检测器灵敏度不够，不能检出。色谱柱最大允许进样量可以通过实验确定。方法是：其他实验条件不变，仅逐渐加大进样量，直至所出的峰的半峰宽变宽或保留值改变时，此进样量就是最大允许进样量。对于内径为 3~4mm，柱长为 2m，固定液用量为 15%~20%的色谱柱，液体进样量为 0.1~10μl，检测器为 FID 时进样量应小于 1μl。

第六节　定性与定量分析

一、定性分析

色谱定性分析是鉴定样品中各组分，即确定每个色谱峰各代表哪种化合物。用气相色谱法通常只能鉴定范围已知的未知物，对于一个完全未知的混合样品，单靠色谱法定性比较困难，往往需要采用多种方法综合解决。

（一）利用保留值定性

其基本依据是：两个相同的物质在相同的色谱条件下应该具有相同的保留值。但是在相同的色谱条件下，具有相同保留值的两个物质却不一定是同一物质。

1. 已知物对照法　利用已知标准物质直接对照定性是一种最简单的定性方法。具体方法是：将一组分大体已知样品和所含组分标准物质用同一根色谱柱，在相同的色谱操作条件下进行分析，作出色谱图后进行对照比较。也可将适量的已知对照物加入样品，混匀进样，对比加入前后的色谱图，某个峰相对增高了，则说明该峰是加入的已知纯物质的色谱峰。

如图 12-3 所示，将试样与已知标准物质在同样的色谱条件下得到的色谱图直接进行比较，可以推测样品中峰 2 可能是甲醇，峰 3 可能是乙醇，峰 4 可能是正丙醇，峰 7 可能是正丁醇，峰 9 可能是正戊醇。

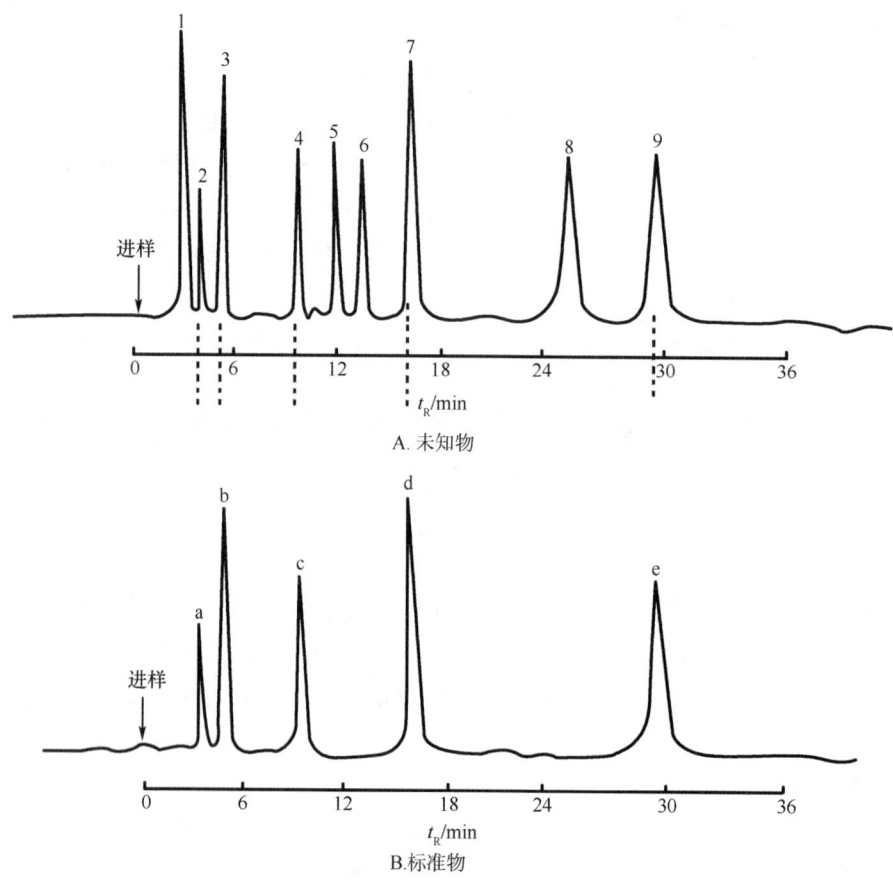

图 12-3　利用已知标准物质直接对照定性
已知标准物：a. 甲醇；b. 乙醇；c. 正丙醇；d. 正丁醇；e. 正戊醇

2. 利用相对保留值定性　相对保留值是指在一定的实验条件下组分 i 与另一标准组分 s 的调整保留时间之比：

$$r_{is} = \frac{t'_{R_i}}{t'_{R_s}} = \frac{V'_{R_i}}{V'_{R_s}} \tag{12-5}$$

相对保留值只受柱温和固定相性质的影响，而柱长、固定相的填充情况和载气的流速均不影响相对保留值 r_{is} 的大小。所以在柱温和固定相一定时，相对保留值为一定值，用其定性可得到较可靠的结果。

（二）官能团分类定性

样品各组分经色谱柱分离后，依次分别通入官能团分类试剂，观察是否反应，如显色或产生沉淀，据此判断该组分具有什么官能团，属于哪类化合物。

二、定量分析

气相色谱定量分析具有快速、灵敏、简便、准确度高、精密度好的特点。色谱定量分析的依据是在色谱实验条件恒定时峰面积（检测器的响应值）与所测组分的质量（或浓度）成正比。色谱定量分析的基本公式为

$$m_i = f_i A_i \tag{12-6}$$

式中，m_i 为组分 i 的质量；A_i 为组分 i 的峰面积；f_i 为组分 i 的校正因子。

（一）峰面积的准确测定

1. 峰高乘以半峰宽法 当色谱峰形对称且不太窄时，可采用此法。即

$$A = 1.065 h W_{1/2} \tag{12-7}$$

式中，h 为峰高；$W_{1/2}$ 为半峰宽。

2. 峰高乘以平均峰宽法 当峰不对称时，一般可采用此法。即先分别测出峰高为 0.15 和 0.85 处的峰宽，然后按下式计算面积：

$$A = 1.065 h \frac{W_{0.15} + W_{0.85}}{2} \tag{12-8}$$

（二）定量校正因子的确定

气相色谱定量分析的依据是基于待测组分的量与其峰面积（检测器的响应信号）成正比的关系。但同一物质在不同类型检测器上有不同的响应灵敏度。同样，不同物质在同一检测器上响应灵敏度也往往不同，即相同量的不同物质产生的峰面积不一样。因此引入定量校正因子，校正后的峰面积才可以定量地代表物质的量。定量校正因子分为绝对校正因子和相对校正因子。

1. 绝对校正因子 指单位峰面积所代表的组分的量，即

$$f_i' = \frac{m_i}{A_i} \tag{12-9}$$

绝对校正因子随色谱操作条件变化而改变，因此，实际测量中通常采用相对校正因子。

2. 相对校正因子 指组分 i 与另一基准物 s 的绝对校正因子之比，通常称为校正因子，用 f_i 表示。

$$f_i = \frac{f_i'}{f_s'} = \frac{m_i A_s}{m_s A_i} \tag{12-10}$$

式中，f_i' 为组分 i 的绝对校正因子；f_s' 为基准物质 s 的绝对校正因子；A_i 为组分 i 的峰面积；A_s 为基准物质 s 的峰面积；m_i 为组分 i 的质量；m_s 为基准物质 s 的质量。

根据物质量的表示方法不同，校正因子可分为：质量校正因子 f_m、摩尔校正因子 f_M 和体积校正因子 f_V。式（12-10）求得的校正因子即为质量校正因子。

（三）定量方法

1. 归一化法 是以样品中被测组分经校正过的峰面积占样品中各组分经校正过的峰面积的总和的比例来表示样品中各组分含量的定量方法。可按式（12-11）计算：

$$C_i = \frac{f_i A_i}{f_1 A_1 + f_2 A_2 + L + f_n A_n} \times 100\% = \frac{f_i A_i}{\sum_{i=1}^{n} f_i A_i} \times 100\% \tag{12-11}$$

式中，C_i 为样品中组分的质量分数；$A_1 \cdots A_n$ 和 $f_1 \cdots f_n$ 分别为样品中各组分峰面积和相对校正因子。

归一化法定量的优点是简便、精确，进样量的多少与测定结果无关，操作条件的变化对定量结果的影响较小。如果试样中的组分不能全部出峰，则不能采用归一化法定量。

2. 标准曲线法（外标法） 用被测组分的纯物质（标准品）配制成标准系列，在与待测组分相同的色谱条件下，等体积准确进样，测量各峰的峰面积，用峰面积对浓度绘制标准曲线，此标准曲线应是通过原点的直线。若标准曲线不通过原点，则说明存在系统误差。标准曲线的斜率即为绝对校正因子。

在测定样品中的组分含量时，要用与绘制标准曲线完全相同的色谱条件作出色谱图，测量色谱峰面积，在标准曲线上直接查出样品组分的浓度。

该法优点是可直接从标准曲线上查出含量，因此特别适合大量样品的分析，缺点是每次分析的色谱条件（检测器的响应性能、柱温、流动相流速及组成、进样量、柱效等）很难完全相同，因此易出现较大误差。

3. 内标法 是将一定量选定的标准物（称内标物 s）加入到一定量试样中，混合均匀后，在一定操作条件下注入色谱仪，出峰后分别测量组分 i 和内标物 s 的峰面积，按式（12-12）计算组分 i

的含量：

$$C_i = \frac{m_i}{m_{试样}} \times 100\% = \frac{m_s}{m_{试样}} \cdot \frac{f_i A_i}{f_s A_s} \times 100\% \quad (12\text{-}12)$$

式中，C_i 为组分 i 的质量分数；m_s、$m_{试样}$ 分别为内标物 s 和试样的质量；A_i、A_s 分别为组分 i 和内标物 s 的色谱峰面积；f_i、f_s 分别为组分 i 和内标物 s 的相对校正因子。内标法中，常以内标物为基准物质，即 $f_s=1$。

内标法定量准确，对进样量和操作条件控制的要求不很严格，但必须准确称量样品和内标物，适用于只需要对样品中某几个组分进行定量分析的情况。

4. 内标对比法（已知浓度样品对照法） 该法是在不知校正因子时内标法的一种应用。在药物分析中，校正因子多是未知的，这时可用内标对比法进行定量。方法为：先配制待测组分 i 的已知浓度对照溶液，加入一定量的内标物 s；再将内标物 s 按同等量加入同体积样品液中，分别进样，经计算得待测组分的含量（算式略）。

自 测 题

一、名词解释
固定相、流动相、相对保留值、校正因子、检测器的灵敏度、检测器的噪声与漂移、检测限

二、选择题（A 型题）

1. 气相色谱谱图中，与组分含量成正比的是（　　）。
   A. 保留时间　　　　B. 相对保留值
   C. 峰宽　　　　　　D. 峰面积

2. 在气-固色谱中，样品中各组分的分离是基于（　　）。
   A. 组分性质的不同
   B. 组分溶解度的不同
   C. 组分在吸附剂上吸附能力的不同
   D. 组分在吸附剂上脱附能力的不同

3. 在气-液色谱中，首先流出色谱柱的组分是（　　）。
   A. 吸附能力大的　　B. 吸附能力小的
   C. 挥发性大的　　　D. 溶解能力小的

4. 评价气相色谱检测器的性能好坏的指标有（　　）。
   A. 基线噪声与漂移　B. 灵敏度与检测限
   C. 检测器的线性范围　D. 检测器体积的大小

5. 使用热导检测器时，为使检测器有较高的灵敏度，应选用的载气是（　　）。
   A. N_2　　　　　　B. H_2
   C. Ar　　　　　　　D. N_2、H_2 混合气

6. 某组分在色谱柱中分配到固定相的质量为 m_A，分配到流动相中的质量为 m_B，而该组分在固定相中的浓度为 c_A，在流动相中的浓度为 c_B，则该组分的分配系数为（　　）。
   A. m_A/m_B　　　　B. $m_A/(m_A+m_B)$
   C. c_A/c_B　　　　　D. c_B/c_A

7. 适合强极性物质和腐蚀性气体分析的载体是（　　）。
   A. 红色硅藻土载体　B. 白色硅藻土载体
   C. 玻璃微球　　　　D. 氟载体

8. 非气相色谱的定性参数的为（　　）。
   A. 保留值　　　　　B. 相对保留值
   C. 保留指数　　　　D. 峰高或峰面积

9. 气相色谱的定量参数有（　　）。
   A. 保留值　　　　　B. 相对保留值
   C. 保留指数　　　　D. 峰高或峰面积

10. 如果样品比较复杂，相邻两峰间距离太近或操作条件不易控制稳定，要准确测量保留值有一定困难时，可采用（　　）。
    A. 相对保留值进行定性
    B. 加入已知物以增加峰高的办法进行定性
    C. 文献保留值数据进行定性
    D. 利用选择性检测器进行定性

（赵克霞）

第 13 章

高效液相色谱法

20 世纪 60 年代末,科克兰等几位科学家发明了世界上第一台高效液相色谱仪,其原理是使用粒径更细的固定相填充色谱柱,提高色谱柱的塔板数,以高压输送流动相,使得经典液相色谱需要数日乃至数月完成的分离工作得以在几个小时甚至几十分钟内完成。

案例 13-1　"瘦肉精"

"瘦肉精"是 β-肾上腺受体激动剂类化合物的俗称,包括盐酸克伦特罗、莱克多巴胺和沙丁胺醇等十几种物质。将其添加于饲料中可大大减少食用动物的脂肪并增加瘦肉成分,缩短动物的生长期,从而降低养殖成本。科学研究表明,食用含有"瘦肉精"的肉会对人体产生危害,常见的有恶心、头晕、四肢无力、手颤等中毒症状,长期食用则有可能导致染色体畸变,诱发恶性肿瘤。虽然世界各国纷纷制定法规严禁盐酸克伦特罗和莱克多巴胺用于畜禽养殖。但因为利益驱使,养殖中非法使用"瘦肉精"的报道还在不断出现。

讨论:用高效液相色谱法(HPLC)测定"瘦肉精"残留量的原理和方法。

第一节　概　述

一、高效液相色谱法

高效液相色谱法(high performance liquid chromatography,HPLC)是在经典液相色谱法基础上,引入气相色谱的理论和实验技术,以高压输送流动相,采用高效固定相及高灵敏度检测器发展而成的现代液相色谱分析方法。

二、高效液相色谱法与经典色谱法比较

高效液相色谱法与经典液相色谱法的比较,如表 13-1 所示。

表 13-1　高效液相色谱法与经典液相色谱法的性能比较

项目	经典液相色谱法	高效液相色谱法
固定相粒度/μm	75～500	3～10
柱长/cm	10～100	3～25
柱内径/cm	2～5	0.2～0.46
柱入口压强/MPa	0.001～0.1	10～40
柱效（每米理论塔板数）	10～100	3×10^4～8×10^4
样品用量/g	1～10	10^{-6}～10^{-4}
分析所需时间/h	1～20	0.05～0.5
装置	不能在线检测	能在线检测

高效液相色谱法与经典液相色谱法比较,具有高压、高效、高灵敏度、分析速度快等特点。

三、高效液相色谱法与气相色谱法比较

高效液相色谱法与气相色谱法比较,如表 13-2 所示。

表 13-2　高效液相色谱法与气相色谱法的性能比较

项目	气相色谱法	高效液相色谱法
分析对象	适于能气化、热稳定性好、沸点较低的样品。占有机化合物的 20%	不受样品挥发性和热稳定性的限制，适于溶解后能制成溶液的样品；分子量大、难气化、热稳定性差及高分子和离子型样品。占有机化合物的 80% 以上
分离效果	高	更高
选择性	流动相是惰性气体，只能选择固定相	流动相是液体，流动相、固定相都可选择，选择性广
温度	高温	常温
灵敏度/（g/ml）	10^{-12}	10^{-9}

高效液相色谱法与气相色谱法比较：具有应用范围广、流动相可选择范围宽、不需要高温等特点，但检测器不及气相色谱法灵敏。

第二节　基本理论

高效液相色谱法的基本概念和理论与气相色谱法相似，如气相色谱法中的塔板理论、速率理论都可应用于高效液相色谱法。所不同的是，高效液相色谱法的流动相是液体，由于液体和气体的性质不同，Giddings 和 Synder 等根据液体与气体的性质差异，提出了液相色谱速率方程式，即 Giddings 方程式：

$$H = A + \frac{B}{u} + C_m u + C_{sm} u + C_s u \tag{13-1}$$

式中，H 为理论塔板高度；A 为涡流扩散项；$\frac{B}{u}$ 为纵向扩散项；$C_m u$ 为流动相传质阻力项；$C_{sm} u$ 为静态流动相传质阻力项；$C_s u$ 为固定相传质阻力项；u 为流动相线速度。其中，纵向扩散系数 $B = 2\gamma D_m$，γ 为常数，D_m 为组分在流动相中的扩散系数，它与流动相黏度成反比，与温度成正比。因在高效液相色谱法中流动相为液体，其黏度大，柱温低，一般在室温，故 D_m 比气相的 D_g 小 4～5 个数量级。纵向扩散项 $\frac{B}{u}$ 很小，可以忽略不计，式（13-1）可简写成

$$H = A + C_m u + C_{sm} u + C_s u \tag{13-2}$$

由式（13-2）可知，高效液相色谱法的理论塔板高度 H 与流动相的流速（u）成正比，为了获得较高的柱效，流动相流速不宜快，但是降低流动相流速虽然可降低传质阻力项的影响，但会增加纵向扩散项并延长分析时间，所以流速也不宜太慢；一般来说 4.6mm 直径、5μm 粒径的柱子最佳流速以 1ml/min 为宜。

1. 涡流扩散项（A）　与 GC 相同，选用小粒度、球形、粒度均匀的固定相，采用匀浆法装柱，以降低涡流扩散项，降低塔板高度 H，提高柱效。

2. 传质阻力项（$C_m u + C_{sm} u + C_s u$）　固定相传质阻力项（$C_s u$）与固定液的液膜厚度和组分在固定液中的扩散系数有关，如果采用化学键合相作固定相，由于键合相多为单分子层，因此液膜厚度可忽略，即固定相传质阻力项可以忽略。流动相传质阻力项（$C_m u$）和静态流动相传质阻力项（$C_{sm} u$）与固定相的颗粒的大小和流动相的黏度有关，减小固定相颗粒、降低流动相的黏度，可以减小传质阻力。

综上所述，HPLC 的实验条件应该是：①采用小而均匀的球形固定相，首选化学键合相，用匀浆法装柱；②选低黏度流动相（如甲醇、乙腈）；③选择适当的流速，一般 4.6mm 直径、5μm 粒径的柱子最佳流速为 1ml/min；④柱温一般以 25～30℃为宜，柱温太低，则使流动相的黏度增加，温度高有机溶剂易产生气泡，如流动相不含有机溶剂可按需升温。

第三节　高效液相色谱法的主要类型及原理

近年来高效液相色谱法发展迅速，其主要类型除与经典液相色谱法的类型基本一致外，还有化学

键合色谱法、离子色谱法、离子对色谱法、亲和色谱法、手性色谱法、胶束色谱法、电色谱法等。其中化学键合相色谱法在高效液相色谱法中应用最为广泛，因此本章主要讨论化学键合相色谱法的原理和分离条件的选择。

一、化学键合相色谱法

化学键合相色谱法简称键合相色谱法（bonded phase chromatography，BPC），是以化学键合相为固定相的色谱法。

化学键合相是通过化学反应将固定液的官能团键合到载体表面上，使其形成均一、牢固的单分子薄层而构成的固定相。常以微粒多孔硅胶为载体，采用酯化键合（Si-O-C型）、硅烷化键合（Si-O-Si-C型）和硅氮键合（Si-N型）等反应，其中硅烷化键合反应得到的键合相具有耐热性和化学稳定性，是目前应用最为广泛的键合相。

这类固定相的突出特点是耐溶剂冲洗，并且可以通过改变键合相有机官能团的类型来改变分离的选择性，因此键合相色谱法是应用最广的色谱法，兼有吸附和分配两种分离机制，但多数以分配机制为主。与液-液分配色谱相类似，根据化学键合相与流动相的极性相对强弱不同可以将键合相色谱法分为正相键合相色谱法和反相键合相色谱法。

（一）正相键合相色谱法

正相键合相色谱法（normal bonded-phase chromatography）是指流动相极性小于固定相极性。

1. 分离原理（这里介绍分配理论）　其分离原理类似于液-液分配色谱，即把键合固定相当成有机液膜看待，组分在两相间进行分配，极性强的组分分配系数大，保留时间长，后出柱；极性弱的组分分配系数小，保留时间短，先出柱。

2. 固定相和流动相　固定相通常采用极性键合相，有时也采用中等极性键合相，如氰基（—CN）、氨基（—NH_2）、二羟基等键合在硅胶表面形成固定相。以非极性或弱极性有机溶剂作流动相，常采用烷烃加适量极性调节剂，如正己烷-甲醇。

3. 被分离物质　正相键合色谱主要用于分离溶于有机溶剂的极性至中等极性的分子型化合物。

氰基键合相对双键异构体或含双键数不等的环状化合物的分离有较好的选择性。其分离选择性与硅胶相似，但其极性小于硅胶，即流动相及其他条件相同时，同一组分的保留时间小于硅胶。许多需用硅胶柱分离，可用氰基键合相柱代替完成。

氨基键合相与硅胶的性质有较大差异，前者为碱性，后者为酸性，在作正相洗脱时表现出不同的选择性。氨基键合相色谱柱是分析糖类最重要的色谱柱，也称碳水化合物柱，其分析糖类时常用乙腈-水为流动相，而不用烷烃，因为糖不溶解于烷烃。氨基是亲核基团，能与羰基发生亲核加成反应，所以氨基键合相不能用来分离还原糖、甾酮等含有羰基的化合物，同时流动相中也不能含有羰基的物质。

二羟基键合相适用于分离有机酸、甾体和蛋白质。

4. 分离选择性　正相键合色谱法的分离选择性与液-固吸附色谱相似，即增大流动相的极性，洗脱能力增加，保留时间缩短；反之，保留时间变长。在被分离物质中，极性小的组分先出峰，极性大的组分后出峰。

（二）反相键合相色谱法

反相键合相色谱法（reverse bonded-phase chromatography）是指流动相极性大于固定相极性。

1. 分离机制（这里介绍疏溶剂理论）　反相键合相色谱法中溶质的保留行为，主要是利用非极性溶质分子或溶质分子中非极性基团与极性溶剂接触产生排斥力，而从溶剂中被"挤出"，即产生疏溶剂作用，促使溶质分子与键合相表面的非极性的烷基发生疏水缔合，而使溶质分子保留在固定相中。缔合反应是可逆的，缔合作用的强弱决定溶质分子保留时间的长短。

2. 固定相和流动相　固定相为非极性键合相，如十八烷基键合硅烷（ODS，C_{18}）、辛烷基（C_8）、苯基（C_6H_5）等，有时也采用中等极性键合相。其中C_{18}是反相键合色谱法中最常用的固定相。流动相选择极性溶剂，常采用纯水作为基础溶剂，加入与水互溶的有机溶剂调节其极性，如甲醇、乙腈、四氢呋喃等。常用的流动相有乙腈-水、甲醇-水。两者相比，甲醇价格较低，毒性较小，黏度低，截止波长250nm，能够满足绝大多数物质的分离，是反相键合色谱法常用的流动相；乙腈价格较贵，毒性较大，黏度较小，截止波长190nm，适用于分离有末端吸收的物质。

3. 被分离物质 反相键合色谱适合分离非极性到中等极性的分子型化合物。

4. 分离选择性

（1）被分离组分：①被分离组分的极性越弱，疏水性作用力越强，不易被流动相带出色谱柱，在固定相上停留时间越长，色谱图上后出峰；被分离组分的极性越强，疏水性作用力越弱，易被流动相带出色谱柱，色谱图上先出峰；如果被分离组分分子中引入非极性取代基，如碳链、芳香基，这些物质与固定相作用力强，不易被流动相带出，后出峰；如果被分离组分分子中引入极性取代基，如果样品有羧基、氨基、羟基，这些物质与固定相作用力弱，易被流动相带出，先出峰。②同系物中，碳原子数越多，极性越弱，与固定相保留能力越强，后出峰。③同碳数的化合物，直链烷基化合物保留能力大于支链烷基化合物保留能力。

（2）固定相：硅胶表面键合烷基的浓度越大，则溶质的分配系数越大；键合烷基的碳链增长，疏水性增加，溶质的 k 也增大，如在色谱其他条件相同时，相同物质在 C_{18} 上保留比在 C_8 上的保留要强。

（3）流动相：溶剂的极性越弱，洗脱能力越强；溶剂的极性越强，洗脱能力越弱。反相色谱中洗脱能力：水＜甲醇＜乙腈＜乙醇≈丙酮＜异丙醇≈四氢呋喃。为了获得不同的离子强度，或者使目标物以稳定的形式存在，会去选用一些缓冲盐，缓冲盐的浓度和pH也会影响分离选择性。所以选择时，应该关注缓冲盐的种类、浓度和pH。

反相色谱法是应用最广的色谱法，虽然主要用于分离非极性至中等极性的各类分子型化合物，但因键合相表面的官能团不流失，则溶剂的极性可以在很大范围内调整，因此应用范围很宽。由它派生的反相离子对色谱法与离子抑制色谱法，可以分离有机酸、碱、盐等离子型化合物。据统计，在高效液相色谱法中70%～80%的样品可采用反相键合相色谱法完成。

案例 13-2

现有苯乙酮、硝基苯、苯和甲苯几种物质，如果用 C_{18} 柱为固定相，流动相为甲醇∶水=60∶40，在该色谱条件下，苯乙酮最先流出色谱柱。

讨论：1. 其他几种物质流出色谱柱的顺序是什么？

2. 如果要增加保留值，应该如何调节流动相比例？

3. 如果将色谱柱换成苯基柱，各物质的保留值如何变化？

二、其他高效液相色谱法

（一）离子色谱法

H. Small 等于1975年提出的离子色谱是以低交换容量离子交换剂作固定相、用含有合适淋洗离子的电解质溶液作流动相使无机离子得以分离，并成功地用电导检测器连续测定流出物的电导变化。目前，离子色谱法已广泛用于无机阴离子、无机阳离子、有机酸、糖醇类、氨基糖类、氨基酸、蛋白质、糖蛋白、DNA、RNA水解产物等物质的定性和定量分析。

（二）离子对色谱法

离子对色谱法可分为正相离子对色谱法和反相离子对色谱法，因为前者已少用，故只介绍反相离子对色谱法。反相离子对色谱法是把离子对试剂加入到含水流动相中，被分析的组分离子在流动相中与离子对试剂的反离子（或称对离子）生成中性离子对，从而增加溶质与非极性固定相的作用，使分配系数增加，改善分离效果。该方法适用于分离离子型化合物或可离子化的物质，如药物中的儿茶酚胺类、生物碱类、抗生素类、维生素类等，以及有机酸、碱、盐。

在反相离子对色谱法中，溶质的分配系数取决于离子对试剂及其浓度和固定相、溶质的性质及温度。分析酸类或带负电荷的物质，一般用季铵盐作离子对试剂，如四丁基铵磷酸盐，分析碱类或带正电荷的物质，一般用烷基磺酸盐或硫酸盐作离子对试剂，如正庚烷基磺酸钠等。由于离子对的形成依赖于组分的解离程度，当组分与离子对试剂全部离子化时，最有利于离子对的形成，且组分的 k 最大。因此，流动相的 pH 对弱酸、弱碱的保留行为影响较大，对强酸、强碱影响很小。

（三）分子排阻色谱法

分子排阻色谱法（MEC）是根据分子大小进行分离的一种液相色谱技术，主要用于较大分子的分离。分离原理为凝胶色谱柱的分子筛机制，它不具有吸附、分配和离子交换作用。色谱柱多以亲水硅胶、凝胶或修饰凝胶（如葡聚糖凝胶 Sephadex 和聚丙烯酰胺凝胶 Sepherose 等）为填充剂，这些填充剂表面分布着不同孔径尺寸的孔，凝胶的孔径与被分离组分分子大小相应，被测物质分子进入色谱柱后，它们中的不同组分按其大小进入相应孔径的孔内，大于所有孔径的分子不能进入填充剂颗粒内部，在色谱过程中不被保留，最早被流动相洗脱至柱外，保留时间较短；小于所有孔径的分子能自由进入填充剂表面的所有孔，在柱子中滞留时间较长，保留时间较长；其余分子则按分子大小依次洗脱。

（四）亲和色谱法

亲和色谱法（AC）是依据生物分子间亲和吸附和解离的原理建立起来的色谱法。在生物体内，许多大分子具有与某些相对应的专一分子可逆结合的特性，如抗原和抗体、酶和底物及辅酶、激素和受体、RNA 和其互补的 DNA 等，生物分子之间这种特异的结合能力称为亲和力。亲和色谱法的固定相是将配基通过共价键键合到载体上形成的，当含有亲和物的流动相流经固定相时，亲和物被固定相选择性吸附，而试样中其他组分被洗脱，然后改变流动相条件以降低配基与亲和物之间的亲和力，使亲和物得以洗脱。

（五）手性色谱法

手性色谱法（CC）是对手性化合物的对映异构体进行分离分析的色谱法。要实现手性识别，手性化合物分子与手性固定相之间至少存在三种相互作用。这种相互作用包括氢键、偶极-偶极作用、π-π作用、静电作用、疏水作用或空间作用。

第四节 高效液相色谱法的固定相和流动相

要实现最理想的分离分析，必须选择最佳的色谱操作条件，因此进行高效液相色谱法研究的关键步骤就是对色谱操作条件的优化。在所有色谱条件中，影响分离度、选择性的关键因素就是固定相和流动相。而目前在高效液相色谱法中用得最多的是键合相色谱法，因此，本节重点讨论键合相色谱法中的固定相、流动相。

一、固 定 相

高效液相色谱法最常用的固定相是化学键合相。其优点为：①传质快。表面无深凹陷，比一般液体固定相传质快。②寿命长。化学键合，无固定液流失，耐流动相冲击。③稳定。耐水、耐光、耐有机溶剂。④选择性好。可键合不同官能团，提高选择性。⑤有利于梯度洗脱。按键合基团的极性可将其分为极性、弱极性和非极性 3 类。

1. 极性键合相 常用的极性键合相是将氨丙硅烷基[Si(CH$_2$)$_3$NH$_2$]或氰乙硅烷基[Si(CH$_2$)$_2$CN]键合在硅胶上制成的氨基（—NH$_2$）或氰基（—CN）键合相，一般用于正相色谱。

2. 弱极性键合相 常见的弱极性键合相有醚基和二羟基键合相，这类固定相用得很少，视流动相的极性，该类固定相既能用于正相色谱，又能用于反相色谱。

3. 非极性键合相 常用的非极性键合相是在硅胶上键合非极性烃基，如甲基（C$_1$）、辛烷基（C$_8$）、苯基和十八烷基（C$_{18}$）等。非极性键合相一般用于反相色谱。

非极性键合相的烃基链长对分离选择性和载样量产生较大影响。一般短链或苯基非极性键合相的分离速度快，但是烃基链越长，键合相的稳定性越好，并且对溶质的保留值越大，分离选择性更好，因此十八烷基键合相在高效液相色谱法中应用最为广泛。

二、流 动 相

固定相一定时，流动相的种类和配比成为影响色谱分离效果和选择性的主要因素。高效液相色谱流动相有两个作用，一是携带试样通过色谱柱；二是给被分离组分提供一个可调节选择性的分配相，通过对被分离组分的不断洗脱作用，使混合物实现分离。与气相色谱比较，高效液相色谱中可供选择的流动相溶剂要多得多，不仅可以使用纯溶剂，还可以使用不同配比的混合溶剂，选择余地很大。可以通过改善溶剂的性质及组成提高高效液相色谱法的分离度及分析速度。流动相应满足以下要求。

1. 合适的溶解能力与极性。对于待测样品，流动相溶剂必须有良好的选择性和合适的极性，同时要有一定的溶解能力，且对固定液的溶解度尽可能小。

2. 化学稳定性要好，与固定相和被测组分不发生化学反应。

3. 溶剂的纯度要高。纯度不高时会导致基线不稳定和产生干扰等。实验中一般使用色谱纯试剂。

4. 溶剂的流动性要好，黏度要低。高黏度溶剂会影响溶质的扩散、传质，降低柱效，还会使分离时间延长。

5. 与检测器相匹配。若使用紫外检测器，应当使用紫外波长下没有吸收或吸收很小的流动相。而当使用示差折光检测器时，应选择折射率与样品中组分的折射率有尽可能大的差别的流动相，以提高灵敏度。

第五节　高效液相色谱仪

高效液相色谱仪是由高压输液系统、进样系统、分离系统、检测系统和数据处理系统五部分组成。较先进的高效液相色谱仪还配有在线脱气、柱温箱及自动进样器等辅助装置；制备型的高效液相色谱仪配有自动馏分收集装置。高效液相色谱仪的结构，如图13-1所示。

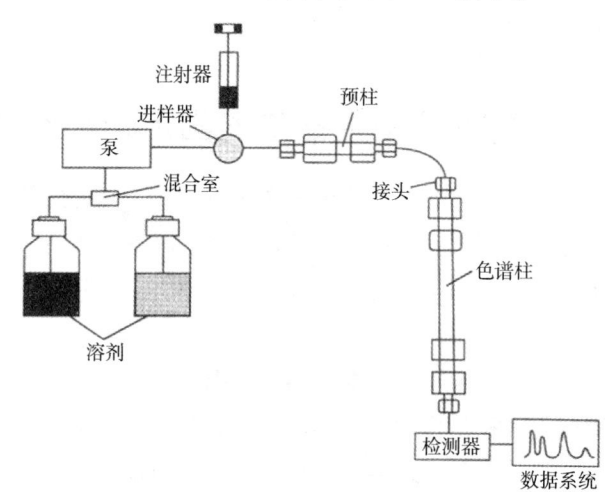

图13-1　高效液相色谱仪结构示意图

一、高压输液系统

由于高效液相色谱所用的固定相颗粒极细，因此对流动相的阻力很大，为使流动相有较大的流速，必须配备高压输液系统。高压输液系统是液相色谱中最重要的组件，一般由储液瓶、过滤与脱气装置、高压输液泵、梯度洗脱装置组成。

（一）储液瓶

储液瓶是用来存放流动相的容器，其材质应耐腐蚀，一般为玻璃瓶，容积一般为0.5～2.0L，无色或棕色，棕色瓶可起到避光作用。为防止长霉，储液瓶中流动相要经常更换，并经常清洗储液瓶。储液瓶的位置一般放置高于泵，以保证有一定的输液静压差。

（二）过滤与脱气装置

流动相所用的溶剂应经过0.2～0.45μm滤膜过滤后方能放入储液瓶，同时储液瓶还应配有溶剂过滤器，以防止流动相中的机械颗粒进入高压输液泵内。溶剂过滤器一般用耐腐蚀的镍合金制成，滤芯的孔隙大小 2μm 左右。试样溶液一般用市售的 0.45μm 或 0.2μm 的针头式过滤器过滤。另外，在流动相入口、泵前、泵与色谱柱之间都配置有各种各样的滤柱或滤板。

流动相进入高压输液泵前必须脱气，气泡对测定的影响：①泵中气泡使液流波动，改变保留时间和峰面积；②柱中气泡使流动相绕流，峰变形；③检测器中的气泡产生基线波动。

流动相脱气方式可分为离线脱气和在线脱气两种形式，现在很多商品化仪器都配备在线脱气装置，能够很好地去除大部分气泡。常用的离线脱气方法有三种：真空脱气法、吹氦脱气法和超声波脱气法。

1. 真空脱气法 用微型真空泵，降压至 0.05～0.07MPa 即可除去溶解的气体。使用真空泵连接抽滤瓶可以一并完成过滤和脱气的双重任务。由于抽真空会引起混合溶剂组成的变化，故此法适用于单一溶剂的脱气。

2. 吹氦脱气法 氦气通过一个圆筒过滤器缓慢地通入流动相中，在 0.1MPa 压力下维持大约 15min，由于氦气在流动相中的溶解度极低，因此可除去流动相中溶解的气体。该法使用方便、脱气效果好，但氦气较贵。

3. 超声波脱气法 将溶剂瓶置于超声波清洗槽中，以水为介质超声脱气，500ml 溶液超声 10～30min 方可达到脱气效果。该方法简单方便，不影响溶剂组成，适用于各种溶剂。使用时应避免溶剂瓶与超声波清洗槽底或壁接触，造成溶剂瓶破裂。

（三）高压输液泵

高效液相色谱法中，流动相是通过高压输液泵来输送的，因此泵的作用是将流动相以稳定的流速或压力输送到色谱系统。高压输液泵的稳定性直接关系到分析结果的重复性和准确性，因此应满足以下条件。①流量稳定：输出的流动相基本无脉冲，流量重复性 RSD 值优于 0.3%，目前主流生产厂家均能达到 0.1%。②输出压力高，密封性能好：最高输出压力可达 40～60MPa；超高压液相色谱耐压甚至需超过 100MPa。③流量范围宽，且连续可调：分析型，0.100～10.000ml/min；制备型，100～1000ml/min；工业制备型，大于 1000ml/min。随着微纳技术的发展，目前已有微纳输液泵的最小流量可以低至纳升级。④泵死体积小，有利于洗脱液的更换。⑤耐腐蚀性好：在分析生物样品、极性样品时流动相常用腐蚀性较大的缓冲溶液，泵材质的耐腐蚀性要求很高。通常采用不锈钢材质，对生物样品的分离也常用聚醚醚酮等材质。为了减缓柱塞磨损，许多厂商的柱塞泵都附有清洗装置，可自动冲洗。⑥具有梯度洗脱功能。

按照液体输出的形式，输液泵可分为恒压泵和恒流泵两大类。目前应用最多的是恒流泵中的柱塞往复泵，其结构如图 13-2 所示。柱塞往复泵类似于具有单向阀的往复运动的小型注射器。通常由电动机带动偏心轮转动，再由偏心轮驱动活塞杆做往复运动，柱塞向后运动，出口单向阀关闭，入口单向阀打开，将流动相吸入缸体；柱塞向前运动，入口单向阀关闭，出口单向阀打开，流动相输出，流向到色谱柱。柱塞前后往复运动，将流动相源源不断地输送到色谱柱中。改变电动机转速可以控制活塞的往复频率，调节流动相的流速。

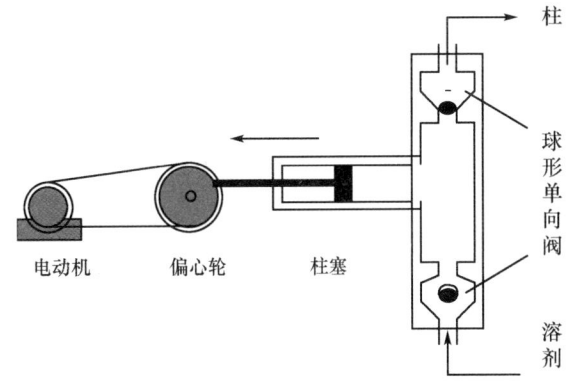

图 13-2 柱塞往复泵示意图

（四）梯度洗脱装置

高效液相色谱法有等度洗脱和梯度洗脱两种洗脱方式。等度洗脱是在同一分析周期内流动相的组成恒定不变，适用于组分数量少、性质差别较小的试样的分析。梯度洗脱是在一个分析周期内，按一定程序不断改变流动相的组成或浓度配比，称为梯度洗脱。梯度洗脱在液相色谱中的作用相当于气相色谱中的程序升温，在分离过程中逐渐改变溶剂的组成，使溶剂的强度从分离开始至结束逐渐增强，以实现复杂混合物分析中使保留时间相差很大的组分在合适的时间内全部洗脱并达到分离且有良好的峰形。梯度洗脱可提高分离度、缩短分离时间、降低最小检测量和提高分离精度，适用于组分性质差别很大的复杂样品的分析。梯度洗脱分为高压梯度和低压梯度。

高压梯度是指溶剂在高压下混合。常见的是二元泵，即使用两台高压输液泵分别按设定比例输送两种不同的溶剂至混合器，在高压状态下将两种溶剂混合，然后以一定的流量输入色谱柱。其优点是，只要通过梯度程序控制器改变两个泵各自的流量，并保持输出总流量不变，就能获得任意形式的梯度曲线，而且精度高。其缺点是必须使用两台高压输液泵，仪器成本高。由于溶剂在高压下混合，不易产生气泡，可以不配在线脱气装置。

低压梯度是指溶剂在常压下混合。流动相所需的各种溶剂经脱气后，在常压下进入比例阀，由比例阀控制各种溶剂的比例，混合后进入高压泵，再由高压泵将流动相以一定的流量输出至色谱柱。其主要优点是只需要一个单元泵，成本低、使用方便。但是由于溶剂在常压下混合，易产生气泡，故需要良好的在线脱气装置。

二、进样系统

高效液相色谱仪的进样器是将样品溶液准确送入色谱柱的装置。进样器要求密封性好，死体积小，重复性好，进样时引起色谱系统的压力和流量波动要很小。进样器分为手动和自动两种。现在的液相色谱仪所采用的手动进样器几乎都是耐高压、重复性好和操作方便的六通阀进样器。

（一）阀进样

六通阀进样是目前最常用的手动进样方式，其具有结构简单、使用方便、寿命长、日常无须维修等特点。它是由圆形密封垫（转子）和固定底座（定子）组成。在充样至 A 位置时，用微量注射器将试样注入定量环，多余样品从废液口放出；转动进样至 B 位置时（将阀旋转 60°），由泵输送的流动相冲洗定量环，推动样品入柱，如图 13-3 所示。进样阀的内部通道很细，所以，样品液中绝不应该带有固体微粒，以免堵塞通道。同样，样品液的浓度也不宜太高，防止其在进样阀内结晶析出。应当经常清洁进样阀的通道，此时阀的扳手应放在进样位置，使得冲洗液从废液口流出。定量环则无需清洗，因为流动相自动地不断流过清洗。

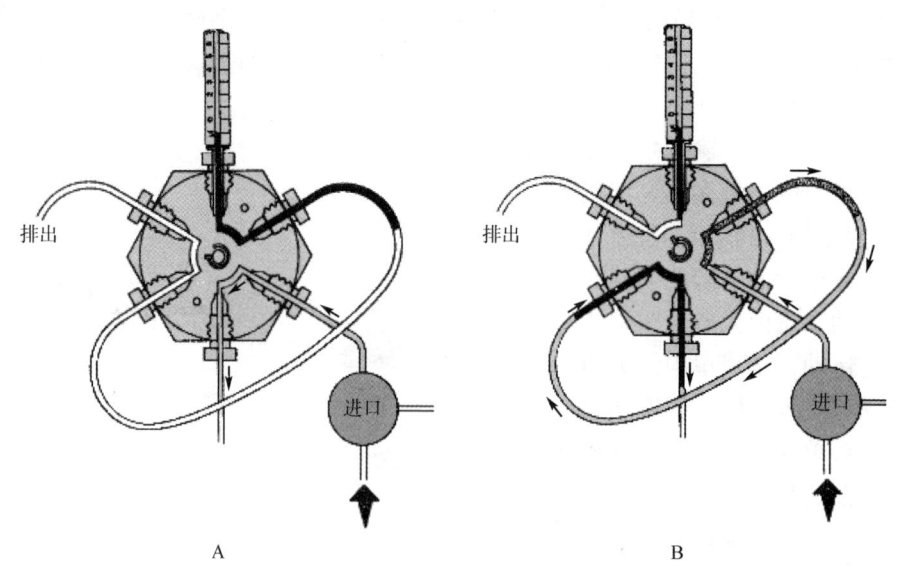

图 13-3 六通阀充样和进样

（二）自动进样器进样

自动进样器是由计算机自动控制定量阀，按预先编制好的程序进行进样，可自动完成几十或上百个样品的分析。在进行大量样品的分析时，使用自动进样器操作可节省大量人力和时间，但此装置成本高。

三、分离系统

高效液相色谱仪的分离系统主要包括色谱柱、保护柱、恒温箱等部件。

1. 色谱柱 色谱柱是液相色谱仪的心脏部分，包括管和固定相两部分。柱主管材料通常采用优质不锈钢，柱长一般为 10~30cm，内径为 4~5mm，其结构如图 13-4 所示。

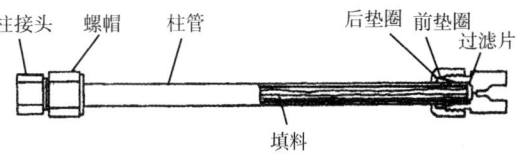

图 13-4 液相色谱柱结构

液相色谱柱的两端有烧结不锈钢或多孔聚四氟乙烯片，以防止柱内的填料流出。柱子装填对柱效影响很大，通常采用匀浆法填充 HPLC 色谱柱。先将填料配成悬浮液，在高压泵的作用下快速将其压入装有洗脱液的色谱柱内，经冲洗后即可备用。

液相色谱柱在装填料之前是没有方向的，但在填好固定相后的柱子是有方向的，在使用时，应使流动相的方向与柱子的填充方向一致。通常在柱子的管外用箭头标示出流动相方向，安装色谱柱时应注意。

2. 保护柱 保护柱又称预柱，是装有与分析柱相同固定相填料的短柱（5~50mm 长），接在色谱柱前，可以方便更换，起到保护色谱柱、延长柱寿命的作用。

3. 恒温箱 是用来使色谱柱恒温的装置，精确控制柱温可提高色谱分析结果的重现性。

四、检 测 系 统

用于液相色谱中的检测器，除应该具有灵敏度高、噪声低、线性范围宽、响应快、死体积小等特点外，还应对温度和流速的变化不敏感。为了将谱带展宽现象降到最低，检测器的体积一般小于 15μl。应用最广泛的是紫外检测器和示差折光检测器。常用的检测器及其性能如表 13-3 所示。

表 13-3 高效液相色谱仪常见的检测器及其性能

检测器	类型	检测限/（g/ml）	温度影响	流速影响	用于梯度洗脱
紫外-可见光检测器（UV-vis）	选择型	10^{-10}	小	无	可以
荧光检测器（FLD）	选择型	10^{-13}	小	无	可以
示差折光检测器（RID）	通用型	10^{-6}	大	有	不可
蒸发光散射检测器（ELSD）	通用型	10^{-10}	小	无	可以
电导检测器（CD）	通用型	10^{-8}	大	无	可以

与气相色谱的检测器比较，除荧光检测器等选择型检测器的灵敏度接近气相色谱检测器外，其他液相色谱检测器的灵敏度都比气相色谱检测器的灵敏度差，并且没有与气相色谱中氢火焰离子化检测器和热导池检测相当的检测器，即在液相色谱中，没有一个既灵敏又通用，还可用于梯度洗脱的检测器。现将常用的检测器介绍如下：

1. 紫外-可见光检测器（ultraviolet-visible light detector，UV-vis） 紫外-可见光检测器的测定原理是基于被分析组分对特定波长紫外-可见光的选择性吸收，其吸收度与组分的浓度的关系服从朗伯-比尔定律。其组成包括光源、流通池、检测元件、工作站等，可检测 190~350nm 范围（紫外光区）的光吸收变化，也可向可见光范围 350~700nm 延伸。它具有：①灵敏度高，噪声低；②不破坏样品，可用于制备；③对温度、流动相流速波动不敏感，可用于梯度淋洗；④属于浓度型检测器等特点。但它只能检测有紫外或可见光吸收的组分，对于流动相的选择有一定的限制，检测波长必须大于截止波长。

紫外检测器的类型：①固定波长型（已淘汰）；②可变波长型；③二极管阵列检测器。

光电二极管阵列检测器（diode-array detector，DAD）是以光电二极管阵列作为检测元件的紫外检测器，如图 13-5 所示。它可构成多通道并行工作，同时检测由光栅分光，再入射到阵列式接收器上的全部波长信号，然后，对二极管阵列快速扫描采集数据，得到的是时间、光强度和波长的三维谱图，如图 13-6 所示。

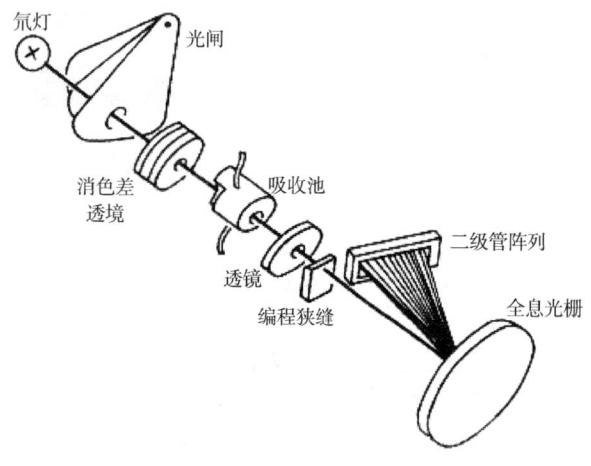
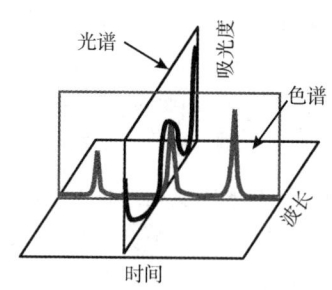

图 13-5　光电二极管阵列检测器示意图　　　图 13-6　光电二极管阵列检测器的三维谱图

DAD 与紫外检测器的区别：普通紫外检测器是先用单色器分光，然后让特定波长的光进入流通池。DAD 检测器是先让所有波长的光都通过流通池，然后通过一系列分光技术，使所有波长的光在接收器上被检测。

2. 荧光检测器（fluorescence detector，FLD）　在一定条件下，凡具有荧光的物质，其发射光的荧光强度与物质的浓度成正比，服从朗伯-比尔定律。因此，荧光检测器只适用于具有荧光的有机化合物，如多环芳烃、氨基酸、胺类、维生素、甾体化合物和某些蛋白质等的直接检测，同时也适用于某些物质虽然本身不发光，但含有的官能团可与荧光剂发生衍生化反应，生成荧光衍生物的检测。荧光检测器具有很高的灵敏度和选择性，适用于痕量分析和梯度洗脱，而且所需样品量很小，特别适合药物和生物化学样品的分析。

3. 示差折光检测器（differential refractometers，RID）　其工作原理是基于样品组分的折射率与流动相溶剂折射率有差异，当组分洗脱出来时，会引起流动相折射率的变化，这种变化与样品组分的浓度成正比。绝大多数物质的折射率与流动相都有差异，所以示差折光检测器是一种通用的检测系统，对于那些无紫外吸收的有机化合物（如高分子化合物、糖类、脂肪烷烃）是比较适合的。但其灵敏度与其他检测方法相比要低 1~3 个数量级，不适用于痕量分析。流动相和温度的变化都会引起折光率的变化，因此，该检测器必须控制恒温，也不适用于梯度洗脱样品的检测。

4. 蒸发光散射检测器（evaporative light scattering detector，ELSD）　蒸发光散射检测器是一种高灵敏度、通用型检测器，尤其对一些较难分析的样品，如糖类、磷脂、皂苷、生物碱、甾族化合物等无紫外吸收或紫外末端吸收的化合物，其具有比示差折光检测器更高的灵敏度。它的优点：消除了溶剂干扰以及温度变化带来的基线漂移，可梯度洗脱，灵敏度高，适用于检测挥发性低于流动相的组分，但是不能使用非挥发性缓冲盐作流动相，如磷酸盐。

其工作原理是：经色谱柱分离的组分随流动相进入雾化室，被高速气体（氦气、氮气或空气）雾化，然后进入蒸发室（漂移管），在蒸发室中流动相被蒸发除去，不挥发的待测组分在蒸发室内形成气溶胶，然后进入检测室。在检测室中用一定强度的入射光（卤钨灯或激光光源）照射气溶胶而产生光散射后被光电倍增管检测。

5. 电导检测器（conductivity detector，CD）　电导检测器是一种通用型电化学检测器，具有结构简单、操作成本低及死体积小等特点。电导检测器测量的是溶液的电导或电阻，因此，主要用于检测以水溶液为流动相的离子型溶质。当流动相的离子浓度恒定时，由于电导检测器对流速和压力的变化不敏感，可用于梯度洗脱的测量。温度对电导检测器的影响较大，每升高 1℃，电导率增加 2%~2.5%，借助热敏电阻监控器和电子补偿电路可以消除温度的影响，一般情况下电导检测器都应置于绝热恒温设备中。

五、数据处理系统

高效液相色谱仪的数据采集和处理由计算机完成，利用色谱工作站采集、分析色谱数据和处理色谱图，给出保留时间、峰宽、峰高、峰面积、对称因子、容量因子、选择因子和分离度等色谱参数。

第六节 定性与定量分析

一、定性分析

HPLC 的定性方法与 GC 有很多相似之处，可分为色谱鉴定法及非色谱鉴定法两类，其中非色谱鉴定法又包括化学鉴定法和色谱-光谱联用鉴定法。

（一）色谱鉴定法

色谱鉴定法是利用纯物质和样品的保留时间或相对保留时间对照进行定性分析，是已知范围未知物常用的鉴定方法。

（二）化学鉴定法

化学鉴定法利用专属性化学反应对分离后收集的组分定性。由于用 HPLC 收集组分容易，因此该法是较实用的。

（三）色谱-光谱联用鉴定法

色谱-光谱联用鉴定法是将高效液相色谱仪与光谱仪（或质谱仪）用界面连接，形成一个完整仪器，实现在线检测。联用后的仪器称为色谱-光谱联用仪，如 HPLC-DAD、HPLC-MS 等。色谱-光谱联用仪能给出样品的色谱图，并能快速给出每个色谱峰的光谱（或质谱）图，能同时获得定性、定量信息，是分析、鉴定成分复杂样品最重要的手段。

二、定量分析

高效液相色谱法的定量分析方法与气相色谱法相同，有外标法、内标法和归一法。常用外标法及内标法。

例题 13-1 外标法测定青蒿素的含量。精密称取 0.0264g 青蒿素，置于 25ml 量瓶中，超声 30min 使药物溶解，放冷，加甲醇稀释至刻度，摇匀，经滤膜滤过，精密量取续滤液 20μl 注入液相色谱仪，记录色谱图。峰面积的平均值为 4 506 136。另精密称取青蒿素对照品适量，用甲醇溶解并定量稀释制成每毫升中含 1.06mg 的溶液，同法测定，峰面积平均值为 4 562 645。计算测定的青蒿素的含量。

（注：若工作曲线好并通过原点，可不必绘制标准曲线，采用单点校正法测定）

解： $c_{对照} = 1.06 \text{mg/ml}$ $\quad A_{对照} = 4\,562\,645$ $\quad A_{样品} = 4\,506\,136$

$$\frac{c_{样品}}{c_{对照}} = \frac{A_{样品}}{A_{对照}} \Rightarrow c_{样品} = \frac{A_{样品}}{A_{对照}} \times c_{对照}$$

$$m_{样品} = c_{样品} \times V_{样品}$$

$$\omega = \frac{m_{样品}}{m} \times 100\% = \frac{\dfrac{A_{样品}}{A_{对照}} \times c_{对照} \times V_{样品}}{m} \times 100\% = \frac{\dfrac{4\,506\,136}{4\,562\,645} \times 1.06 \times 25}{0.0264 \times 10^3} \times 100\% = 99.1\%$$

例题 13-2 高效液相色谱法测定样品中甲酸、乙酸、丙酸的含量。采用环己酮作内标物，称取样品 1.132g，加入环己酮 0.2038g，混合均匀后进样 2.00μl，测得其校正因子和峰面积如下表所示，试计算各组分的含量。

项目	环己酮	甲酸	乙酸	丙酸
$f_{i,s}$	1.00	0.261	0.562	0.938
A	128	10.5	69.3	30.4

解： 由 $\omega_i = \dfrac{m_i}{m} \times 100\% = \dfrac{m_s}{m} \cdot \dfrac{f_i A_i}{f_s A_s} \times 100\%$ 得

$$\omega_{甲酸} = \frac{m_{环己酮}}{m} \cdot \frac{f_{甲酸} A_{甲酸}}{f_{环己酮} A_{环己酮}} \times 100\% = \frac{0.2038}{1.132} \times \frac{0.261 \times 10.5}{1.00 \times 128} \times 100\% = 0.39\%$$

$$\omega_{乙酸} = \frac{m_{环己酮}}{m} \cdot \frac{f_{乙酸}A_{乙酸}}{f_{环己酮}A_{环己酮}} \times 100\% = \frac{0.2038}{1.132} \times \frac{0.562 \times 69.3}{1.00 \times 128} \times 100\% = 5.48\%$$

$$\omega_{丙酸} = \frac{m_{环己酮}}{m} \cdot \frac{f_{丙酸}A_{丙酸}}{f_{环己酮}A_{环己酮}} \times 100\% = \frac{0.2038}{1.132} \times \frac{0.938 \times 30.4}{1.00 \times 128} \times 100\% = 4.01\%$$

例题 13-3 分析复方乙酰水杨酸片（APC）中阿司匹林 A、非那西丁 P、咖啡因 C 三组分的质量分数，对乙酰氨基酚 S 作内标物。实验条件：色谱 0.4×50cm 日立 3010 胶；流动相：甲醇：三乙醇胺=1:500，流量 1ml/min；UV273nm 检测。实验结果见下表。对照溶液的制备：分别精密称取阿司匹林 A、非那西丁 P、咖啡因 C 对照品 0.220g、0.150g、0.035g，加入 0.035g 内标物混合均匀配制成 100ml 溶液。样品溶液制备：称取 1 片量的药品粉末 0.5005g，加入 0.035g 内标物混合均匀，经多次萃取后配制成 100ml 溶液。求药片中的阿司匹林、非那西丁和咖啡因的质量分数。

被测溶液所含组分		阿司匹林 A	内标物 S	非那西丁 P	咖啡因 C
相对保留时间/min		0.53	1.00	1.45	2.50
对照溶液	m_i	0.220	0.035	0.150	0.035
	A	154 856	171 222	692 272	372 221
样品溶液	m_i	m_A	0.035	m_P	m_C
	A	178 024	202 694	820 968	407 792

解： $(c_i\%)_{样品} = \dfrac{(A_i/A_s)_{样品}}{(A_i/A_s)_{对照}} \times (c_i\%)_{对照}$，样品溶液与对照品溶液体积相等，等式两边同时乘以体积得：$(m_i)_{样品} = \dfrac{(A_i/A_s)_{样品}}{(A_i/A_s)_{对照}} \times (m_i)_{对照}$

$$(m_A)_{样品} = \frac{(178\,024/202\,694)_{样品}}{(154\,856/171\,222)_{对照}} \times 0.220 = 0.214\text{g}$$

$$(m_P)_{样品} = \frac{(820\,968/202\,694)_{样品}}{(692\,272/171\,222)_{对照}} \times 0.150 = 0.150\text{g}$$

$$(m_C)_{样品} = \frac{(407\,792/202\,694)_{样品}}{(372\,221/171\,222)_{对照}} \times 0.0350 = 0.0324\text{g}$$

$$\omega_i = \frac{m_i}{m} \times 100\%$$

$$\omega_A = \frac{m_A}{m} \times 100\% = \frac{0.214}{0.5005} \times 100\% = 42.8\%$$

$$\omega_P = \frac{m_P}{m} \times 100\% = \frac{0.150}{0.5005} \times 100\% = 30.0\%$$

$$\omega_C = \frac{m_C}{m} \times 100\% = \frac{0.0324}{0.5005} \times 100\% = 6.5\%$$

自 测 题

一、选择题（A 型题）

1. 在液相色谱中，常用作固定相，又可用作键合相基体的物质是（ ）。
   A. 分子筛   B. 硅胶
   C. 氧化铝   D. 活性炭

2. 在 GC 和 LC 中，影响柱选择性的不同因素是（ ）。
   A. 固定相的种类   B. 柱温
   C. 流动相的种类   D. 分配比

3. 在液相色谱中，范氏方程中的（ ）对柱效能的影响可以忽略不计。
   A. 涡流扩散项   B. 分子扩散项
   C. 固定相传质阻力项   D. 流动相中的传质阻力

4. 在液相色谱中，某组分的保留值大小实际反映了（ ）的分子间作用力。
   A. 组分与流动相   B. 组分与固定相
   C. 组分与流动相和固定相   D. 组分与组分

5. 用液相色谱法分离长链饱和烷烃的混合物，应采用（　　）。
   A. 紫外吸收检测器　　B. 示差折光检测器
   C. 荧光检测器　　　　D. 电化学检测器
6. 在液相色谱中，梯度洗脱最宜于分离（　　）。
   A. 几何异构体
   B. 沸点相近，官能团相同的试样
   C. 沸点相差大的试样
   D. 极性范围宽的试样
7. 在高效液相色谱流程中，试样混合物在（　　）中被分离。
   A. 检测器　　　　B. 记录器
   C. 色谱柱　　　　D. 进样器
8. 在液相色谱中，为了改变色谱柱的选择性，可以进行如下（　　）操作。
   A. 改变流动相的种类或柱子
   B. 改变固定相的种类或柱长
   C. 改变固定相的种类和流动相的种类
   D. 改变填料的粒度和柱长
9. 高效液相色谱仪中高压输液系统不包括（　　）。
   A. 储液瓶　　　　B. 高压输液泵
   C. 进样器　　　　D. 梯度洗脱装置
10. 液相色谱中通用型检测器是（　　）。
    A. 紫外吸收检测器　　B. 示差折光检测器
    C. 热导池检测器　　　D. 氢焰检测器
11. 在液相色谱中，不会显著影响分离效果的是（　　）。
    A. 改变固定相种类　　B. 改变流动相流速
    C. 改变流动相配比　　D. 改变流动相种类
12. 高效液相色谱、原子吸收分析用标准溶液的配制一般使用（　　）。
    A. 国标规定的一级、二级去离子水
    B. 国标规定的三级水
    C. 不含有机化合物的蒸馏水
    D. 无铅（无重金属）水
13. 液相色谱适宜的分析对象是（　　）。
    A. 低沸点小分子有机化合物
    B. 高沸点大分子有机化合物
    C. 所有有机化合物
    D. 所有化合物
14. 液相色谱定量分析时，要求混合物中每一个组分都出峰的是（　　）。
    A. 外标标准曲线法　　B. 内标法
    C. 面积归一化法　　　D. 外标法
15. 液相色谱流动相过滤必须使用（　　）粒径的过滤膜。
    A. 0.5μm　　　　B. 0.45μm
    C. 0.6μm　　　　D. 0.55μm

二、填空题

1. 高效液相色谱仪一般可分为_____、进样系统、分离系统、检测系统和数据处理系统五部分。
2. 高效液相色谱中的_____技术类似于气相色谱中的程序升温，不过前者连续改变的是流动相的组成与极性，而不是温度。
3. 正相键合色谱适用于分离极性化合物，极性_____的先流出、极性_____的后流出。
4. 在液相色谱中，为改善分离度并调整出峰时间，可通过改变流动相_____和组成的方法达到。

三、计算题

1. 高效液相色谱法测定盐酸四环素的含量。对照品溶液：精密称取盐酸四环素对照品 24.92mg，置于 50ml 量瓶中，加 0.01mol/L 盐酸溶液溶解并稀释至刻度，精密量取 5ml，置于 25ml 量瓶中，加 0.01mol/L 盐酸溶液稀释至刻度，摇匀，即得。供试品溶液：精密称取供试品 24.98mg，置于 50ml 量瓶中，加 0.01mol/L 盐酸溶液溶解并稀释至刻度，精密量取 5ml，置于 25ml 量瓶中，0.01mol/L 盐酸溶液稀释至刻度，摇匀，即得。分别吸取上述两种溶液各 10μl 注入液相色谱仪，记录色谱图。对照品峰面积为 43 982，供试品峰面积为 43 810。按外标法以峰面积计算盐酸四环素百分含量。
2. 高效液相色谱法测定生物碱试样中黄连碱和小檗碱的含量：称取内标物、黄连碱和小檗碱对照品各 0.2000g 配成混合溶液。测得峰面积分别为 3600、3430 和 4040。称取 0.2400g 内标物和试样 0.8560g，同法配制成溶液后，在相同色谱条件下测得的峰面积为 4160、3710 和 4540。计算试样中黄连碱和小檗碱的含量。
3. 某样品中含对甲基苯甲酸、邻甲基苯甲酸、间甲基苯甲酸及苯甲酸并且全部在色谱图上出峰，各组分在色谱图中的峰面积和相对质量校正因子见下表，用归一法求出各组分的质量分数。

项目	对甲基苯甲酸	邻甲基苯甲酸	间甲基苯甲酸	苯甲酸
A	110	60.0	75.0	375
f	1.50	1.30	1.40	1.20

（刘程程）

实训指导

实训一 化学实训基本技能

一、实训目的

1. 掌握并遵守实验室规则,熟悉实验室意外事故的急救处理办法。
2. 掌握玻璃仪器的洗涤方法。
3. 掌握样品的取用方法。
4. 了解实验报告的书写格式及要求。

二、仪器与试剂

仪器:量筒、烧杯、锥形瓶、试管。

试剂:铬酸洗液、氯化钠固体、0.1mol/L 稀盐酸。

三、实训原理

(一)化学实验室规则

1. 实验前必须预习实验内容,明确目的要求,熟悉方法步骤,掌握实验原理,并写出预习报告。
2. 认真听取教师讲解实验目的、步骤、仪器和试剂性能、操作方法和注意事项。
3. 进入实验室按照指定位置进行实验,不得随意调换位置。
4. 实验期间不准随意走动,大声喧哗,或做与实验无关的事情。
5. 未经教师许可,不得动用仪器、药品。实验前首先清点实验仪器和试剂,如有缺少、损坏应立即报告教师。
6. 实验中要严格执行操作规程,仔细观察实验现象,认真做好实验记录,根据实验过程分析实验结果,写出实验报告。
7. 注意安全,使用腐蚀性强、易燃、易爆和有毒试剂要小心谨慎,如果在实验中发生意外事故不要惊慌,应立即报告教师和实验管理教师处理。
8. 爱护仪器,节约用水、用电和实验材料。凡不按操作规程造成财产损坏的,由当事人赔偿。
9. 实验仪器和材料未经教师许可不能带出实验室。
10. 实验完毕,在教师和实验管理教师的指导下清点好实验器材,归还原位,妥善处理废物并做好清洁,经教师许可才能离开实验室。

(二)实验室意外事故的急救处理

1. **一般割伤** 保持伤口干净,不能用手触摸,也不能用水洗涤,应用酒精棉清除伤口周围的污物,涂上外伤膏或消炎粉。若严重割伤,可在伤口上部10cm处用纱布扎紧,减慢流血速度,并立即送医院诊治。
2. **烫伤** 起水泡后不要弄破水疱,在伤口处用95%乙醇轻涂伤口,涂上烫伤膏或凡士林油,再用纱布包扎。若伤处已破,可涂抹紫药水或 10g/L 高锰酸钾溶液。
3. **强酸腐伤** 先用大量水冲洗,然后用饱和碳酸氢钠溶液洗,最后用清水冲洗。如果酸溅入眼内,应立即用大量清水冲洗,然后及时送医院诊治。

4. **强碱腐伤** 立即用大量水冲洗，然后用 2%乙酸溶液或饱和硼酸溶液清洗，最后用水清洗。如果碱溅入眼内，先用大量水冲洗，再用饱和硼酸溶液冲洗。

5. **磷烧伤** 用 10g/L 硫酸铜或浓高锰酸钾溶液处理伤口后，送医院诊治。

6. **氢氟酸灼伤** 立即用冲洗保护剂六氟灵进行冲洗，若没有六氟灵，先用大量水冲洗，然后涂抹葡萄糖酸钙，并送医院诊治。

7. **中毒** 溅入口中而尚未下咽的毒物应立即吐出，用大量水冲洗口腔；如已吞下毒物，应根据毒物性质服解毒剂，并立即送医院诊治。

（三）玻璃仪器的洗涤方法

化学实验中要使用各种玻璃仪器，这些玻璃仪器是否清洁，会直接影响实验结果的准确性。因此，在实验前必须将玻璃仪器清洗干净。

一般先用水冲洗再用毛刷刷洗，若有油污和有机物质，依次用去污粉或洗涤剂清洗。难洗的污渍用铬酸洗液清洗，再用自来水、纯化水淋洗 2~3 次即可。铬酸洗液由浓硫酸和饱和重铬酸钾溶液组成，具有很强的氧化性、酸性和去污能力。洗液可以重复使用，使用后应小心倒入原瓶中，直至洗液变为绿色则表明失去作用。洗净的玻璃仪器内壁均匀润湿无水条纹，且不挂水珠。

仪器洗净后倒挂在干净的柜内或仪器架上，也可用电吹风吹干。一些常用的烧杯、蒸发皿等可先擦干外面的水珠，放在石棉网上用小火烤干。带有刻度的仪器如量筒、移液管容量瓶等，不能用加热的方法进行干燥。漏斗和集气瓶等厚壁仪器，不可加热干燥，以防炸裂。

（四）样品的取用

1. **固体试剂的取用** 取用固体药品时药匙必须是干净的；一支药匙不能同时取用两种或两种以上的试剂；药匙每取完一种试剂后都必须用干净的纸擦拭干净，以备下次使用；通常药匙的两端为大小两匙，取固体量较多时用大匙，较少时用小匙；按要求取样，少量多次，如不慎取出了过多的试剂只能弃去，不得倒回或放回原瓶，以免沾污试剂。

2. **液体试剂的取用** 液体试剂的取用方法有以下 3 种。

（1）倾倒法：打开瓶塞，放在桌上，标签对着手心（防止标签被腐蚀），瓶口要紧挨着试管口，试管倾斜，使液体缓缓地倒入试管。倒完液体，立即盖紧瓶塞，把瓶子放回原处，必要时应用玻璃棒引流。

（2）滴加法：胶头滴管不能倒置，防止液体腐蚀橡胶乳头；胶头滴管吸取液体后，在容器口正上方滴加，不能插入容器内，更不能碰容器壁，不用时应清洗干净。注意滴瓶的滴管不用清洗。

（3）量取法：用倾倒法的规则量取一定液体；读数时，量筒平放，视线与凹液面最低处或凸液面最高处（这种情况较少，因为一般液体都为凹液面）齐平，防止读数产生误差。

（五）实验报告的书写及要求

完整的实验报告应包括以下内容：实验者姓名、班级（专业）、实验日期，实验名称，实验目的，实验原理，实验用品（包括仪器与试剂），实验内容与步骤，实验结果，结果分析与存在的问题。

书写实验报告的原则是：

1. **数据的原始性** 实验记录不能涂改或增减数据。
2. **记录的及时性** 实验过程中，实验现象及数据应及时记录。
3. **报告的完整性** 实验记录的内容应包括实验条件（温度、湿度等）、实验试剂（试剂名称和规格等）、实验仪器（型号、厂家、精密度）、实验过程（操作顺序、观察到的现象、测量到的数据、各种可能存在的干扰等）。
4. **结果的客观性** 如实记录实验现象及结论，不能随意编造结果。

四、思 考 题

1. 为什么使用铬酸洗液时要倍加小心，切勿溅到手上和衣服上？
2. 玻璃仪器洗涤干净的标准是什么？

实训二 电子天平称量

一、实训目的

1. 掌握电子天平的使用方法。
2. 学习并掌握直接称量法、增重称量法、减重称量法的实际操作。
3. 了解电子天平的基本构造，了解电子天平的使用、维护、保养。

二、仪器与试剂

仪器：电子天平、称量瓶、锥形瓶、称量用硫酸纸（称量纸）纸带、药匙等。

试剂：干燥的碳酸钠固体。

三、实训原理

电子天平常用于分析实验中的精密称量，本实验着重练习电子天平的使用和称量操作。天平的称量方法主要有直接称量法、增重称量法和减重称量法。

在称量以前，首先应根据称取物质的量和称量精度的要求，选择适宜精度的天平。查看该天平的使用登记记录，并检查天平是否处于水平状态。然后用软毛刷将天平盘及称量纸上的灰尘轻刷干净，接通电源，打开开关，预热 30min 以上。

1. 直接称量法 此法是将称量物放在天平盘（称量纸）上直接称量物体的质量。例如，称量小烧杯的质量、称量表面皿的质量、重量分析实验中称量某坩埚的质量等，都使用这种称量法。

2. 增重称量法 此法用于称量某一固定质量的试剂（如基准物质）或样品。这种称量操作适用于称量不易吸潮、在空气中能稳定存在的粉末状或小颗粒（最小颗粒应小于 0.1mg，以便容易调节其质量）样品。

3. 减重称量法 若称量试样的质量是不要求固定的数值，而只要求在一定质量范围内，这时可采用减重称量法。其原理是利用两次称量结果之差求得样品的质量。此法适用于易吸水、易氧化或易与 CO_2 反应的物质，通常将这类物质盛放在称量瓶中进行称量。

四、实训步骤

1. 直接称量法 将预热好的天平清零（不同厂家和型号的天平，其清零键位置不同，具体见说明书），显示屏显示 0.0000g，打开天平右门，取清洁、干燥的坩埚放入天平盘中的称量纸上，关闭天平门，待显示屏数据稳定后读数并记录。如此重复 3 次（表实训 2-1）。

表实训 2-1 直接称量法数据记录

项目	第一次读数/g	第二次读数/g	第三次读数/g	平均值/g
数值				

2. 增重称量法 打开天平门，在天平盘上放置对折好的称量纸，清零，用药匙往称量纸上慢慢添加干燥碳酸钠，直至电子天平的读数为 0.5000g（误差范围≤±0.0002g）为止，清零，打开天平门，取出称量纸，将碳酸钠转移到指定容器中，然后将称量纸重新放回到天平盘上，读取显示屏上的数据，此时的值为–m，则倒入指定容器中样品的质量为 mg。重复称量 3 次（表实训 2-2），直至熟练。

表实训 2-2 增重称量法数据记录

项目	第一次读数/g	第二次读数/g	第三次读数/g	第 n 次读数/g
数值 –m				
样品质量 m				

3. 减重称量法 打开天平门，将盛有碳酸钠样品的称量瓶放到天平盘（称量纸）上，关闭天平门，清零，显示屏显示 0.0000g。取出称量瓶，小心将称量瓶中的碳酸钠转移至指定容器（容量瓶）中，倒

出碳酸钠的质量控制在 0.45～0.55g，然后将称量瓶重新放回到天平盘上，读数为–m，记入表三，则倒入称量瓶中碳酸钠的质量为 mg。重复上述操作步骤，称量 3 次（表实训 2-3）。

表实训 2-3　减重称量法数据记录

项目	第一份样品/g	第二份样品/g	第三份样品/g
读数	0.0000		
	–m		
样品质量	m		

注意：

1. 该称量方法适用于电子天平，不适用于机械加码电光天平。
2. 样品转移过程中严禁用手直接接触称量瓶，应戴手套操作，或者用纸条、纸片裹住称量瓶与瓶盖，如图实训 2-1 所示。

图实训 2-1　样品转移方法

五、思 考 题

1. 减重称量法中，开始称量时不清零可以吗，为什么？能否用钥匙取样，为什么？
2. 为什么电子天平每次读数时都必须关闭天平门？
3. 任何被称物品不可直接接触天平盘，应在天平盘上垫一张称量纸使用。

实训三　滴定分析基本操作

一、实 训 目 的

1. 通过酸碱互滴实验掌握滴定操作技术。
2. 认识常用的滴定分析仪器并掌握正确的准备和使用方法。

二、仪器与试剂

仪器：酸式滴定管（50ml）、碱式滴定管（50ml）、锥形瓶（250ml）、洗瓶。

试剂：HCl 溶液（0.1mol/L）、NaOH 溶液（0.1mol/L）、甲基橙指示剂（0.2%水溶液）、酚酞指示剂（0.2%乙醇溶液）。

三、实 训 原 理

HCl 溶液和 NaOH 溶液相互滴定的反应式为

$$H^+ + OH^- \rightleftharpoons H_2O$$

使用同一指示剂，一定浓度的 HCl 和 NaOH 相互滴定时，所测得的体积比 V_{HCl}/V_{NaOH} 应是一定的。

四、实 训 步 骤

HCl 溶液与 NaOH 溶液相互滴定操作练习（表实训 3-1）。

1. 以酚酞为指示剂，用 NaOH 溶液滴定 HCl 溶液　从酸式滴定管中放出 10.00ml HCl 溶液于锥形瓶中，加入 10ml 纯化水，再加入 1～2 滴酚酞指示剂，摇匀之后用 NaOH 溶液进行滴定（注意控制滴定速度）。当滴加的 NaOH 落点处红色褪去较慢时，要一滴一滴乃至半滴半滴地滴加，至溶液颜色至微红色，且半分钟内不褪色即为滴定终点。再从酸式滴定管中放出 1～2ml HCl 溶液，继续用 NaOH

溶液进行滴定。如此反复练习滴定、终点判断及读数若干次。

2. 以甲基橙为指示剂，用 HCl 溶液滴定 NaOH 溶液 从碱式滴定管中放出 10.00ml NaOH 溶液于锥形瓶中，加入 10ml 纯化水，再加入 1～2 滴甲基橙指示剂，摇匀之后用 HCl 溶液进行滴定（注意控制滴定速度）。当溶液颜色由黄色变为橙色，且半分钟内不褪色即为滴定终点。再从碱式滴定管中放出 1～2ml NaOH 溶液，继续用 HCl 溶液进行滴定。如此反复练习滴定、终点判断及读数若干次。

3. HCl 和 NaOH 溶液体积比 V_{HCl}/V_{NaOH} 测定 从酸式滴定管放出 20.00ml HCl 溶液于锥形瓶中，加 1～2 滴酚酞，用 NaOH 溶液进行滴定至溶液呈微红色，且半分钟内不褪色即为滴定终点。读取并准确记录 HCl 和 NaOH 的体积。平行测定 3 次，计算 V_{HCl}/V_{NaOH}，要求相对平均偏差不大于 0.2%。体积比的测定也可采用甲基橙为指示剂，以 HCl 溶液滴定 NaOH 溶液，平行测定 3 次。若时间允许，这两种相互滴定均可进行，对其结果进行比较并分析原因。

表实训 3-1 滴定分析数据记录及处理

项目	次数		
	1	2	3
V_{HCl} 初读数/ml			
V_{HCl} 终读数/ml			
V_{HCl}/ml			
V_{NaOH} 初读数/ml			
V_{NaOH} 终读数/ml			
V_{NaOH}/ml			
V_{HCl}/V_{NaOH}			
V_{HCl}/V_{NaOH} 的平均值			
$|d_i|$			
$R\bar{d}$			

五、注 意 事 项

滴定过程中左手始终控制活塞（或捏玻璃珠右上方的橡胶管）调整滴定流速，右手持锥形瓶瓶颈，使溶液沿同一方向不断旋摇，以使滴入的溶液快速反应完全。滴定初边摇边滴，滴定速度可稍快，但不能流成"水线"。接近终点时，应改为加一滴摇几下。最后，每加半滴溶液就摇动锥形瓶，直至溶液出现明显的颜色变化。

六、思 考 题

1. 滴定管在使用前为什么要用待装溶液进行充分润洗？所用的锥形瓶是否也应这样处理或烘干后再使用？

2. 在 HCl 溶液与 NaOH 溶液的相互滴定中，分别以酚酞或甲基橙为指示剂，所得 V_{HCl}/V_{NaOH} 的结果是否完全一致？讨论原因及由此可以得出的结论。

实训四 滴定液的配制（直接法）

一、实 训 目 的

1. 掌握容量瓶的准备和使用方法。
2. 掌握直接法配制滴定液的方法。

二、仪器与试剂

仪器：电子天平、称量瓶、药匙、烧杯、玻璃棒、容量瓶、胶头滴管。
试剂：无水碳酸钠基准物质。

三、实训原理

准确称量一定量的基准物质，溶解后转移至一定体积的容量瓶中，定容后混合均匀，根据基准物质的质量和所配制溶液的体积，计算出该溶液的准确浓度。

四、实训步骤

配制 250ml 0.05mol/L 的 Na_2CO_3 滴定液（表实训 4-1）。

1. **计算** 需要 Na_2CO_3 固体的质量。

$$m_0 = n \cdot M = c \cdot V \cdot M$$

2. **称量** 用电子天平准确称取 Na_2CO_3 固体。
3. **溶解** 将称好的 Na_2CO_3 固体放入烧杯中，用适量纯化水溶解，冷却到室温。
4. **转移** 将烧杯中的溶液用玻璃棒小心引流到容量瓶中。
5. **洗涤** 用纯化水将烧杯和玻璃棒洗涤 2~3 次，并将每次洗涤液都转移到容量瓶中。轻轻晃动容量瓶，使溶液混合。
6. **定容** 缓缓地将纯化水注入容量瓶，直到容量瓶中的液面离刻度线下 1cm 时，改用胶头滴管滴加，直至溶液的凹液面最低处与刻度线相切。
7. **摇匀** 将容量瓶塞盖好，反复上下颠倒，摇匀。
8. **装瓶** 将容量瓶内液体转移到试剂瓶，贴上注有名称和浓度的标签。

表实训 4-1　数据记录及浓度计算

项目	数据
所需 Na_2CO_3 固体质量 m_0/g	
实际称量 Na_2CO_3 固体质量 m/g	
Na_2CO_3 溶液体积 V/L	
实际浓度 c/（mol/L）	

五、注意事项

1. 溶解后溶液要放置冷却到常温再转移到容量瓶中。
2. 定容一旦加入水过多，则配制过程失败，不能用吸管将溶液从容量瓶中吸出，需重新配制溶液。

六、思考题

1. 使用前容量瓶中有少量水，是否需要烘干使用？
2. 为什么要将 Na_2CO_3 溶液冷却到室温再进行移液？
3. 摇匀后发现液面低于刻度线，是否需要再加水？

实训五　盐酸滴定液的配制和标定

一、实训目的

1. 掌握盐酸溶液的配制和标定方法。
2. 正确使用滴定管、分析天平等仪器。

二、仪器与试剂

仪器：酸试剂瓶、滴定管、称量瓶、分析天平、锥形瓶、量筒等。
试剂：浓盐酸（AR）、无水碳酸钠基准物质、甲基红-溴甲酚绿混合指示剂。

三、实训原理

1. 由于浓盐酸易挥发，只能用间接法配制 HCl 滴定液。
2. 常用无水碳酸钠和硼砂等基准物质标定 HCl 溶液，若用无水碳酸钠标定 HCl 溶液，其反应式为

$$Na_2CO_3 + 2HCl = 2NaCl + H_2O + CO_2\uparrow$$

计算公式：

$$c_{HCl} = \frac{2m_{Na_2CO_3}}{V_{HCl}M_{Na_2CO_3}} \times 10^3$$

四、实训步骤

1. 0.1mol/L HCl 溶液的配制 量取市售浓盐酸 4.5ml，置于盛有少量蒸馏水的 500ml 酸试剂瓶中，稀释至刻度，摇匀密塞，待标定。

2. 0.1mol/L HCl 溶液的标定 精密称取在 270~300℃下干燥至恒重的基准无水 Na_2CO_3 约 0.12g，3 份，分别置于 250ml 锥形瓶中，加 50ml 蒸馏水使其溶解后，加甲基红-溴甲酚绿混合指示剂 10 滴，用待标定的 HCl 溶液滴定至溶液由绿色变为紫红色，煮沸约 2min，冷却至室温，继续滴定至暗紫色，即为终点，记录消耗 HCl 溶液的体积（表实训 5-1）。

表实训 5-1　数据记录与结果处理

项目	测定次数		
	1	2	3
$m_{Na_2CO_3}$/g			
V_{HCl}终/ml			
V_{HCl}初/ml			
V_{HCl}/ml			
c_{HCl}/（mol/L）			
c_{HCl}平均值/（mol/L）			
$R\bar{d}$			

五、注意事项

1. 因浓盐酸易挥发，配制 HCl 溶液时，实际所取浓盐酸的量应比计算量略多。
2. 用无水 Na_2CO_3 基准物质标定 HCl 溶液时，为防止 CO_2 对滴定终点的干扰，滴定至近终点时应煮沸或剧烈振摇溶液。

六、思考题

1. 配制 HCl 溶液时，是否要准确量取蒸馏水的体积？为什么？
2. 用吸潮后的 Na_2CO_3 标定 HCl 溶液浓度，对标定结果有什么影响？

实训六　氢氧化钠滴定液的配制和标定

一、实训目的

1. 掌握氢氧化钠溶液的配制和标定方法。
2. 正确使用滴定管、移液管等仪器。

二、仪器与试剂

仪器：碱试剂瓶、滴定管、移液管、锥形瓶、量筒等。
试剂：饱和 NaOH 溶液、HCl 滴定液、酚酞指示剂。

三、实训原理

1. 因 NaOH 易吸收空气中的 CO_2 和 H_2O，NaOH 滴定液只能采用间接法配制。
2. 用 HCl 滴定液标定 NaOH 溶液，标定反应式为

$$HCl + NaOH = NaCl + H_2O$$

计算公式：

$$c_{NaOH} = \frac{c_{HCl}V_{HCl}}{V_{NaOH}}$$

四、实训步骤

1. **0.1mol/L NaOH 溶液的配制**　取 2.8ml 澄清饱和 NaOH 溶液，置于 500ml 碱试剂瓶中，加新煮沸冷却的蒸馏水稀释至刻度，摇匀密塞，待标定。

2. **NaOH 溶液的标定**　准确量取 HCl 滴定液 25.00ml，于 250ml 锥形瓶中，加入酚酞指示剂 2 滴，用待标定的 NaOH 溶液滴定至溶液由无色转变为淡红色，30s 不褪色即为终点，记录消耗 NaOH 溶液的体积，平行测定 3 次（表实训 6-1）。

表实训 6-1　数据记录与结果处理

项目	测定次数		
	1	2	3
c_{HCl}/(mol/L)			
V_{HCl}/ml			
V_{NaOH}终/ml			
V_{NaOH}初/ml			
V_{NaOH}/ml			
c_{NaOH}/(mol/L)			
c_{NaOH}平均值/(mol/L)			
$R\bar{d}$			

五、注意事项

1. 固体氢氧化钠应放在表面皿上或小烧杯中称量，不能在称量纸上称量。
2. 配制 NaOH 溶液时，应使用新煮沸冷却的蒸馏水。

六、思考题

1. 为什么用 NaOH 溶液滴定 HCl 溶液时用酚酞作指示剂，而用 HCl 溶液滴定 NaOH 溶液时却用甲基红或甲基橙作指示剂？
2. 如何用基准物质邻苯二甲酸氢钾标定 NaOH 溶液？

实训七　食醋中总酸度的测定

一、实训目的

1. 掌握酸碱滴定法测定食醋中总酸度的原理和方法。
2. 掌握食醋中总酸度的计算方法。

二、仪器与试剂

仪器：滴定管、移液管、容量瓶、锥形瓶等。

试剂：NaOH 滴定液、食醋试样、酚酞指示剂。

三、实训原理

食醋中的主要成分是乙酸（$K_a=1.8\times10^{-5}$），此外还含有少量的其他有机弱酸，如乳酸等。可用碱滴定液直接滴定，测定总酸度。总酸度常以乙酸表示。其主要反应式如下：

$$NaOH + CH_3COOH = CH_3COONa + H_2O$$

由于在计量点时生成的乙酸钠使溶液呈碱性，因此可用酚酞指示剂指示终点。其食醋中总酸度常用每升食醋含 CH_3COOH 的质量（g）表示。计算公式：

$$\rho_{CH_3COOH}=\frac{c_{CH_3COOH}V_{NaOH}M_{CH_3COOH}\times10^{-3}\times10^3}{V_{样}}(g/L)$$

四、实训步骤

准确量取 10.00ml 食醋样品,置于 100ml 容量瓶中,用蒸馏水稀释至刻度,摇匀。再准确量取 25.00ml 上述溶液,置于盛有 25ml 蒸馏水的锥形瓶中,加入酚酞指示剂 2 滴,用 0.1mol/L NaOH 滴定液滴定至溶液呈浅红色,30s 内不褪色即为终点,记录消耗 NaOH 滴定液的体积,平行测定 3 次(表实训 7-1)。

表实训 7-1 数据记录与结果处理

项目	测定次数		
	1	2	3
$V_{总}$/ml			
$V_{样}$/ml			
c_{NaOH}/(mol/L)			
$V_{NaOH\ 终}$/ml			
$V_{NaOH\ 初}$/ml			
V_{NaOH}/ml			
ρ_{CH_3COOH}			
$\bar{\rho}_{CH_3COOH}$			
$R\bar{d}$			

五、注意事项

1. 不能使用含有 CO_2 的蒸馏水。
2. 每次测定食醋试样的体积($V_{样}$)应为量取总试样量($V_{总}$)的四分之一。

六、思考题

1. 测定食醋中总酸度选用酚酞指示剂的依据是什么?能否用甲基橙和甲基红?
2. 乙酸可以用 NaOH 滴定液直接滴定,乙酸钠是否可用 HCl 滴定液直接测定?

实训八 药用氢氧化钠含量的测定(双指示剂法)

一、实训目的

1. 掌握双指示剂法测定混合碱含量的原理和方法。
2. 掌握混合碱中各组分含量的计算。

二、仪器与试剂

仪器:滴定管、移液管、容量瓶、分析天平、锥形瓶、小烧杯等。
试剂:HCl 滴定液、药用氢氧化钠试样、甲基橙指示剂、酚酞指示剂。

三、实训原理

NaOH 易吸收空气中的 CO_2 而形成 NaOH 和 Na_2CO_3 的混合物,若分别测定各自的含量,通常采用"双指示剂法"。

加入酚酞指示剂,用 HCl 滴定液滴定至浅红色消失,消耗 HCl 滴定液的体积为 V_1 ml,有关反应式:

$$NaOH + HCl = NaCl + H_2O$$
$$Na_2CO_3 + HCl = NaCl + NaHCO_3$$

再加入甲基橙指示剂,继续用 HCl 滴定液滴定至橙色,消耗 HCl 滴定液的体积为 V_2 ml,有关反应式:

$$NaHCO_3 + HCl = NaCl + H_2O + CO_2\uparrow$$

因此,可得出试样中 NaOH 消耗 HCl 滴定液的体积为 (V_1-V_2) ml,试样中 Na_2CO_3 消耗 HCl 滴定液的体积为 $2V_2$ ml。试样中 NaOH 和 Na_2CO_3 的含量计算公式分别为

$$\omega_{\text{NaOH}} = \frac{c_{\text{HCl}}(V_1-V_2)M_{\text{NaOH}} \times 10^{-3}}{m_s} \times 100\%$$

$$\omega_{\text{Na}_2\text{CO}_3} = \frac{c_{\text{HCl}} 2V_2 \dfrac{M_{\text{Na}_2\text{CO}_3}}{2} \times 10^{-3}}{m_s} \times 100\%$$

四、实训步骤

1. 精密称取药用氢氧化钠试样约 0.35g，置于 50ml 小烧杯中，加适量蒸馏水溶解后，定量转移至 100ml 容量瓶中，稀释到刻度线，摇匀。

2. 量取 25.00ml 上述样品溶液于 250ml 锥形瓶中，加 2 滴酚酞指示剂，用 HCl 滴定液滴定至溶液浅红色消失，记录消耗 HCl 滴定液的体积为 V_1 ml。再加入 2 滴甲基橙指示剂，用 HCl 滴定液继续滴定至溶液变为橙色，记录消耗 HCl 滴定液的体积为 V_2 ml，平行测定 3 次（表实训 8-1）。

表实训 8-1 数据记录与结果处理

项目	测定次数		
	1	2	3
$m_{总}$/g			
m_s/g			
c_{HCl}/(mol/L)			
V_1/ml			
V_2/ml			
ω_{NaOH}/%			
ω_{NaOH} 平均值/%			
$R\bar{d}_1$			
$\omega_{\text{Na}_2\text{CO}_3}$/%			
$\omega_{\text{Na}_2\text{CO}_3}$ 平均值/%			
$R\bar{d}_2$			

五、注意事项

1. 用 HCl 滴定液滴定至临近甲基橙指示剂变色时，为防止 CO_2 对滴定终点的干扰，应煮沸或剧烈振摇溶液。

2. 每次测定药用氢氧化钠试样的质量（m_s）应为称量总试样量（$m_{总}$）的四分之一。

六、思考题

1. 为什么可以用"双指示剂法"测定药用氢氧化钠的含量？
2. 为什么需要迅速称量药用氢氧化钠试样？

实训九 葡萄糖酸钙口服溶液中钙离子的测定

一、实训目的

1. 掌握 EDTA 的标定方法。
2. 掌握配位滴定法测定葡萄糖酸钙口服液的原理和操作方法。

二、仪器与试剂

仪器：电子天平、烧杯、容量瓶、酸碱通用滴定管、移液管、锥形瓶。

试剂：$Na_2H_2Y \cdot 2H_2O$（分析纯）、氧化锌、NaOH 试液、葡萄糖酸钙口服液（规格 1g/10ml）、盐酸、甲基红指示剂、氨试液、铬黑 T 指示剂、钙指示剂、pH=10 的 $NH_3\text{-}NH_4Cl$ 缓冲溶液。

三、实训原理

葡萄糖酸钙口服液为 D-葡萄糖酸钙盐-水合物（$Ca_{12}H_{22}CaO_{14} \cdot H_2O$），可以利用配位滴定法来测定其中的钙离子。取样品溶解后，加氢氧化钠溶液与钙指示剂，用乙二胺四乙酸二钠滴定液滴定至溶液由紫红色变为纯蓝色，即为终点。

滴定前：$Ca^{2+} + HIn^{2-}$（纯蓝色）$\rightleftharpoons CaIn^-$（紫红色）$+ H^+$

终点前：$Ca^{2+} + H_2Y^{2-} \rightleftharpoons CaY^{2-}$（无色）$+ 2H^+$

终点时：$CaIn^-$（紫红色）$+ H_2Y^{2-} \rightleftharpoons CaY^{2-} + HIn^{2-}$（纯蓝色）$+ H^+$

四、实训步骤

1. EDTA 滴定液的配制和标定 称取 19g 分析纯的 $Na_2H_2Y \cdot 2H_2O$，加适量的温热纯化水溶解，冷却后转移至 1000ml 容量瓶中，稀释至刻度，摇匀待标定。精密称取 800℃灼烧至恒重的 ZnO 约 0.12g，置于锥形瓶中，缓缓加入盐酸 3ml 加热溶解，加水 25ml，加甲基红指示剂 1 滴，滴加氨试液至微黄色，加纯化水 25ml，加入 NH_3-NH_4Cl 缓冲溶液 10ml，铬黑 T 指示剂少许。用 EDTA 滴定液滴定至溶液由紫红色变为纯蓝色，且 30s 不褪色，即为终点，测定 3 次取平均值（表实训 9-1）。

2. 葡萄糖酸钙口服溶液中钙离子的测定 精密量取本品 5ml，置于锥形瓶中，加水稀释成 100ml，加 NaOH 试液 15ml 与钙指示剂 0.1g，用已经标定好的 EDTA 滴定液滴定至溶液由紫红色变为纯蓝色，且 30s 不褪色，即为终点（表实训 9-2）。计算公式为：

$$钙离子的含量(mg/L) = \frac{c_{EDTA} V_{EDTA} \times M_{Ca} \times 10^3}{V_{样}}$$

表实训 9-1 EDTA 标准溶液的配制与标定

项目	测定次数		
	1	2	3
ZnO 的质量 m/g			
EDTA 标准溶液消耗的体积 V/ml			
EDTA 标准溶液的浓度 c/（mol/L）			
EDTA 标准溶液浓度 c 的平均值/（mol/L）			
$R\bar{d}$			

表实训 9-2 葡萄糖酸钙口服溶液中钙离子的测定

项目	测定次数		
	1	2	3
样品的体积 $V_{样}$/ml			
EDTA 标准溶液的浓度 c/（mol/L）			
EDTA 标准溶液消耗的体积 V/ml			
钙离子的含量/（mg/L）			
钙离子含量的平均值/（mg/L）			
$R\bar{d}$			

五、注意事项

1. $Na_2H_2Y \cdot 2H_2O$ 在水中溶解较慢，可采用加热的方式加快其溶解，或提前一天配好放置过夜。
2. EDTA 溶液的贮存应选择塑料瓶为最佳，或硬质玻璃瓶。

六、思考题

1. ZnO 溶解后，以甲基红为指示剂并滴加氨试液至微黄色的原因是什么？

2. 钙离子含量测定时加入氢氧化钠试液的原因是什么？
3. 为什么钙离子的测定选用钙指示剂？

实训十　自来水中硬度及钙、镁离子含量的测定

一、实训目的

1. 掌握水的硬度测定，钙离子、镁离子测定的原理和操作方法。
2. 掌握水的硬度的表示方法。

二、仪器与试剂

仪器：移液管、酸碱通用滴定管、锥形瓶。

试剂：EDTA 标准溶液（0.05mol/L）、NaOH 试液、自来水、铬黑 T 指示剂、钙指示剂、pH=10 的 NH_3-NH_4Cl 缓冲溶液。

三、实训原理

水的硬度测定：Ca^{2+}、Mg^{2+} 是自来水中主要存在的金属离子，故水中钙、镁离子的总含量的测定即为水的硬度测定。一般将水中钙、镁离子的含量折算为碳酸钙的毫克数来表示，可以利用配位滴定法进行测定。取样品适量，加入缓冲盐溶液和铬黑 T 指示剂，用 EDTA 滴定液滴定至溶液由紫红色变为纯蓝色，即为终点。记录消耗 EDTA 的体积为 V_1。

滴定前：$Mg^{2+} + HIn^{2-} \rightleftharpoons MgIn^-$（紫红色）$+ H^+$

终点前：$Mg^{2+} + H_2Y^{2-} \rightleftharpoons MgY^{2-}$（无色）$+ 2H^+$

$Ca^{2+} + H_2Y^{2-} \rightleftharpoons CaY^{2-}$（无色）$+ 2H^+$

终点时：$MgIn^-$（紫红色）$+ H_2Y^{2-} \rightleftharpoons MgY^{2-} + HIn^{2-}$（纯蓝色）$+ H^+$

钙、镁离子含量测定：取与硬度测定等体积的水样适量，加 NaOH 试液调节溶液呈强碱性（pH=12～13），则 Mg^{2+} 形成 $Mg(OH)_2$ 沉淀，再加入钙指示剂，用 EDTA 滴定液滴定至溶液由紫红色变为纯蓝色，即为终点。记录消耗 EDTA 的体积为 V_2，即可计算出钙离子的含量。用水的硬度测定时消耗的 EDTA 体积 V_1 减去钙离子测定时消耗的 EDTA 的体积 V_2，即 V_1-V_2，可计算出镁离子的含量。

滴定前：$Ca^{2+} + HIn^{2-}$（纯蓝色）$\rightleftharpoons CaIn^-$（紫红色）$+ H^+$

终点前：$Ca^{2+} + H_2Y^{2-} \rightleftharpoons CaY^{2-}$（无色）$+ 2H^+$

终点时：$CaIn^-$（紫红色）$+ H_2Y^{2-} \rightleftharpoons CaY^{2-} + HIn^{2-}$（纯蓝色）$+ H^+$

四、实训步骤

水的硬度测定：精密量取 100ml 水样于 250ml 锥形瓶中，加入 10ml pH=10 的 NH_3-NH_4Cl 缓冲溶液，铬黑 T 指示剂少许。用已知准确浓度的 EDTA 滴定液滴定至溶液由紫红色变为纯蓝色，且 30s 不褪色，即为终点。记录消耗 EDTA 滴定液的体积 V_1，平行测定 3 次（表实训 10-1）。

水的硬度可按下式计算：

$$水的硬度(mg/L) = \frac{c_{EDTA} \cdot V_{1(EDTA)} \cdot M_{CaCO_3} \times 10^3}{V_{水样}}$$

水的硬度是水质分析的一项重要指标。根据国家《生活饮用水卫生标准》（GB5749—2006）规定，生活用水的硬度以 $CaCO_3$ 计不得超过 450mg/L。

钙离子含量测定：精密量取水样 100ml 于 250ml 锥形瓶中，加 NaOH 试液 15ml 与钙指示剂 0.1g，用已知准确浓度的 EDTA 滴定液滴定至溶液由紫红色变为纯蓝色，且 30s 不褪色，即为终点。记录消耗 EDTA 滴定液的体积 V_2，平行测定 3 次（表实训 10-1）。

水中钙离子、镁离子含量可分别用下列公式计算：

$$钙的含量(mg/L) = \frac{c_{EDTA} \cdot V_{2(EDTA)} \cdot M_{Ca} \times 10^3}{V_{水样}}$$

$$镁的含量(mg/L) = \frac{c_{EDTA} \cdot (V_1 - V_2)_{EDTA} \cdot M_{Mg} \times 10^3}{V_{水样}}$$

表实训 10-1　自来水中硬度及钙离子、镁离子的测定

项目	测定次数		
	1	2	3
水样的体积 $V_{水样}$/ml			
EDTA 标准溶液的浓度 c/（mol/L）			
EDTA 标准溶液消耗的体积 V_1/ml			
EDTA 标准溶液消耗的体积 V_2/ml			
EDTA 标准溶液消耗的体积（V_1-V_2）/ml			
水的硬度/（mg/L）			
水硬度的平均值/（mg/L）			
$R_{\bar{d}}$/%			
钙离子的含量/（mg/L）			
钙离子含量的平均值/（mg/L）			
$R_{\bar{d}}$/%			
镁离子的含量/（mg/L）			
镁离子含量的平均值/（mg/L）			
$R\bar{d}$			

五、注 意 事 项

1. 滴定的过程应该慢滴快摇。

2. 若水样中含有 Fe^{3+}、Al^{3+}、Cu^{2+}、Zn^{2+} 等金属离子时，需注意加入三乙醇胺和 N_2S 作为掩蔽剂掩蔽后再进行滴定。应注意掩蔽剂、缓冲溶液、指示剂的加入顺序，应先加入三乙醇胺掩蔽 Fe^{3+}、Al^{3+}，再加入 N_2S 掩蔽 Cu^{2+}、Zn^{2+}，再加入 NH_3-NH_4Cl 缓冲溶液。

六、思 考 题

1. 加入 NH_3-NH_4Cl 缓冲溶液的原因是什么？
2. 滴定过程掩蔽剂、缓冲溶液、指示剂的加入顺序是什么？

实训十一　硝酸银标准溶液的配制与标定

一、实 训 目 的

1. 掌握间接法配制硝酸银标准溶液。
2. 学会以铬酸钾为指示剂判断滴定终点的方法。
3. 熟练滴定分析基本操作。

二、仪器与试剂

仪器：分析天平、酸式滴定管（棕色）、250.00ml 容量瓶（棕色）、称量瓶、烧杯、锥形瓶、量筒、玻璃棒、棕色试剂瓶。

试剂：基准物质 NaCl（500～600℃干燥），$AgNO_3$ 试剂（AR）、5% K_2CrO_4 指示剂。

三、实 训 原 理

采用间接法配制 $AgNO_3$ 溶液。先称取适量的 $AgNO_3$ 试剂,配成近似浓度的 $AgNO_3$ 溶液,然后用基准物质 NaCl 标定,确定准确浓度。标定时,以 K_2CrO_4 为指示剂,以 $AgNO_3$ 溶液为滴定液滴定 NaCl,反应式为

终点前:$Ag^+ + Cl^- \rightleftharpoons AgCl\downarrow$(白色)

终点时:$2Ag^+ + CrO_4^{2-} \rightleftharpoons Ag_2CrO_4\downarrow$(砖红色)

四、实 训 步 骤

1. 0.1mol/L $AgNO_3$ 溶液的配制　称取 $AgNO_3$ 试剂 4.3g 于洁净的小烧杯中,加入 50ml 纯化水,用玻璃棒搅拌使之完全溶解后,定量转移至 250.00ml 容量瓶中,稀释,定容,摇匀,贮存于棕色试剂瓶中,暗处保存。

2. 0.1mol/L $AgNO_3$ 溶液的标定　采用减重称量法准确称量基准试剂 NaCl 0.12g 于 250ml 锥形瓶中,加 50ml 纯化水完全溶解后,再加入 1ml K_2CrO_4 指示剂,在充分振摇下,用已配好的 $AgNO_3$ 溶液滴定,至溶液出现砖红色,且 30s 不褪色,即为终点,记录消耗 $AgNO_3$ 滴定液的体积,平行滴定 3 次(表实训 11-1),并采用同样的方法做空白试验,计算 $AgNO_3$ 溶液的准确浓度。

计算公式:

$$c_{AgNO_3} = \frac{\dfrac{m_{NaCl}}{M_{NaCl}} \times 10^3}{V_{AgNO_3} - V_{空白}} \quad (M_{NaCl}=58.44\text{g/mol})$$

表实训 11-1　0.1mol/L $AgNO_3$ 溶液的标定

项目	测定次数		
	1	2	3
m_{NaCl}/g			
$V_{空白}$/ml			
V_{AgNO_3}/ml			
c_{AgNO_3}/(mol/L)			
$\bar{c}_{AgNO_3}$/(mol/L)			
$R\bar{d}$(n=3)			

五、注 意 事 项

1. 配制 $AgNO_3$ 溶液所采用的纯化水应不含有 Cl^-,否则会生成 AgCl 白色沉淀。
2. $AgNO_3$ 溶液因见光容易分解,应贮存在棕色试剂瓶中。若存放时间较久,在使用前需要重新标定。
3. 废液应回收,切勿直接倒入水槽中。

六、思 考 题

1. 用 $AgNO_3$ 溶液滴定 NaCl 时,为什么要充分振摇?
2. 指示剂 K_2CrO_4 的用量对滴定结果有什么影响?

实训十二　食盐中氯含量的测定(莫尔法)

一、实 训 目 的

1. 掌握莫尔法确定终点的方法。
2. 熟悉食盐中氯含量的测定方法。

3. 熟练滴定分析基本操作。

二、仪器与试剂

仪器：分析天平、酸式滴定管（棕色）、称量瓶、锥形瓶、量筒。
试剂：食盐、0.1 mol/L $AgNO_3$ 滴定液、5% K_2CrO_4 指示剂。

三、实训原理

莫尔法可用于测定食盐中的氯含量，是在中性或弱碱性条件下，以 K_2CrO_4 为指示剂，$AgNO_3$ 溶液为滴定液滴定 Cl^-，其反应式为

终点前：$Ag^+ + Cl^- \rightleftharpoons AgCl\downarrow$（白色）

终点时：$2Ag^+ + CrO_4^{2-} \rightleftharpoons Ag_2CrO_4\downarrow$（砖红色）

四、实训步骤

采用减重称量法准确称量 NaCl 试剂 0.12g 于 250ml 锥形瓶中，加 50ml 纯化水完全溶解后，加入 1ml K_2CrO_4 指示剂，在充分振摇下，用 0.1mol/L $AgNO_3$ 滴定液滴定，至溶液由黄色变为砖红色，并保持 30s 不褪色，即为终点，记录消耗 $AgNO_3$ 滴定液的体积，平行滴定 3 次（表实训 12-1），并采用同样的方法做空白试验，计算食盐中的氯含量。

计算公式：

$$\omega_{Cl} = \frac{c_{AgNO_3}(V_{AgNO_3} - V_{空})M_{Cl}}{m_{NaCl}} \times 100\% \quad (M_{Cl}=35.45\text{g/mol})$$

表实训 12-1　消耗 $AgNO_3$ 滴定液的体积

项目	测定次数		
	1	2	3
m_{NaCl}/g			
$V_{空白}$/ml			
c_{AgNO_3}/(mol/L)			
V_{AgNO_3}/ml			
w_{Cl}/%			
$R\bar{d}$ ($n=3$)			

五、注意事项

1. 因生成 AgCl 沉淀能吸附溶液中的 Cl^-，导致终点提前，因此需要在滴定过程中充分振荡，使沉淀中吸附的 Cl^- 及时释放出来。

2. 指示剂 K_2CrO_4 的用量应适当，用量太多，砖红色沉淀 Ag_2CrO_4 过早生成，终点提前；用量太少，砖红色沉淀 Ag_2CrO_4 推迟生成，终点滞后。

六、思考题

1. 采用莫尔法测定 Cl^- 时，为什么要在中性或弱碱性溶液中进行？
2. 简述莫尔法测定食盐中氯含量的基本原理。

实训十三　高锰酸钾滴定液的配制与标定

一、实训目的

1. 熟练掌握高锰酸钾滴定液的配制和保存的方法。
2. 熟练掌握 $Na_2C_2O_4$ 基准物质标定 $KMnO_4$ 滴定液的方法。

3. 理解自身指示剂的作用原理，并能正确判断滴定终点。

二、仪器与试剂

仪器：恒温水浴锅、分析天平、酸式滴定管（50ml）、锥形瓶（250ml）、称量瓶、垂熔玻璃漏斗。

试剂：$KMnO_4$（固体，AR）、基准 $Na_2C_2O_4$、3mol/L H_2SO_4 溶液。

三、实训原理

市售高锰酸钾中常含有少量二氧化锰、氯化物、硫酸盐、硝酸盐等杂质，纯化水和空气中也常含有微量还原性物质，高锰酸钾的氧化能力很强，容易和水及空气中的还原性物质作用。另外，$KMnO_4$ 还能自行分解：

$$4KMnO_4 + 2H_2O \rightleftharpoons 4KOH + 4MnO_2\downarrow + 3O_2\uparrow$$

该分解反应的速率与溶液的酸度有关，在中性溶液中分解较慢，见光则分解加快。由此可见，高锰酸钾溶液不稳定，特别是配制初期溶液的浓度容易发生改变。因此，$KMnO_4$ 滴定液不能用直接法配制。一般要提前将溶液配制好，贮存于棕色瓶中，密闭保存7~14天后再用基准物质进行标定。

标定高锰酸钾的基准物质很多，其中因 $Na_2C_2O_4$ 不含结晶水、性质稳定、容易精制而最为常用。其标定反应如下：

$$2MnO_4^- + 5C_2O_4^{2-} + 16H^+ \rightleftharpoons 2Mn^{2+} + 10CO_2\uparrow + 8H_2O$$

此反应速率较慢，可采用增大反应物浓度和加热的方法来提高反应速率。$KMnO_4$ 溶液本身有色，因此可作为自身指示剂使用。终点前 MnO_4^- 被还原成 Mn^{2+}，溶液一直是无色的，稍过量的高锰酸钾使溶液呈现浅红色，指示终点到达。

为了防止温度过高使草酸分解，一般在恒温水浴锅中加热至65℃，用待标定的高锰酸钾滴定液滴定至溶液出现淡红色即为终点。

四、实训步骤

1. 0.02mol/L $KMnO_4$ 滴定液的配制　用托盘天平称取1.6g $KMnO_4$ 置于大烧杯中，加纯化水500ml，煮沸15min，冷却后置于棕色瓶中，于暗处静置7~14天，用垂熔玻璃漏斗过滤，摇匀，贮存于另一棕色玻璃瓶中，贴上标签，备用。

2. 0.02mol/L $KMnO_4$ 滴定液的标定　精密称取于105℃干燥至恒重的基准草酸钠约0.2g，加入新煮沸过的冷纯化水25ml 和 3mol/L H_2SO_4 溶液10ml，搅拌使其溶解，然后从滴定管中迅速加入待标定的高锰酸钾滴定液约25ml，放在65℃恒温水浴锅中加热，待褪色后，继续滴定至溶液显淡红色且30s 内不褪色即为终点。滴定结束时，溶液温度应不低于55℃。记录消耗的 $KMnO_4$ 滴定液的体积，平行测定3次（表实训13-1）。

表实训 13-1　$KMnO_4$ 滴定液配制与标定

项目		测定次数		
		1	2	3
基准 $Na_2C_2O_4$ 的质量/g				
$KMnO_4$ 消耗的体积/ml	$V_{终}$			
	$V_{初}$			
	$V_{用}$			
$KMnO_4$ 的浓度/（mol/L）				
$KMnO_4$ 浓度的平均值/（mol/L）				
$R\bar{d}$				
RSD				

数据处理：

（1）$c_{KMnO_4} = \dfrac{2 \times m_{Na_2C_2O_4}}{5 \times M_{Na_2C_2O_4} \times V_{KMnO_4} \times 10^{-3}}$　　（$M_{Na_2C_2O_4}$ =134.00g/mol）

（2）$R\bar{d} = \dfrac{\dfrac{1}{n}\sum\limits_{i=1}^{n}|x_i - \bar{x}|}{\bar{x}} \times 100\%$

（3）$RSD = \dfrac{\sqrt{\dfrac{\sum\limits_{i=1}^{n}(x_i - \bar{x})^2}{n-1}}}{\bar{x}} \times 100\%$

五、注意事项

1. $KMnO_4$ 的氧化能力很强，容易被水中的微量还原性物质还原产生 MnO_2 沉淀。另外，$KMnO_4$ 还能自行分解：

$$4KMnO_4 + 2H_2O \rightleftharpoons 4KOH + 4MnO_2\downarrow + 3O_2\uparrow$$

该分解反应的速率较慢，但能被 MnO_2 所加速，见光分解得更快。为了得到稳定的 $KMnO_4$ 溶液，须将溶液中析出的 MnO_2 沉淀滤掉，并置于棕色瓶中于冷暗处保存。

2. 由于 $KMnO_4$ 在酸性溶液中是强氧化剂，易与空气中的还原剂发生反应。当滴定到达终点时，稍微过量一滴 $KMnO_4$ 使溶液呈粉红色，但在空气中放置时，很容易被空气中的还原性气体或还原性灰尘作用而逐渐褪色。滴定至终点时溶液刚好出现均匀的淡红色，应将锥形瓶静置一会儿，观察淡红色消失的时间。实验认为 30s 内不褪色才可认为到达终点。

3. 高锰酸钾为深色溶液，凹液面不易看清，读数时应以液面上缘为准。

4. 实验结束后，应立即用自来水将滴定管冲洗干净，避免产生 MnO_2 沉淀堵塞滴定管活塞和管尖。

六、思考题

1. 高锰酸钾滴定液能否装在碱式滴定管中，为什么？
2. 用基准草酸钠标定高锰酸钾滴定液时，酸度对滴定反应有无影响？如果滴定前未加酸，会产生什么后果？

实训十四　硫代硫酸钠滴定液的配制与标定

一、实训目的

1. 熟练掌握 $Na_2S_2O_3$ 滴定液的配制和标定方法。
2. 熟练掌握使用淀粉指示剂（置换滴定法）判断滴定终点。
3. 学会正确使用碘量瓶。
4. 了解标定 $Na_2S_2O_3$ 滴定液的反应条件。

二、仪器与试剂

仪器：分析天平、碘量瓶（250ml）、碱式滴定管（50ml）、量筒、大烧杯、称量瓶。

试剂：$Na_2S_2O_3 \cdot 5H_2O$（固体）、Na_2CO_3（固体）、$K_2Cr_2O_7$（基准物质）、KI（固体）、3mol/L H_2SO_4 溶液、5g/L 淀粉指示剂。

三、实训原理

$Na_2S_2O_3 \cdot 5H_2O$ 晶体易风化和潮解，一般还含有少量 S、Na_2SO_3、Na_2SO_4 等杂质，因此不能采用直接法配制。

新配制的 $Na_2S_2O_3$ 溶液不稳定，容易受空气中 CO_2、O_2 和微生物等的影响而分解。为了减少溶解

在水中的 CO_2、O_2 和杀死水中的微生物，应使用新煮沸放冷的纯化水配制溶液，并加入少量 Na_2CO_3，使溶液呈弱碱性，以防止 $Na_2S_2O_3$ 分解。

$Na_2S_2O_3$ 在中性或碱性溶液中较稳定，在酸性溶液中易分解而析出 S。

日光也能促使 $Na_2S_2O_3$ 溶液分解，因此 $Na_2S_2O_3$ 应贮存于棕色瓶中，放置暗处 7~10 天后再标定。长期使用的溶液，应定期标定。

标定 $Na_2S_2O_3$ 滴定液的基准物质有 I_2、KIO_3、$KBrO_3$ 和 $K_2Cr_2O_7$ 等。由于 $K_2Cr_2O_7$ 价格低廉、性质稳定、易提纯，故最为常用。标定反应如下：

$$Cr_2O_7^{2-} + 6I^- + 14H^+ \rightleftharpoons 2Cr^{3+} + 3I_2 + 7H_2O$$

$$I_2 + 2S_2O_3^{2-} \rightleftharpoons 2I^- + S_4O_6^{2-}$$

四、实训步骤

1. **0.1mol/L $Na_2S_2O_3$ 滴定液的配制** 用托盘天平称取 $Na_2S_2O_3 \cdot 5H_2O$ 约 26g，无水 Na_2CO_3 约 0.2g 于烧杯中，加入新煮沸放冷纯化水使其溶解，转移至 1000ml 量筒中，加纯化水稀释至刻度，混匀，贮存于棕色试剂瓶中，置暗处 7~10 天，过滤，备用。

2. **0.1mol/L $Na_2S_2O_3$ 滴定液的标定** 精密称取在 120℃下干燥至恒重的基准 $K_2Cr_2O_7$ 约 0.15g，置于碘量瓶中，加纯化水 50ml 使其溶解，加 KI 2.0g，轻轻振摇使其溶解，加 3mol/L H_2SO_4 溶液 10ml，摇匀，用水密封，置暗处放置 10min 后，加纯化水 100ml 稀释，用待标定的 $Na_2S_2O_3$ 滴定液滴定至近终点（浅黄绿色）时，加入淀粉溶液 1ml，继续滴定至蓝色消失而显亮绿色，5min 内不返蓝即为终点。记录消耗的 $Na_2S_2O_3$ 滴定液的体积，平行测定 3 次（表实训 14-1）。

表实训 14-1 $Na_2S_2O_3$ 滴定液的配制与标定

项目		测定次数		
		1	2	3
基准 $K_2Cr_2O_7$ 的质量/g				
消耗 $Na_2S_2O_3$ 的体积/ml	$V_{终}$			
	$V_{初}$			
	$V_{用}$			
$Na_2S_2O_3$ 滴定液的浓度/(mol/L)				
$Na_2S_2O_3$ 滴定液浓度的平均值/(mol/L)				
$R\bar{d}$				
RSD				

数据处理：

（1）$c_{Na_2S_2O_3} = \dfrac{6m_{K_2Cr_2O_7}}{M_{K_2Cr_2O_7} \times V_{K_2Cr_2O_7}}$ (mol/L)　　($M_{K_2Cr_2O_7} = 294.18$ g/mol)

（2）$R_{\bar{d}} = \dfrac{\dfrac{1}{n}\sum\limits_{i=1}^{n}|x_i - \bar{x}|}{\bar{x}} \times 100\%$

（3）$\text{RSD} = \dfrac{\sqrt{\dfrac{\sum\limits_{i=1}^{n}(x_i - \bar{x})^2}{n-1}}}{\bar{x}} \times 100\%$

五、注意事项

1. $K_2Cr_2O_7$ 和 $Na_2S_2O_3$ 反应较慢，增加溶液的酸度可加快反应速率，但酸度过高会加速 I^- 被空气中的氧气氧化的速度。酸度以氢离子浓度为 0.2～0.4mol/L 为宜。在这样的酸度下，必须放置 10min，该反应才能定量完成。为了防止碘单质在放置过程中挥发，应将溶液放置在碘量瓶中。

2. 加液顺序应为水→碘化钾→酸。

3. I_2 容易挥发损失，在反应过程中要及时盖好碘量瓶瓶盖，水封并放置暗处。第一份滴定完后，再取出下一份。

4. 用 $Na_2S_2O_3$ 溶液滴定置换出的碘单质时，淀粉指示液不能加入过早，否则大量 I_2 被淀粉牢固吸附，难以很快地与 $Na_2S_2O_3$ 反应，使终点延后，产生误差。另外，滴定开始时要快滴慢摇，以减少碘单质的挥发；接近终点时，要慢滴，用力旋摇，以减少淀粉对碘单质的吸附。

5. 滴定结束，溶液放置后可能会返蓝，若溶液在 5min 内返蓝，说明 $K_2Cr_2O_7$ 与 KI 反应不完全，应重新标定。若在 5min 后返蓝，那是因为受空气氧化所致，对实验结果没有影响。

六、思 考 题

1. 配制 $Na_2S_2O_3$ 溶液为什么要用新煮沸过的冷纯化水溶解？加入 Na_2CO_3 的目的是什么？
2. 碘量瓶中的溶液在暗处放置 10min 后，滴定前为什么要加纯化水稀释？如果过早稀释会产生什么后果？
3. 间接碘量法中，加入过量 KI 的作用是什么？
4. 为什么要在滴定至接近终点时才加入淀粉指示剂？过早加入会产生什么后果？

实训十五　硫酸铜含量的测定

一、实 训 目 的

1. 熟练掌握运用置换滴定法测定硫酸铜含量的方法。
2. 熟练掌握置换滴定法中实验数据的处理方法。
3. 学会置换滴定操作的要点和滴定终点的判定方法。

二、仪器与试剂

仪器：分析天平、酸式滴定管、250ml 碘量瓶。

试剂：$Na_2S_2O_3$ 滴定液（0.1mol/L）、$CuSO_4 \cdot 5H_2O$、6mol/L HAc、KI（AR）、10% KSCN、淀粉指示剂。

三、实 训 原 理

用置换滴定法测定铜盐的依据是：在 HAc 酸性溶液中，过量的 KI 将 Cu^{2+} 还原成 CuI 沉淀，同时定量地置换出 I_2：

$$2Cu^{2+} + 4I^- \rightleftharpoons 2CuI\downarrow（乳白色）+ I_2$$

再以淀粉为指示剂，用 $Na_2S_2O_3$ 滴定液滴定置换出来的 I_2。

在上述反应中，I^- 不仅是 Cu^{2+} 的还原剂，还是反应产物 I_2 的配位体（过量的 I^- 与 I_2 形成 I_3^-）及 Cu^{2+} 的沉淀剂，因此在过量 I^- 的存在下，反应可以定量地向右进行。

由以上反应可知，2mol $CuSO_4 \cdot 5H_2O$ 生成 1mol I_2，1mol I_2 与 2mol $Na_2S_2O_3$ 完全反应，所以，1mol $CuSO_4 \cdot 5H_2O$ 相当于 1mol $Na_2S_2O_3$。

四、实 训 步 骤

1. 硫酸铜溶液的配制　在分析天平上，精密称取 3 份 $CuSO_4 \cdot 5H_2O$ 样品（约 0.5g），分别置于 250ml 锥形瓶中，各加 50ml 纯化水使其溶解。

2. 硫酸锌的含量测定　分别向 3 个盛有硫酸铜溶液的锥形瓶中，加 6mol/L HAc 溶液 4ml，加 KI 2g，用 0.1mol/L $Na_2S_2O_3$ 滴定液滴定至接近终点（呈浅黄色）时，加淀粉指示剂 2ml，当滴加至淡蓝色时，加 10% KSCN 溶液 5ml，继续滴定至蓝色消失，即为终点，停止滴定。记录消耗 $Na_2S_2O_3$ 滴定液的体积,平行测定 3 次(表实训 15-1)。

表实训 15-1　$CuSO_4 \cdot 5H_2O$ 样品的含量

项目		测定次数		
		1	2	3
$CuSO_4 \cdot 5H_2O$ 样品的质量 m_s/g				
$Na_2S_2O_3$ 滴定液的用量 V/ml	$V_{终}$			
	$V_{初}$			
	$V_{用}$			
$Na_2S_2O_3$ 滴定液的浓度/(mol/L)				
$CuSO_4 \cdot 5H_2O$ 的含量/%				
$CuSO_4 \cdot 5H_2O$ 含量的平均值/%				
$R_{\bar{d}}$				
RSD				

数据处理:

(1) $\omega_{CuSO_4 \cdot 5H_2O} = \dfrac{(c \times V)_{Na_2S_2O_3} \times M_{CuSO_4 \cdot 5H_2O}}{m_{CuSO_4 \cdot 5H_2O}} \times 100\%$ ($M_{CuSO_4 \cdot 5H_2O} = 249.68$ g/mol)

(2) $R_{\bar{d}} = \dfrac{\dfrac{1}{n}\sum_{i=1}^{n}|x_i - \bar{x}|}{\bar{x}} \times 100\%$

(3) $RSD = \dfrac{\sqrt{\dfrac{\sum_{i=1}^{n}(x_i - \bar{x})^2}{n-1}}}{\bar{x}} \times 100\%$

五、注 意 事 项

1. 用置换滴定法测定铜盐的含量时,溶液的 pH 以 3.5~4 为宜,可用 HAc-NaAc 缓冲溶液控制溶液的 pH。若在碱性条件下,由于 Cu^{2+} 的水解作用,使 Cu^{2+} 氧化 I^- 的反应进行不完全,滴定结果偏低,而且反应速率慢。同时,在碱性溶液中,生成的 I_2 还会发生歧化反应。

2. 沉淀 CuI 能强烈吸附 I_3^-,从而使测定结果偏低。加入 KSCN 使 CuI ($K_{sp}=5.06\times10^{-12}$) 转化成溶解度更小的 CuSCN ($K_{sp}=4.8\times10^{-15}$),这样就可以释放出被 CuI 吸附的 I_3^-。

3. 滴定开始时要快滴慢摇,以减少 I_2 的挥发,接近终点时,要慢滴,用力旋摇,以减少淀粉对 I_2 的吸附。

4. 滴定结束后,溶液放置后会回蓝,如果不是很快回蓝(超过 5min),则是由于空气中的 O_2 氧化所致,不会影响分析结果。如果很快回蓝,说明 Cu^{2+} 和 KI 的反应不完全,应重做实验。

六、思 考 题

1. 用间接碘量法测定硫酸铜的含量时,溶液的 pH 应控制在什么范围?pH 过高或者过低对测定会有什么影响?

2. 已知 $\varphi^{\ominus}_{Cu^{2+}/Cu^+} = 0.158$ V, $\varphi^{\ominus}_{I_2/2I^-} = 0.54$ V,为什么本实验中 Cu^{2+} 却能把 I^- 氧化为 I_2?

实训十六　维生素 C 含量的测定

一、实 训 目 的

1. 熟练掌握直接碘量法的基本原理。

2. 熟练掌握运用直接碘量法测定维生素 C 含量的方法。
3. 学会淀粉指示剂的使用及终点（直接碘量法）的判断方法。

二、仪器与试剂

仪器：分析天平、酸式滴定管（50ml）、锥形瓶（250 ml）、量筒、称量瓶。

试剂：维生素 C 样品、0.05mol/L I_2 滴定液、2mol/L CH_3COOH 溶液、5g/L 淀粉指示剂。

三、实训原理

维生素 C（$C_6H_8O_6$）分子中的烯二醇基具有较强的还原性，能被弱氧化剂 I_2 定量地氧化成二酮基，其反应式如下：

从上式可知，1mol 维生素 C 可与 1mol I_2 完全反应，且在碱性条件下更有利于反应向右进行。由于维生素 C 在中性或碱性溶液中很容易被空气中的 O_2 氧化，所以滴定常在稀 CH_3COOH 溶液中进行，以减弱空气对维生素 C 的氧化。

四、实训步骤

1. 精密称取维生素 C 样品约 0.2g 于锥形瓶中，加新煮沸冷却的纯化水 100ml 和 2mol/L 的 CH_3COOH 溶液 10ml，待样品完全溶解后，加入 1ml 淀粉溶液，用 I_2 滴定液滴定至溶液恰好由无色变为浅蓝色（30s 内不褪色）即为终点。记录消耗的 I_2 滴定液的体积，平行测定 3 次（表实训 16-1）。

表实训 16-1　维生素 C 含量

项目	测定次数		
	1	2	3
维生素 C 样品的质量/g			
I_2 滴定液消耗的体积/ml　$V_{终}$			
$V_{初}$			
$V_{用}$			
I_2 滴定液的浓度/（mol/L）			
维生素 C 的含量/%			
维生素 C 含量的平均值/%			
$R\bar{d}$			
RSD			

数据处理：

(1) $\omega_{维生素C} = \dfrac{(CV)_{I_2} M_{维生素C} \times 10^{-3}}{m_s} \times 100\%$　　（$M_{维生素C}$=176.12g/mol）

(2) $R_{\bar{d}} = \dfrac{\dfrac{1}{n}\sum\limits_{i=1}^{n}|x_i - \bar{x}|}{\bar{x}} \times 100\%$

(3) $RSD = \dfrac{\sqrt{\dfrac{\sum\limits_{i=1}^{n}(x_i - \bar{x})^2}{n-1}}}{\bar{x}} \times 100\%$

五、注意事项

1. 碱性条件有利于碘氧化维生素 C 的反应向右进行，但在中性或碱性条件下，维生素 C 易被空

气中的 O_2 氧化而产生误差，尤其在碱性条件下，误差更大。同时，由于维生素 C 的还原性很强，即使在弱酸性条件下，此反应也进行得相当完全。因此，该滴定反应应在弱酸性溶液中进行，以减慢副反应的速率。

2. I_2 具有挥发性，取用 I_2 滴定液后应立即盖好瓶塞。
3. 接近终点时应充分振摇，并放慢滴定速率。
4. 注意节约 I_2 滴定液，润洗滴定管或未滴完的 I_2 滴定液应倒入回收瓶中。
5. 维生素 C 溶解后易被空气中的 O_2 氧化，应溶一份滴一份，不要三份同时溶解。

六、思 考 题

1. 测定维生素 C 的含量时为什么要在 CH_3COOH 溶液中进行？
2. 为什么要用新煮沸冷却的纯化水溶解维生素 C 样品？为什么要逐份加入？
3. 淀粉指示剂应什么时候加入？终点颜色如何变化？
4. 本实验若在碱性条件下测定，分析结果是偏高还是偏低？

实训十七　溶液 pH 的测定

一、实 训 目 的

1. 学习用直接电位法测定溶液 pH 的方法和实验操作。
2. 掌握 pH 计的使用方法。

二、仪器与试剂

仪器：pH 计、复合电极、25ml 烧杯、100ml 容量瓶。

试剂：邻苯二甲酸氢钾标准缓冲溶液、混合磷酸盐标准缓冲溶液、葡萄糖注射液、生理盐水、蒸馏水。

三、实 训 原 理

pH 计种类很多，但其校准方法均采用两点校准法，即选择两种标准缓冲溶液：一种是混合磷酸盐标准缓冲溶液，一种是硼砂标准缓冲溶液或邻苯二甲酸氢钾标准缓冲溶液。先用混合磷酸盐标准缓冲溶液对 pH 计进行定位，再根据待测溶液的酸碱性选择第二种标准缓冲溶液。如果待测溶液呈酸性，则选用邻苯二甲酸氢钾标准缓冲溶液；如果待测溶液呈碱性，则选用硼砂标准缓冲溶液。应在两种标准缓冲溶液之间反复操作几次，直至不需再调节其零点和定位（斜率）旋钮，pH 计即可准确显示两种标准缓冲溶液的 pH（误差在 ±0.02pH 内）。

四、实 训 步 骤

1. 标准缓冲溶液的配制

（1）邻苯二甲酸氢钾标准缓冲溶液的配制：将邻苯二甲酸氢钾标准缓冲溶液试剂包中的试剂用蒸馏水溶解，转移至试剂包规定的容量瓶并定容，贴好标签备用。

（2）混合磷酸盐标准缓冲溶液的配制：将混合磷酸盐标准缓冲溶液试剂包中的试剂用蒸馏水溶解，转移至试剂包规定的容量瓶定容，贴好标签备用。

2. pH 计的校正

（1）打开电源开关，预热 5min。
（2）选择温度测定，调节温度补偿，达到溶液温度值。
（3）用蒸馏水清洗电极，用滤纸吸干电极下端球泡上的水分。
（4）将电极插入混合磷酸盐标准缓冲溶液中，轻轻摇动烧杯使溶液均匀，调节定位旋钮，使仪器显示读数与该缓冲溶液的规定 pH 一致。
（5）用蒸馏水清洗电极，用滤纸吸干电极下端球泡上的水分。

（6）再将电极插入邻苯二甲酸氢钾标准缓冲溶液中，轻轻摇动烧杯使溶液均匀，等待读数稳定。如果显示器上的 pH 就是该温度下邻苯二甲酸氢钾标准缓冲溶液的 pH，仪器完成标定。如果二者数值不同，应调节斜率按钮，使显示器上的 pH 与该温度下邻苯二甲酸氢钾标准缓冲溶液的 pH 一致。

（7）用蒸馏水清洗电极，用滤纸吸干电极下端球泡上的水分。

（8）将电极再插入混合磷酸盐标准缓冲溶液中，轻轻摇动烧杯使溶液均匀，等待读数稳定。如果显示器上的 pH 与该温度下邻苯二甲酸氢钾标准缓冲溶液的 pH 的误差在 ±0.02pH 范围内，仪器校正完成。如果误差超过 ±0.02pH，再重复（4）～（8）步骤。

3. 测定葡萄糖注射液的 pH

（1）用蒸馏水清洗电极。

（2）用葡萄糖注射液润洗电极。

（3）将电极插入葡萄糖注射液中，轻轻摇动烧杯使溶液均匀。

（4）在显示屏上读取 pH。

（5）判断该注射液的酸度是否符合要求[《中国药典》（2020 年版）规定 pH 应为 3.2～5.5]。

4. 测定生理盐水的 pH

（1）用蒸馏水清洗电极。

（2）用生理盐水润洗电极。

（3）将电极插入生理盐水中，轻轻摇动烧杯使溶液均匀。

（4）在显示屏上读取 pH。

（5）判断该注射液的酸度是否符合要求（药典规定 pH 应为 4.5～7.0）。

5. 用蒸馏水冲洗电极和烧杯，仪器还原，关闭电源。电极保护帽内加入少量补充液，在复合电极上套上电极保护帽。

五、注意事项

1. 新的复合电极或长时间不使用的复合电极，应浸泡在 3mol/L 的 KCl 中活化 24h。
2. 电极下端的球泡部位，应避免与硬物或污物接触。

六、思考题

1. 怎么选择标准缓冲溶液？
2. 仪器在测量前，必须每次都进行校正吗？

实训十八　磺胺嘧啶含量的测定（永停滴定法）

一、实训目的

1. 理解重氮化滴定中永停滴定法指示终点的原理。
2. 掌握永停滴定法的实验操作。

二、仪器与试剂

仪器：永停滴定仪、电子天平、电磁搅拌器、铂电极、小烧杯、容量瓶（1000ml）。

试剂：$NaNO_2$、无水 Na_2CO_3、KBr、对氨基苯磺酸、浓氨试液、盐酸、磺胺嘧啶试样。

三、实训原理

磺胺嘧啶是具有芳伯氨基的药物，在酸性溶液中可与 $NaNO_2$ 定量地完成重氮化反应而生成重氮盐，反应式如下：

将两个相同的 Pt 电极插入待测溶液中，然后进行滴定，边滴边搅拌。化学计量点前，溶液中不存在可逆电对，故无电流产生；化学计量点后，当亚硝酸钠稍微过量，溶液中少量的亚硝酸与其分解产物 NO 是可逆电对，可发生如下的电极反应：

阳极　　$NO + H_2O - e^- \longrightarrow HNO_2 + H^+$

阴极　　$HNO_2 + H^+ + e^- \longrightarrow NO + H_2O$

两个 Pt 电极间有电子流动，产生电流。因此在化学计量点时，滴定电池中由原来无电流通过而变为有恒定的电流通过。

四、实训步骤

1. 供试品溶液　精密称定磺胺嘧啶约 0.5g，加盐酸 10ml 使其溶解，再加蒸馏水 50ml 及 1g 的 KBr。

2. $NaNO_2$ 溶液准备

（1）配制：称取 7.2g 亚硝酸钠，加 0.10g 无水碳酸钠，溶于 1000ml 蒸馏水。加入少量 Na_2CO_3 使溶液呈弱碱性，以稳定 $NaNO_2$ 溶液浓度。$NaNO_2$ 溶液密闭保存在有玻璃塞的棕色玻璃瓶中。

（2）标定：取在 120℃下干燥至恒重的基准物对氨基苯磺酸，精密称定 0.4g，加蒸馏水 30ml、浓氨试液 3ml。溶解后，加稀盐酸 20ml，搅拌。在 30℃下，用待标定 $NaNO_2$ 溶液快速滴定。插入 Pt-Pt 电极后，滴定时，将滴定管尖端插入液面下约 2/3 处，边快速滴加边搅拌，一次性将大部分 $NaNO_2$ 滴定液加入。临近终点时，将滴定管尖端提出液面，用少量蒸馏水淋洗管尖，洗液并入溶液中，继续缓慢滴定，用永停法指示终点，永停滴定仪的电流计指针突然偏转，并持续 1min 不再回复即为终点。1ml $NaNO_2$ 滴定液（0.1mol/L）相当于对氨基苯磺酸（$C_6H_7NSO_3$）17.32mg。$NaNO_2$ 溶液的浓度计算公式：

$$c_{NaNO_2} = \frac{m_{C_6H_7NSO_3} \times 1000}{V_{NaNO_2} M_{C_6H_7NSO_3}}$$

3. 在电磁搅拌下，用 $NaNO_2$ 溶液（0.1mol/L）滴定供试品溶液，将滴定管的尖端插入液面以下约 2/3 处。

4. 接近终点时，将滴定管尖端提出液面，用少量蒸馏水淋洗尖端，洗液并入溶液中，继续缓缓滴定，直至电流计发生明显的偏转，不再回复，即滴定终点。

5. 记录所用 $NaNO_2$ 溶液（0.1mol/L）的体积，按下式计算磺胺嘧啶的含量：

$$\omega = \frac{c_{NaNO_2} V_{NaNO_2} M_{SD} \times 10^{-3}}{m_s} \quad (M_{SD}=250.28 \text{g/mol})$$

6. 再重复测定两次（表实训 18-1）。

表实训 18-1　磺胺嘧啶含量的测定

项目	测定次数		
	1	2	3
m_s/g			
V_{NaNO_2}/ml			
ω/%			
平均值/%			
偏差			
相对平均偏差			

五、注意事项

1. 电极活化：Pt 电极在使用前浸泡于含 $FeCl_3$ 的硝酸溶液（0.5mol/L）中 30min，临用时用水冲洗。

2. 酸度：一般在 1~2mol/L 为宜。

3. NaNO$_2$（0.1 mol/L）在 pH 为 10 左右最稳定，因此在配制时加入适量 Na$_2$CO$_3$ 作为稳定剂。

4. 接近终点时，注意缓慢滴定并充分搅拌。

六、思 考 题

1. 滴定过程中若采用过高的外电压会出现什么现象？
2. 加入 KBr 的作用是什么？

实训十九　布洛芬的紫外鉴别

一、实 训 目 的

1. 学习并掌握紫外-可见分光光度法定性鉴别的原理。
2. 掌握紫外-可见分光光度法定性鉴别方法。

二、仪器与试剂

仪器：紫外可见分光光度计、容量瓶、烧杯、移液管等。

试剂：布洛芬原料药、0.4% NaOH 溶液。

三、实 训 原 理

化合物由于结构不同，在紫外及可见光区的吸收光谱具有不同的特征，包括最大吸收波长、吸收峰数目及光谱曲线形状等，因此常用紫外-可见分光光度法对化合物进行鉴别。

布洛芬是异丁苯丙酸化合物，分子结构（如下图）中含有共轭结构，在紫外光区有特征吸收峰，可通过对比最大、最小吸收波长的一致性进行鉴别。

四、实 训 步 骤

1. 供试品溶液配制　取布洛芬原料药约 0.25g，置于 100ml 容量瓶中，加 0.4% NaOH 溶液适量使其溶解，并稀释至刻度线，摇匀。精密量取 5ml，置于 50ml 容量瓶中，加 0.4% NaOH 溶液稀释至刻度线，摇匀，配制成浓度约为 0.25mg/ml 的布洛芬供试品溶液。

2. 绘制吸收光谱　以 0.4% NaOH 溶液作为参比溶液，测定供试品溶液的吸光度。

在 220～300nm 波长范围内，每隔 5～10nm 测定一次吸光度，在吸收峰对应波长 265nm、273nm 附近，每隔 1～2nm 测定一次，记录吸光度值，并以波长为横坐标，吸光度为纵坐标绘制吸收曲线。

若使用自动记录型仪器，可设置波长范围为 200～400nm，自动扫描吸收光谱。

注意：操作过程中使用的比色皿为石英比色皿。

3. 标准规定　布洛芬原料药应在波长 265nm 与 273nm 处有最大吸收，在波长 245nm 与 271nm 处有最小吸收，在 259nm 处有一肩峰。

4. 数据记录与检验结论

项目	最大吸收波长1	最大吸收波长2	最小吸收波长1	最小吸收波长2	肩峰
波长/nm					
检验结论					

注意：除另有规定外，吸收峰波长应在该品种项下规定的波长 ±2nm 以内。

五、思 考 题

1. 测定时参比溶液如何选择？

2. 每台仪器配套的比色皿与其他仪器的比色皿不可单个调换使用，为什么？

实训二十　高锰酸钾溶液的吸收曲线、标准曲线的绘制与含量测定

一、实训目的

1. 掌握紫外-可见分光光度计的原理和操作。
2. 熟悉吸收曲线的绘制方法，最大吸收波长的选择。
3. 学习并掌握标准曲线含量测定方法。

二、仪器与试剂

仪器：分光光度计、分析天平、容量瓶、烧杯、移液管等。
试剂：高锰酸钾（分析纯）。

三、实训原理

高锰酸钾溶液呈紫红色，可采用紫外可见分光光度法测定高锰酸钾溶液的吸光度进行定量分析。通常选择吸光物质的最大吸收波长作为测定的入射波长，以提高测定的灵敏度。若溶液中存在其他成分的吸收干扰时，应遵循吸收最大、干扰最小的原则。

标准曲线法是分光光度法中常用的定量方法。通过测定一系列不同浓度或含量的标准溶液的吸光度，绘制标准曲线，再根据供试品溶液的吸光度，从曲线上查得供试品溶液的浓度或含量。

四、实训步骤

1. 仪器的使用（以 UV1100 型紫外-可见分光光度计为例）

（1）接通仪器电源，待仪器自检完成后，预热 20min，使仪器达到稳定状态。同时，检查仪器样品室，以免有其他物品遮挡光路。

（2）在菜单界面按键进入吸光度测试，通过按界面上、下键设置测定波长。

（3）将参比溶液（或称空白溶液）和试样溶液分别装入比色皿的 3/4 处，用滤纸轻轻吸去吸收池外部液体，并用擦镜纸擦拭透光面至洁净透明，放入样品架，使参比溶液透光面置于光路，按 "ZERO" 键调节 T 为 100%或 Abs 为 0。

（4）拉动试样架使试样溶液置于光路，屏幕上显示的数据即为该试样溶液的吸光度值。

（5）测量结束后，取出比色皿，洗净后倒置于滤纸上晾干，并关闭仪器电源。

2. 高锰酸钾溶液的吸收曲线、标准曲线的绘制与含量测定

（1）标准溶液的配制：称取基准高锰酸钾固体约 0.25g，置于 200ml 烧杯中，加蒸馏水适量使其溶解，然后转移至 1000ml 的容量瓶中，用蒸馏水稀释至刻度线，摇匀，即配制得到浓度为 0.25mg/ml 的高锰酸钾标准溶液。

供试品溶液的配制：精密量取高锰酸钾样品溶液 2ml 于 25ml 容量瓶中，加蒸馏水稀释至刻度线，摇匀，即得。

（2）绘制吸收曲线：精密吸取 $KMnO_4$ 标准溶液 10ml 于 50ml 容量瓶中，加蒸馏水稀释至刻度，摇匀，以蒸馏水为参比溶液，依次选择 440nm、450nm、460nm、470nm、480nm、490nm、500nm、510nm、520nm、525nm、530nm、535nm、540nm、545nm、550nm、560nm、580nm、600nm、620nm、640nm、660nm、680nm、700nm 为测定波长，按分光光度法测定标准溶液在各波长下的吸光度，并记录数据。以波长为横坐标，吸光度为纵坐标，绘制 $KMnO_4$ 的吸收曲线，从吸收曲线中找出最大吸收波长 λ_{max}。

若使用的仪器为自动扫描型，可按以下步骤：

1）开启电源，待仪器预热 30min 后，进入光度测量模式。

2）设置各项参数：设置光度方式为 Abs（吸光度），扫描速度为中，波长范围为 400~800nm，采样间隔可设置为 1~2nm（采样间隔越近，光谱曲线越精细），光源选择为钨灯，测光值坐标范围为

0.000~2.000。

3）将随机附带的黑挡块放入光路中的样品池，进行暗电流校正。

4）取出黑挡块，将盛有空白溶液的比色皿放入样品室，按"AUTOZERO"键进行基线校正。

5）取出空白溶液，将盛有样品溶液的比色皿放入样品室，按开始键，进行光谱扫描。

6）测量结束后，搜寻曲线上的峰值，找出最大吸收波长。

7）将测量结果打印输出。

注意：溶液装入比色皿之前，应用溶液润洗比色皿内壁2~3次，同时避免手指直接接触透光面，或使透光面被脏物沾污而影响测量结果。

（3）绘制标准曲线：精密吸取0.0、1.0ml、2.0ml、3.0ml、4.0ml、5.0ml $KMnO_4$ 标准溶液，分别置于6支25ml容量瓶中，加蒸馏水稀释至刻度，摇匀，编号。以第一支容量瓶中的蒸馏水（不含 $KMnO_4$）作为空白溶液，在选定的测量波长处，分别测定各溶液的吸光度（按浓度从低到高的顺序）。

以浓度为横坐标，吸光度为纵坐标，绘制 $KMnO_4$ 溶液的标准曲线。

（4）高锰酸钾供试品溶液吸光度的测定：按照与步骤（3）相同的条件，测定供试品溶液的吸光度 A，重复测定3次，取平均值（表实训20-1）。

表实训20-1 供试品溶液吸光度

项目	A_1	A_2	A_3	平均值
供试品溶液吸光度				

（5）含量计算：用最小二乘法计算标准曲线的回归方程 $y=ax+b$，根据供试品溶液的吸光度求得其浓度 $c_{供}$，高锰酸钾在样品溶液中的浓度为

$$c_{样} = c_{供}/n$$

式中，$c_{样}$ 为高锰酸钾在样品溶液中的浓度，μg/ml；n 为样品溶液配制为供试品溶液的稀释倍数。

五、思 考 题

1. 在测定标准溶液的系列溶液时，为什么按浓度从低到高的顺序进行？
2. 和其他同学的测定结果比较，有无差异，试作解释。

实训二十一　苯甲酸红外光谱的测定

一、实 训 目 的

1. 掌握红外光谱测定方法。
2. 掌握液体样品的制备方法。
3. 熟悉红外光谱仪的使用方法。

二、仪器与试剂

仪器：红外光谱仪、可拆式液体池、盐片。

试剂：苯甲酸、滑石粉、无水乙醇。

三、实 训 原 理

红外光谱又称分子振动-转动光谱。它以波长或波数为横坐标，以百分透过率或吸收率为纵坐标来记录谱带。红外光谱在化学领域中的应用，可分为用于分子结构的基础研究和用于化学组成的分析。其中最广泛的应用还是对物质的化学组成进行分析。

四、实 训 步 骤

1. 苯甲酸干燥备用。
2. 红外光谱仪开机预热。

3. 样品的制备（液体池法）

（1）从干燥器中将液体池的盐片取出，用少量的滑石粉和几滴无水乙醇混合均匀后磨光其表面，用纸擦干净后再用少量的乙醇来清洗，然后放在红外灯下烘干备用。

（2）取出液体池，拧开后，先放入橡胶垫片，然后放入一个盐片，把少量的液体样品滴在盐片上，再把另一个盐片压在其上面，把金属壳盖上，拧紧对角上的螺钉，将两个盐片压紧。

4. 采集红外光谱图　把此液体池放入仪器光路中进行扫描。

5. 扫谱结束后，取下样品池，拧开螺钉，小心取出盐片，用纸把上面的液体擦干净，取少量的无水乙醇清洗样品，在红外灯下用滑石粉和无水乙醇进行抛光，处理后再用无水乙醇清洗，红外灯下烘干，最后把两个盐片收好放入干燥器中备用。

6. 分析其红外光谱图，并找出主要吸收峰的归属。

五、注 意 事 项

1. 液体池要及时清洗干净，不使其被污染。
2. 尽可能选用极性小的溶剂，避免极性溶质与极性溶剂间会产生"溶剂效应"，使谱图失真。
3. 液体池的盐片应保持干燥透明，每次测定前后均应反复用无水乙醇清洗并在红外灯下烘干，放在干燥器内密闭保存。

六、思 考 题

1. 液体样品应该怎么制样，应注意什么问题？
2. 苯甲酸的特征吸收峰有哪些？

实训二十二　维生素C的红外鉴别

一、实 训 目 的

1. 掌握红外鉴别方法。
2. 掌握固体样品的制备方法。
3. 熟悉红外光谱仪的使用方法。

二、仪器与试剂

仪器：红外光谱仪、红外压片机、红外灯、玛瑙研钵、压片模具、烘箱。

试剂：维生素C、KBr（光谱纯）。

三、实 训 原 理

红外光谱是利用物质的分子吸收了红外辐射后，由其振动或转动引起偶极矩的净变化，产生分子振动和转动能级从基态到激发态的跃迁，得到分子振动能级和转动能级变化产生的振动-转动光谱。如果两个样品在相同条件下测得的光谱完全一致，就可以确认它们是同一化合物，但当两个图有差别时，需要从同质异晶体、同系物、来源、精制方法、溶剂的浓度和吸收峰的相对强度等因素来考虑，方能作出正确的结论。

四、实 训 步 骤

1. 维生素C干燥备用。
2. 红外光谱仪开机预热。
3. 样品的制备

（1）在玛瑙研钵中加入已经干燥的维生素C 1～2mg，研细。

（2）加入约100mg干燥的KBr粉末，继续研磨，直到充分研细混匀（粒度小于2μm）。

（3）将研磨好的物料均匀铺洒在专用压片模具上。

（4）压片机加压约10MPa，将物料制成厚为1～2mm的透明圆片。

4. 对照片的制备　取1～2mg干燥的维生素C对照品，按照样品的制备方法制备对照片。

5. 空白片的制备　取约 100mg 干燥的 KBr 粉末，按照样品的制备方法制备空白片。

6. 采集红外光谱图

（1）设置参数：单击菜单中"采集"→单击"实验设置"选项→在对话框中选中"先测定背景后测定样品"或选中"先测定样品后测定背景"。

（2）采集样品红外光谱图：单击"采集"→"采集样品"→"采集背景"后，将空白片放入样品池中，点击"确定"，仪器扫描背景，保存背景。屏幕出现"准备采集样品"后，将样品放入样品池中，单击"确定"，仪器扫描样品，保存样品谱图。

（3）采集对照品红外光谱图：参照样品红外光谱图采集方法采集对照品的红外光谱图。

7. 扫谱结束后，取下样品架，取出薄片，按要求将模具、样品架等擦净收好。

8. 将得到的谱图打印出来，比较样品的红外光谱图与对照品的红外光谱图的一致性，进行维生素 C 的鉴别。

五、注 意 事 项

1. 压片时使用的 KBr 的规格必须是分析纯以上，不能含其他杂质。KBr 容易吸水，故应注意防止吸水，平时 KBr 应放于干燥器中贮存备用。

2. 研磨样品一定要用玛瑙研钵，研磨时必须把样品均匀地分散在 KBr 中，并且尽可能将它们研细，以便得到很尖锐的吸收峰。

3. 要掌握好样品与 KBr 的比例以及红外片的厚度，以得到一个质量好的透明的圆片。

六、思 考 题

1. 测定红外光谱时为什么要采取特殊的制样方法？
2. 在测定固体红外光谱图时，如果没有把水分完全除去，对实验结果有什么影响？

实训二十三　薄层色谱法鉴别三黄片

一、实 训 目 的

1. 掌握薄层色谱法的原理、方法。
2. 学习薄层色谱法的标准操作。
3. 能根据药品成分鉴别的实验现象作出正确判断。

二、仪器与试剂

仪器：研钵、漏斗、烧杯、毛细管或平头微量注射器、硅胶 G 板（若无法提供可自制，需备 10cm×5cm 或 10cm×20cm 玻片）、硅胶 GF_{254} 板、烘箱、刻度吸管、层析缸、电子天平、超声波清洗器、三用紫外分析仪、铅笔、直尺。

试药：三黄片、盐酸小檗碱对照品、黄芩苷对照品、大黄对照药材、硅胶 G、CMC-Na。

试剂：甲醇、乙酸乙酯、丁酮、甲酸、环己烷、纯化水。

三、实 训 原 理

薄层色谱进行鉴别的依据是在相同的色谱条件下，相同物质的比移值（R_f 或 R_r）相同，即供试品溶液所显主斑点的位置和颜色应与对照品溶液的斑点相同。

四、实 训 步 骤

1. 制板　①取两块 10cm×5cm 或 10cm×20cm 玻片，洗净，控水。②调糊：将吸附剂 1 份和水（或 0.2%~0.5%羧甲基纤维素钠水溶液）3 份在研钵中向一个方向研磨混合。③静置 15min，去除表面气泡后，倒入涂布器中，在玻板上平稳地移动涂布器进行涂布（厚度为 0.2~0.3mm），取下涂好薄层的玻板，置水平台上于室温下晾干后；如无涂布器可将研磨混合、静置 15min，去除表面气泡后，用药匙取适量于玻片上，手指轻弹玻片，反复数次，使糊状物均匀铺在玻片上，于室温下晾干，每人铺两块。④在110℃下烘于30min，随即置于有干燥剂的干燥箱中备用。

2. 配制展开剂。

3. 制备供试品和对照品溶液。

4. 点样　用毛细管或微量注射器进行点样。一般为圆点，点样基线距底边1.0~1.5cm（高效薄层板一般基线离底边8~10mm），样点直径一般不大于4mm（高效薄层板一般不大于2mm）。接触点样时注意勿损伤薄层表面。条带状宽度一般为5~10mm（高效薄层板条带宽度一般为4~8mm）。点间距离可视斑点扩散情况以相邻斑点互不干扰为宜，一般不少于8mm（高效薄层板供试品间隔不少于5mm）。

5. 展开　①将配制好的展开剂倒入层析缸中，展开剂要接触到薄层板下沿，但切勿接触到样点。浸入展开剂的深度为距原点5mm为宜；②盖上盖子，密封，为防止边缘效应，要将展开剂预饱和，一般保持15~30min；③进行展开，观察展开情况；④待展开至规定距离（一般为8~15cm），取出薄层板，快速画出溶剂前沿，观察斑点，记录R_f值（表实训23-1）。

表实训23-1　记录实验相关要素　　　温度/℃：　　　相对湿度/%：

检品名称		规格	
检验依据			
检验目的			
固定相		展开剂	
天平型号		仪器编号	
供试品溶液的制备			
对照品/药材溶液的制备			
点样量			
检出条件	□ 日光下　　□ 紫外光下　　nm □ 碘蒸气熏蒸　□ 其他：		
薄层色谱图（可贴照片）			
计算R_f			
结论	□（均）符合规定　　□（均）不符合规定		

五、注意事项

1. 固定相（吸附剂）应均匀涂布在玻璃板上，并在反射光及透视光下检视，表面应均匀，平整，无麻点、无气泡、无破损及污染。

2. 点样时动作要轻，勿损伤薄层板表面；若因样品溶液太稀，可重复点样，但应待前次点样的溶剂挥发后方可重新点样；毛细管或点样器不能混用，专管专用；样点直径不超过4mm为宜，以防样点过大，造成拖尾、扩散等现象，进而影响分离效果。

3. 在薄层色谱中，样品的用量对物质的分离效果有很大影响，所需样品的量与显色剂的灵敏度、吸附剂的种类、薄层的厚度均有关系。样品量太少，斑点不清楚，难以观察，但样品量太多时往往出现斑点太大或拖尾现象，以致不易分开。

六、思　考　题

1. 薄层色谱法在对药物进行鉴别时的依据是什么？
2. 什么是边缘效应？如何操作才能避免边缘效应？

实训二十四　薄层色谱法鉴别果汁中的糖

一、实训目的

1. 掌握薄层色谱法的原理、方法。

2. 学习薄层色谱法的标准操作。

3. 能根据食品成分鉴别的实验现象作出正确判断。

二、仪器与试剂

仪器：研钵、漏斗、烧杯、毛细管或平头微量注射器、硅胶 G 板（若无法提供可自制，需备 10cm×5cm 或 10cm×20cm 玻片）、烘箱、移液管、层析缸、电子天平、常速离心机及离心管、铅笔、直尺。

试药：鼠李糖、乳糖、葡萄糖醛酸、木糖、果糖、葡萄糖。

试剂：苯胺、二苯胺、丙酮、磷酸、无水乙醇、异丙醇、环己烷、硅胶 G、CMC-Na、纯化水。

三、实训原理

薄层色谱进行鉴别的依据是在相同的色谱条件下，相同物质的比移值（R_f 或 R_r）相同，即供试品溶液所显主斑点的位置和颜色应与对照品溶液的斑点相同。

四、实训步骤

1. 制板　①取两块 10cm×5cm 或 10cm×20cm 玻片，洗净，控水。②调糊：将吸附剂 1 份和水（或 0.2%～0.5%羧甲基纤维素钠水溶液）3 份在研钵中向一个方向研磨混合。③静置 15min，去除表面气泡后，倒入涂布器中，在玻板上平稳地移动涂布器进行涂布（厚度为 0.2～0.3mm），取下涂好薄层的玻板，置水平台上于室温下晾干后；如无涂布器可将研磨混合、静置 15min，去除表面气泡后，用药匙取适量于玻片上，手指轻弹玻片，反复数次，使糊状物均匀铺在玻片上，于室温下晾干，每人铺两块。④在 110℃下烘干 30min，随即置于有干燥剂的干燥箱中备用。

2. 配制展开剂。

3. 制备供试品和对照品溶液。

4. 点样　用毛细管或微量注射器进行点样。一般为圆点，点样基线距底边 1.0～1.5cm（高效薄层板一般基线离底边 8～10mm），样点直径一般不大于 4mm（高效薄层板一般不大于 2mm）。接触点样时注意勿损伤薄层表面。条带状宽度一般为 5～10mm（高效薄层板条带宽度一般为 4～8mm）。点间距离可视斑点扩散情况以相邻斑点互不干扰为宜，一般不少于 8mm（高效薄层板供试品间隔不少于 5mm）。

5. 展开　①将配制好的展开剂倒入层析缸中，展开剂要接触到薄层板下沿，但切勿接触到样点。浸入展开剂的深度为距原点 5mm 为宜；②盖上盖子，密封，为防止边缘效应，要将展开剂预饱和，一般保持 15～30min；③进行展开，观察展开情况；④待展开至规定距离（一般为 8～15cm），取出薄层板，快速画出溶剂前沿，观察斑点，记录 R_f 值（表实训 24-1）。

表实训 24-1　记录实验相关要素　　　　温度/℃：　　　　相对湿度/%：

检品名称		规格	
检验依据			
检验目的			
固定相		展开剂	
天平型号		仪器编号	
供试品溶液的制备			
对照品/药材溶液的制备			
点样量			
检出条件	□ 日光下　　□ 紫外光下　　　　nm □ 碘蒸气熏蒸　□ 其他：		
薄层色谱图（可贴照片）			
计算 R_f			
结论	□（均）符合规定	□（均）不符合规定	

五、注意事项

1. 固定相（吸附剂）应均匀涂布在玻璃板上，并在反射光及透视光下检视，表面应均匀，平整，无麻点、无气泡、无破损及污染。

2. 点样时动作要轻，勿损伤薄层板表面；若因样品溶液太稀，可重复点样，但应待前次点样的溶剂挥发后方可重新点样；毛细管或点样器不能混用，专管专用；样点直径不超过 4mm 为宜，以防样点过大，造成拖尾、扩散等现象，进而影响分离效果。

3. 在薄层色谱中，样品的用量对物质的分离效果有很大影响，所需样品的量与显色剂的灵敏度、吸附剂的种类、薄层的厚度均有关系。样品量太少，斑点不清楚，难以观察，但样品量太多时往往出现斑点太大或拖尾现象，以致不易分开。

六、思考题

1. 薄层色谱法如何选择固定相和流动相？选择原则是什么？
2. 影响 R_f 的因素有哪些？

实训二十五　丙二醇含量的测定

一、实训目的

1. 掌握外标法测定药物含量的方法。
2. 熟悉气相色谱仪的使用方法。
3. 了解气相色谱法分离有机化合物的基本原理及操作条件。

二、仪器与试剂

仪器：气相色谱仪及配套色谱工作站、高纯氮气（99.99%）、电子天平、棕色具塞瓶、移液管。

试剂：丙二醇、1,2-丙二醇对照品、无水乙醇。

三、实训原理

供试品在色谱中进行分离，检测丙二醇的吸收峰，并采用外标法计算丙二醇的百分含量。

四、实训步骤

1. **气源**　①确保氮气的纯度（99.99%）并配备气体净化装置：脱氧管、脱水管、脱氢管。②为安全起见，氮气瓶需独立放在室外。

2. **色谱柱**　色谱柱以聚乙二醇类毛细管柱使用居多，开机后，要对色谱柱进行老化：①使固定相更好地附在柱子的内壁上；②可以顺便去除一些杂质和溶剂。

3. **进样系统**　进样系统包括样品引入装置和气化室（进样口）。样品引入装置：10μl 微量进样器、自动进样器和顶空进样器（农残、溶剂残留等需配置）。进样口一般分为前进样口和后进样口（进样时常需分流，防止过载）。

4. **检测器**　FID 检测器温度要高于柱温，并不得低于 150℃，以免水汽凝结，通常为 250～350℃。

5. **系统适用性试验**　取对照溶液连续进样 5 针，记录 5 针的理论塔板数、分离度、5 针峰面积的 RSD，判断是否符合要求。

6. **样品的测定**　取 1～3μl 供试品溶液各 5 针注入气相色谱仪。同时开始计时并记录色谱图，色谱工作站会保存并处理所得的色谱数据。按内标法以峰面积计算，即得（表实训 25-1）。

$$\omega_{\text{丙二醇}} = \frac{A_x \times m_s}{A_s \times m} \times 100\%$$

式中，A_x 为供试品溶液的平均峰面积；A_s 为对照品的平均峰面积；m_s 为对照品的取样量，g；m 为供试品的取样量，g。

表实训 25-1　记录实验相关要素

	对照品					
对照品称样量/g						
对照品含量						
进针顺序	1	2	3	4	5	
保留时间 t_R/min						
理论板数（n）（只记录第一针的数据）						
对照品峰面积 A						
平均峰面积						
RSD/%						
	供试品					
供试品称样量/g						
进针顺序	1	2	3	4	5	
保留时间 t_R/min						
供试品峰面积 A						
平均峰面积						
含量/%						

7. 实训结论　含丙二醇（$C_3H_8O_2$）不得少于 99.5%。判断实训药品的含量是否合格。

五、注 意 事 项

1. 丙二醇遇光、空气可被氧化。
2. 严禁在高温下打开柱温箱门，以免固定相流失。若要开柱温箱门，必须先降柱温至 50℃以下。
3. 氮气必须是最先开，最后关。

六、思 考 题

1. 气相色谱仪常用的检测器有哪些，分别适合分析哪类药物？
2. 气相色谱法定性分析与定量分析的方法有哪些？

实训二十六　维生素 E 含量的测定

一、实 训 目 的

1. 掌握校正因子概念和内标法测定药物含量的方法。
2. 熟悉气相色谱仪的使用方法。
3. 了解气相色谱法分离有机化合物的基本原理及操作条件。

二、仪器与试剂

仪器：气相色谱仪及配套色谱工作站、高纯氮气（99.99%）、电子天平、棕色具塞瓶、移液管。
试剂：正三十二烷（优级纯）、正己烷（优级纯）、维生素 E。

三、实 训 原 理

供试品在色谱中色谱分离，检测维生素 E 的吸收峰，并采用内标法计算维生素 E 的百分含量。

四、实 训 步 骤

1. 气源　①确保氮气的纯度（99.99%）并配备气体净化装置：脱氧管、脱水管、脱氢管。②为安全起见，氮气瓶需独立放在室外。

2. 色谱柱　色谱柱以聚硅氧烷类和聚乙二醇类毛细管柱使用居多，开机后，要对色谱柱进行老化：

①使固定相更好地附在柱子的内壁上；②可以顺便去除一些杂质和溶剂。

3. **进样系统** 进样系统包括样品引入装置和气化室（进样口）。样品引入装置：10μl 微量进样器、自动进样器和顶空进样器（农药残留、溶剂残留等需配置）。进样口一般分为前进样口和后进样口（进样时常需分流，防止过载）。

4. **检测器** FID 检测器温度要高于柱温，并不得低于 150℃，以免水汽凝结，通常为 250～350℃。ECD 检测器操作温度一般为 250～350℃。

5. **系统适用性试验** 取对照溶液连续进样 5 针，记录 5 针的理论塔板数、分离度、5 针峰面积的 RSD，判断是否符合要求。

6. **样品的测定** 取 1～3μl 供试品溶液各 5 针注入气相色谱仪。同时开始计时并记录色谱图，色谱工作站会保存并处理所得的色谱数据。按内标法以峰面积计算，即得（表实训 26-1）。

表实训 26-1 记录实验的相关要素

对照品					
对照品称样量/g					
对照品含量/%					
内标溶液取样量/ml					
进针顺序	1	2	3	4	5
保留时间 t_R/min					
理论板数（n）（只记录第一针的数据）					
对照品峰面积 A					
平均峰面积					
内标物质峰面积					
平均峰面积					
RSD/%					
供试品					
供试品称样量/g					
内标溶液取样量/ml					
进针顺序	1	2	3	4	5
保留时间 t_R/min					
供试品峰面积 A					
平均峰面积					
内标物质峰面积 A					
平均峰面积					
含量/%					

7. 记录维生素 E 标准品中加内标溶液和样品中加内标溶液的色谱图和峰面积。

8. 维生素 E 含量的计算

$$m_i = \frac{\omega_i}{\omega_{试样}} \times 100\% = \frac{\omega_s}{\omega_{试样}} \cdot \frac{f_i A_i}{f_s A_s} \times 100\%$$

式中，m_i 为组分 i 的质量分数；ω_s、$\omega_{试样}$ 分别为内标物 s 和试样的质量；A_i、A_s 分别为组分 i 和内标物 s 的色谱峰面积；f_i、f_s 分别为组分 i 和内标物 s 的相对校正因子。

9. **实训结论** 《中国药典》（2020 年版）中维生素 E 的含量测定，规定含维生素 E（$C_{31}H_{52}O_3$）应为 96.0%～102.0%。以此判断实训药品的含量是否合格。

五、注 意 事 项

1. 维生素 E 遇光、空气可被氧化。
2. 严禁在高温下打开柱温箱门，以免固定相流失。若要开柱温箱门，必须先降柱温至 50℃以下。

3. 氮气必须是最先开，最后关。

六、思 考 题

1. 气相色谱的基本组成有哪几部分？
2. 内标物要满足什么要求？

实训二十七　甲硝唑片含量的测定

一、实 训 目 的

1. 掌握甲硝唑片的含量测定方法。
2. 熟悉高效液相色谱仪的使用方法。

二、仪器与试剂

1. 仪器：高效液相色谱仪、色谱柱（十八烷基硅烷键合硅胶为填充剂）、超声仪、电子分析天平。
2. 试剂：甲硝唑片、甲醇、超纯水。

三、实 训 原 理

供试品在高效液相色谱仪中进行分离，紫外检测器于320nm波长处检测甲硝唑的吸收峰，采用外标法计算的含量为标示量的百分含量。

四、实 训 步 骤

1. 配制流动相。计算配制的量＞流速×时间，按比例取各组分→混匀→过滤→脱气。
2. 选择合适的色谱柱。
3. 开机，平衡仪器：更换流动相→接色谱柱→开启各组件电源开关→建立方法文件（设定流速、检测波长）→打开purge阀→排气泡→关闭purge阀→流动相平衡30min→基线走稳→准备进样。
4. 制备供试品溶液和对照品溶液，各平行配制两份。
5. 系统适用性试验。取对照品溶液1连续进样5针，记录5针的理论塔板数、分离度、5针峰面积的RSD，判断是否符合要求。

另取对照品溶液2连续进样2针，按照外标法计算公式计算这2针的回收率，该回收率应在98%～102%。另外需计算2个回收率的相对平均偏差不得超过2.0%。

$$回收率（\%）=测得含量/已知含量×100$$

6. 样品的测定。取供试品溶液各进样2针，分别记下每张色谱图的峰面积，按要求进行计算（表实训27-1）。

表实训27-1　记录实验的相关要素

对照品	1					2	
对照品称样量/g							
对照品含量/%							
进针顺序	1	2	3	4	5	1	2
保留时间 t_R/min							
理论板数（n）(只记录第1针的数据)							
峰面积 A							
平均峰面积							
RSD/%							
供试品	1					2	
供试品20片称样量/g							

供试品质量/g				
进针顺序	1	2	1	2
保留时间 t_R/min				
平均峰面积				
含量%				
平均含量				
$R\bar{d}$				

$$含量(\%) = \frac{\frac{A_x}{A_s} \times c_s \times D \times V \times \bar{W}}{m \times S} \times 100\%$$

式中，A_x 为供试品溶液的平均峰面积；A_s 为对照品溶液 1 的平均峰面积；c_s 为对照品溶液 1 的浓度，g/ml；D 为供试品的稀释倍数；V 为供试品的初始配制体积，ml；$\bar{W}$ 为均片重，g/片；m 为供试品的称样量，g；S 为标示量，g/片。

五、注 意 事 项

1. 长时间不使用仪器，应该将柱子取下并用堵头封好保存，注意不能用纯水保存柱子，而应该用有机相（如甲醇等），因为纯水易长霉。
2. 气泡会使压力不稳，重现性差，所以在使用过程中要尽量避免产生气泡。

六、思 考 题

1. 流动相在配制时有哪些需要注意的问题？
2. 系统适用性实验如何进行？有哪些要求？

实训二十八　饮料中山梨酸含量的测定

一、实 训 目 的

1. 掌握山梨酸的含量测定方法。
2. 熟悉高效液相色谱仪的使用方法。

二、仪器与试剂

1. 仪器：高效液相色谱仪、色谱柱（十八烷基硅烷键合硅胶为填充剂）、超声仪、电动真空泵、砂芯过滤装置、电热恒温水浴锅、电子分析天平、刻度吸管、容量瓶、洗耳球、胶头滴管、量筒、烧杯等。
2. 试药：碳酸饮料。
3. 试剂：甲醇（AR）、乙酸铵溶液（1.54g/L）、稀氨水溶液（1∶1）、碳酸氢钠溶液（20g/L）、超纯水。

三、实 训 原 理

供试品在高效液相色谱仪中进行分离，紫外检测器于 230nm 波长处检测山梨酸的吸收峰，外标法计算其含量。

四、实 训 步 骤

1. 配制流动相：计算配制的量>流速×时间，按比例取各组分→混匀→过滤→脱气。
2. 选择合适的色谱柱。
3. 开机，平衡仪器：更换流动相→接色谱柱→开启各组件电源开关→建立方法文件（设定流速、检测波长）→打开排气阀→排气泡→关闭排气阀→流动相平衡 30min→基线走稳→准备进样。
4. 制备标准溶液，样品试剂配制三份。
5. 标准曲线测定：准确吸取浓度分别为 0、1.00mg/L、5.00mg/L、10.00mg/L、20.00mg/L、50.00mg/L、100.00mg/L、200.00mg/L 的标准系列工作溶液 10μl，分别注入高效液相色谱仪中，记录色谱图。

6. 样品的测定：取供试品溶液各进样 3 针，分别记下每张色谱图峰面积，按要求进行计算。不同浓度的山梨酸标准溶液和试样进样量及面积按照表实训 28-1 记录。

表实训 28-1　进样浓度和峰面积

进样体积/μL	山梨酸标准溶液浓度/（mg/L）	峰面积 A
10	0	
10	1.00	
10	5.00	
10	10.00	
10	20.00	
10	50.00	
10	100.00	
10	200.00	
10（样品1）		
10（样品2）		
10（样品3）		

绘制标准曲线，根据标准曲线计算饮料中的山梨酸含量（g/mL），公式如下：

$$X = \frac{\rho \times V}{m \times 1000}$$

式中，X 为试样中山梨酸含量（g/kg）；ρ 为待测液中山梨酸的质量浓度（mg/L）；m 为试样质量（g）；V 为试样总体积（ml）；1000mg/kg=1g/kg。

记录实验相关要素，见表实训 28-2。

表实训 28-2　记录实验相关要素

检品名称		规格	
检测方法		国际限量	0.2g/kg
仪器名称及型号		仪器编号	
天平型号		天平编号	
色谱条件	色谱柱固定相类型： □C_{18}　□C_8　□TMS　□CN　□NH_2　□Si　□其他： 粒径：　　μm　　柱长：＿＿＿＿×＿＿＿＿mm 柱温：　　℃　　预柱：□有　□无 流动相组成： □恒比例洗脱：　　□梯度洗脱： □紫外检测器：波长＿＿＿＿nm　　□其他检测器： 流速：＿＿＿＿ml/min　　进样量：　　μl		
分析方法	£外标法　　□内标法　　□归一化法　　□其他：		
标准溶液的制备方法			
试样制备			
平行测定次数	1	2	3
取样量 m/g			
待测液中山梨酸的质量浓度 ρ/（mg/L）			
测定值 X/（g/kg）			
平均值 $\bar{X}$/（g/kg）		相对平均偏差/%	
结论（是否合格）			

五、注意事项

1. 长时间不使用仪器，应该将柱子取下并用堵头封好保存，注意不能用纯水保存柱子，而应该用有机相（如甲醇等），因为纯水易长霉。

2. 气泡会使压力不稳，重现性差，所以在使用过程中要尽量避免产生气泡。

六、思考题

1. 如果流动相中不含盐，对检测结果有什么影响？对仪器有什么影响？

2. 如果标准曲线不过原点，对测量结果有什么影响？

3. 高效液相色谱仪的结构？流动相采用什么方式输送？常用的检测器类型有哪些？其中哪些是通用型的？哪些是选择型的？

附 录

附录A 分析化学中常见计量单位

名称	符号	定义
相对原子质量	A_r	元素的平均原子质量与核素 ^{12}C 原子质量 1/12 之比
相对分子质量	M_r	物质的分子和特定单元的平均质量与核素 ^{12}C 原子质量 1/12 之比
物质的量	n	物质的数量多少
摩尔质量	M	质量(m)除以物质的量(n),即 $M=m/n$
摩尔体积	V_m	体积(V)除以物质的量(n),即 $V_m=V/n$
密度	ρ	质量(m)除以体积(V),即 $\rho=m/V$
B 的质量浓度	ρ_B	溶质 B 的质量(m_B)除以溶液总体积(V),即 $\rho_B=m_B/V$
B 的物质的量浓度	c_B	B 的物质的量(n_B)除以混合物的体积(V),即 $c_B=n_B/V$
溶质 B 的质量摩尔浓度	b_B	溶液中溶质 B 物质的量(n_B)除以溶剂的质量(m_A),即 $b_B=n_B/m_A$
B 的质量分数	ω_B	B 的质量(m_B)与混合物的质量($m_总$)之比,即 $\omega_B=m_B/m_总$
B 的体积分数	φ_B	溶质 B 的体积(V_B)与溶液总体积(V)之比,即 $\varphi_B=V_B/V$
B 的摩尔分数	x_B	B 的物质的量(n_B)与混合物的各组分的物质的量总和($n_总$)之比,即 $x_B=n_B/n_总$
溶质 B 的摩尔比	r_B	B 的物质的量(n_B)与溶剂的物质的量(n_A)之比,即 $r_B=n_B/n_A$
质子数(原子序数)	Z	原子核中的质子数目
中子数	N	原子核中的中子数目
核子数(质量数、核素)	A	原子核中的核子数目,即质子数和中子数的总和
离子的电荷数	z	离子电荷与元电荷之比
电荷量	Q	电流对时间的积分
解离度	α	解离的分子数与分子总数之比

附录B 常见难溶化合物的溶度积常数

化合物	K_{sp}	化合物	K_{sp}	化合物	K_{sp}
Ag_3AsO_4	1.0×10^{-22}	CuSCN	4.8×10^{-15}	$CaSiF_6$	8.1×10^{-4}
AgBr	5.0×10^{-13}	CuS	6.3×10^{-36}	$CaSO_4$	9.1×10^{-6}
AgCl	1.56×10^{-10}	$FeCO_3$	3.2×10^{-11}	$Cd_2[Fe(CN)_6]$	3.2×10^{-17}
AgCN	1.2×10^{-16}	$Fe_4[Fe(CN)_6]$	3.3×10^{-41}	$Cd(OH)_2$(新)	2.5×10^{-14}
$Ag_2C_2O_4$	2.95×10^{-11}	$Fe(OH)_2$	8.0×10^{-16}	$Cd_3(PO_4)_2$	2.5×10^{-33}
AgSCN	1.0×10^{-12}	$Fe(OH)_3$	1.1×10^{-36}	CdS	3.6×10^{-29}
Ag_2SO_4	1.4×10^{-5}	$FePO_4$	1.3×10^{-22}	$Co_2[Fe(CN)_6]$	1.8×10^{-15}
$Al(OH)_3$	1.3×10^{-33}	$MgNH_4PO_4$	2.5×10^{-13}	FeS	3.7×10^{-19}
$AlPO_4$	6.3×10^{-19}	$Ag_4[Fe(CN)_6]$	1.6×10^{-41}	Hg_2Cl_2	1.3×10^{-18}
As_2S_3	4.0×10^{-29}	AgI	1.5×10^{-16}	$Hg_2(CN)_2$	5×10^{-40}
Ba_3AsO_4	8.0×10^{-51}	Ag_3PO_4	1.4×10^{-16}	Hg_2I_2	4.5×10^{-29}
$BaCo_3$	8.1×10^{-9}	Ag_2S	6.3×10^{-50}	Hg_2S	1×10^{-47}

续表

化合物	K_{sp}	化合物	K_{sp}	化合物	K_{sp}
BaC_2O_4	1.6×10^{-7}	$Mg(OH)_2$	1.8×10^{-11}	HgS(红)	4×10^{-53}
$BaCrO_4$	1.2×10^{-10}	$Mg_3(PO_4)_2$	$10^{-28}\sim10^{-27}$	(黑)	1.6×10^{-52}
BaF_2	1.0×10^{-9}	$Mn(OH)_2$	1.9×10^{-13}	$Hg_2(SCN)_2$	2.0×10^{-20}
$BaHPO_4$	3.2×10^{-7}	MnS	1.4×10^{-15}	$K[B(C_6H_5)_4]$	2.2×10^{-8}
$Ba_3(Po_4)_2$	3.4×10^{-23}	$Ni(OH)_2$(新)	2.0×10^{-15}	$K_2Na[Co(NO_2)_6]$	2.2×10^{-11}
$Ba_2P_2O_7$	3.2×10^{-11}	NiS	1.4×10^{-24}	H_2O	
$BaSiF_6$	1×10^{-6}	$Pb_3(AsO_4)_2$	4.0×10^{-36}	$K_2[ptCl_6]$	1.1×10^{-5}
$BaSO_4$	1.1×10^{-10}	$PbCO_3$	7.4×10^{-14}	$MgCO_3$	3.5×10^{-8}
$Bi(OH)_3$	4×10^{-31}	$PbCl_2$	1.6×10^{-5}	MgC_2O_4	8.5×10^{-5}
Bi_2S_3	1×10^{-97}	$PbCrO_4$	1.8×10^{-14}	MgF_2	6.5×10^{-9}
$Co[Hg(SCN)_4]$	1.5×10^{-6}	PbF_2	2.7×10^{-8}	$PbSO_4$	1.6×10^{-8}
Ag_2CO_3	8.1×10^{-6}	$Pb_2[Fe(CN)_6]$	3.5×10^{-15}	$Sb(OH)_3$	4×10^{-42}
$Ag_3[CO(NO_2)_6]$	8.5×10^{-21}	$PbHPO_4$	1.3×10^{-10}	Sb_2S_3	2.9×10^{-59}
$Ae_2Cr_2O_4$	1.1×10^{-12}	PbI_2	7.1×10^{-9}	SnS	1.0×10^{-25}
$Ag_2Cr_2O_7$	2.0×10^{-7}	$Pb(OH)_2$	1.2×10^{-15}	$SrCO_3$	1.6×10^{-9}
$CoHPO_4$	2×10^{-7}	$Pb_3(PO_4)_2$	8.0×10^{-48}	SrC_2O_4	5.6×10^{-8}
$Co(OH)_2$(新)	1.6×10^{-15}	PbS	8.0×10^{-28}	$SrCrO_4$	2.2×10^{-5}
$Co_3(PO_4)_2$	2×10^{-35}	$BiPO_4$	1.3×10^{-23}	SrF_2	2.5×10^{-9}
CoS	3×10^{-26}	$CaCO_3$	8.7×10^{-9}	$Sr_3(PO_4)_2$	4.0×10^{-28}
Cr(OH)	6.3×10^{-31}	CaC_2O_4	4×10^{-9}	$SrSO_4$	3.2×10^{-7}
$Cu_3(AsO_4)_2$	7.6×10^{-36}	$CaCrO_4$	7.1×10^{-4}	$Zn_2[Fe(Cn)_6]$	4.0×10^{-16}
CuCN	3.2×10^{-20}	CaF_2	2.7×10^{-11}	$Zn[Hg(SCN)_4]$	2.2×10^{-7}
$Cu_2[Fe(CN)_6]$	1.3×10^{-16}	$CaHPO_4$	1×10^{-7}	$Zn(OH)_2$	1.2×10^{-17}
$Cu_3(PO_4)_2$	1.3×10^{-37}	$Ca(OH)_2$	5.5×10^{-6}	$An_3(PO_4)_2$	9.0×10^{-33}
$Cu_2P_2O_7$	8.3×10^{-16}	$Ca_3(PO_4)_2$	2.0×10^{-29}	ZnS	1.2×10^{-23}

附录C 常见金属配合物的稳定常数

配离子	$K_{稳}$	$\log K_{稳}$	配离子	$K_{稳}$	$\log K_{稳}$
$[Ag(CN)_2]^-$	1.3×10^{20}	20.1	AgY^{3-}	2.1×10^7	7.32
$[Ag(NH_3)_2]^-$	1.1×10^7	7.04	AlY^-	1.3×10^{16}	16.1
$[Ag(SCN)_2]^-$	3.7×10^7	7.57	CaY^{2-}	1.0×10^{11}	11.0
$[Co(NH_3)_6]^{2+}$	1.3×10^5	5.11	CdY^{2-}	2.5×10^{16}	16.4
$[Co(NH_3)_6]^{3+}$	2.0×10^{35}	35.3	CoY^{2-}	2.0×10^{16}	16.3
$[Cu(CN)_4]^{2-}$	2.0×10^{30}	30.3	FeY^{2-}	2.0×10^{14}	14.3
$[Cu(en)_2]^{2+}$	1.0×10^{21}	21.0	FeY^-	1.6×10^{24}	24.2
$[Cu(NH_3)_4]^{2+}$	2.1×10^{13}	13.3	HgY^{2-}	6.3×10^{21}	21.8
$[Fe(CN)_6]^{4-}$	1.0×10^{35}	35.0	MgY^{2-}	4.4×10^8	8.64
$[Fe(CN)_6]^{3-}$	1.0×10^{42}	42.0	MnY^{2-}	6.3×10^{13}	13.8
$[Fe(C_2O_4)_3]^{3-}$	2.0×10^{20}	20.3	NiY^{2-}	4.0×10^{18}	18.6
$[Pb(CH_3COO)_4]^{3-}$	2.0×10^8	8.30	PbY^{2-}	2.0×10^{18}	18.3
$[Ni(CN)_4]^{2-}$	2.0×10^{31}	31.3	SnY^{2-}	1.3×10^{22}	22.1
$[Zn(NH_3)_4]^{2+}$	2.9×10^7	7.46	ZnY^{2-}	2.5×10^{16}	16.4

附录 D 常见电极电对的标准电极电势

电极反应	电极电势 φ^0/V	电极反应	电极电势 φ^0/V
$Li^+ + e = Li$	−3.042	$Cu^{2+} + e = Cu^+$	0.519
$K^+ + e = K$	−2.925	$Cu^+ + e = Cu$	0.52
$Ba^{2+} + 2e = Ba$	−2.9	$I_2(固) + 2e = 2I^-$	0.5345
$Sr^{2+} + 2e = Sr$	−2.89	$I_3^- + 2e = 3I^-$	0.545
$Ca^{2+} + 2e = Ca$	−2.87	$H_3AsO_4 + 2H^+ + 2e = HAsO_2 + 2H_2O$	0.559
$Na^+ + e = Na$	−2.71	$MnO_4^- + e = MnO_4^{2-}$	0.564
$Mg^{2+} + 2e = Mg$	−2.37	$MnO_4^- + 2H_2O + 3e = MnO_2 + 4OH^-$	0.588
$Al^{3+} + 3e = Al$	−1.66	$Hg_2SO_4(固) + 2e = 2Hg + SO_4^{2-}$	0.6151
$Mn^{2+} + 2e = Mn$	−1.182	$2HgCl_2 + 2e = Hg_2Cl_2(固) + 2Cl^-$	0.63
$Se + 2e = Se^{2-}$	−0.92	$O_2(气) + 2H^+ + 2e = H_2O_2$	0.682
$Cr^{2+} + 2e = Cr$	−0.91	$BrO^- + H_2O + 2e = Br^- + 2OH^-$	0.76
$Zn^{2+} + 2e = Zn$	−0.763	$Fe^{3+} + e = Fe^{2+}$	0.771
$AsO_4^{3-} + 2H_2O + 2e = AsO_2^- + 4OH^-$	−0.67	$Hg_2^{2+} + 2e = 2Hg$	0.793
$SO_3^{2-} + 3H_2O + 4e = S + 6OH^-$	−0.66	$Ag^+ + e = Ag$	0.7995
$2SO_3^{2-} + 3H_2O + 4e = S_2O_3^{2-} + 6OH^-$	−0.58	$NO_3^- + 2H^+ + e = NO_2 + H_2O$	0.8
$HPbO_2^- + H_2O + 2e = Pb + 3OH^-$	−0.54	$Hg^{2+} + 2e = Hg$	0.845
$Sb + 3H^+ + 3e = SbH_3$	−0.51	$Cu^{2+} + I^- + e = CuI(固)$	0.86
$H_3PO_3 + 2H^+ + 2e = H_3PO_2 + H_2O$	−0.5	$H_2O_2 + 2e = 2OH^-$	0.88
$2CO_2 + 2H^+ + 2e = H_2C_2O_4$	−0.49	$ClO^- + H_2O + 2e = Cl^- + 2OH^-$	0.89
$S + 2e = S^{2-}$	−0.48	$NO_3^- + 3H^+ + 2e = HNO_2 + H_2O$	0.94
$Fe^{2+} + 2e = Fe$	−0.44	$HIO + H^+ + 2e = I^- + H_2O$	0.99
$Cd^{2+} + 2e = Cd$	−0.403	$HNO_2 + H^+ + e = NO(气) + H_2O$	1
$As + 3H^+ + 3e = AsH_3$	−0.38	$VO_2^+ + 2H^+ + e = VO^{2+} + H_2O$	1
$SeO_3^{2-} + 3H_2O + 4e = Se + 6OH^-$	−0.366	$NO_2 + H^+ + e = HNO_2$	1.07
$Co^{2+} + 2e = Co$	−0.277	$ClO_4^- + 2H^+ + 2e = ClO_3^- + H_2O$	1.19
$H_3PO_4 + 2H^+ + 2e = H_3PO_3 + H_2O$	−0.276	$IO_3^- + 6H^+ + 5e = 1/2\ I_2 + 3H_2O$	1.2
$Ni^{2+} + 2e = Ni$	−0.246	$O_2(气) + 4H^+ + 4e = 2H_2O$	1.229
$AgI(固) + e = Ag + I^-$	−0.152	$MnO_2(固) + 4H^+ + 2e = Mn^{2+} + 2H_2O$	1.23
$Sn^{2+} + 2e = Sn$	−0.136	$Cr_2O_7^{2-} + 14H^+ + 6e = 2Cr^{3+} + 7H_2O$	1.33
$Pb^{2+} + 2e = Pb$	−0.126	$ClO_4^- + 8H^+ + 7e = 1/2\ Cl_2 + 4H_2O$	1.34
$O_2 + H_2O + 2e = HO_2^- + OH^-$	−0.067	$Cl_2(气) + 2e = 2Cl^-$	1.3595
$2H^+ + 2e = H_2$	0	$BrO_3^- + 6H^+ + 6e = Br^- + 3H_2O$	1.44
$AgBr(固) + e = Ag + Br^-$	0.071	$HIO + H^+ + e = 1/2\ I_2 + H_2O$	1.45
$S_4O_6^{2-} + 2e = 2S_2O_3^{2-}$	0.08	$ClO_3^- + 6H^+ + 6e = Cl^- + 3H_2O$	1.45
$Hg_2Br_2 + 2e = 2Hg + 2Br^-$	0.1395	$PbO_2(固) + 4H^+ + 2e = Pb^{2+} + 2H_2O$	1.455
$Sn^{4+} + 2e = Sn^{2+}$	0.154	$ClO_3^- + 6H^+ + 5e = 1/2\ Cl_2 + 3H_2O$	1.47
$SO_4^{2-} + 4H^+ + 2e = SO_2(水) + H_2O$	0.17	$HClO + H^+ + 2e = Cl^- + H_2O$	1.49
$SbO^+ + 2H^+ + 3e = Sb + H_2O$	0.212	$MnO_4^- + 8H^+ + 5e = Mn^{2+} + 4H_2O$	1.51
$AgCl(固) + e = Ag + Cl^-$	0.2223	$BrO_3^- + 6H^+ + 5e = 1/2\ Br_2 + 3H_2O$	1.52
$HAsO_2 + 3H^+ + 3e = As + 2H_2O$	0.248	$HBrO + H^+ + e = 1/2\ Br_2 + H_2O$	1.59
$Hg_2Cl_2(固) + 2e = 2Hg + 2Cl^-$	0.2676	$Ce^{4+} + e = Ce^{3+}$	1.61
$BiO^+ + 2H^+ + 3e = Bi + H_2O$	0.32	$HClO + H^+ + e = 1/2\ Cl_2 + H_2O$	1.63
$Cu^{2+} + 2e = Cu$	0.337	$HClO_2 + H^+ + e = HClO + H_2O$	1.64
$Fe(CN)_6^{3-} + e = Fe(CN)_6^{4-}$	0.36	$MnO_4^- + 4H^+ + 3e = MnO_2(固) + 2H_2O$	1.695
$HgCl_4^{2-} + 2e = Hg + 4Cl^-$	0.48	$H_2O_2 + 2H^+ + 2e = 2H_2O$	1.77

参考文献

蔡自由，黄月君. 分析化学. 北京：中国医药科技出版社，2015.
朱爱军. 分析化学基础. 北京：人民卫生出版社，2016.
石宝叡，宋守正. 基础化学. 北京：人民卫生出版社，2016.
孙莹，吕洁. 药物分析. 北京：人民卫生出版社，2013.
谢庆娟，李维斌. 分析化学. 北京：人民卫生出版社，2013.
郭旭明，韩建国. 仪器分析. 北京：化学工业出版社，2014.
张晓敏. 仪器分析. 杭州：浙江大学出版社，2012.
张威. 仪器分析. 南京：江苏凤凰科学技术出版社，2015.
陈素娥，郭丽霞. 分析化学. 西安：西安交通大学出版社，2017.

教学基本要求

一、课程性质和任务

分析化学是药学及相关专业中一门专业基础课。通过本课程的学习，使学生对分析化学这门课有一个总体认识，了解本课程在药学特别是在药物分析方面的应用，掌握从事药学工作所必须的分析化学的基本理论、基础知识和基本技能，树立准确的"量"的概念，正确掌握分析化学的基本操作，并初步具有应用所学方法解决相应分析化学问题的能力，为更好地学习后续专业课程奠定扎实的基础。

二、课程教学目标

（一）知识教学目标

（1）掌握分析化学的基本概念、基本理论和物质分离、提纯、干燥及定性、定量常用方法的基本原理及有关计算方法。

（2）熟悉各类误差的来源、性质、规律性及减小方法，能对分析数据进行科学处理、评价和正确表示分析结果。熟悉定量分析的一般步骤。

（3）了解现代分析仪器在分析化学中的应用和现代检测技术的新进展。

（二）能力培养目标

（1）熟练掌握分析天平、电子天平、紫外-可见分光光度计、pH 计及常用滴定分析仪器的使用方法，滴定分析的操作技能和色谱分离技术，物质干燥和含量测定的基本操作。通过分析化学实验，培养学生的动手能力及分析和解决实际问题的能力，严格建立"量"与"定量"的概念。

（2）会使用电位滴定仪、永停滴定仪和气相色谱仪、高效液相色谱仪。学会应用分析化学的基本原理和操作技能，解决样品的分离、纯化、干燥和对反应条件的控制。学会初步设计简单组分的分析方案。

（三）思想教育目标

（1）具有科学严谨的工作态度、实事求是和精益求精的工作作风和良好的职业素质及行为规范。

（2）树立勤奋好学、努力进取、团结协作精神和服务意识。

三、教学内容和要求

理 论 模 块

教学内容	掌握	熟悉	了解	教学内容	掌握	熟悉	了解
第1章 绪论				第一节 基本概念及分析方法	√		
第一节 概述			√	第二节 滴定反应基本条件及滴定方式		√	
第二节 分析步骤与分析结果表达		√		第三节 滴定液	√		
第三节 化学定量分析常用仪器	√			第四节 滴定分析计算	√		
第四节 分析化学实验用水与实验试剂			√	第4章 酸碱滴定法			
第2章 分析误差及数据处理				第一节 酸碱质子理论和酸碱浓液 pH 的计算		√	
第一节 定量分析误差	√			第二节 酸碱指示剂	√		
第二节 有效数字与分析数据的处理		√		第三节 酸碱滴定类型及指示剂的选择	√		
第3章 滴定分析法概论				第四节 酸碱滴定液的配制与标定		√	

续表

教学内容		教学要求			教学内容		教学要求		
		掌握	熟悉	了解			掌握	熟悉	了解
第五节	酸碱滴定法的应用			√	第9章	紫外-可见分光光度法			
第六节	非水溶液的酸碱滴定法				第一节	基本原理		√	
第5章	配位滴定法				第二节	紫外-可见分光光度计		√	
第一节	概述		√		第三节	定性与定量分析	√		
第二节	EDTA的性质	√			第10章	红外分光光度法			
第三节	配位滴定法的基本原理	√			第一节	基本原理		√	
第四节	金属指示剂		√		第二节	红外分光光度计及样品的制备技术	√		
第五节	标准溶液的配制与标定		√		第三节	红外分光光度法的应用		√	
第六节	配位滴定法的应用			√	第11章	经典液相色谱法			
第6章	沉淀滴定法				第一节	概述		√	
第一节	沉淀滴定法概述		√		第二节	色谱法的基本术语	√		
第二节	莫尔法	√			第三节	柱色谱法			√
第三节	佛尔哈德法	√			第四节	平面色谱法			√
第四节	法扬司法		√		第12章	气相色谱法			
第五节	滴定液的配制与标定		√		第一节	概述		√	
第六节	沉淀滴定法的应用			√	第二节	气相色谱法的基本理论		√	
第7章	氧化还原滴定法				第三节	气相色谱法的固定相和流动相	√		
第一节	概述		√		第四节	检测器		√	
第二节	原电池与电极电位		√		第五节	分离操作条件的选择			
第三节	常见氧化还原滴定法	√			第六节	定性与定量分析	√		
第四节	氧化还原滴定法应用		√		第13章	高效液相色谱法			
第8章	电化学分析法				第一节	概述		√	
第一节	概述		√		第二节	基本理论	√		
第二节	指示电极和参比电极		√		第三节	高效液相色谱法的主要类型及原理		√	
第三节	直接电位法	√			第四节	高效液相色谱法的固定相和流动相	√		
第四节	电位滴定法		√		第五节	高效液相色谱仪		√	
第五节	永停滴定法			√	第六节	定性与定量分析	√		

实 践 模 块

教学内容		教学要求		
		掌握	熟悉	了解
实训指导	实训一 化学实训基本技能	√		
	实训二 电子天平称量	√		
	实训三 滴定分析基本操作	√		
	实训四 滴定液的配制（直接法）		√	
	实训五 盐酸滴定液的配制和标定	√		
	实训六 氢氧化钠滴定液的配制和标定		√	
	实训七 食醋中总酸度的测定		√	
	实训八 药用氢氧化钠含量的测定（双指示剂法）		√	
	实训九 葡萄糖酸钙口服溶液中钙离子的测定			√
	实训十 自来水中硬度及钙、镁离子含量的测定	√		
	实训十一 硝酸银标准溶液的配制与标定	√		

续表

教学内容		教学要求		
		掌握	熟悉	了解
实训指导	实训十二 食盐中氯含量的测定（莫尔法）		√	
	实训十三 高锰酸钾滴定液的配制与标定	√		
	实训十四 硫代硫酸钠滴定液的配制与标定	√		
	实训十五 硫酸铜含量的测定		√	
	实训十六 维生素C含量的测定	√		
	实训十七 溶液pH的测定		√	
	实训十八 磺胺嘧啶含量的测定（永停滴定法）			
	实训十九 布洛芬的紫外鉴别		√	
	实训二十 高锰酸钾溶液的吸收曲线、标准曲线的绘制与含量测定	√		
	实训二十一 苯甲酸红外光谱的测定		√	
	实训二十二 维生素C的红外鉴别	√		
	实训二十三 薄层色谱法鉴别三黄片		√	
	实训二十四 薄层色谱法鉴别果汁中的糖			√
	实训二十五 丙二醇含量的测定		√	
	实训二十六 维生素E含量的测定	√		
	实训二十七 甲硝唑片含量的测定		√	
	实训二十八 饮料中山梨酸含量的测定			√

四、教学时间分配

理论模块

序号	教学单元	参考学时
1	第1章 绪论	4
2	第2章 分析误差及数据处理	2
3	第3章 滴定分析法概论	4
4	第4章 酸碱滴定法	4
5	第5章 配位滴定法	4
6	第6章 沉淀滴定法	4
7	第7章 氧化还原滴定法	4
8	第8章 电化学分析法	4
9	第9章 紫外-可见分光光度法	2
10	第10章 红外分光光度法	4
11	第11章 经典液相色谱法	4
12	第12章 气相色谱法	4
13	第13章 高效液相色谱法	2
	总计	46

实践模块

序号	教学单元	参考学时
1	实训一 化学实训基本技能	2
2	实训二 电子天平称量	2
3	实训三 滴定分析基本操作	2
4	实训四 滴定液的配制（直接法）	2
5	实训五 盐酸滴定液的配制和标定	1
6	实训六 氢氧化钠滴定液的配制和标定	1

续表

序号	教学单元	参考学时
7	实训七　食醋中总酸度的测定	1
8	实训八　药用氢氧化钠含量的测定（双指示剂法）	1
9	实训九　葡萄糖酸钙口服溶液中钙离子的测定	1
10	实训十　自来水中硬度及钙、镁离子含量的测定	1
11	实训十一　硝酸银标准溶液的配制与标定	1
12	实训十二　食盐中氯含量的测定（莫尔法）	1
13	实训十三　高锰酸钾滴定液的配制与标定	1
14	实训十四　硫代硫酸钠滴定液的配制与标定	1
15	实训十五　硫酸铜含量的测定	1
16	实训十六　维生素 C 含量的测定	1
17	实训十七　溶液 pH 的测定	1
18	实训十八　磺胺嘧啶含量的测定（永停滴定法）	1
19	实训十九　布洛芬的紫外鉴别	1
20	实训二十　高锰酸钾溶液的吸收曲线、标准曲线的绘制与含量测定	1
21	实训二十一　苯甲酸红外光谱的测定	1
22	实训二十二　维生素 C 的红外鉴别	1
23	实训二十三　薄层色谱法鉴别三黄片	1
24	实训二十四　薄层色谱法鉴别果汁中的糖	1
25	实训二十五　丙二醇含量的测定	1
26	实训二十六　维生素 E 含量的测定	1
27	实训二十七　甲硝唑片含量的测定	1
28	实训二十八　饮料中山梨酸含量的测定	1
	共计	32

五、说　　明

（一）适用对象与参考学时

本教材可供高职高专药学类、药物制造类、食品药品管理类等相关专业使用，总学时为 78 学时（不包含自学部分），其中理论教学 46 学时，实践教学 32 学时。各学校可根据实际情况自行调整学时。

（二）教学要求

1. 本课程对理论教学部分要求有掌握、熟悉、了解三个层次。掌握是指对分析化学中所学的基本知识、基本理论具有深刻的认识，并能灵活地应用所学知识。熟悉是指能够解释、领会概念的基本含义并会应用所学技能。了解是指能够简单理解、记忆所学知识。

2. 本课程突出以培养能力为本位的教学理念，在实践技能方面分为熟练掌握和学会两个层次。熟练掌握是指能够独立娴熟地进行正确的实践技能操作。学会是指能够在教师指导下进行实践技能操作。

（三）教学建议

1. 在教学过程中要积极采用现代化教学手段，加强直观教学，充分发挥教师的主导作用和学生的主体作用。注重理论联系实际，并组织学生开展分析讨论，以培养学生的分析问题和解决问题的能力，使学生加深对教学内容的理解和掌握。

2. 实践教学要充分利用教学资源，分析讨论等教学形式，充分调动学生学习的积极性和主观能动性，强化学生的动手能力和专业实践技能操作。

3. 教学评价应通过课堂提问、布置作业、单元目标测试、分析讨论、期末考试等多种形式，对学生进行学习能力、实践能力和应用新知识能力的综合考核，以期达到教学目标提出的各项任务。

自测题（选择题）参考答案

第1章
选择题（A型题）　1.D　2.A　3.A　4.D　5.D　6.D　7.D　8.A　9.C　10.B

第2章
选择题（A型题）　1.D　2.C　3.A　4.D　5.A　6.B　7.A　8.B　9.A　10.A　11.B　12.B　13.B　14.C　15.B　16.D　17.A　18.C

第3章
选择题（A型题）　1.C　2.B　3.D　4.B　5.B　6.C　7.B　8.A　9.B　10.A　11.A　12.B　13.A　14.A　15.C

第4章
选择题（A型题）　1.C　2.B　3.D　4.A　4.C　6.D　7.B　8.C　9.C　10.C　11.C　12.C　13.D　14.B　15.A

第5章
选择题（A型题）　1.B　2.D　3.A　4.B　5.C　6.C　7.B　8.A　9.C　10.A

第6章
选择题（A型题）　1.C　2.A　3.D　4.B　5.D　6.A　7.C　8.C　9.A　10.D　11.C　12.A　13.D　14.D　15.A

第7章
选择题（A型题）　1.A　2.D　3.C　4.D　5.D　6.D　7.D　8.D　9.C　10.C

第8章
选择题（A型题）　1.B　2.B　3.B　4.D　5.C　6.C　7.B　8.D　9.D　10.C　11.D　12.B　13.B　14.B　15.A

第9章
选择题（A型题）　1.C　2.B　3.B　4.B　5.D　6.D　7.C　8.C　9.A　10.C　11.D　12.D

第10章
选择题（A型题）　1.C　2.C　3.B　4.A　5.A

第11章
选择题（A型题）　1.B　2.C　3.B　4.B　5.D　6.D　7.D　8.C

第12章
选择题（A型题）　1.D　2.C　3.D　4.B　5.B　6.C　7.D　8.D　9.D　10.B

第13章
选择题（A型题）　1.B　2.C　3.B　4.C　5.B　6.D　7.C　8.C　9.C　10.B　11.B　12.A　13.B　14.C　15.B